Mauritius und Rodrigues

WELTWEIT GRÖSSTE REISEMESSE
ITB Berlin
BuchAward
2022

Ilona Hupe Verlag
München

Eine Reise ist ein vortreffliches Heilmittel für verworrene Zustände

Franz Grillparzer (1791–1872)

Wissenswertes über Mauritius

Geschichte

Die ersten Entdecker bleiben im Dunkeln 10
Portugal entdeckt die Seepassage nach Osten 11
Die Niederlande unternehmen erste Siedlungsversuche und scheitern 12
Frankreich gelingt es, Mauritius dauerhaft zu besiedeln 15
Sklavenhandel und organisierte Piraterie 20
Die französische Revolution erreicht die Inseln verspätet 22
Mauritius gerät unter britische Herrschaft 23
Zeitalter der Zuckerbarone 24
Der Zustrom indischer Lohnarbeiter: Aapravasi Ghat 26
Im Ersten Weltkrieg werden die Nahrungsmittel knapp 28
Mauritius im Zweiten Weltkrieg 28
Übergang zur Unabhängigkeit 30
Vater der Nation: Seewoosagur Ramgoolam 31
Die neun mauritischen Verwaltungsbezirke 33

Bevölkerung

Mauritius und seine Menschen 34
„Multi-Kulti ja, Vermischung nein" 35
Ein buntes Völkergemisch 36
Indo-Mauritier 36
Kreolen 37
Sino- und Franko-Mauritier 38
Verwirrende Sprachvielfalt 39

Kulturelles Leben

Vielfalt der Religionen 42
Religiöse und traditionelle Feste auf Mauritius 45
Die Schulbildung 47
Das Gesundheitswesen 48
Zwischen Tradition und Moderne:
Frauen in Mauritius 49
Die Familie in der mauritischen Gesellschaft 49

Wirtschaft

Ein Wirtschaftswunderland? 50
Wirtschaftsdaten 52
☛ Wie der Fremdenverkehr nach Mauritius gelangte 53
Herausforderungen für die Zukunft 54
Ökologie und Umweltschutz 55

Natur und Tierwelt

Die geographische Lage **56**
Der erste Eindruck einer tropischen Schönheit 57
Die Entstehung der Insel **57**
Risikofaktor Homo Sapiens 58
Versuche der Wiedergutmachung 59
Mauritische Pflanzenpracht **62**
Mangroven 67
Ein fragiles Vogelparadies **68**
☛ Der Dodo 71
Säugetiere und Reptilien **72**
Bunte Unterwasserwelt und maritimes Leben **74**
Die Korallenriffe 74
Der tiefe Ozean 76
☛ Leben im Mangrovensumpf 76

Unterwegs auf Mauritius

Port Louis

Stadtgeschichte 79
Caudan Waterfront **81**
☀ Blue Penny Museum 82
Stadtspaziergang **83**
☀ Odysseo Ozeanium 90
Hotels & Praktische Informationen 91
Sehenswertes in der Peripherie **92**
☀ Chinesische Pagoden und indische Tempel 92
☀ Katholischer Wallfahrtsort: das Grab von Père Laval 93
☀ Freizeitpark Domaine Les Pailles 95
☀ Wanderung auf den Hausberg Le Pouce; Le Château de Réduit 95
☀ Kolonialvilla Eurêka 96

Der Norden

Von Port Louis nach Grand Baie 98
Baie du Tombeau 98
Balaclava & Baie aux Tortues (Turtle Bay) 99
Pointe aux Piments 100
Trou aux Biches **102**
☀ Triolet: Shiv Mandir Hindu-Tempel 103
Mont Choisy 105
Pointe Canonniers 105

Grand Baie **107**
☼ Shivala Hindu-Tempel 110
Wassersport & Landausflüge 111
Hotels in Grand Baie 112
Verkehrsmittel 113
Von Grand Baie nach Cap Malheureux **114**
Péreybère 114
Cap Malheureux 116
Die vorgelagerten Inseln 117
Von Cap Malheureux nach Goodlands **118**
Grand Gaube 118
Hotels in Grand Gaube 118
Verkehrsmittel 119
Goodlands 120
☼ Historic Marine 120
Poudre d'Or 121
☛ Paul & Virginie: Ein Drama über die unerfüllte Liebe 122
Im Landesinneren **123**
☼ Pamplemousses Botanical Gardens 123
Tipps für den Parkbesuch 128
☼ L' Aventure du Sucre 129
Rundfahrt durch die Nicolière-Berge 130
☼ Château du Labourdonnais 130

Der Osten

Centre de Flacq 132
☼ Bras d' Eau Nationalpark 132
☼ Der „Schwimmende Tempel": Kashinath Mandir 134
Belle Mare **137**
Trou d'Eau Douce **139**
☼ Ile aux Cerfs 140
Von Trou d'Eau Douce nach Mahébourg **142**
Grande Rivière Sud-Est 142
Vieux Grand Port 144
☼ Domaine de l'Etoile & La Vallée du Ferney 145
Mahébourg und die Blue Bay **146**
Stadtbesuch von Mahébourg 146
☼ Museo de Naval 148
☼ Ile aux Aigrettes (Silberreiher-Insel) 149
Fahrt über Pointe d'Esny zur Blue Bay 150
☼ Blue Bay Marine Park 151

Der Süden

Von Mahébourg nach Bel Ombre 152

La Vánille Nature Park 154

St. Aubin 156

Souillac 157

Rochester Falls 159

La Vallée des Couleurs Nature Park 160

Bel Ombre 161

Chazal Eco Tourism 161

Heritage Nature Reserve 163

Von Bel Ombre zum Le Morne Brabant 164

Die Halbinsel Le Morne 165

Ausflug zur Insel Ile aux Bénetiers 166

Bergtour auf den Le Morne Brabant 167

Rundfahrt durch die Berge 168

Chamarel 168

7 Coloured Earth & Chamarel Falls 169

Curious Corner of Chamarel, Lavilleon & Ebony Forest 170

Black River Gorges National Park 171

Gorges View Point 172

Alexandra View Point 173

Informationszentrum Le Petrin 174

Hinduistische Pilgerstätte Ganga Talao in Grand Bassin 175

Teeplantage Bois Chéri 177

Der Westen

Fahrt von Le Morne nach Port Louis 178

Grand Rivière Noire & La Preneuse 181

Martello Tower Museum 182

Tamarin 183

Casela Park – World of Adventure 184

Bambous 186

Jüdischer Friedhof in St. Martin 188

Flic en Flac & Wolmar 190

Verkehrsmittel & Hotels in Flic en Flac 192

Wolmar 194

Luxus für zwei à la Mauritius: Partnermassage im Spa 196

Tour ins Hochland: Die Städte im Inselinneren 198

Beau Bassin, Rose Hill und Quatre Bornes 198

Phoenix, Vacaos und Floreal 200

Tamarin Falls View Point 201

Curepipe **202**
Stadtbesichtigung 202
Kratersee Trou aux Cerfs 204
Domaine des Aubineaux 204
Takamaka Boutique Winery 206
Ist Mauritius eine Shopping-Oase? 207

Die Insel Rodrigues

Inselgeschichte 208
Fluganreise nach Rodrigues 213
Port Mathurin 214
Eine Inselrundfahrt 216
François Leguat Giant Tortoise & Cave Reserve 218
Tropfsteinhöhle Caverne Patate 219
Wanderungen auf Rodrigues 222
Hotels und private Unterkünfte 224
Kulinarische Tipps für Rodrigues 227
Verkehrsmittel & Weitere Infos 228

Besondere Empfehlungen

La Hacienda / Le Jardin de Beau Vallon 231
Anantara Iko Mauritius Resort 232
Sofitel SO Mauritius 234
Sofitel l' Imperial 236
Oberoi Hotel Mauritius 238
Paradise Cove Boutique Hotel 240
Hillside Haven 242

Wertvolle Reiseinformationen

Infos für die Reise

Eine Reise nach Mauritius planen

Klima und Reisezeit 244
Zyklone 245
Mit (Klein-)Kindern nach Mauritius reisen 246
Einreisebestimmungen 246
Umweltschonendes Reisen 247
Auswahl der Unterkunft: Hotel, Apartment, Gästehaus 248
Reisekosten & Preisbeispiele 250
Gesundheitsvorsorge 253
Heiraten „im Paradies“ 254

Anreise: Flugverbindungen, mit dem Schiff 255
Fähren und Flüge nach Rodrigues 255

Die Reise beginnt
Empfehlungen fürs Gepäck 256
Fit den Flug überstehen 257
Die Ankunft in Mauritius: Formalitäten am Flughafen 258

Unterwegs in Mauritius: Mobil sein vor Ort 259
Mietwagen, Tipps für Autofahrer 259
Öffentliche Busse und Taxis 260

Praxistipps für Mauritius
Kulinarische Erlebnisse in Mauritius 261
Restaurants 262
Die mauritische Küche in den Hotels 263
Kleiner Knigge für Mauritius 265
Gesundheitstipps 266
Im Krankheitsfall vor Ort 267
Tipps zum Fotografieren 267
Tauchen in Mauritius 268
Tauchbasen, Kontaktstellen und Websites für Taucher 269
Hochseefischen 269
Weitere Wassersportarten 270
Golfen in Mauritius 271
Wandern in Mauritius 271

Wichtige Informationen von A bis Z 272
Airporttax, Animation, Fahrräder, Feiertage, Fernsehen, FKK, Geldwechsel, Geschäftszeiten, Gezeitenunterschied, Helikopter, Internet, Kasino, Polizei-Notruf, Reiten, Sicherheit, Souvenirs, Sprache, Strände & Strömungen, Stromversorgung, Telefon, Trinkgeld, VAT-Refund, Versicherungen, Wasser, Wellness, Zeitungen & Medien, Zeitverschiebung, Zoll

Adressen und wertvolle Hinweise

Diplomatische Vertretungen in Europa und Mauritius 276
Touristeninformationsstellen 276
Informative Websites 277
Mietwagenagenturen 278
Reiseveranstalter 278
Auswahl einiger Getränkepreise in den Hotels 280
Glossar: Typische Ausdrücke in Mauritius 281
Literaturverzeichnis 281

Index 282

Impressum 288

Inhalt

Besondere Themen

Der geheime Schatz des Piraten La Buse 16
Der „Vater der Nation" 31
Wie der Fremdenverkehr nach Mauritius gelangte 53
Mangroven 67
Der Dodo 71
Das Leben im Mangrovensumpf 76
Die wertvollste Briefmarke der Welt – ein Fehldruck! 82
Pater Laval, Apostel der Schwarzen 93
Paul & Virginie 122
Jüdische Häftlinge in Mauritius während des 2. Weltkriegs 188
Luxus für Zwei à la Mauritius 196
Einkaufstipps: Shopping Touren in Mauritius 207
Die Wucht der Zyklone 244

Landkarten & Ortspläne

Caudan Waterfront 80
Port Louis und Umgebung 94
Trou aux Biches 102
Tempelanlage in Triolet 104
Grand Baie 108
Der Norden 119
Pamplemousses Botanical Garden 127
Der Osten 133
Mahébourg 147
Der Süden 153
Souillac 160
Black River Gorges Nationalpark 172
Der Westen 179
Flic en Flac 192
Die Städte im Hochland 199
Curepipe 203
Port Mathurin 214
Die Insel Rodrigues 220
Umschlag vorne, innen: Mauritius
Umschlag hinten, innen: Port Louis

Willkommen in Mauritius

Zuerst wurde Mauritius geschaffen,
dann das Paradies.

Aber das Paradies war nur
eine Kopie von Mauritius.

Mark Twain

Die Tropeninsel verschlief die spannende Menschheitsentwicklung zunächst...

Geboren wurde die Insel vor ungefähr 8 Mio. Jahren, in einer geologisch höchst aktiven Phase, in der tektonische Aktivitäten und Vulkanausbrüche gigantische Furchen, Spalten und Erhebungen in den Ozeanen schufen. Vulkanisches Gestein wurde an die Oberfläche gespült, und der Indische Ozean gebar unter tosendem Druck tropische Inseln und Atolle.

Während 2 Mio. Jahre später auf dem artenreichen afrikanischen Festland die aufregende Entwicklung des Menschen seinen Anfang nahm, dämmerten die Tropeninseln weiter in ihrem Dornröschenschlaf dahin. Als einzige Säugetiere erreichten Flughunde die Inselgruppe. Dafür entfaltete sich eine endemische Vogelwelt, deren bekannteste Vertreter die flugunfähigen Dronte waren.

Die ersten Entdecker bleiben im Dunkeln

Seefahrer sind die ersten Weltentdecker

Die Entwicklung menschlichen Lebens bedeutete auch stete Ausbreitung und Eroberung von Landflächen. Im östlichen Mittelmeerraum und dem Orient entstanden die ersten Hochkulturen. Mit den phönizischen Seefahrern, die vor 2600 Jahren im Auftrag des ägyptischen Pharaos Necho II. erste Entdeckungsfahrten in den Indischen Ozean unternahmen, nimmt die moderne Geschichte der Maskarenen, zu denen auch Mauritius gehört, ihren Anfang. Ob diese Seefahrer, von denen der Grieche Herodot erzählt, allerdings bis zu den Inseln vordrangen, ist bisher allenfalls eine Vermutung.

Ebenso unklar bleibt, ob Malaien auf ihren langen Seefahrten die Maskarenen streiften. Im ersten Jahrtausend nach Christus besiedelten die Malaien von ihrer südostasiatischen Heimat aus die Insel Madagaskar. Es gilt als wahrscheinlich, dass sie dabei auch Mauritius und ihre Nachbarinseln entdeckt haben. Jedoch liegen weder historische Beweise noch archäologische Funde vor, die diese These sichern könnten.

Arabische Dhaus vor der Küste von Mauritius

So gelten die **Araber vom Persischen Golf** als die Entdecker der Maskarenen. Gegen Ende des 10. Jh. betrieben diese begnadeten Schiffskonstrukteure ausgedehnte Handelsreisen entlang der afrikanischen Küste. Sie verbreiteten im ganzen Raum den islamischen Glauben, vermischten sich mit den Afrikanern und gründeten das Küstenvolk der Suaheli. Wagemutig segelten sie in ihren Dhaus über die Weltmeere. Schutz und Versorgung boten auf wochenlangen Fahrten nur die kleinen Inseln entlang der Handelswege. Arabische Spuren finden sich auf Madagaskar und den Seychellen, nicht jedoch auf Mauritius. Dass ihnen auch die Maskarenen wohlbekannt waren, beweisen jedoch die **arabischen Seekarten**: Assan ibn Ali soll die unbewohnten Inseln im Jahr 975 n. Chr. entdeckt haben; und fortan tauchten die Inseln unter den arabischen Namen „diva maghrebin" (Westinsel, für Reunion), „diva mashrig" (Ostinsel für Rodrigues) und „diva harab" (Wüsteninsel, für Mauritius) auf allen Seekarten auf.

Die Welt erfährt von der Existenz der Maskarenen

Der lukrative Seehandel bescherte den Arabern großen Reichtum. Seltene Gewürze und exotische Waren aus dem fernen Indien und China erzielten phantastische Gewinne auf den europäischen Märkten. Die teuren Handelswaren wurden immer begehrter, und schließlich machte sich die erste aufstrebende Seefahrernation Europas daran, dieses arabische Handelsmonopol zu brechen.

Portugal entdeckt die Seepassage nach Osten

In Portugal bestieg ein Mann den Thron, dessen lebenslange Leidenschaft der ruhmreichen Seefahrt galt: **Heinrich der Seefahrer** (1394–1460) scharte Astronomen und Kartografen um sich, gründete eine Seefahrtsakademie, steckte enorme finanzielle Mittel in den Flottenausbau und zwang das kleine bäuerliche Königreich förmlich zum Aufstieg zur kolonialen Seemacht. Der Visionär wollte Entdeckungsgeschichte schreiben, zur Weltmacht aufsteigen, und wurde außerdem von missionarischem Eifer getrieben. Noch glaubte die Wissenschaft, die Erde sei eine Scheibe. Portugal spekulierte darauf, entlang der afrikanischen Küsten noch vor dem „Ende der Welt" nach Ostindien zu gelangen. Um so den viel versprechenden Handelsweg zu den tropischen Produktionsstätten zu finden, wurden unermüdlich Entdeckungsfahrten ausgeschickt (siehe rechts).

Das 15. Jahrhundert gilt als Zeitalter der portugiesischen Entdeckungen

Portugiesische Seefahrer, die den Seeweg um Afrika erkunden sollten, erreichten 1446 den Gambia-Fluss in Westafrika und standen 1485 an der Mündung des Kongo. Drei Jahre später umrundete Bartholomão Diaz das Kap der Guten Hoffnung. Im Januar 1498 gelangte der Seefahrer Vasco da Gama schließlich bis nach Indien. Die Beharrlichkeit der Portugiesen hatte sich ausgezahlt: Der Seeweg nach Ostindien war entdeckt und Landstriche entlang der Küsten eingenommen, deren Fläche ein Vielfaches des Mutterlandes betrugen.

Die Unterstützung arabischer Sultane erleichterte den Portugiesen die weiteren Entdeckungsfahrten im Indischen Ozean. Ihre Flotten verwendeten arabische Seekarten und erfuhren so von der Existenz zahlreicher Inselgruppen. Schon 1502 zeichnete Alberto Cantino eine Weltkarte, auf der die Inseln bereits markiert sind, obwohl erst fünf Jahre später der erste Portugiese Mauritius betrat. Kapitän Domingo Fernandes Pereira gab der Insel den Namen Ilha do Cisne, was „Schwaneninsel" bedeutet. Ob er diesen Namen nach seinem eigenen Schiff oder nach dem inzwischen ausgestorbenen flugunfähigen Vogel Dodo wählte, der ein wenig an einen Schwan erinnerte, bleibt für immer Legende.

Fünf Jahre später ankerte Pedro Mascarenhas vor der zerklüfteten Küste Reunions. Er taufte sie Santa Apolonia und wurde schließlich einige Jahrzehnte später selbst Namensgeber aller drei Inseln, Mauritius, Reunion und Rodrigues (die 1528 von Diego Rodrigues „erobert" worden war).

Somit hatte Portugal die drei unbewohnten Inseln ganz einfach annektiert, was freilich auch nicht weiter schwierig war. Handel zu treiben oder Missionierung zum Katholizismus waren mangels Inselbewohnern nicht möglich, und so schienen die Maskarenen damals nur von dem eher geringen Nutzen eines Versorgungspunktes auf den langen Rückfahrten von Ostindien nach Europa. Gelegentlich ankerten fortan portugiesische Handelsschiffe vor Mauritius, um Proviant aufzunehmen oder Schiffsreparaturen vorzunehmen. Sie jagten und verzehrten die heimischen Riesenschildkröten und Dronte und setzten ein paar Schweine und Ziegen aus. Die strategische Lage der Inselgruppe verkannte Portugal völlig.

Oben: Nachbildung des durch die Niederländer ausgerotteten Dodo in Iles aux Aigrettes

Die Niederlande unternehmen erste Siedlungsversuche und scheitern

Im 16. Jh. erstarkten die Niederlande, stellten eine starke Flotte zusammen und drängten in den gewinnbringenden Ostindienhandel. Die neue reiche Kaufmannsschicht forderte selbstbewusst und unverhohlen direkten Zugang zu den Produktionsstätten und wollte eigene Handelsstützpunkte erwerben. Portugal hatte plötzlich mit der Konkurrenz britischer und holländischer Seeleute zu kämpfen. Zudem schwächten Korruption und Undiszipliniertheit die lusitanischen Stellungen in den asiatischen Niederlassungen. Die reichen holländischen Kaufleute nutzten ihre Chance und stellten Portugal mit ihrer ersten Handelsfahrt nach Indonesien vor vollendete Tatsachen: von nun an würden die Niederlande um das Monopol im Gewürzhandel kämpfen.

Ein Sturm führt die Holländer nach Mauritius

Mauritius entdeckten sie dabei eher zufällig. Um einen Sturm zu umgehen, entschloss sich Vizeadmiral **Wybrandt van Warwijck**, abseits der gängigen Handelsrouten nach Süden auszuweichen und landete 1598 prompt vor der Südostküste von Mauritius. Die Stelle, an der die Mannschaft mauritischen Boden betrat, markiert noch heute ein Denkmal.

Dass Portugal weder offiziell Besitz von Mauritius ergriffen hatte noch durch bauliche Präsenz seine Vorherrschaft markierte, kam den Niederländern gerade Recht. Sie tauften die unbewohnte Insel kurzerhand zu Ehren des Königs Moritz von Nassau (ndl. Maurits, frz. Maurice) auf ihren heute noch gültigen Namen und betrachteten sie fortan als ihren Besitz.

Vier Jahre nach diesem Ereignis bildete sich in Holland die kapitalstarke private „**Vereinigte Ostindische Companie**" (VOC) als Gegenkraft zur britischen Ostindienkompanie. Nun begann ein Wettstreit um asiatische Besitzungen und Handelswege, der alle Beteiligten – die Niederländer, Portugiesen, Briten und Franzosen – von Zeit zu Zeit vor den Maskarenen ankern ließ. Hatten die Inseln bisher ausschließlich als Nahrungslieferanten gedient, was bei den Riesenschildkröten und den Dronten allmählich zur Ausrottung führte, so erkannten die Holländer nun auch in den dichten alten Edelholzwäldern ein wertvolles Gut. Sogleich setzte die zügellose Abholzung des üppigen Naturwaldes ein, denn die Nachfrage auf Europas Märkten war groß. Inselflora und -fauna wurden dabei rückhaltlos dezimiert.

1615 ereignete sich in der Tombeau Bay im Inselwesten eine Tragödie: Admiral Pieter Both, der den Aufbau des Ostindiengeschäfts organisiert hatte, verunglückte tödlich mit seinem Schiff in einem Wirbelsturm. Zur Erinnerung daran trägt der markante zweithöchste Berg von Mauritius seinen Namen (Mount Pieter Both mit 823 m).

Als sich die Niederländische Ostindienkompanie um 1638 zur Besiedlung der Insel entschloss, tat sie dies ausschließlich aus marktstrategischen Gründen; vor allem, um den Edelholzschlag gegen lästige Konkurrenten zu sichern. Der offiziellen Annexion folgten erste Siedlungen in **Vieux Grand Port** an der Stelle, wo Vizeadmiral Warwijck angelandet war, und im weiter nördlich gelegenen Flachland bei Flacq (auf holländisch „vlak" = flach). Die Siedler sollten

Niederländische Siedler und ihre Sklaven suchen auf der Insel eine neue Heimat

Bilder dieser Seite: Exponate aus dem Museum in Vieux Grand Port und Ruinen in Balaclava (Mitte)

Die Bilanz des „holländischen Jahrhunderts auf Mauritius" ist eher erschreckend: Als sie der Insel den Rücken kehrten, waren 30 Vogelarten und die heimischen Wälder vernichtet. Eingeschleppte Ratten hatten der durch zügellose Jagd bereits angeschlagenen Vogelwelt der Insel vollends den Garaus gemacht. Der Dodo und viele seiner Artgenossen waren ausgestorben.

durchfahrende Handelsschiffe mit Getreide, Gemüse und Vieh versorgen. Dazu erhielten die rund 20 Familien über 500 Sklaven aus Madagaskar, dem afrikanischen Festland und Java. Doch die Besiedlung entsprach keineswegs den Vorstellungen der Handelsgesellschaft. Wirbelstürme zerstörten so regelmäßig die Ernten der Siedler, dass sie sich kaum selbst ernähren konnten, geschweige denn Schiffsbesatzungen, die Inselholz schlugen, mit frischen Lebensmitteln ausstatten. Die Siedlergruppe war zudem viel zu klein und unerfahren, um den Widrigkeiten zu trotzen. Inzwischen wurde das Kap Afrikas holländisch besiedelt, wodurch Mauritius außerdem seine Bedeutung als Zwischenstation auf dem weiten Seeweg von Europa nach Indonesien verlor. Nach zwanzig Jahren zeigte sich das Vorhaben als defizitär und wurde abgebrochen. Alle Siedler wurden abtransportiert, Mauritius blieb verlassen zurück.

Auch der zweite Versuch, auf Mauritius Menschen anzusiedeln, scheitert

1664 unternahm Holland dann doch noch einmal einen Versuch, Mauritius zu besiedeln. Möglicherweise spornten die Erfolge am südafrikanischen Kap zu diesem Neustart an. Diesmal ging man auch viel ehrgeiziger vor und errichtete an der Ostküste standhafte Verteidigungsbauten für die neuen Insulaner. Aus Indonesien führte man **Zuckerrohr** ein und setzte Sambarhirsche aus, die beide prächtig gediehen. Zuckerrohr erwies sich als Segen für Mauritius, denn es ist die einzige Nutzpflanze, die flexibel genug ist, um den Stürmen standzuhalten. Und doch stand auch dieses Projekt unter einem schlechten Stern. Eine ständige Gefahr für die unzufriedenen Siedler, denen Frauengesellschaft und Unterhaltung fehlten, waren die Überfälle entflohener Sklaven. Im bewaldeten, bergigen Hinterland der Insel verbargen sich zahlreiche heimatlose Sklaven, die vor ihren grausamen Herren geflüchtet waren und nun ebenso grauenvolle Rache schworen. Die Siedler sahen sich in ständigem Kleinkrieg verstrickt. Ihre Felder und Siedlungen im Inselosten, den Stürmen direkt ausgeliefert, boten ein trauriges Bild. 1710 zogen die Niederländer deshalb einen endgültigen Schlussstrich unter ihr Mauritius-Engagement und verließen die Insel für immer. Alle Europäer emigrierten in die Kapkolonie, die Gebäude wurden niedergerissen und zerstört; zurück blieben einige Sklaven, die Sambarhirsche aus Batavia und Zuckerrohr.

Frankreich gelingt es, Mauritius dauerhaft zu besiedeln

Bilder links von oben: Solitaire-Modell und Zeichnung eines Dodo, beide ausgestorben

Die aufstrebende Rolle Frankreichs im Indischen Ozean hatte zunächst keinen unmittelbaren Einfluss auf Mauritius, jedoch auf die anderen Maskarenen-Inseln. 1638, im selben Jahr, als Holländer die ersten Siedlungsversuche auf Mauritius unternahmen, annektierte Frankreich die beiden Nachbarinseln Reunion und Rodrigues. Vier Jahre später folgte mit Gründung der Garnison Fort Dauphin ein erster Stützpunkt der französischen Orientgesellschaft in Südmadagaskar. Als man von hier zwölf aufsässige Meuterer auf die einsame, unbewohnte Insel Bourbon verbannte, wie Reunion genannt wurde, passierte eine **Überraschung**: Die zum Teil unterernährten, kränklichen Männer wurden nach drei Jahren wieder abgeholt und strotzten entgegen aller Erwartungen nur so vor Gesundheit und Begeisterung über ihren Verbannungsort. Dies gab den Ausschlag für das französische Besiedlungsexperiment, bei dem mehrere Schiffe auswanderungswillige Siedler und Waisenmädchen aus Frankreich zusammen mit madagassischen Sklaven an der Steilküste Reunions aussetzten. Aber auch hier kam es erst nach vielen Jahrzehnten zum Durchbruch, den die Bewohner von Reunion vor allem der Kaffeepflanze verdankten. Der Kaffeeanbau brachte dort die besten landwirtschaftlichen Erfolge und ist bis in unsere Tage der wichtigste Ausfuhrartikel Reunions geblieben.

Über die Piraten und ihre freie Republik

Im Jahr 1710 brach das nordindische Mogulreich zusammen und löste Unruhen in ganz Indien aus. Die Europamächte reagierten mit einem vorsichtigen Rückzug und suchten alternative Handelsniederlassungen im Indischen Ozean. Doch hier erlebte die Piraterie eine Blütezeit, die allen Handelsmächten auf See hohe Verluste bescherte. Im Norden Madagaskars lag das Zentrum der Seeräuberei, hier hatten die Freibeuter schon 1685 ihre „Republik Libertalia“ ausgerufen, und kaum ein Handelsschiff wagte sich in deren Nähe. 1688 errichteten die Gesetzlosen einen Stützpunkt auf Reunion und ab 1697 besuchten sie auch die Insel Mauritius, um mit dem Inselholz neue Kaperschiffe zu bauen. Umschlagplatz für Diebesgut blieb der Norden Madagaskars. Von dieser Basis aus attackierten die Seeräuber alle Handelsschiffe im Indischen Ozean. Kühn, draufgängerisch und gefährlich, wie sie blitzschnell auftauchten und unbarmherzig zuschlugen, galten sie als Schrecken aller Seeleute und störten die Geschäfte der Handelsgesellschaften empfindlich.

Die verlassene Insel erhält französischen Besuch

Frankreich beobachtete von seinen nahegelegenen Besitzungen aus mit Genugtuung den Rückzug der Niederländer von Mauritius. Die „Grande Nation“ wartete noch eine geraume Zeit, dann sandte sie Kapitän Guilleaume Dufresne aus. Die

Anekdote:

Der geheime Schatz des Piraten La Buse („Der Bussard")

Er soll einer der führenden Köpfe gewesen sein, ein Star unter den Piraten; unerschrokken, waghalsig und erfolgreich. La Buse, bürgerlich Olivier le Vasseur, wurde steckbrieflich von vielen Nationen gejagt. 1730 fiel der Verbrecher den Franzosen auf Reunion in die Hände und wurde dort am 7.Juli 1730 öffentlich gehängt. Den vielen Schaulustigen, die seine Hinrichtung anlockte, soll er unter dem Galgen „Mein Schatz für den, der dies versteht" zugerufen und eine verschlüsselte Schatzkarte in die Menge geworfen haben. Dieses Kryptogramm mit 17 Zeilen in einer rätselhaften Schrift beschäftigt seither Generationen von Wissenschaftlern und Glücksrittern. Immerhin winkt demjenigen, der den Code knackt, ein sagenhafter Gewinn.
Als bekanntester Schatzsucher errang ein britischer Großwildjäger namens Reginald Cruise Wilkins Berühmtheit. Er widmete sich in der Mitte des 20. Jh. ganz der Suche des Schatzes von La Buse, den er auf den Seychellen vergraben glaubte. Seine kostspieligen Suchaktionen förderten zwar ein paar alte Waffen und Münzen zu Tage, die vielen erbeuteten Piratenschätze jedoch nicht. Für den Schatzsucher endete die jahrelange Suche denn auch mit dem Totalverlust seines Privatvermögens.

„Chasseur" legte im Nordwesten in der Bucht der heutigen Hauptstadt an und nahm die „Ile de France" 1715 feierlich in französischen Besitz. Bis zur Besiedlung vergingen dann noch einmal sechs Jahre, ehe die ersten 15 Übersiedler aus Reunion nach Mauritius gelangten und sich im Nordwesten der Insel dort niederließen, wo heute der Stadtpark „Jardin de la Compagnie" eine grüne Oase inmitten der Hauptstadt bildet. Es sollte sich später als Meisterstreich erweisen, eine Siedlung im klimatisch begünstigten Westen von Mauritius zu gründen, konträr zu den alten niederländischen Besitzungen im Inselosten.

König Ludwig XIV. übertrug Mauritius der französischen **Ostindischen Handelskompanie**, die sich wiederum erkenntlich zeigte und ihren kleinen Stützpunkt Port Louis taufte. Damals hatte die Siedlung allerdings wenig königliches Ambiente zu bieten. Der Anbau von Kaffee, von den Emigranten aus Reunion erwartungsvoll eingeführt, erbrachte auf Mauritius nur klägliche Resultate. Inmitten ihrer geschundenen madagassischen Sklaven hausten ein paar verarmte europäische Siedler sowie zahlreiche Soldaten und grobschlächtige Söldner der Handelskompanie. Rattenplagen und allgemein verrohte, archaische Zustände schufen ein Sozialklima für den Bodensatz der Gesellschaft jener Tage, in dem sich allenfalls Hasardeure und Piraten wohlfühlten. Doch genau dieser kulturelle und ethnische Schmelztiegel gilt als der eigentliche Ursprung der heutigen Bevölkerung von Mauritius.

Der französischen Ostindischen Handelskompanie drohte also ein ähnliches Fiasko wie schon den Holländern. Um dem vorzubeugen, schickte sie 1735 einen Gouverneur zu den Maskarenen, der heute noch wie ein Nationalheld geehrt wird. Die Geschichtsschreibung spricht ihm die entscheidende und bis heute prägende Rolle als Gründer der Kolonie zu. Er ist aber auch eine tragische Figur, die trotz seiner charakterlichen Stärken dem politischen Gerangel seiner Zeit zum Opfer fiel.

La Bourdonnais formt die verrufene Insel zur schmucken Kolonie

Bertrand François La Bourdonnais wurde schon mit 24 Jahren Kapitän der französischen Ostindienkompanie. Seine steile Karriere begann 1724 in Indien, als er maßgeblich an der Einnahme der Stadt Mahé beteiligt war und seither den Namenszusatz Mahé de La Bourdonnais tragen durfte. In diesem weitsichtigen, tatkräftigen Mann erkannte die Handelsgesellschaft eine Idealbesetzung und sandte ihn 1735 als den neuen Gouverneur der Maskarenen direkt nach Port Louis. La Bourdonnais enttäuschte nicht. Innerhalb kürzester Zeit formte er aus dem verlotterten Spelunkennest eine vorbildliche Kolonie. Auf sein Konto geht die weitgehende Erschließung der Insel. So ließ er in Port Louis eine geordnete Kleinstadt mit rechtwinkligen Straßen anlegen, zahlreiche schmucke Kolonialgebäude errichten und den Hafen orkansicher ausbauen. In seiner Regierungszeit öffneten die ersten beiden Zuckerraffinerien. Er ließ 1200 Seeleute und rund 500 Soldaten in Port Louis stationieren und lockte zahlreiche neue Siedler aus Europa auf die prosperierende Insel.

Unten: Ein zeitgenössisches Gemälde des Gouverneurs und die Statue in Port Louis

Eine musterhafte Karriere endet unerwartet und tragisch

La Bourdonnais sorgte für Recht und Ordnung, indem er eine funktionierende Verwaltung und Gerichtsbarkeit installierte und die entlaufenen, marodierenden Sklaven einfangen ließ. Er importierte Maniok/Cassava aus Brasilien und sicherte so die Grundnahrung der Bevölkerung auch bei Wetterkapriolen und Naturkatastrophen wie schweren Wirbelstürmen. Zeitgleich wandte er sich den Seychellen zu und ließ diese für Frankreich einnehmen. La Bourdonnais wollte Port Louis schließlich zum Freihafen erklären, stieß damit aber auf Widerstand, und so kam es nur zu einer kurzen Versuchsphase zwischen 1742 und 1747.

Mit all diesen Erfolgen und sichtbaren Verbesserungen in seiner kleinen Kolonie war kaum vorstellbar, dass La Bourdonnais' Stern einmal sinken könnte. Doch es gab Neider und Feinde. Im Zuge des Österreichischen Erbfolgekriegs (1740–1748) brachen Gefechte zwischen Briten und Franzosen im ostindischen Raum aus. Der ehrgeizige Generalgouverneur der französischen Niederlassungen in Indien, Joseph François Dupleix, ersuchte La Bourdonnais um dringende

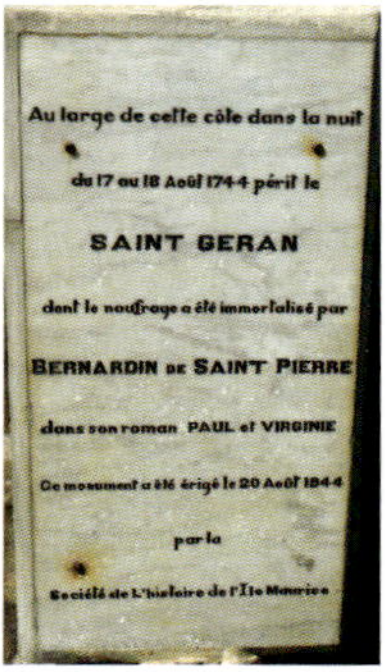

Bilder dieser Seite: Gedenktafel für die Schiffskatastrophe der Saint Geran; Büste von Pierre Poivre; Poivre Street in Pamplemousse

Unterstützung. Dieser segelte mit fünf Kriegsschiffen nach Indien und fügte den Briten mit der Einnahme der Hafenstadt Madras schweren Schaden zu. Danach kam es zum offenen Bruch zwischen den beiden Männern. Während La Bourdonnais die Kapitulation annahm und den Briten zusicherte, die Stadt zu schonen, verlangte Dupleix ihre Zerstörung und Plünderung. La Bourdonnais weigerte sich, die Stadt anzugreifen, weil er nur Weisung hatte, die britische Flotte zu bekämpfen, nicht jedoch, Landbesitz einzunehmen. Er schonte Madras gegen eine hohe Kontribution und kehrte zur Ile de France zurück. Dupleix hingegen verrannte sich in erfolglosen und verlustreichen Angriffen, und schließlich bezichtigte er in seiner Wut La Bourdonnais öffentlich des Verrats und der Annahme von Bestechungsgeldern. Es gelang ihm tatsächlich, den tadellosen Ruf des Maskarenen-Gouverneurs so weit zu beschädigen, dass Paris diesen 1746 seines Posten enthob und nach Frankreich zurückbeorderte. Dort warf man den Ex-Gouverneur als Staatsverräter in die Bastille. Seine Unschuld wurde zwar später zweifelsfrei bewiesen, doch hatten Verurteilung und dreijährige Haft dem Rechtschaffenen derart zugesetzt, dass er kurz darauf gebrochen und verarmt starb. La Bourdonnais wurde nur 54 Jahre alt. Auf Mauritius hinterließ er eine Lücke, die schwer zu füllen war. Seine Planung und Arbeit prägen die Insel bis heute.

Diese erste kulturelle Blütezeit erlitt nach La Bourdonnais' Abberufung einen herben Dämpfer. Die Landwirtschaft, auf Zuckerrohr, Kaffee und Baumwolle ausgerichtet, verzeichnete rückläufige Ernten. Der Siebenjährige Krieg zwang die einst finanzstarke französische Ostindien-Handelsgesellschaft in die Knie. 1764 wurde sie zahlungsunfähig und „verkaufte" ihre Ile de France mit allen 20 000 Inselbewohnern an die französische Krone.

Der König übertrug die Verwaltung einem Übersee-Ministerium, die Amtsgeschäfte vor Ort hatten fortan zwei Staatsbeamte gemeinsam zu erledigen: ein Generalgouverneur für die Streitkräfte und ein für Justiz und Finanzwesen verantwortlicher Intendant. Die beiden Amtskollegen, sehr ungleich in ihren Charakteren, betraten gemeinsam im Juli 1767 die Insel, und damit begann eine andauernde Phase der Zerstrittenheit. Von Daniel Dumas, dem Generalgouverneur, ist nicht viel überliefert. Sein Antipode, **Pierre Poivre** (1719–1786), hinterließ dagegen tiefe Spuren in der mauritischen Geschichte.

Unermüdlicher Tatendrang und ein großartiges Organisationstalent zeichneten den **leidenschaftlichen Botaniker** aus. Er führte die von La Bourdonnais begonnene Landverteilung fort, ließ die alten Kolonialbauten renovieren und den Hafen entsanden und reparieren. Während sein Kontrahent die Landwirtschaft zur Selbstversorgung ausbauen wollte, setzte er die Ausrichtung für den Export durch. Vor allem den Anbau seltener, teurer Gewürze intensivierte Poivre. Der Visionär soll sogar heimlich Gewürzsamen eingekauft und die ersten Pflanzungen angelegt haben, mit denen Frankreich schließlich das niederländische Weltmonopol im Gewürzhandel brechen konnte. Unsterblich machte er sich aber mit der Schaffung des Botanischen Gartens von Pamplemousse, für dessen außergewöhnliche botanische Sammlung Poivre schon zu Lebzeiten berühmt wurde.

Eingeschmuggelte Gewürzsamen brechen das niederländische Weltmonopol und bringen den Inseln Wohlstand und Wachstum

Die prosperierende, wohlhabende und ruhige Zeitphase bis in die 1780er Jahre verdankten die Maskarenen diesem geschickten Administrator und dem Umstand, dass 1770 das Hafenmonopol der Französischen Ostindienhandelsgesellschaft auslief. Der Hafen von Port Louis wurde für alle Nationen liberalisiert und sein Aufkommen verdreifachte sich in wenigen Jahren. Diese Ära brachte auch einen Zustrom neuer Einwanderer. Bis 1787 wuchs die Bevölkerung der Insel auf annähernd 40 000 Menschen, von denen allerdings 90 % Sklaven und Leibeigene waren.

Frankreich verdankte diese ruhige Periode aber auch der Verstrickung seines ewigen Rivalen, der Kolonialmacht Großbritannien, in den Unabhängigkeitskrieg der Vereinigten Staaten von Amerika (1775–1783). Mit Kriegsausbruch 1775 bündelten die Briten ihre Kräfte im Nordatlantik, der Indische Ozean geriet in den Hintergrund. Ab 1778 griff Frankreich aktiv in das Kriegsgeschehen ein und trug entscheidend zum Sieg der Amerikaner bei. Dies sollte sich für die Maskarenen auszahlen: Als Alliierte der aufstrebenden amerikanischen Nation profitierten sie nun von den neuen Handelsbeziehungen mit den USA.

Bilder oben:
Das schmiedeeiserne alte Eingangstor zum Botanischen Garten;
die älteste Kirche der Insel in Pamplemousses

Bilder oben: Zuckerrohranbau war im 18. Jh. eine harte Sklavenarbeit; Schlot einer Zuckerrohrfabrik in St. Aubin

Bilder unten: Die Feudalherren ließen sich in Sänften umhertragen

Nach dem Verlust ihrer amerikanischen Kolonien konzentrierten sich die Briten dafür umso so stärker auf eine Vormachtstellung im afro-indischen Raum. Allmählich nahmen ihre Angriffe auf französische Besitzungen im Indischen Ozean wieder zu. 1789 musste sich Frankreich dem britischen Druck beugen und alle Besitzungen auf dem indischen Subkontinent aufgeben. Fortan konzentrierten sich die Franzosen ganz auf die Maskarenen, die sie nun als ihren „Stern und Schlüssel des Indischen Ozeans" rühmten.

Zum Ende des 18. Jh. hatte sich auf den Maskarenen vieles verändert, die bewegte Pionierzeit war einer florierenden Kolonialpracht gewichen. Endlose Zuckerrohrplantagen überzogen die flachen Küstengebiete, im Hafen von Port Louis wurden fast täglich neue Handelsschiffe aus aller Welt abgefertigt, und die kleine Oberschicht der Insulaner begann sich ihr Leben elegant und extravagant einzurichten. Als Marinestützpunkt fühlte sich Port Louis in diesen Tagen gleichwertig mit britischen Metropolen wie Bombay und Kalkutta.

Sklavenhandel und organisierte Piraterie finanzieren den fürstlichen Lebensstil der frankophonen Elite

Die stolzen frankophonen Insulaner feiern sich selbst

Ein Blick auf die politische Weltkarte zum Ende des 18. Jh. zeigt, wie stark Frankreichs Gebiete im Indischen Ozean geschrumpft waren und welche Dominanz ihnen mit den britischen Besitzungen gegenüberstand. Es lag auf der Hand, dass die Engländer bald auch die kleinen Maskarenen an sich reißen würden. Doch die Franko-Mauritier wehrten sich zunächst findig und sehr erfolgreich gegen den mächtigen Riesen. Diese letzten französischen Jahrzehnte auf den Inseln zeichnen einerseits eine unglaubliche Extravaganz im

Oben: In der Villa Eureka wird das koloniale Gutsherrenleben jener Tage wieder lebendig

Leben der reichen Oberschicht und ein moralisches Verrohen andererseits aus. „Nimm mit, was du noch kriegen kannst" schien die unausgesprochene Parole zu sein. Der Sklavenhandel blühte und fand mit den USA einen neuen Markt. Doch der größte Coup gelang mit dem Anheuern von Korsaren, zumeist nordafrikanischen Berufspiraten, die im Auftrag der Maskarenen einen **Kaperkrieg** gegen Handelsschiffe fremder Nationen führten. Die Korsaren agierten nach klaren Regeln: Die Gegner durften nicht getötet werden, sondern wanderten als Kriegsgefangene in das Gefängnis von Port Louis. Das Diebesgut war ebenfalls abzuliefern und wurde nach seiner Registrierung zwischen den Korsaren und den Auftraggebern aufgeteilt. Zwischen 1793 und 1802 sollen rund 120 Schiffe gekapert worden sein. Den größten Schaden erlitt Großbritannien, das den Verlust von 47 Schiffen zu beklagen hatte. Auf den berühmtesten Korsaren, Robert Surcouf, setzten die Briten eine hohe Kopfprämie aus. Doch Surcouf entkam, wurde auf Ile de France als Held verehrt und in der französischen Heimat sogar in den Grafenstand erhoben. Für die mauritischen Auftraggeber lohnte sich der Kaperkrieg, denn die Beute ließ sich profitabel an die Amerikaner weiter veräußern. 1794 stationierten die USA gar einen eigenen Konsul auf Mauritius, der die amerikanische „Pole Position" bei der Beuteverteilung sichern sollte.

Die Blütezeit der „Berufspiraterie" im Indischen Ozean

Bild unten: Das Denkmal in Mahébourg erinnert an die Seeschlacht von Vieux Grand Port 1810

Rechts: Auch das Naturhistorische Museum in Mahébourg widmet viel Raum der dreitägigen Seeschlacht zwischen Frankreich und England

Die französische Revolution erreicht die Inseln verspätet

Kehren wir zurück zum geschichtsträchtigen Jahr 1789 und blicken wir nach Frankreich: Mit dem Sturm auf die Bastille entlud sich der Volkszorn um mehr Freiheits-, Bürger- und Menschenrechte, schwoll an zur nationalen Revolution und fegte mit dem Geist der Aufklärung durch ganz Europa. Aus dem feudalabsolutistischen Ständestaat wurde über den Umweg einer konstitutionellen Monarchie eine innenpolitisch umkämpfte, fragile Republik, in deren Wirren Napoleon Bonaparte die Macht an sich riss. Von all diesen Vorgängen erfuhren die Kolonisten in den Tropen nur mit langer Verzögerung. Auf Ile de France kam die Kunde von der Revolution erst im Januar 1790 an. Sie löste Begeisterung aus, gestanden die neuen Machthaber den Inseln doch mehr Selbstverwaltung zu. Man wählte eigene Kolonialräte und schaffte den **Code Noir** ab, der bislang Eheschließungen zwischen Weißen und Farbigen verbot. Außerdem änderte sich der Name der Insel Bourbon in Reunion. Als mit dem Freigeist der Revolution allerdings auch die Forderung nach der Abschaffung der Sklaverei die Maskarenen erreichte, schlug deren Begeisterung ab 1796 in **offene Rebellion** um. Frankreich hatte 1794 die Sklaverei offiziell abgeschafft, doch in der Kolonie wurde sie eisern weiter praktiziert und das neue Gesetz ignoriert. Weil das Mutterland wieder einmal in einem kräftezehrenden Krieg gegen Großbritannien verstrickt war, konnte es den Rebellen nichts entgegen setzen. Ile de France war zu diesem Zeitpunkt de facto eine aufmüpfige unabhängige Piratenkolonie geworden, die vom Kaperkrieg lebte, im florierenden Hafen Alkoholkonsum und Prostitution förderte und auf den Zuckerrohrplantagen Sklaven schuften ließ.

Die reiche Minderheit klammert sich an ihre dekadente Lebensart und kann sie sich noch ein paar Jahre bewahren

1799 übernahm **Napoleon** die Macht in Paris und installierte nun endlich wieder eine klare Struktur und Ordnung. Er ernannte 1802 Generalkapitän Decean zum neuen Gouverneur von Ile de France und Reunion, dem es nach seiner Ankunft gelang, die Kolonisten wieder mit dem Mutterland zu versöhnen. Allerdings nur, weil Decean die Beibehaltung der Sklaverei akzeptierte, obwohl dies einem Gesetzesbruch gleichkam. Die kolonialen Gutsherren zeigten sich dankbar und tauften Reunion in „Ile de Bonaparte“ um. Mit diesem Arrangement hätte es aus Sicht der Inselelite gerne weiterlaufen können, wenn auch Deceans leicht diktatorischer Führungsstil unbeliebt blieb. Doch im 19. Jh. ging die französische Epoche auf der Insel Mauritius endgültig ihrem Ende entgegen.

1806 besetzte Großbritannien das südafrikanische Kap und zog nun auch die Schlinge um die Maskarenen enger, indem es eine **Seeblockade** verhängte und die Inseln vom französischen Mutterland abschnitt. Der britischen Einnahme von Rodrigues 1809 folgte am 7.Juli 1810 die Annexion von Reunion, das den Briten fast ebenso wehrlos ausgeliefert war. Im August nahmen die Angreifer Kurs auf Vieux Grand Port im Südosten von Ile de France. Die dreitägige Schlacht sollte als die einzige erfolgreiche Seeschlacht Napoleons gegen Großbritannien in die Geschichte eingehen. Genützt hat es ihm dennoch nichts, außer, dass Port Louis in Port Napoléon umgetauft wurde. Denn Großbritannien sammelte nun seine gesamten Kräfte aus Indien und Südafrika vor der Küste von Rodrigues zum finalen Schlag. Am 29.November 1810 landete die britische Seemacht mit 10 000 Soldaten auf 70 Kriegsschiffen am Cap Malheureux und rückte gegen Port Louis vor. Kaum ein Widerstand regte sich gegen diese **gigantische Übermacht**. Drei Tage später kapitulierte Gouverneur Decean ohne weiteres Blutvergießen. Man gab sich auf beiden Seiten ritterlich und ehrenhaft, es wurden keine Gefangenen gemacht und keine Plünderungen geduldet.

Napoleons einzige siegreiche Seeschlacht kann die Inseln trotzdem nicht retten

Im Friedensvertrag von Paris (1814) wurde festgelegt, dass Mauritius, Rodrigues und die Seychellen an England fielen und Frankreich dafür die Insel Reunion zurückerhalten sollte. Den Briten schien die Vulkaninsel wertlos und sie waren gerne bereit, diese aufzugeben für die Zusage Frankreichs, auf die anderen Inseln endgültig und dauerhaft zu verzichten.

England gibt sich großzügig und überlässt die Inseln dem französischen Savoir-vivre

England schickte als ersten Gouverneur Robert Farquhar nach Port Louis, das nach vier Jahren wieder seinen alten Namen erhielt. Auch löste nun der Name Mauritius die Bezeichnung Ile de France für immer ab. Englisch wurde zur offiziellen Sprache erklärt und die Verwaltungsspitze durch britische Beamte ersetzt. Ansonsten zeigte Großbritannien nur wenig Interesse an seinen neuen Besitzungen und zeigte sich den 15 000 ansässigen Europäern gegenüber generös.

Bilder oben: Der museale Landstitz Villa Eureka

Bild unten: Grabstein aus dem 19. Jh.

Die Sklavenbefreiung – ethnische Verpflichtung für die einen, ein Eigentumsdelikt für manch anderen

So blieben deren Besitzstrukturen unangetastet. Die französischen Gutsherren und Großgrundbesitzer behielten ihre Privilegien und das Recht auf eigene Gesetze, freie kulturelle Entfaltung und uneingeschränkte Religionsfreiheit. Wer dennoch die Insel verlassen wollte, durfte seinen gesamten Besitz mitnehmen. Durch diese großzügige Handhabung erhielt sich der französische Einfluss und bildet selbst heute noch die gesetzliche Grundlage von Mauritius (Code Civil Napoléon). Trotz britischer Oberherrschaft blieb der mauritische Alltag weitgehend frankophon geprägt. Farquhar regierte relativ autonom vom Mutterland. Obwohl die Sklaverei seit 1807 im gesamten British Empire verboten war, duldete Farquhar zähneknirschend die Zustände auf seinen Inseln. In diesen Jahren entwickelte sich Mauritius endgültig zur „**Zuckerinsel**", zu einer Plantagengesellschaft mit Monokultur, in der mächtige „Zuckerbarone" den Ton angaben und ihren Reichtum rund 80 000 rechtlosen Sklaven verdankten.

Mit einer Unterbrechung regierte Farquhar bis 1823 und bemühte sich in dieser Zeit redlich um die Verbesserung der Lebensbedingungen der armen Schichten und um den Ausbau landwirtschaftlicher Bereiche. An der Frage der Sklaverei scheiterte aber auch er zeitlebens. Die Anti-Sklaverei-Bewegung bekam jedoch international und besonders in England immer mehr Zulauf, und der Druck auf die Verwaltungsorgane, sich endlich den Missständen auf Mauritius zu stellen, nahm zu. Die Sklaveneigner reagierten kompromisslos und drohend. Die arbeitsintensive Zuckerproduktion sei ohne Leibeigene nicht durchführbar, und eine Sklavenbefreiung käme einem Raub an ihrem Eigentum gleich. Die Debatte erhitzte die Gemüter zusehends und radikalisierte die Gegner. 1835 sah sich die Kolonialverwaltung gezwungen, mit dem Bau von Fort Adelaide eine Drohkulisse aufzubauen, und sie versuchte gleichzeitig den Widerstand der Gutsherren zu brechen, indem sie ihnen eine hohe Entschädigung für jeden befreiten Sklaven in Aussicht stellte. Auf dieser Basis konnte endlich eine Einigung erzielt werden. Die Sklaven galten nunmehr als befreit, sollten per

Oben: Nur wenige Weiße wie der Pater Laval unterstützen die befreiten Sklaven

Gesetz zunächst aber noch eine vierjährige „Lehrzeit" bei ihren Vorbesitzern verbringen und dort gegen einen kleinen Lohn und Unterkunft weiterarbeiten. Da sich so für die ehemaligen Leibeigenen kaum etwas veränderte, flohen die meisten sofort von den Plantagen. Sie zogen die Armut als Subsistenzbauern oder Fischer einem Verbleiben bei den Gutsherren vor. Für die Zuckerrohrplantagen hatte das einen plötzlichen akuten Arbeitskräftemangel zur Folge.

Die Entschädigungssummen für die befreiten Sklaven ermöglichten den Plantagenbesitzern die Öffnung eines neuen Marktes: Sie warben über professionelle Händler und mit falschen Versprechungen Zehntausende arbeitswillige Männer aus den armen Metropolen Indiens und Chinas an. Diese **Kulis** erfuhren oft nicht einmal, wohin ihre Reise gehen sollte. Sie fanden sich eingepfercht auf ehemaligen Sklavenschiffen wieder und rechtlos der harten, entbehrungsreichen Überfahrt nach Mauritius ausgesetzt, die viele aufgrund der katastrophalen hygienischen Verhältnisse an Bord nicht einmal überlebten. Unter den Neuankömmlingen grassierten Seuchen und Krankheiten, die sich rasch auf Mauritius ausbreiteten. Die Arbeitsverträge garantierten den Kulis eigentlich nach einigen Arbeitsjahren eine freie Heimreise, doch nur ein Viertel der Betroffenen kehrte tatsächlich in ihre Heimat zurück. Die meisten wurden unter Zwang zurückgehalten, weil die Wirtschaft boomte und Mauritius immer noch nicht genügend Arbeitskräfte besaß. Seit der Sklavenbefreiung bis zum Jahr 1860 hatte sich die Bevölkerung verdreifacht; rund 200 000 indische Einwanderer waren hinzu gekommen. Und immer mehr wurden angeworben, ohne dass sich irgend jemand um deren soziale Einbindung und die infrastrukturellen Bedürfnisse gekümmert hätte. Der Wirtschaftsboom überschattete die soziale Schieflage. Seit Port Louis 1851 allen Nationen frei zugänglich wurde, hatte sich das Handelsaufkommen vervielfacht. Der Goldrausch in Australien öffnete einen neuen Exportmarkt. Darüber hinaus stieg die weltweite Zuckernachfrage immer weiter. Das betriebsame Port Louis feierte sich selbst, gründete ein Theater und eröffnete zwei Bahnlinien nach

Die Zuckerbarone werben Zehntausende indische Billigarbeiter an und werden Nutznießer eines außergewöhnlichen Wirtschaftsbooms

Unten: Das Theater von in Port Louis im Jahr 1905

Aapravasi Ghat

Die Briten errichteten 1834 ein Durchgangslager für die ankommenden indischen Vertragsarbeiter, in dem in den Folgejahrzehnten fast eine halbe Million Schuldknechte aufgefangen wurden, ehe sie die Einreiseformalitäten abgewickelt hatten. In Spitzenzeiten hielten sich im Lager bis zu Tausend indische Neuankömmlinge gleichzeitig auf.

Die Reste des 1923 geschlossenen Lagers Aapravasi Ghat am Hafen von Port Louis stehen heute als Museum und als Symbol für die „erste kolonialstaatlich geregelte Arbeitsmigration" und den „frühen Beginn der Globalisierung des Arbeitsmarktes" als Welterbe unter dem Schutz der UNESCO (S. 90) .

Mahébourg und Flacq, die beide 1926 wieder stillgelegt wurden. 1869 wurde gar ein unterseeisches Telefonkabel nach Europa und Asien verlegt. Das kleine Mauritius war nun mit der Welt verbunden, der größte Arbeitgeber für Inder im British Empire und dessen wichtigste Zuckerkolonie. Mehr als 90 % der Inselfläche bedeckten wogende Zuckerrohrfelder. Dafür mussten nun allerdings die Nahrungsmittel für 300 000 Menschen importiert werden...

Die sozialen Missstände wurden erstmals an den Pranger gestellt, als der Pflanzer Adolf von Plevitz 1871 beim Gouverneur eine neutrale, schlichtende Kommission für arbeitsrechtliche Streitigkeiten einforderte, und Gouverneur Sir Arthur Gordon diesem Anliegen stattgab. Die Untersuchung der Arbeitsbedingungen indischer Kulis bestätigte die schlimmsten Vorwürfe und brachte nach ihrer Veröffentlichung 1875 schwere Vergehen und Mängel ans Licht. Die Gesetzgebung änderte sich daraufhin etwas zugunsten der Billigarbeiter, und ein genereller Einwanderungsstopp für Gastarbeiter stärkte die Stellung der bereits anwesenden Kulis. Denn nun mussten sich die Gutsherren mit ihren Arbeitern arrangieren. Zuvor hatten sie bei Streitigkeiten einfach neue Arbeiter angeworben.

Zeichen drohenden Niedergangs werden von der selbstgerechten Oberschicht nicht wahrgenommen

In der verschwenderischen Hochblüte des satten Gutsherrenlebens zeigten sich in der polarisierten Gesellschaft erste Risse, die zunächst niemanden aufschreckten, aber bereits den Zerfall dieses ungleichen Gebildes ankündigten. Der Zuckerpreis fiel dramatisch, weil Kuba und Java preiswerteren Rohrzucker auf den Weltmarkt warfen. Mauritius geriet in die Falle einer auf Monokultur beschränkten Wirtschaft. Zeitgleich brach 1866 eine **Malariaepidemie** aus, die während der folgenden beiden Jahre fast 50 000 Opfer forderte und eine Massenflucht aus der Stadt in höhere Lagen auf der zentralen Hochebene auslöste. Trabantenstädte wie Curepipe, Rose Hill und Beau Bassin entstanden, aber auch endlose Reihendörfer entlang der Wege und Straßen, wo sich die Inder niederließen. Malaria und Cholera-Epidemien sowie regelmäßige Wirbelstürme verstärkten auf der überbevölkerten Insel den sozialen Sprengstoff, der sich allmählich in der Rebellion der armen Arbeiter entlud. Die Umweltkatastrophen nahmen kein Ende. 1892/93 verwüstete ein **Zyklon** Port Louis, anschließend fegte ein Brand durch die Hauptstadt. Port Louis wirkte nun fast entvölkert.

Unten: La Residence, das älteste erhaltene Gebäude auf der Insel Rodrigues

Zum Ende des 19. Jh. war die Lage sehr polarisiert und angespannt: Oberflächlich blühte die Kolonie, und eine europäisch geprägte Oberschicht genoss das verwöhnte Leben in prächtigen Villen. Mauritius war Drehscheibe internationaler Zuckerexporte nach Indien, Australien und Europa. Doch wer mit offenen Augen die Insel betrat, musste angesichts der Probleme erschrecken. Mauritius litt unter einer extremen **Überbevölkerung**, die sie der unsinnigen Anwerbepraxis der Gutsherren zu verdanken hatte. 500 000 Inder hatten sie für ihre Billiglohnarbeit nach Mauritius gelockt! Diese unnatürliche Bevölkerungsexplosion innerhalb weniger Jahrzehnte führte zu schweren Ernährungskrisen, fürchterlichen hygienischen Verhältnissen und grassierenden Krankheiten. Die Einkommensschere klaffte mehr als extrem auseinander; auf dekadenten Luxus traf bittere Armut. Das einstige Konglomerat unterschiedlicher Ethnien und Kulturen teilte sich nun in vier Hauptgruppen. Ein paar Tausend Franko-Mauritier dominierten über eine halbe Million Inder und Hunderttausende Chinesen, Schwarzafrikaner und Kreolen. Deren Zuversicht und Hoffnung in die Zukunft ging wohl irgendwo in den weiten Zuckerrohrfeldern verloren. In den 1880er Jahren setzte eine anhaltende Abwanderung indischer Arbeiter von den riesigen Plantagen ein. Die Enttäuschten suchten Zuflucht in der Selbständigkeit, im Dienstleistungssektor oder emigrierten. Die Auswanderung, z. B. nach Südafrika, gelang zumeist den Jungen, Tatkräftigen und Fähigen, zurück blieben die Mutlosen und Schwachen. Weil nun die Europäer vermehrt Zuckerrüben produzieren, entmutigten rückläufige Zuckerexporte die Menschen. Es legte sich eine niederdrückende Apathie über die Insel, von Pracht und Leichtigkeit war nichts mehr geblieben. Manche Quellen beschreiben Mauritius zu dieser Zeit gar als eine „Geisterinsel“.

Bilder dieser Seite: Beispiele britischen Kolonialbaustils in Port Mathurin (Rodrigues) und Poudre d'Or

Oben: Statue Manilal Doctors in den Company Gardens von Port Louis

Im Ersten Weltkrieg werden die Nahrungsmittel knapp

Den Tiefpunkt seiner Entwicklung erlebte Mauritius während des Ersten Weltkriegs, obwohl die Insel nicht aktiv am Kriegsgeschehen beteiligt war. Weil kaum noch Schiffe anlandeten, halbierte sich das Handelsaufkommen zwischen 1914 und 1918 und es kam zu Nahrungsmittelengpässen. Preissteigerungen waren die Folge und trieben viele Menschen noch tiefer in die Not. Doch wieder einmal stand das Glück auf Seiten der Plantagenbesitzer. Denn dem Krieg folgte eine Zuckerhausse, die den Pflanzern Gewinne einspielte, wie sie sie lange nicht mehr hatten verbuchen können.

Mahatma Ghandi rüttelte nicht nur in Indien die Massen auf. Seit er einmal ein paar Tage auf Mauritius verbracht hatte, galt der Weise auch dort als Hoffnungsträger. Schon 1907 hatte Ghandi den befreundeten Rechtsanwalt Manilal Doctor nach Mauritius gesandt, um das politische Bewusstsein seiner Volksgenossen aufzurütteln. Und die Asiaten verlangten nun zunehmend Mitspracherechte und drängten in die Wirtschaft und den Handel.

Ab 1930 mobilisierten sich die Arbeiter. Ein Mitglied des Regierungsrats, Dr. Maurice Curé, forderte an deren Spitze bessere Arbeitsbedingungen und Lohnerhöhungen. Aus dieser Bewegung formte sich 1936 die „Mauritian Labour Party" (MLP), eine Arbeiterpartei, der vor allem das Kleinbürgertum und die indischen Kleinbauern nahe standen. Die Forderungen nach freien Wahlen und Gewerkschaften wurden lauter. 1937 brachen auf dem Plantagen Unruhen aus, die rasch auf die Werften von Port Louis übergriffen. Die Obrigkeit rief den Notstand aus, es kam zu Streikaktionen, und schließlich sah sich Großbritannien zur Intervention gezwungen. Die britische Untersuchungskommission stellte sich auf die Seite der Arbeiter und äußerte Kritik an der Haltung der Arbeitgeber. Sie empfahl der Regierung, stärker ihre arbeitsrechtlichen Aufgaben wahrzunehmen und Gewerkschaften zuzulassen. Doch ehe solche Reformgedanken umgesetzt werden konnten, brach der Zweite Weltkrieg aus.

Mauritius im Zweiten Weltkrieg: Militärbasis und Kriegs(flug)hafen mit strategischer Bedeutung

Die Insel im Indischen Ozean leistete im Zweiten Weltkrieg vor allem als Militärstützpunkt besondere Dienste. Großbritannien errichtete einen Militärflughafen, der später zum zivilen Airport ausgebaut werden konnte, und baute den Hafen für Kriegszwecke aus. Zahlreiche junge Männer aus

Mauritius standen für die Alliierten an der Kriegsfront, während die Menschen zu Hause wieder einmal unter dem knappen Nahrungsmittelnachschub litten. Die Engpässe förderten dafür den Ausbau der eigenen Landwirtschaft.

Nach Kriegsende ging der Militärflughafen in die zivile Nutzung über und band Mauritius bereits 1946 an das europäische und afrikanische Flugnetz an.

Oben: Fotos indischer Einwanderer im frühen 19. Jh. in Aapravasi Ghat

Bereits 1947 setzte Großbritannien eine neue Kommission ein, die den Vorschlag vortrug, das **Wahlrecht** für alle Alphabeten und alle Soldaten einzuführen. Dieser Rat wurde bei der Verfassungsänderung von 1948 umgesetzt.

Die Arbeiterpartei von Dr. Seewoosagur Ramgoolam bildet einen Gegenpart zur Parti Mauricien mit dem Franko-Mauritier Jules Koenig an der Spitze

1953 gründeten die frankophon geprägten Großgrundbesitzer und Pflanzer eine Gegenpartei zur MLP, die „Parti Mauricien Social-Démocrate" (PMSD), der sich zunehmend auch Kreolen anschlossen. Die beiden Parteien hatten gegensätzliche Zukunftsvorstellungen. Während die Weißen und Kreolen mit Großbritannien assoziiert bleiben wollten, weil sie die Dominanz der indischen Bevölkerungsmehrheit befürchteten, sehnten sich diese mit der Arbeiterpartei nach der völligen Unabhängigkeit.

In den 1950er Jahren gelang es durch die Trockenlegung von Sümpfen und den Einsatz chemischer Insektenschutzmittel, die Malaria auszurotten. Zeitgleich wurden große Anstrengungen unternommen, die Infrastruktur zu verbessern. Es entstanden neue Straßen, die Hafenanlagen wurden einer Modernisierung unterzogen, Wasserreserven angelegt.

Großbritannien förderte nun überall in den Kolonien die Selbstverwaltung. 1958 schuf Großbritannien die Grundlagen für die spätere unabhängige Republik, indem es das generelle Wahlrecht für alle über 21-jährigen und eine innere Autonomie einführte. Nun hatte die Masse der Landbevölkerung ein Mitspracherecht; die Arbeiterpartei unter Seewoosagur Ramgoolam gewann enormen Rückhalt und forderte die volle Unabhängigkeit. Bis dahin vergingen allerdings noch einmal zehn Jahre. Mit einer Verfassungskonferenz in London bereitete die Kolonialmacht 1965 den endgültigen Übergang in die Unabhängigkeit vor. Bei den Wahlen von 1967 sprach sich die Bevölkerungsmehrheit für die Unabhängigkeit aus. Am 12.März 1968 wurde Mauritius

Bei der Unabhängigkeit hatten die Briten die Inselgruppe Diego Garcia als Flottenstützpunkt einbehalten und ihrerseits das „British Indian Ocean Territory" ausgerufen. Diese Inselgruppe war bisher unter mauritischer Verwaltung gestanden. Jahre später übergab London die Diego Garcia-Inseln den USA, die dort eine Militärbasis errichteten und alle Insulaner zur Emigration nach Mauritius zwangen

mit den Inseln Rodrigues, St. Brandon und Agalega als parlamentarische Monarchie zum unabhängigen, souveränen Staat im Commonwealth.

Offizielles Staatsoberhaupt war Königin Elisabeth II., die vom neuen Generalgouverneur vertreten wurde. Dr. Seewoosagur Ramgoolam wurde zum ersten Premierminister von Mauritius ernannt und bildete mit den Oppositionsparteien eine Koalitionsregierung.

Die Anhängerschaft der politischen Parteien rekrutierte sich während der nächsten beiden Jahrzehnte aus den jeweiligen religiösen und ethnischen Lagern. Als stärkste Partei stand die Arbeiterpartei MLP für die Hindus. Christen und Kreolen fanden sich in der PMSD wieder, und die Muslime hatten ihrerseits die „Muslim Party" gegründet.

Wirtschaftliche Krisen wie der Fall des Zuckerpreises und die Zerstörungen nach dem Zyklon Claudette im Jahr 1979 lösten Unruhen aus und brachten militant links orientierten Gruppen Zulauf. Die PMSD konnte mit Mühe eine Verstaatlichung der Plantagen verhindern. Auf die Generalstreiks reagierte die Koalitionsregierung drakonisch mit der Verhängung des Ausnahmezustands und zahlreichen Verhaftungen. Aus Prostest bildeten Studenten die sozialrevolutionäre Bewegung „Mouvement Militant Mauricien" (MMM). Unter dem charismatischen Redner Paul Béranger erlangte sie zahlreiche Überraschungssiege in Regionalwahlen und drohte zur Gefahr für den jungen liberalen Staat zu werden. Die nervöse Regierung verordnete vergeblich Pressezensur und eine Verhaftungswelle. 1976 errang die militante Bewegung bereits die meisten Parlamentssitze, konnte aber noch nicht die Regierung stellen, die wieder von einer Koalition aus der Arbeiterpartei und den Sozialdemokraten gebildet wurde. Außenpolitisch öffnete sich der junge Staat dagegen und wandte sich dem Kapitalismus zu. Mauritius wurde Freihandelszone, animierte internationale Investoren, was den Tourismus ankurbelte, und förderte heimische Industrien wie die Textilproduktion.

Tipp Das „Sir Seewoosagur Ramgoolam Memorial Centre", ein Kulturzentrum mit kleinem Museum in dem Haus, in dem der verehrte Staatsmann in den 1930ern gelebt hat, befindet sich in Port Louis, in der Sir Seewoosagur Ramgoolam Street kurz vor den Plaine Verte Gardens

Bis 1982 hatte die MLP unter Dr. Ramgoolam entweder alleine oder in Koalition mit der PMSD regiert. Aber in diesem Jahr brachten die Parlamentswahlen eine vernichtende, erdrutschartige Niederlage für den „Vater der Nation". Die gefürchtete MMM hatte haushoch gewonnen mit den Parolen, das Transportwesen, den Hafen und die Zuckerfabriken zu verstaatlichen. Dazu kam es aber nie, denn die Partei zerrieb sich, kaum an der Macht, in persönlichen und

Seewoosagur Ramgoolam

Geboren wurde Seewoosagur Ramgoolam, der auch unter dem Namen „Kewal“ bekannt ist, am 18.09.1900, einer sorgenvollen Zeit für die arme Bevölkerungsmehrheit. Sein Vater Moheeth hatte sich einst in Indien als Plantagenarbeiter anwerben lassen und später eine junge Witwe geheiratet, die zwei Söhne in diese Ehe mitbrachte. Seewoosagurs Kindheit in einem kleinen, armen Fischerdorf in Belle Rive verlief unbeschwert und frei, bis der Siebenjährige seinen Vater verlor. Mit zwölf Jahren passierte ein schwerer Unfall, der Junge verlor dabei sein linkes Auge.

Unter der Obhut seines Onkels vertiefte sich der begabte Schüler in seine Ausbildung. Früh gelangte er in politisch interessierte Kreise, die Ghandis und Nehrus Freiheitskampf in Indien fasziniert verfolgten. Die wöchentlichen Schriften „Hindustani“ von Ghandis Vertrautem Manilal Doctor beeinflussten den jungen Mann stark und weckten seine Freude am Schreiben und dem Journalismus. Seewoosagur Ramgoolam hatte viel Sendungsbewusstsein und wollte den Armen auf Mauritius helfen. Seinen größten Nutzen sah er darin, Arzt zu werden. Mit 21 Jahren brach er daher nach London auf, um Medizin zu studieren. Die Jahre in Großbritannien haben den bisher streng indisch erzogenen Jüngling stark beeinflusst. Er entwickelte großen Respekt vor der britischen Kultur. Für die britische und die französische Literatur begeisterte er sich lebenslang. Zugleich ließen ihn die europäischen Jahre politisch reifen, und nach seiner Rückkehr nach Mauritius im Jahr 1935 widmete er sich leidenschaftlich dem Unabhängigkeitskampf. Schon im nächsten Jahr bildete sich mit seiner Hilfe die „Mauritius Labour Party“ und erkämpfte sich in den Folgejahren das Wahlrecht. Nun folgten bis zur Unabhängigkeit des Landes zahlreiche Ämter und politische Posten, und die Ernennung von Seewoosagur Ramgoolam zum ersten demokratisch gewählten Premierminister von Mauritius wurde die Krönung seiner glänzenden Laufbahn. Ein kleiner, armer Fischerbub stand jetzt als „Vater der Nation“ an der Spitze des Staates. Er starb, von seinem Volk tief verehrt, im Dezember 1985 als Generalgouverneur und hinterließ zwei Kinder.

sachlichen Streitigkeiten zwischen ihren beiden Galionsfiguren, dem bedächtigen Anerood Jugnauth und der schillernden Figur Paul Béranger. Es kam zur Spaltung der MMM, und der Rechtsanwalt und amtierende Premierminister Anerood Jugnauth verließ die Partei und gründete ein neue: die „Mauritius Socialist Movement“ (MSM). Es mussten daher schon 1983 Neuwahlen stattfinden, die Jugnauth im Amt bestätigten. Er konnte sich auch 1987 behaupten, als die Regierung aus seiner Partei und der Arbeiterpartei gebildet

Zu Ehren von Seewoosagur Ramgoolam tragen der Internationale Flughafen in Plaisance und der Botanische Garten in Pamplemousses, wo seine letzte Ruhestätte liegt, seinen Namen

Am 12. März 1992 erhielt Mauritius eine neue Verfassung, die den Inselstaat zur souveränen Präsidialrepublik mit parlamentarischer Demokratie umwandelte.

Mauritius verblieb weiterhin im Staatenbund Commonwealth.

Laut dem EIU-Democracy Index gilt der Inselstaat heute als die einzige „volle" Demokratie des afrikanischen Kontinents.

wurde. Die 1980er Jahre bedeuteten für Mauritius einerseits einen deutlichen Linksruck, zugleich zeigten sich durch Jugnauths pragmatische Förderung deutliche Erfolge bei der Diversifizierung und Modernisierung der Wirtschaft. Inzwischen beschäftigte die Industrie mit 85 000 Arbeitern rund doppelt so viele Menschen wie die Zuckerproduktion. Auch der Tourismus war rasant angestiegen, und mit ihm der Dienstleistungssektor (1989 reisten 270 000 Urlauber nach Mauritius). Nach den Wahlen von 1991 bildete Jugnauth eine Allianz mit seiner einstigen Heimatpartei MMM und konnte so noch einmal vier Jahre lang regieren.

Im Dezember 1995 überschattete eine Kontroverse über die Zulassung mehrerer Sprachen in Schulen die Wahlen. Der Befürworter Jugnauth erlitt eine Niederlage und musste sein Amt an Navin Ramgoolam, den Sohn von Staatsgründer Seewoosagur Ramgoolam und neuen Chef der Arbeiterpartei, abgeben. Die MLP regierte nun in Koalition mit der MMM. Diese Allianz zerbrach nach zwei Jahren und Ramgoolam führte die Regierungsgeschäfte mit kleineren Koalitionspartnern weiter. Zwei Jahre später schufen die nächsten Wahlen wieder bekannte Machtverhältnisse, als die Wahlsieger MSM und MMM unter Anerood Jugnauth koalierten, der eine weitere Amtszeit einlegte. Jugnauth erklärte 2003 seinen Rücktritt und übergab das Amt dem Vize-Premier Paul Béranger, der fortan als erster nicht-indischer Premierminister das Land regierte.

Mauritius hatte mit Ameenah Gurib-Fakim von Juni 2015 bis März 2018 ein weibliches Staatsoberhaupt. Seit Ende 2019 heißt das Staatsoberhaupt Prithvirajsing Roopun; ein parteiloser Rechtsanwalt, der zuvor dem MSM angehörte

Nun verloren die regierenden sozialistischen Parteien viel Zuspruch in der Bevölkerung, und die Wahlen 2005 gewann die Soziale Allianz unter Führung der Arbeiterpartei MLP. So kam Navin Ramgoolam erneut in das Amt, das er schon 1995–1999 bekleidet hatte. Im Mai 2010 trat Paul Béranger wieder gegen Ramgoolam an, doch der konnte sich deutlich durchsetzen. Dies änderte sich bei den Wahlen im Dezember 2014, die Anerood Jugnauth mit seinem Mitte-Rechts-Bündnis Leped für sich entschied. Aus Altersgründen zog sich Jugnauth 2017 aus der Politik zurück und übergab das Premierministeramt an seinen einzigen Sohn Pravind Kumar Jugnauth, der dieses Amt noch immer bekleidet (und außerdem Finanzminister des Landes und Vorsitzender der Regierungspartei MSM ist).

Die neun mauritischen Verwaltungsbezirke

Port Louis: Der Bezirk Port Louis im Nordwesten der Insel wird von der gleichnamigen Landeshauptstadt geprägt. Hier leben 15 % der Inselbevölkerung in einer ausufernden Großstadt mit chaotischem Verkehrssystem.

Pamplemousses: Nordöstlich der Kapitale schließt sich ein nach Grapefruit-Plantagen früherer Zeiten benannter Bezirk an. Farmland und Zuckerrohrplantagen sowie das längste Dorf von Mauritius, Triolet, kennzeichnen die eher flache Region. Ihr Schmuckstück ist zugleich die meist besuchte Sehenswürdigkeit der Insel: der weltberühmte Botanische Garten. An seiner Küste liegen zahlreiche Sandbuchten, in denen schon früh erste Hotels Badeferien anboten.

Rivière du Rempart: Nach Norden schließt sich mit der Bucht von Grand Baie die touristische Hochburg der Insel an. Nur hier an den Buchten von Grand Baie und Péreybère kann man von Massentourismus mit entsprechender Infrastruktur sprechen. Ab der Nordspitze am Cap Malheureux kehrt wieder das ruhige Inselleben ein. Vor der Küste dieses Bezirks liegen kleine Inseln, die zum Teil unter strengem Naturschutz stehen: Serpent Island als Vogelschutzgebiet und Round Island als letzte Heimat einiger endemischer Pflanzen und Würgeschlangen.

Flacq: Die große Ebene im Nordosten trägt ihren Namen noch aus der holländischen Zeit („Groote Vlakte"). Im Landesinneren wenig abwechslungsreich und größtenteils von riesigen Plantagen überzogen, bietet sie allerdings einige der schönsten Strände von Mauritius. Hier sind Hotels entstanden, von denen einige zu den besten Resorts im Indischen Ozean zählen. Innerhalb des Riffs liegt auch die viel besuchte Insel Ile aux Cerfs.

Grand Port: Der Südosten von Mauritius ist die Keimzelle der Besiedlung und Kolonisierung; hier gingen die Holländer und Franzosen an Land, gründeten die ersten Ortschaften und bauten Wehranlagen und Wachtürme. Zahlreiche historische Denkmäler und das Stadtbild von Mahébourg halten die Erinnerung daran aufrecht. Hier befindet sich der Internationale Flughafen, und so ist Grand Port auch heute noch das Tor für die Fremden und Besucher von Mauritius. Zudem ist Grand Port landschaftlich reizvoll, denn der Distrikt zeigt sich abwechslungsreich mit Bergen, Buchten, Flüssen, Bächen und Ebenen.

Savanne: Savanne im Süden der Insel bietet kolossale Kontraste. Die Wellen brechen teilweise direkt und ungebremst auf die dunkle, felsige Küste. Stürme und dicke Regenwolken treffen hier erstmals auf Land und regnen sich weiter im Landesinneren an den steilen Bergen ab, wo sie prächtige Bergwälder gedeihen lassen, zu deren Füßen sich seit Kolonialtagen riesige Sugar Estates befinden. Dieser Bezirk ist touristisch am wenigsten beleckt, hier gibt es erst seit wenigen Jahren überhaupt ein paar Hotels bei Bel Ombre im Westen.

Black River: Der Bezirk im Südwesten liegt im trockenen Windschatten. Für Landwirtschaft weniger gut geeignet, hielten sich seine armen kreolischen Bewohner als Fischer über Wasser, bis der Tourismus an der Westküste der Insel florierte und viele neue Arbeitsplätze schuf. In den steilen Bergen dieses Bezirks liegt der gleichnamige Nationalpark, in dem bedrohte Tiere und Pflanzen ein letztes Refugium finden, und dessen Naturschönheiten zahlreiche Besucher anziehen. Seine Küsten bieten kilometerlange Sandstrände und herrliche Ausblicke wie am schroffen Berg Le Morne Brabant. Nach Norden reicht Black River bis an den Bezirk Port Louis.

Plaines Wilhems: Außer Port Louis und Mahébourg liegen alle anderen Städte hier dicht beieinander, ja gehen fast in einander über. Daher leben auch 30 % aller Insulaner in diesem Inlanddistrikt. Die Städte bieten dem Besucher günstige Shopping Centres und ein paar kulturelle Anziehungspunkte. Hier fällt der meiste Niederschlag der Insel.

Moka: Tee- und Zuckerrohrplantagen prägen dagegen das Bild des Nachbarbezirks Moka. Zugleich befinden sich hier die geistigen Eliten des Staates mit der Universität, diversen Bildungs- und Forschungszentren und dem angesehenen Mahatma Ghandi Institut.

Mauritius und seine Menschen

Mauritius gehört zu den weltweit etwa 25 Staaten, die kein Militär besitzen

Mauritius ist ein Schmelztiegel, in dem sich über die Jahrhunderte unterschiedlichste Volksgruppen und Kulturen begegneten, teilweise assimilierten und letztlich eine multiethnische eigenständige Bevölkerung schufen.

In Mauritius ist eigentlich jeder ein „Zugereister“

Der Beginn dieser Entwicklung war durchaus brisant: Rassistisches Kolonialherrengehabe, Sklaverei, Menschenhandel, Verschleppung, Vergewaltigung und Vertragsbruch an den indischen Fremdarbeitern standen zu Beginn der Gesellschaftsentwicklung dieser Insel. Es gab keine Urbevölkerung: Alle sind sie irgendwann zugereist, viele unter Zwang (afrikanische Sklaven) oder mit falschen Versprechungen (indische Kulis). Die europäischen Kolonialherren lebten „wie Gott in Frankreich“ auf Kosten der rechtlosen Bevölkerungsmehrheit und beugten sich nur widerwillig dem internationalen Druck gegenüber diesem Feudalsystem. Ihr maßloser Hunger nach billigen Arbeitskräften bescherte der Insel eine besorgniserregende **Überbevölkerung**. Mauritius ist eines der dichtbesiedelsten Länder der Welt. Gleichberechtigung und Bürgerrechte für alle Hautfarben sind längst etabliert worden, doch die alten Besitzstände, die Reichtümer und der Grundbesitz befinden sich immer noch hauptsächlich in den Händen der franko-mauritischen Oberschicht.

Friedliches Multi-Kulti auf engem Raum

Mit einer solchen Bilanz wären soziale Spannungen, eine hohe Kriminalitätsrate und religiöser Fanatismus nicht verwunderlich. Um so überraschender ist der mauritische Weg. Denn Kennzeichen seiner Zivilbevölkerung sind religiöse Toleranz, ein hohes Demokratiebewusstsein, ausgeprägte Friedfertigkeit und eine freundlich-besonnene Geisteshaltung.

Unten: Mittagspause in Curepipe

Angesichts seiner Geschichte ist dieser versöhnliche Übergang zur liberalen, freien und aufgeklärten Gesellschaft beeindruckend. Der Staat ist stolz, in einer Zeit, wo weltweit ethnische Spannungen und religiöser Extremismus zunehmen, ein klares Zeichen als Multi-Kulti-Erfolgsmodell zu setzen.

Sicherlich ist dieser Erfolg dem kleinen Inselstaat nicht zugeflogen. Bildung und Wohlstand als wichtigste Eckpfeiler für eine gesunde, friedliche Entwicklung der Zivilgesellschaft – die Regierung von Mauritius setzt seit Jahrzehnten darauf. Sie scheint sich auch des schwierigen Balanceaktes bewusst, den sie bei der Ämtervergabe zwischen unterschiedlichen Volksgruppen und Religionen beachten sollte. Vetternwirtschaft, Korruption und Rassismus existieren auch in Mauritius, sind vom demokratischen Verständnis seiner Einwohnerschaft aber bislang weitgehend in Zaum gehalten worden.

Der Schlüssel zum mauritischen Erfolg sind Toleranz, Demokratiebewusstsein und Friedfertigkeit

Der mauritische Weg könnte auch ganz kurz mit **„Multi-Kulti ja, Vermischung nein"** auf den Punkt gebracht werden. Hier lebt sich jede Religion aus, haben sich die Menschen ihre kulturellen Eigenheiten bewahrt und gehen ihren traditionellen Lebensanschauungen nach. Tür an Tür mit Menschen völlig anderer Herkunft, anderen Glaubens und anderer Werteanschauung. Man toleriert einander, bleibt aber möglichst unter seinesgleichen. Auch dem fremden Besucher kann nicht entgehen, dass sich auf dieser Insel jeder Glaube ausleben darf: Bunt bemalte Tamilentempel stehen neben Kirchen und Moscheen. Es ist auf Mauritius möglich, im Duft exotischer Räucherstäbchen einem Muezzin zu lauschen, während der Blick auf eine katholische Kirche fällt, die von hinduistischen Häusern mit kleinen Schreinen in den Vorgärten umringt ist.

Oben: Eine Szene im Pilgerort Grand Bassin

Unten: Sega-Tänzerinnen sind meistens Kreolinnen

Mehrheitlich leben die gut 1,3 Millionen Mauritier in den großen fünf Städten der Insel: Port Louis, Quatre Bornes, Beau Bassin/Rose Hill, Curepipe und Vacoas/Floreal/Phoenix. Die einst vom europäischen Kolonialismus geprägten Ortschaften verlieren dieses Antlitz mehr und mehr. Das typische mauritische Straßenbild zeigt heute vielmehr unzählige weiß getünchte Flachdachhäuser und mitunter nur halbfertige Betonklötze. Teilweise ragen anstelle von Dächern nur die Eisenträger in den Himmel. Muslimische Häuser sind meistens von einer schützenden Mauer umgeben, die kleinen Fenster von blickdichten Vorhängen bedeckt, denn die familiäre Privatsphäre ist Angehörigen des Islam besonders wichtig. Hindus und Tamilen platzieren kleine Schreine in den Gärten, die gerne mit bunten Fahnen und Stoffbändern

geschmückt werden und in denen Räucherstäbchen brennen und Obststücke als Opfergaben liegen. Wohlhabende Europäer residieren eher an den kühleren Berghängen, schotten ihre Villen gerne ab und lieben üppige tropische Gärten.

Die bedenklich hohe Bevölkerungsdichte liegt weltweit an zehnter Stelle, hinter Stadt- und Inselstaaten wie Singapur, Monaco, Gibraltar, Hongkong, Malta, Taiwan oder Bermuda. Die Zahl klingt dramatischer, als die Situation vor Ort aussieht, denn die Touristenzentren liegen überwiegend in vergleichsweise dünn besiedelten Gebieten. Die staatlich unterstützte Geburtenkontrolle reduzierte das Bevölkerungswachstum inzwischen auf unter ein Prozent.

Bevölkerungsdaten

Gesamtbevölkerung:	1.308.222 Einwohner (2022)
Bevölk.-wachstum:	0,10 % pro Jahr (2022)
Bevölkerungsdichte:	640 Ew./km² (BRD: 225 Ew./km²)
Lebenserwartung:	Männer 72 Jahre, Frauen 78 Jahre
Durchschnittsalter:	36 Jahre (BRD: 44 Jahre)
Ärztedichte:	1 Arzt pro 370 Einwohner

Ein buntes Völkergemisch

Indo-Mauritier

Oben: Blick über Curepipe

Unten: Indo-Mauritier pilgern regelmäßig nach Grand Bassin

Menschen indischer Herkunft prägen die Insel am stärksten, denn zwei von drei Bewohnern gehören der indomauritischen Volksgemeinschaft an. Die ersten indischen Händler und Handwerker waren bereits zur französischen Periode im 18. Jh. eingewandert. Später fanden sie auch als Hausdiener und Bauern Beschäftigung, bildeten bis 1800 aber nur eine kleine Gemeinschaft von rund 6000 zumeist aus dem südindischen Raum kommenden Tamilen. Dass wenige Jahre später Inder in derart großer Zahl nach Mauritius gelangten, geht auf die Sklavenbefreiung im 19. Jh. zurück. Die Großgrundbesitzer organisierten sich ab 1835 neue billige Arbeitskräfte auf dem indischen Subkontinent. Als „Kulihandel" bezeichnet man die jahrzehntelange Anwerbung indischer Gastarbeiter, die Hunderttausende Inder zum Teil mit

falschen Versprechungen – so wurde ihnen das ferne Ziel Mauritius als eine Stadt in Südindien verkauft – und Fünfjahres-Arbeitsverträgen auf die kleine Insel lockte, wo sie unter kaum besseren Bedingungen als zuvor die afrikanischen Sklaven schuften mussten. Den meisten blieb auch die versprochene Heimreise nach fünf Jahren verwehrt, so dass die indischen Arbeiter sehr bald die absolute Bevölkerungsmehrheit stellten. Auf Mauritius wurde es nun eng. Zu den Tamilen aus dem Süden waren rund 200 000 Nordinder hinzu gekommen.

Bereits seit 1860 stellen die Indo-Mauritier die Zweidrittelmehrheit. Starke religiöse, sprachliche und ethnologische Unterschiede spalten ihre Identität allerdings. Die größten Gruppen stellen die **Tamilen** und **Hindus**, unter denen heute immer noch viele Plantagenarbeiter und Kleinbauern sind, die in ländlichen Regionen siedeln. Die Erfolgreichen findet man in den Beamtenberufen, unter den Lehrern, Ärzten und Rechtsanwälten. Dem gegenüber bilden die Muslime aus Gujarat und anderen nordindischen Bundesstaaten eine Minderheit. Sie gehören zumeist der Mittelklasse an und sind stark vertreten in der Textilindustrie, im Import von Stoffen und Reis und teilweise auch in der Tourismusindustrie.

Umgangssprachlich werden die Hindus meistens als „Indians“ bezeichnet, die Tamilen wegen ihrer südindischen Herkunft dagegen als „Madras“.

Oben: Ein Tamile von der Westküste

Afro-Mauritier

Nachfahren europäischer Männer und afrikanischer Frauen heißen Kreolen. Der Code Noir verbot solche ehelichen Verbindungen in der Vergangenheit und der Kodex jener Zeit hätte sie auch nicht akzeptiert. Kreolen entstammen also hauptsächlich Zwangsverbindungen und der sexuellen Ausbeutung von Sklavinnen. Der Anteil der Kreolen an der Gesamtbevölkerung wird zwischen 25 und 30 % angegeben. Ihre Präsenz in Gesellschaft und Wirtschaftsleben ist allgegenwärtig. Kreolen sind erfolgreich in Verwaltung und Beamtendiensten, vielfach aber auch als einfache Arbeiter tätig oder als Kleinbauern selbständig.

Innerhalb ihrer Gemeinschaft hat die Sehnsucht nach europäischer Lebensart eine Hierarchie entwickelt, in der helle Hauttypen besser angesehen sind als stärker Dunkelhäutige. Schwarzafrikaner gibt es praktisch nicht auf Mauritius. Größter gemeinsamer Nenner der afro-mauritischen Bevölkerung ist die gemeinsame Religion: Kreolen sind fast ausnahmslos gläubige Katholiken.

Der **Volksmund** nennt hellhäutige Kreolen „Mulattos", die dunkelhäutigen „Mozambic" und reine Afrikaner „Zulus", was jedoch einen abwertenden Touch hat.

In Mauritius wird der Name „Creole" auch für Variationen anderer ethnischer Abstammungen verwendet. Dies stiftet mitunter viel Verwirrung.

Oben: Kreolische Bäuerinnen in Rodrigues

Sino-Mauritier

Die chinesischen Einwanderer erreichten die Insel erst in der britischen Kolonialphase. Sie kamen mehrheitlich aus Süd- und Nordostchina, verließen ihre Heimat durch die Aussicht auf bessere Arbeitschancen und ließen sich als Handwerker und Kleinhändler nieder. Anfangs kamen fast nur Männer. Um 1900 wurden unter 3500 Chinesen lediglich 58 Frauen ermittelt. Ein auffälliges Merkmal chinesischer Auswanderer war ihr enger Zusammenhalt, der unermüdliche Fleiß und ihre Vorliebe zur Ansiedlung in urbanen Zonen (Port Louis hatte schon damals eine China Town). Um 1920 kontrollierten sie bereits den mauritischen Einzelhandel. Ursprünglich gehörten die meisten dem buddhistischen Glauben an, doch konvertierte bis heute rund die Hälfte zum Christentum. Der Männerüberschuss unter den Chinesisch-stämmigen Mauritiern ist immer noch auffällig. In der modernen Gesellschaft treten die rund 3 % Sino-Mauritier vor allem im Einzelhandel und der Gastronomie auf. Sie leben überwiegend in den Städten.

Franko-Mauritier

Alles Französische hat sich bei den Weißen in Mauritius am stärksten erhalten; das britische Erbe tritt meistens in den Hintergrund

Franzosen waren die ersten dauerhaften Siedler auf den Maskarenen. 1715 nahmen sie Mauritius offiziell in Besitz und förderten die Ansiedlung ihrer Untertanen. Sie wurden als „Zuckerbarone" reich und holten Tausende afrikanischer Sklaven zur Arbeit auf den mauritischen Feldern. Eine kleine weiße Oberschicht beherrschte in dekadenter Manier die rechtlosen, bettelarmen Massen. Sie zwangen den Afrikanern auch ihren katholischen Glauben auf. Obwohl stets nur eine zahlenmäßige Minderheit im Land, galt seit jeher alles Europäisch-Französische als höchste Kulturstufe, und diese

Einschätzung hat sich bis heute kaum verändert. Eine helle Hautfarbe, französisches Savoir-Vivre und die französische Sprache genießen Status und Ansehen.

Je nach Statistik werden ein bis zwei Prozent der Bevölkerung den Franko-Mauritiern zugeordnet. Diese Minderheit tritt dominant im Wirtschaftsleben auf. Sie beherrschen weiterhin die Zuckerindustrie, sind aber auch sehr stark vertreten im Handel und Tourismus.

Selbstverständlich handelt es sich bei den Franko-Mauritiern keinesfalls um ausschließlich Französischstämmige. Die französische Kulturprägung als übergreifendes Merkmal der Weißen auf Mauritius führte zur Namengebung. Französische Einflüsse haben sich viel stärker erhalten, obwohl die britische Kolonialzeit deutlich länger währte. Das britische Erbe wird selten sichtbar, am ehesten noch im Straßenverkehr: Es herrscht Linksverkehr.

Mauritius macht es dem Fremden auf den ersten Blick wirklich nicht leicht: Seine Bewohner sind fast alle mehrsprachig und wechseln mühelos zwischen allerlei fremdartigen Sprachen hin und her. Umgangssprache ist das eigenwillige Kreol, wenngleich offizielle und wichtige Gespräche zumeist auf Französisch geführt werden. Und das auf einer Insel, deren Amtssprache eigentlich Englisch ist!

Verwirrende Sprachvielfalt

Man sagt, 33 Sprachen hätten die Einwanderer auf die kleine Insel mitgebracht. 22 davon sind bei der Volkszählung von 1983 noch erfasst worden. Diese Zahl verstärkt den Eindruck eines linguistischen Chaos. Drei Sprachen dominieren auf Mauritius durch ihre volksübergreifende Bedeutung:

Kreol (Morisyen)

Kreolsprachen findet man heute über die Welt verteilt, vor allem in den südlichen USA, in der Karibik, auf den Seychellen und den Maskarenen. Mehr als 10 Millionen Menschen sprechen eine Kreolsprache. Kontinentübergreifend sind sie in der Lage, einander halbwegs zu verstehen, obwohl sich ihre Sprachen eigenständig und ohne Berührung aus dem Pidgin-Französischen entwickelt haben. Sie unterscheiden sich im Detail: Im Süden der USA haben sich viele englische Elemente eingeschlichen, auf Mauritius dafür zahlreiche Ausdrücke indischer Sprachen.

Oben: Quietschbunt sind die beliebten mobilen Eisverkäufer in Mauritius

Unten: Mit dem Tourismus enstand ein neuer Beruf: Strandverkäufer!

Die Sprachentstehung geht auf die Sklavenhaltung zurück. Französischsprachige Gutsherren trennten bewusst Sklaven gleicher Herkunft und Familien, um ihren Willen zu brechen und sie abhängig zu halten. So konnten die von allerlei Ländern Afrikas eingeschleppten Sklaven weder untereinander noch mit den Herren kommunizieren. Es entstand daraus

Holländisch, das an die ersten Besiedlungsversuche durch die Niederlande erinnern könnte, ist übrigens nur noch in einigen geographischen Namen zu finden.

seit dem 18. Jh. eine Mischung beteiligter Kontaktsprachen, deren Wortschatz reichhaltig und bildhaft ist, wogegen die Grammatik sehr einfach bleibt. Kreol hat sich im weiteren Prozess als mauritische Standardsprache etabliert, die 95 % der Bevölkerung versteht und anwendet. Kreol ist eine reine Sprechsprache, daher ist bisher auch keine verbindliche Schriftform festgelegt worden. Lange Zeit als minderwertiger Französisch-Dialekt verunglimpft, wird Kreol heute als eigenständige Sprache anerkannt und es gibt sogar eine Wissenschaft, die sich damit befasst, die Kreolistik.

Englisch

Die offizielle Amtssprache wird seit 1940 in den Grundschulen gelehrt und verbindet heute alle Volksgemeinschaften. Da die meisten Menschen aber selten Englisch sprechen, sind in dieser Sprache ihre Schreibfähigkeiten besser entwickelt als das Sprechen. Englisch hat das Image einer Geschäftssprache und ist bei Indio-Mauritiern relativ weit verbreitet. In entsprechenden Berufssparten, wie dem internationalen Handel, Speditionsgewerbe und im Tourismus, sind Englisch-Kenntnisse selbstverständlich und gebräuchlich – allerdings gerne mit einer Färbung ins Frankophone.

Französisch

Info Jean-Marie Gustave Le Clézio, dessen Romane häufig in Mauritius spielen, wurde 2008 mit dem Nobelpreis für Literatur ausgezeichnet

Sie gilt als Sprache der Kultur und Literatur, als Sprache des Adels und der Intellektuellen – Französisch genießt auf Mauritius den höchsten Rang und wird voller Stolz gesprochen. Die französische Oberhoheit mag bald 200 Jahre zurück liegen; ihre Sprache führt klar in der Gunst der Insulaner. Die Medien berichten französisch, neue Literatur erscheint zumeist auf Französisch, man grenzt sich mit Französischkenntnissen gegenüber dem einfachen Volk ab. Diese Sprachbindung wird sogar gefördert, indem Frankreich immer noch zahlreiche Stipendien an begabte Schüler vergibt.

Tipp Sprachlich ist Mauritius mitunter recht verwirrend. Mit Französischkenntnissen kommt man auf der Insel am besten zurecht

Im Alltag sieht das dann so aus: Zuhause spricht der Mauritier in seiner Muttersprache mit den Angehörigen und Verwandten. Geht er einkaufen oder vergnügt sich am Strand, stellt er automatisch auf Kreol um. Wenn er aber z. B. ein Bankgeschäft abschließt, eine Versicherungsagentur betritt oder offizielle Amtsgespräche führt, wird er die Konversation höchstwahrscheinlich auf Französisch pflegen, weil ihn die Beherrschung der Kultursprache auszeichnet. Sollte das Amtsgespräch zusätzlich einen entsprechenden Schriftverkehr erfordern, dürfte unser Mauritier nun auf Englisch schreiben, schließlich ist es die amtliche Schriftsprache!

Neben diesen Hauptsprachen existieren zahlreiche indische und chinesische Sprachen, Dialekte und Mundarten. Sino-Mauritier unterhalten sich auf Mandarin oder Kantonesisch, Indo-Mauritier haben die Wahl zwischen Hindi, Tamil, Urdu, Gujarati, Bengali, Punjabi u. v. m. Finden sie dabei keine gemeinsame Mundart, so können sie auch noch auf Bhujpuri zurückgreifen, einer allein zur Kommunikation mit anderssprachigen Indern entstandene Zweitsprache, für die es keine Schriftform gibt.

Unten: Die mauritische Mittelschicht genießt das moderne Ambiente und die vielen Feste an der Caudan Waterfront in Port Louis

Vielfalt der Religionen

Religionsfreiheit wird sehr wörtlich genommen und ausgiebig praktiziert, wobei dies friedfertig und pragmatisch geschieht. Fundamentalistische Gruppierungen sind hier unbekannt, ebenso religiös begründete, gewalttätige Auseinandersetzungen. Darauf ist Mauritius stolz und betont gerne, der friedliche Schmelztopf des Indischen Ozeans zu sein. Bei der Volkszählung von 1983 sind verwirrende 87 religiöse Bekenntnisse ermittelt worden. Die häufigsten Religionen sind:

Hinduismus

Den hinduistischen Glauben praktizieren mehr als die Hälfte der Insulaner, die fast ausschließlich der Indo-Mauritischen Gruppe angehören. Die indischen Vertragsarbeiter haben ihre Religion im liberalen britischen Kolonialsystem stets frei ausüben können, Zwangsbekehrungen fanden nicht statt. Der Hinduismus ist eine sehr tolerante Weltanschauung, weshalb seine Anhänger auch selten andere Religionsanhänger provozieren.

Für Außenstehende erscheint der hinduistische Glaube aufgrund seiner zahlreichen Facetten, vielen Gottheiten und der komplizierten Mythologie sehr exotisch und schwer verständlich. Hinduisten versuchen niemals, andere Menschen von ihrem Glauben zu überzeugen, denn ihre Anschauung basiert auf einem Kastensystem, in das man nur hineingeboren werden kann. Somit ist der Hinduismus ihrer Überzeugung nach nur innerhalb dieser Gemeinschaft praktizierbar. Hinduismus ist die Lehre vom Kreislauf der Wiedergeburt (Karma), von der Seelenwanderung auf der Lebensleiter mit dem Ziel der Erlösung. Diese Philosophie erlaubt persönliche Freiheiten und Präferenzen, kennt aber auch strenge Regeln und Tabus. Verstöße dagegen erfordern Buße, sonst schaden sie dem eigenen Karma.

Tolerant und vielfältig – in Mauritius darf jeder seinen Glauben praktizieren

Reine Hindu-Gotteshäuser sind schlichte, weiße Tempel mit einem zurückhaltenden farbigen Design, wie sie z. B. die beeindruckende Tempelanlage Maheswarnath Shiv Mandir in Triolet auszeichnet. Sehr viel auffälliger, bunter, größer und greller zeigen sich die Tempel der Tamilen aus Südindien. Der „Sockalingum Meenatchee Ammen Kovil"- Tempel bei Port Louis ist ein schönes Beispiel der Tamilen-Architektur. Hier tauchen farbige Figuren, große Ornamente, verspielte Türmchen auf, dazu grelle Farben, wie Hellblau und Rosa. Auch bei den Festlichkeiten und Prozessionen fallen die Tamilen auf: Sie beten, meditieren und fasten wie alle Hindus, aber darüber hinaus kasteien sich Tamilen mit Nadeln und Haken, laufen in Trance über glühende Kohlen und vieles mehr.

Christentum

Etwa 32 % der mauritischen Bevölkerung bekennt sich zum Christentum, vor allem Franko-Mauritier, Kreolen und etwa die Hälfte der ansässigen Sino-Mauritier (Chinesen). Die Franzosen hatten den Katholizismus eingeführt und die afrikanischen Sklaven zwangskonvertiert. Ihre kreolischen Nachfahren sind heute überzeugte Christen. Bei den chinesischen Einwanderern entschieden sich die Konvertiten freiwillig für den Glaubenswechsel. Wenige Protestanten (Anglikaner), Presbyterianer und Baptisten stehen einer mächtigen katholischen Mehrheit gegenüber. Christliche Gotteshäuser findet man vorwiegend in Städten, die bedeutendste Kirche ist die 1850 errichtete St. James Kathedrale in Port Louis. Die kleine Insel Rodrigues hat eine 98%ige Christianisierungsrate, denn hier leben fast ausschließlich Kreolen.

Bilder links: Hindu-Tempel Kashinath Mandir, Shivala und Grand Bassin. Bilder oben: Indische Gottheit in Grand Bassin; die katholische Kirche Ste. Philomène in Poudre d'Or

Mauritius hat einen eigenen „**Apostel der Schwarzen**". Jedes Jahr am 09.September pilgern unzählige Gläubige zur kleinen Kapelle von Ste. Croix in Port Louis, wo die Gebeine von Pater Jacques Desire Laval liegen. Der 1803 geborene Franzose war 1841 als Arzt und Geistlicher nach Mauritius gelangt und hatte sich fortan der Seelsorge der Armen gewidmet. Laval wurde zum Fürsprecher der befreiten Sklaven und armen Inder. Nach seinem Tod 1864 wurde das Grab auf dem kleinen Friedhof zum Wallfahrtsort fast aller Konfessionen, denn es sollen dort wundersame Heilungen stattgefunden haben. Lavals Gebeine wurden schließlich in die Kapelle umgebettet, und Papst Johannes Paul II. sprach ihn am 29. April 1979 selig. Alljährlich prozessieren die Pilger mit Fackeln in der Nacht zum 9.September zur Wallfahrtskirche und halten Gottesdienste ab. Ein kleines Museum berichtet dort auch über das Leben und die Taten Lavals.

Oben: Kunstvoll verziertes Eingangstor der Jummah-Moschee in Port Louis, dem bedeutendsten muslimischen Gebetsort des Staates

Islam

Auch der Islam ist durch nordindische Einwanderer nach Mauritius gelangt und zählt heute rund jeden siebten Einwohner zu seiner Anhängerschaft. Die große Mehrheit (95 %) gehört der Glaubensrichtung der Sunniten an. Wie Christen und Juden glauben auch Muslime an nur einen Gott: Allah, den Schöpfer aller Dinge, dem Engel zur Seite stehen, und der mehrere Propheten wie Moses, Noah, Jesus und Mohammed zur Erde sandte. Die fünf Säulen des Islam sind für jeden Gläubigen die wichtigsten Gebote: Das Gottesbekenntnis, die fünf täglichen Waschungen und Gebete, das Almosengeben, das Fasten und die Pilgerfahrt nach Mekka (Hadsch). Der Verzehr von Schweinefleisch, Alkohol und das Glückspiel sind Muslimen tabu. Ihre Gotteshäuser sind meistens weiß getüncht mit grünen Verzierungen, häufig auch feinen Schnitz- und Zierarbeiten, und einem schlanken Minarett. Annähernd 100 Moscheen sind auf Mauritius errichtet worden, die größte und bedeutendste ist die Jummah-Moschee in Port Louis. Freitag ist der wöchentliche Feiertag, an dem der Moscheebesuch Pflicht ist.

Bilder rechts: Hinduistische religiöse Symbole und Götterfiguren wie Shivas Reittier Nandi; Cavadee-Prozession in Rivière des Anguilles

Chinesische Weltanschauungen und Lebensphilosophien

Nachdem die Hälfte der Chinesen zum Christentum konvertierte, sind die „Drei Lehren“ Chinas, der (chinesische) Buddhismus, der Daoismus und der Konfuzianismus, nur untergeordnet vertreten. Oft sind die Übergänge zwischen diesen Religionen fließend. In der chinesischen Weltanschauung bestehen komplizierte Zusammenhänge zwischen Astrologie, Magie und dem irdischen Leben. Zahlreiche Götter schützen die Menschen, Dämonen und Geister plagen sie. Die Abwehr solcher böser Geister durch Lärm und Feuer sowie der Schutz vor ihrem Einfluss mit Hilfe von Amuletten und Symbolen sind zentrale Merkmale, die auch die Feste und Prozessionen prägen: mit Knallkörpern, bunten, feuerspeienden Drachen und vielen Laternenlichtern. Ihre Gotteshäuser sind meistens runde, mehrstöckige, schlichte Gebäude mit auslaufenden Dächern, deren Enden sich leicht dem Himmel zuneigen. Festigkeit und Schlichtheit strahlen diese Pagoden aus. Ein schönes Beispiel ist die Thien Thane Pagode in Port Louis.

Unten: Die Thien Thane Pagode in Port Louis

Religiöse und traditionelle Feste in Mauritius

Auf Mauritius wird gerne gefeiert. Alle religiösen Gemeinschaften praktizieren ihre traditionellen Feierlichkeiten mit großer Leidenschaft. Es vergeht kaum ein Monat, in dem nicht irgend eine religiöse Zeremonie stattfindet oder eine Prozession abgehalten wird. Alte Bräuche und Riten sind allgegenwärtig, sie spielen für die Menschen im Jahreszyklus eine bedeutende Rolle.

Die wichtigsten Hindu-Feste

Hindus und Tamilen feiern die meisten und buntesten Feste der Insel. **Maha Shivaratree**, die „große Nacht Shivas", ist ein fünftägiges nordindisches Fest Ende Februar/Anfang März zu Ehren des ranghöchsten Gottes Shiva. Ein Pilgerzug weiß gekleideter Gläubiger prozessiert zum See Grand Bassin, um dort heiliges Wasser zu schöpfen. Sie tragen kleine Tempelchen, die mit Spiegeln und Blumen verziert wurden. Die Prozession lockt viele Zuschauer an und erinnert an indische Pilgerzüge am Ganges. In den März fallen in der Regel auch das Neujahrsfest nach dem südindischen Telegu-Kalender, **Ougadi**, und das bunte Fruchtbarkeitsfest **Holi**. Dieses Fest der Farben und des Frohsinns ist sehr ausgelassen, die Menschen bewerfen sich mit Beuteln voll gefärbten Wassers und mit Puder. Noch fröhlicher geht es im Oktober beim Lichterfest **Divali** (Deepavali) zu, wenn Hindus den Sieg Krishnas des Guten, über das Böse, den Dämon Narakasuran, feiern. Vor allen Häusern brennen tönerne Öllampen und die Menschen prozessieren mit Lichtern und Fackeln durch die Straßen. Die Tamilen feiern Ende Januar/Anfang Februar ein besonders bizarres Fest namens **Thai Poosam**. Die Gläubigen bereiten sich neun Tage lang intensiv durch Gebete, Fasten und Meditationen auf ihren Bußgang vor. Der zehnte Tag, der Festtag, beginnt mit dem gemeinsamen Waschen am Fluss. Die Gläubigen legen sich Lendenschurze an und streuen heilige Asche über ihre nackten Körper. Sie durchstechen in Trance ihre Körper, Zungen etc. mit langen Nadeln, Nägeln und Haken. Dann nehmen sie ihren **Cavadee** auf, eine schwere, geschnitzte und üppig geschmückte Holzkonstruktion, an der Gefäße mit frischer Milch hängen. Unter dieser Last treten sie einen stundenlangen Büßergang zum Tempel an, der

sie läutert und von ihren Sünden reinigt. Am Tempel angelangt befreien Priester die Büßer von ihren Nadeln und Haken. Die Gottheit im Tempel wird mit der Milch der Büßer übergossen. Es heißt, trotz des stundenlangen Bußgangs in der Tageshitze sei die Milch so frisch wie am Morgen. Die Büßer erfahren Segnung, sie haben während der Selbstkasteiung weder geblutet noch Schmerz verspürt. Die Prozession endet schließlich in ausgelassenem Feiern.

Chinesische Feierlichkeiten

Eine wichtiges chinesisches Fest im mauritischen Jahreszyklus ist das Mondfest im September, bei dem sich die Menschen mit mondförmigen Kuchen beschenken

Die planmäßigen Frühlingsfesttermine der nächsten Jahre:

10.02.2024
29.01.2025
17.02.2026
06.02.2027

Der chinesische Kalender wurde erst 1921 dem Gregorianischen Kalender angepasst. Der alte Neujahrstag, an dem traditionell das wichtigste Fest des Jahres gefeiert wurde, liegt nun im Januar/Februar. Also gab man diesem Fest einen neutralen Namen, und so heißt das traditionelle chinesische Neujahrsfest nun **Frühlingsfest**. Nach chinesischer Auffassung ist der Verlauf des Neujahrstages (heutzutage am Tag des Frühlingsfestes) ein Abbild des beginnenden Jahres. Es bemüht sich daher jeder um einen harmonischen, friedfertigen und glücklichen Tagesablauf. Dem Fest geht ein großer Hausputz voraus, um das Glück einlassen zu können. In der Nacht vor Neujahr empfängt die Gemeinschaft das neue Jahr – wegen der Dämonen, die es zu vertreiben gilt – mit sehr viel Lärm und Feuerwerken. Den Festtag über feiern Freunde und Familien ausgelassen und die Kinder werden mit Geld in roten Umschlägen beschenkt. An diesem Tag sind kein Fleisch- und Alkoholkonsum erlaubt.

Muslimische Feste

Muslime feiern auch im lebensfrohen Mauritius meist fernab der Öffentlichkeit im privaten Rahmen, daher sind ihre Feste und Feierlichkeiten vergleichsweise unauffällig.

Höchstes Fest für Muslime ist das Opferfest, **Eid-ul-Adha**. Es wird zum Höhepunkt der Hadsch, der Pilgerfahrt nach Mekka, rund zehn Wochen nach dem Fest des Fastenbrechens gefeiert und dauert vier Tage an. Ein Fest zu Ehren des Propheten Mohammed, bei dem jeder ein Opferlamm schlachten und Almosen geben soll.

Die voraussichtlichen Ramadan-Termine der nächsten Jahre:

11.03.–10.04.2024
01.03.–30.03.2025
18.02.–20.03.2026
07.02.–08.03.2027

Im Islam ist das Fest des Fastenbrechens, **Eid-ul-Fitr**, am Ende des Ramadan ein bedeutendes Familienfest der Gläubigen. Der Ramadan, der Besinnungsmonat, fordert strenges Fasten während einer ganzen Mondphase. Am 29. Tag des Ramadan, wenn die Mondsichel nach Neumond erstmals wieder am Himmel steht, feiert die ganze muslimische Gemeinschaft

Bild oben: Wandverzierung in einem Hindu-Tempel

ein mehrtägiges Freudenfest. Es ist ein Fest des Friedens, der Versöhnens und der Nächstenliebe. Die Frauen kochen riesige Mengen feinster Speisen, alle tragen Festkleidung, und die Kinder werden liebevoll beschenkt.

Die Schulbildung wird ernst genommen

Das mauritische Schulwesen ist kostenlos und orientiert sich am britischen Bildungssystem. Schon lange ehe die allgemeine Schulpflicht Ende der 1980er Jahre eingeführt wurde, absolvierten die meisten Kinder eine schulische Ausbildung. Der Lohn für diese konsequente Bildungspolitik ist eine weltweit vorbildliche Analphabetenrate von lediglich 5 %. Das hohe Ausbildungsniveau von Mauritius genießt überall entsprechende Anerkennung.

Anstelle staatlicher Kindergärten kümmern sich zunächst rund 1500 private Kindergärten um die Vorschulbildung der Kleinsten. Mit fünf Jahren gelten die Kinder als schulreif und besuchen eine der etwa 300 Grundschulen von Mauritius. Die Klassengrößen betragen meistens 30–40 Schüler. Nach sechs Schuljahren erhalten die Kinder ihr CPE (Certificate of Primary Education). Die begabten Schüler wechseln dann auf eine von rund 150 weiterführenden Schulen, während die übrigen zwei Drittel nach weiteren drei Jahren ihre Grundschulausbildung abschließen. Neben renommierten Schulen wie dem Royal College für Jungen und dem Queen Elizabeth College für Mädchen lehren auch mehrere Privatschulen mit hohem Standard. In Le Reduit bietet die

Schülernachhilfe ist im bildungsorientierten Mauritius weit verbreitet, obwohl sie pro Stunde 15–25 Euro kostet

Bild unten: Eine muslimische Schulklasse unternimmt einen Ausflug in den Botanischen Garten von Pamplemousses

Bilder unten: Pilgerstätten sind auch soziale Treffpunkte; Schulkinder auf dem Heimweg in Port Louis; familiäres Picknick im Black River Gorges Nationalpark

Universität naturwissenschaftliche Fachrichtungen wie Medizin und Forschung an, ferner Sozial-, Ingenieurs- und Agrarwissenschaften sowie Jura. Seit den 1970ern unterrichtet auch eine Hotelfachschule in Rose Hill.

Für die indo-mauritische Bevölkerungsmehrheit existiert neben dem Unterricht auf Englisch seit 1955 auch asiatischsprachiger Schulunterricht. Außerdem erhalten sie hervorragende Weiterbildung im Mahatma Ghandi Institute, das in Mauritius mehrere Zweigstellen unterhält.

Das Gesundheitswesen

Offiziell ist die Gesundheitsversorgung kostenlos. So werden Bedürftige in den staatlichen Krankenhäusern gratis behandelt, wo knapp 3700 Patientenbetten zur Verfügung stehen. Allerdings suchen viele wegen der notorisch überfüllten Hospitäler und „Dispensaries" eine Privatklinik auf (Clinics genannt), deren Betreuung und Versorgung aber bezahlt werden muss (die privaten Kliniken verfügen über weitere 562 Betten). Rund 2000 Ärzte versorgen die Bevölkerung; das bedeutet, ein Arzt hat 615 Menschen zu versorgen. Im Vergleich dazu teilen sich 1000 Menschen in der BRD 3,73 Ärzte. Für die zahnärztliche Versorgung der mauritischen Bevölkerung sind knapp 200 Dentisten zuständig.

Neben der modernen Medizin suchen vor allem Kreolen häufig traditionelle Heiler auf, denen sie großes Vertrauen schenken.

Zwischen Tradition und Moderne: Frauen in Mauritius

Die Moralvorstellungen sind in der mauritischen Gesellschaft konservativ geprägt. Obwohl Frauen inzwischen mehrheitlich einen Beruf erlernen, erfolgreich arbeiten und oft zum Familieneinkommen beitragen, ihre Töchter ebenso frei erziehen und schulisch fördern wie die Söhne, ist ihre Rolle doch traditionell behaftet. Selbstverwirklichung im westlichen Sinne ist unbekannt. Hier wird weibliche Selbstverwirklichung mit Mutterschaft und Familie gleichgesetzt. Eine Frau, die nicht heiratet, wohnt bei ihrer Familie. Sollte sie es wagen, als Single alleine eine Wohnung zu beziehen, wäre ihr Ruf rasch ruiniert.

Oben: Mutter und Tochter beim Stadtbummel in Port Mathurin, Rodrigues.

Unten: Eine junge Pilgerin in Grand Bassin zieht sich die Corona-Schutzmaske über.

Die Familie in der mauritischen Gesellschaft

Auch das Familienbild ist traditionsbewusst und konservativ geprägt. Mauritier sind ausgesprochen kinderlieb und familienbewusst. Der Einzelne identifiziert sich stets über seine Familie, die soziale Gemeinschaft bildet für ihn die wichtigste Institution.

In der Familie werden Sozialfälle abgefangen und moralische Werte gelebt. Familiäre Isolation wäre eine Schreckensvorstellung und wird unter allen Umständen vermieden. So entsteht eine Verbindlichkeit, die den Einzelnen in eine feste, der Familie und dem „Clan" verpflichtete Rolle zwingt, ihm aber auch den Schutz und die Fürsorge derselben gewährt. Diese lebenslange Wechselbeziehung bestimmt das private und öffentliche Handeln. Es ist ein funktionierender „Generationenvertrag": die Alten versorgen die Jüngsten, während die Jungen niemals die Alten im Stich lassen oder sie gar in ein Altersheim abschieben würden. Da familiäre Bande als die engsten und sichersten im Leben gelten, sind Familienbetriebe auch im Geschäftsleben weit verbreitet.

Kinderlosigkeit ist für Mauritier ein großes Unglück; und freiwillige Kinderlosigkeit fast nicht vorstellbar. Der Nachwuchs genießt nahezu Narrenfreiheit, wird aber zugleich zu Respekt vor Älteren, Fremden und Erziehern angehalten. Heutzutage haben auch mauritische Familien meistens nur noch ein bis zwei Kinder.

Zum Zeitpunkt seiner Unabhängigkeit war Mauritius nur ein eher einkommensschwacher Agrarstaat mit dem einseitigen Monopol des Zuckerrohranbaus. Was sich in den letzten Jahrzehnten daraus entwickelte, darf sich eine Erfolgsgeschichte nennen.

Oben: Professionell verpackt senden die Modellfabriken ihre fragilen Schiffsmodelle sicher in die ganze Welt

Bilder rechts: Rezeptionisten im Luxusresort; Helikopterservice von Air Mauritius; Tee Aussieben in Bois Cheri; Rumproduktion in l'Aventure du Sucre

Ein Wirtschaftswunderland?

Mauritius präsentiert sich heute als Wirtschaftswunderland mit beeindruckenden Wachstumsraten, einem relativ hohen Lebensstandard und einer verhältnismäßig niedrigen Arbeitslosenrate. Der selbstbewusste Inselstaat strebt eine Position im Indischen Ozean an, wie sie Singapur in Südostasien innehat, als wirtschaftlicher Knotenpunkt und Motor für die ökonomische Entwicklung des geographischen Raums. Seinen Boom verdankt der Kleinstaat einer konstanten, verlässlichen Wirtschaftspolitik, deren Eckpunkte sind:

- Diversifizierung der Landwirtschaft und Förderung von Dienstleistungs- und Fertigungsindustrie
- Ausbau des Finanzdienstleistungssektors (Cyber City)
- Anreize für Investoren durch die Freihandelszone
- ein einfaches Steuersystem mit extrem niedrigen Steuersätzen
- hohe Sozialleistungen, z. B. ein kostenloses Bildungs- und Gesundheitswesen
- Ausbau des hochpreisigen Tourismus

Ein ganz entscheidender Weg wurde bereits 1970 eingeschlagen, als der Staat eine **Freihandelszone** einrichtete (Export Processing Zone, kurz "EPZ"). Sie setzte einen Industrialisierungsprozess in Gang, der die Wirtschaft zu diversifizieren half, nahezu die Vollbeschäftigung der Arbeitskräfte erreichte und dem kleinen Land völlig neue Einkommensquellen öffnete. Am stärksten wuchsen die Fertigungsindustrie von elektronischen Bauteilen und Schmuck sowie die Textilindustrie. Mauritius gilt heute als **drittgrößter Hersteller der Welt von Strickwaren**. Vor allem den Frauen boten sich in diesem Produktionsbereich mit rund 50 000 Arbeitsplätzen Beschäftigungsmöglichkeiten. So steht der Inselstaat seit Ende der 1990er Jahre an der Schwelle zur Industrienation.

Bis vor kurzem war die Landwirtschaft die wichtigste wirtschaftliche Basis des Landes. Dominiert wird sie immer noch vom **Zuckerrohranbau**, der jeden siebten berufstätigen Insulaner beschäftigt und sich über 90 % der nutzbaren Flächen ausbreitet. Das entspricht etwas mehr als der Hälfte der Inseloberfläche. In guten Jahren liegt die Jahresproduktion bei bis zu 700 000 Tonnen. Die endlosen Felder dieser widerstandsfähigen, zähen Pflanze prägen nach wie vor das Antlitz der Zuckerinsel, und selbst die Hierarchie der

Zuckerbarone bleibt noch in den Machtstrukturen erkennbar. Rund 30 000 Kleinbauern (petit planteurs) stehen weniger als zehn franko-mauritische Großgrundbesitzern gegenüber, die zudem Eigentümer der Zuckerraffinerien sind, bei denen die Kleinbauern anliefern müssen. Der allergrößte Teil des Rohzuckers wird exportiert, die EU stellt einen der Hauptabnehmer. Nur etwa 5–10 % verbleiben im Land. Als lukratives Nebengeschäft für den lokalen Markt manifestierte sich die Rumproduktion aus dem Zuckerabfallprodukt Melasse.

Viel Engagement bei unterschiedlichem Erfolg steckte die Regierung in Versuche, sich vom Monopol des krisengefährdeten Zuckerrohranbaus zu lösen. Fehlgeschlagen sind Experimente zur Rindfleischproduktion, wogegen die Geflügelzucht erfolgreich in Angriff genommen wurde. Auch der Kaffee- und Teeanbau, mehrheitlich für die heimische Produktion, verbuchte im Hochland Erfolge. Mit Obst und Gemüse, insbesondere Kartoffeln, kann Mauritius seinen Bedarf inzwischen relativ gut selbst decken.

Einzig der Fischfang dümpelt immer noch, verbessert sich aber allmählich auch. Trotz seiner 200-Meilen-Zone im fischreichen Indischen Ozean kann Mauritius seinen Fischbedarf weiterhin nicht decken und importiert große Mengen vor allem von den Seychellen und Madagaskar. Seine knapp 4000 eigenen Fischer arbeiten außerdem überwiegend noch mit veralteten Fangmethoden.

Trotz aller Verbesserungen ist Mauritius also weiterhin gezwungen, einen

Oben: Souvenirverkauf mit hochwertigen Produkten

beträchtlichen Anteil an Nahrungsmitteln zu importieren, insbesondere Milch- und Fleischprodukte.

Neuesten Meldungen zufolge führt der **Tourismus** inzwischen im Wirtschafts-Ranking des Landes vor den beiden weiteren Standbeinen Landwirtschaft und Fertigungsindustrie. Man gerät ins Staunen, wenn man die erstklassige touristische Infrastruktur der Insel betrachtet und sich dann vorstellt, dass bis zu Beginn der 1950er Jahre kein einziges Hotel auf Mauritius stand, geschweige denn irgendjemand mit Touristen und sonnenhungrigen Urlaubern rechnete (siehe rechts).

Mauritius hat sich außerdem zur **Steueroase** entwickelt; es gewährt ausländischen Investoren attraktive Anreize. So dürfen diese ihre zur Produktion erforderlichen Rohstoffe zollfrei nach Mauritius einführen; es fallen während der ersten zwanzig Jahre kaum oder gar keine Steuern an, und schließlich dürfen die Unternehmer ihr Kapital auch wieder ohne Beschränkungen aus Mauritius abführen.

Plötzliche Vollbremsung im blühenden Tourismus: Bis zum Ausbruch der Corona-Pandemie besuchten jährlich mehr als 1,3 Mio. Urlauber die Tropeninsel. Im März 2020 kam es dann zum totalen Stillstand. Viele Hotels haben die Krise genutzt, um ihre Anlagen zu renovieren und verschönern, und sie hoffen nun auf die Rückkehr der Urlauber.

Die **Corona-Pandemie** mit ihren weltweiten und sehr langen Grenzschließungen hatte natürlich auch dramatische Auswirkungen auf den kleinen Inselstaat, der sich regelrecht abschottete. Das wirtschaftliche Desaster durch den völligen Zusammenbruch des Tourismus und der Hotellerie nützte Mauritius für Renovierungen und Instandsetzungen, und einmal mehr bewiesen die Mauritier, dass sie zusammenstehen. Das Land startete zuerst im Herbst 2021 mit einer vorsichtigen Öffnung für Touristen und schließlich im Sommer 2022 mit voller Kraft, um zu den Erfolgen der Vor-Corona-Zeit zurückzukehren.

Wirtschaftsdaten

Wachstumsrate:	5,4 % (2023, geschätzt)
Inflationsrate:	6,1 % (2023, geschätzt)
Arbeitskräfte:	551 800 (2023)
Arbeitslosigkeit:	6,7 % (2023)
Welt-Hunger-Index:	Rang 62 von 121 Staaten (2022)
Human Development Index:	Rang 63 von 191 Staaten (2022)
wichtigste Handespartner:	Frankreich, Großbritannien, Südafrika, Indien, China, USA

Wie der Fremdenverkehr nach Mauritius gelangte

Als Keimzelle des erfolgreichen mauritischen Tourismus gilt ein Quantas-Flug von 1952, der, wie damals üblich, zwischen Sydney und Johannesburg einen Zwischenstopp zum Auftanken auf der Maskareneninsel einlegte. Nur waren dieses Mal 50 Passagiere an Bord, die eine ganze Woche auf der Tropeninsel zu bleiben gedachten, anstatt nach kurzem Tankstopp sofort wieder abzureisen. Weil es keine entsprechenden Herbergen oder Hotels gab, mietete die örtliche Repräsentanz ein elegantes Herrschaftshaus im Hochland für diese ersten mauritischen Touristen (das Haus ist noch heute im Besitz der Hotelgruppe Beachcomber). Was damals mit einer Notlösung begann, entwickelte sich ziemlich gradlinig zum Touristenmagneten. Ab den 1970er Jahren veranstaltete Mauritius erste Werbekampagnen, um in-

ternationale Gäste auf die Insel zu locken. 1975 stellten 29 Hotels auf der Insel bereits 3000 Betten zur Verfügung. Zwei Jahre später reisten erstmals mehr als 100 000 Gäste nach Mauritius. Zum Ende der 1980er Jahre brach ein regelrechter Bauboom im Hotelsektor aus. Das neue Jahrtausend bescherte der Insel bald mehr als eine halbe Million Besucher jährlich, die in den inzwischen mehr als 110 Hotels und Gästehäusern unterkommen. Etwa 3 % der Bevölkerung sind direkt im Hotelgewerbe beschäftigt, noch einmal die gleiche Anzahl profitiert indirekt vom Geschäft mit den Urlaubern. Ausländische Investoren sind willkommen, dürfen aber nicht mehr als 49 % Anteile an einem Hotel oder Resort übernehmen. Um die vielen hungrigen und spendierfreudigen Gäste auf hohem Niveau zu verköstigen, importiert Mauritius große Mengen an Nahrungsmitteln. Das Land hat sich das ehrgeizige Ziel gesetzt, die Besucherzahlen in wenigen Jahren sogar noch zu verdoppeln. Dass diese Pläne aufgrund fehlender Infrastruktur wohl nicht so bald realisiert werden, betrachten viele mit Erleichterung. Denn ein Massenziel à la Mallorca wünscht sich hier niemand.

Welchen Herausforderungen sieht sich Mauritius für die Zukunft ausgesetzt?

Die steigende Konkurrenz im Billiglohnbereich ist in Mauritius nicht unbemerkt geblieben. Länder wie Madagaskar und China produzieren heute viel billiger und schneller als Mauritius, wo die Löhne für afrikanische Verhältnisse stark gestiegen sind. Die Insel möchte sich hier wie beim Tourismus aus der Affäre ziehen, indem sie sich qualitativ von der Konkurrenz abzuheben versucht, anstatt den Kampf um Massenproduktionen aufzunehmen – dem kommt das hohe Ausbildungsniveau zugute.

Mauritius ist Mitglied der Südafrikanischen Entwicklungsgemeinschaft SADC, die 15 Staaten Afrikas mit 240 Mio. Menschen vereinigt und eine Zollunion ähnlich der EU im afrikanischen Wirtschaftsraum anstrebt. Schrittweise sollen die Zölle aufgehoben werden und eine übergreifende Freihandelszone entstehen, die sich einmal über die Länder Namibia, Botswana, Südafrika, Swaziland, Zambia, Zimbabwe, Malawi, Tansania, Mosambik, Lesotho, Angola, D. R. Kongo, Madagaskar, die Seychellen und Mauritius erstrecken soll. Die Fortschritte verlaufen allerdings schleppend.

Welche Strategie kontinuierliches Wachstum im Tourismus bringt, darüber bestehen Differenzen. Es gibt Befürworter einer Öffnung hin zum „Chartertourismus" wie in der Dominikanischen Republik, wo niedrige Preise durch Masse zu Profit führen. Bisher bleibt die Regierung aber ihrer Linie treu, vor allem den erlesenen Fremdenverkehr zu fördern.

Eine große Herausforderung zur Sicherung der Zukunft wird der **Klimaschutz**. Als so genannter „Small Island Development State" wird Mauritius von den Folgen des Klimawandels überdurchschnittlich stark bedroht. Zu den Risiken zählen extreme Unwetter und Starkregenfälle, der ansteigende Meeresspiegel und die Zunahme zerstörerischer Tropenstürme (Zyklone). Nicht zuletzt deshalb gehört Mauritius zu den ersten Unterzeichnern des Pariser Klimaabkommens.

Mauritisches Lohnniveau

Das monatliche Durchschnittseinkommen in Mauritius beträgt statistisch 790 Euro (Erhebung 2022).

Seit Januar 2023 liegt der staatlich festgesetzte Mindestlohn bei etwa 240 Euro. Ungelernte Arbeiter, z. B. Gärtner, müssen damit zurechtkommen; Beschäftigte im Tourismus haben zumeist ein etwas höheres Monatseinkommen.

Um den Lebensstandard zu erhalten, arbeiten in den meisten Familien beide Ehepartner. Männer verdienen allerdings bei gleicher Tätigkeit mehr als doppelt soviel wie Frauen.

Ökologie und Umweltschutz

Das mauritische Wirtschaftswunder hat auch Kehrseiten: Die hohe **Luftverschmutzung** durch die Textilindustrie und die Bedrohung der **Korallenriffe**. Die vielen Hobbytaucher, die auf die fragilen Korallen treten und mitunter „Souvenirs" sammeln, und die zunehmenden Wassersportaktivitäten (wie Unterwasserspaziergänge) beeinträchtigen das empfindliche Ökosystem unter Wasser enorm. Der Motorbootverkehr begünstigt die Algenbildung, was mancherorts an der Nordwestküste bereits bedrohliche Ausmaße annimmt. Ein Erfolg sind die „**künstlichen Riffe**" vor Mauritius an Stellen, an denen ausrangierte Schiffe versenkt wurden. Inzwischen bieten 15 solcher eisernen Schiffswracks den Pflanzen und Tieren des Meeres einen neuen Lebensraum.

Schiffsunglück: Am 25. Juli 2020 havarierte ein japanischer Frachter mit 4000 Tonnen Treibstoff an Bord vor Mahébourg und tausend Tonnen Schweröl liefen in den Indischen Ozean und bedrohten das fragile und geschützte Ökosystem im Blue Bay Marine Park und vor der Insel Ile aux Aigrettes. Um die drohende Umweltkatastrophe abzuwenden, engagierten sich tausende Helfer beim Abpumpen des Öls und Reinigen der Strände. Eine Ölpest konnte durch diese unglaublich starke Gemeinschaftsaktion gerade noch verhindert werden.

Unten: Ein sauberer Ozean ist das größte Kapital der Ferieninsel

Bilder von oben: Ile aux Deux Cocos in der Lagune von Rodrigues; die markante Halbinsel Le Morne; eine Welle trifft auf Lavagestein an der Südküste; Sumpfeiben (*Taxodium distichum*) und riesige Farne im Inselinneren

Die geographische Lage: Ein Spiel mit Vergleichen

Der kleine Inselstaat liegt im westlichen Indischen Ozean nahe dem Wendekreis des Steinbocks. Die Republik umfasst neben der gleichnamigen Hauptinsel (1865 km²) die Insel Rodrigues (104 km²) und die 1000 bzw. 400 km entfernten Archipele Agalega (75 km²) und Cargados-Carajos (1,3 km²). Gemeinsam mit der französischen Insel Reunion bilden die mauritischen Inseln die geographische Einheit der Maskarenen.

Der Staat genießt eine isolierte Insellage ohne gemeinsame Grenzen mit irgend einem anderen Staat. Auch wenn es überraschen mag: sein nächst gelegener Nachbar ist die EU! La Reunion liegt als französisches Überseedepartement nur 200 km entfernt, während Madagaskar fünfmal so weit westlich und das afrikanische Festland sogar erst 1800 km weiter im Westen zu finden sind. In allen anderen Himmelsrichtungen müsste man mehrere Tausend Kilometer reisen, ehe man wieder auf Landflächen träfe.

Unter der Flächenangabe 1865 km² für die Hauptinsel Mauritius können sich die meisten Menschen spontan wenig vorstellen. Ziehen wir also Vergleiche heran: Mauritius ist um 30 % kleiner als Luxemburg und erreicht auch nicht einmal ganz das Ausmaß des Bundeslandes Saarland. Die Insel ähnelt vielmehr der Ausdehnung von München bzw. misst in etwa die doppelte Fläche der Ostseeinsel Rügen. Sie begnügt sich in den gigantischen Weiten des Indischen Ozeans mit einer Länge von 65 km mal 48 km Breite. Und die Entfernung zur kleineren Schwesterinsel Rodrigues entspricht mit 560 km fast der Strecke zwischen München und Berlin.

Der erste Eindruck einer tropischen Schönheit

Als birnenförmig wird die Insel Mauritius gerne beschrieben, wogegen Rodrigues eher an eine Kaulquappe erinnert. Beide Inseln sind fast komplett von schützenden **Korallenriffen** umgeben (im Süden von Mauritius gibt es eine 15 km lange Lücke); und weiße Sandstrände prägen ihre Küsten. Die Korallenriffe liegen knapp unter der Wasseroberfläche in einem Abstand von 200 m bis 5 km zur Landfläche. Sowohl innerhalb als auch außerhalb dieser Riffe befinden sich weitere kleine, unbewohnte Inseln. Im Schutz der Korallenriffe liegen zahlreiche Lagunen. Jenseits der Korallenriffe stürzt der Meeresboden jäh auf die im Indischen Ozean durchschnittliche Tiefe von rund 3600 m unter dem Meeresspiegel ab.

Während Mauritius rein vulkanischen Ursprungs ist, zeigt sich **Rodrigues** als vergleichsweise jugendlicher Basaltblock von etwa 8 x 18 km Ausdehnung auf 104 km² Fläche, den ein bis zu 400 m hoher Gebirgskamm zentral durchquert.

Mauritius wird von eindrucksvollen **Gebirgsketten** durchzogen, vor allem im Südwesten, wo die höchsten zackigen Bergspitzen 828 m (Piton de la Rivière Noire), 823 m (Pieter Both) und 812 m (Le Pouce bei Port Louis) betragen. Bei diesen abenteuerlich gezackten Gebirgsprofilen lässt sich eine Südwest- nach Nordost-Richtung erkennen. Im Südwesten entspringt auch der längste Fluss der Insel, die Rivière Sud Est, und mündet nach einer 40 km langen Reise an der Ostküste in den Ozean. Die Berge umschließen das **Zentrale Hochplateau**, das sich als ehemaliger Vulkankrater entpuppt, und dessen Name „Plaines Wilhems" noch der holländischen Zeit entstammt. Das fruchtbare Hochland, in dem die meisten Menschen leben, erstreckt sich auf Höhenlagen zwischen 400 und 600 m. Hier befinden sich auch mehrere natürliche Krater- und einige künstliche Stauseen. Zu den Küsten hin flacht das Land ab, entwässern sich zahlreiche Flüsse und Bäche, und nimmt die Vegetationsvielfalt deutlich ab. 330 km Länge beträgt die Küstenlinie und wird zumeist von weißen Sandstränden zwischen schwarzen Lavafelsen geprägt.

Madagaskar-Taggecko

Die Entstehung der Insel

Eine feurige Geburt

Mauritius zählt zu den betagten Inseln der Region. Sie wurde bereits vor 7 bis 8 Millionen Jahren durch tobende Vulkanausbrüche geboren. Ein Kraterboden mit rund 20 km Durchmesser lässt sich heute noch im zentralen Hochland der Insel

Schon gewusst?
Charles Darwin besuchte während seiner Weltumseglung im April/ Mai 1836 auch die Insel Mauritius

erkennen. Einst ragten die Vulkane und Bergspitzen mehrere Tausend Meter aus dem Ozean und spien reichlich Lava aus. Niederschläge, Stürme und Erosion sowie die fortwährende tektonische Tätigkeit des Meeresbodens flachten die Insel allmählich ab und schufen die heutige Inseloberfläche. Die letzten vulkanischen Aktivitäten ließen vor 100 000 Jahren nach und erlaubten der Natur auf dem erloschenen, fruchtbaren Lavagestein eine prächtige Entfaltung. Dichter tropischer Regenwald bedeckte das malerische Eiland. Seine isolierte Lage begünstigte die Entstehung zahlreicher endemischer (nur hier vorkommender) Arten in der Flora und Fauna. Es gab keine Raubtiere, und manche Vögel erlaubten sich sogar, das Fliegen zu verlernen, weil ihr Leben auf dem Inselboden sicher genug war. Mauritius war ein Paradies, wie es sich die Menschheit gemeinhin erträumt, allerdings nur, bis die Menschen dieses Kleinod entdeckten...

Oben: Wasserfall im „Tal der Farben“

Risikofaktor Homo Sapiens

Mit den ersten Inselbesetzern, den niederländischen Seeleuten, setzte augenblicklich die Ausbeutung der natürlichen Ressourcen ein. Die rigorose Abholzung des Regenwaldes ging mit der Vernichtung der heimischen Tierwelt einher, zum Einen, weil sie ihren natürlichen Lebens- und Schutzraum verlor, zum Anderen, weil flugunfähige Dronte und Riesenlandschildkröten einfache Beute waren und dem Hunger der Seeleute zum Opfer fielen. Der Waldvernichtung folgte die Monokultur des intensiven Zuckerrohranbaus. Absichtlich und versehentlich eingeschleppte Tierarten, wie Ratten, Wildkatzen und Mangusten, bedienten sich an den ungeschützten Vogelnestern – für zahlreiche kleine Tierarten und Vögel begann eine katastrophale Entwicklung. Stürme zerstörten die schutzlos der wütenden Natur ausgelieferten Reste heimischer Flora, die einst im Windschatten der hohen Edelhölzer gedeihen konnte. Zu allem Überfluss sorgte die Überbevölkerung seit den Immigrationswellen im 19. Jh. für zusätzliche Belastungen des Ökosystems. So paradiesisch die Insel Mauritius sicherlich einst war, so deprimierend und

Unten: Vulkanberge und Zuckerrohr – die typische Szenerie in Mauritius

Bilder rechts: Halsbandsittich; Bergurwälder im Black River Gorges Nationalpark; Zuckerrohrfelder bedecken einen Großteil der Insel

hoffnungslos präsentierte sich ihre Natur 400 Jahre nachdem die Menschen von ihr Kenntnis erlangt hatten.

Ein Umdenken hat erst vor etwa einer Generation stattgefunden. Unter dem Einfluss der Unabhängigkeit, als die Menschen plötzlich Mauritier waren anstelle von Übersee-Franzosen und -Briten bzw. Exil-Indern, als ehemalige Sklaven sich als vollwertige Bürger eines jungen Staates fühlten, und diese neue nationale Identität Heimatgefühle und Patriotismus aufbaute, da erwachte auch ein Bewusstsein für die Belange der heimischen Natur. Ein Übriges tat der aufkeimende Tourismus, denn Mauritius braucht für sein Image als Paradiesinsel zwangsläufig bessere Nachrichten als Meldungen von aussterbenden seltenen Vogelarten, verdreckten Flüssen und einer zerstörten Vegetation.

Versuche der Wiedergutmachung

Der engagierte britische Naturforscher und Ornithologe Gerald Durrell gründete 1984 mit einigen Mitstreitern den Mauritius Wildlife Appeal Fund. Sein größtes Anliegen war die Rettung endemischer Tierarten, insbesondere von akut vom Aussterben bedrohten Vögeln. Dementsprechend ausgerichtet begann die NGO-Tätigkeit der Naturschützer, die rasch bekannt wurde und sogar die Regierung zu ökologischen Zugeständnissen motivieren konnte. Seit Mitte der 1990er Jahre kümmert sich der Verein nicht nur um die Finanzierung von arterhaltenden Maßnahmen, sondern wird verstärkt tätig in der aktiven Renaturierung und bei diversen Waldschutzprojekten. Zeitgleich formierte sich aus diesem ersten Naturschutzbund die heute international anerkannte **Mauritius Wildlife Foundation** (MWF). Die Arbeit des MWF beinhaltet neben Projekten zum Schutz bestehender Ökosysteme auch die Wiederherstellung ursprünglicher Flora, die Rettung gefährdeter Arten mithilfe aufwändiger Zuchtprogramme, Bildungsarbeit bei Schulkindern und – last not least – sogar der Ökotourismus wird zaghaft angegangen, als Einnahmequelle und zur Verbreitung umweltbewussten Gedankenguts.

Oben: Makaken; Bruthöhle für die stark gefährdeten Mauritius-Sittiche (S. 69)

Heute stehen 4 % der Landesfläche unter Naturschutz (zum Vergleich: in Bayern etwa 6 %). Den größten Schutz genießt der 1994 ernannte **Black River Gorges Nationalpark** (Rivière Noire) im Südwesten der Insel, der sich über 65,7 km² im zerklüfteten Gebirge erstreckt und aufgrund seiner Schönheit ein Aushängeschild des Landes ist. Der Park beherbergt 80–90 % der noch vorhandenen ursprünglichen Wälder und ihrer besonderen Fauna. Verwaltungstechnisch gliedert er sich in drei Einheiten. Die „Recreation Zones" im Tiefland dienen der naturnahen Erholung, denen sich „Nature Zones" anschließen, in denen gewandert wird, aber keine Freizeitinfrastruktur erlaubt ist, z. B. im **Sohie Nature Walk**. Die strengsten Schutzmaßnahmen in den „Reserved Zones" dienen der Arterhaltung.

Zahlreiche weitere Naturreservate verteilen sich über die Insel, deren Schutzstatus sich manchmal lediglich auf das Bebauungsverbot beschränkt, andernorts aber wiederum wertvollen und engagierten Projekten Raum bietet. Ein gutes Beispiel für erfolgreichen, modernen Naturschutz ist das Auswilderungs- und Renaturierungsprojekt auf der **Ile aux Aigrettes** vor der Südostküste von Mauritius. Seit 1985 untersteht die Insel dem MWF, der es sich zur Aufgabe macht, die ursprüngliche Inselfauna und Küstenvegetation wieder herzustellen. Eine limitierte Besucherzahl wird inzwischen sogar auf der Insel zugelassen. Inseln wie Ile aux Aigrette, Coin de Mire und Gabriel Island eignen sich für Projekte, die dem Tierschutz dienen, besonders gut, wenn sie frei von eingeschleppten Beutetieren wie Ratten und Mangusten sind. **Botanische Gärten** sind ein Hort seltener Pflanzen, dienen dem Erhalt heimischer Flora und begeistern die Besucher durch ihren Artenreichtum. Mauritius leistet sich drei solcher Gärten: zwei kleine Gärten in Le Petrin und Curepipe und den Besuchermagnet in Pamplemousses. Dort gibt es neben einigen Tiergehegen und einer wertvollen Versuchsstation 500 verschiedene Arten, wovon 25 Spezies auf den Maskarenen endemisch sind. Allein 80 verschiedene Palmenarten wurden im Pamplemousses Garden gepflanzt.

Tipp Jedem Reisenden möchten wir einen Besuch der **Botanischen Gärten** von Mauritius ans Herz legen. Man muss kein Hobbygärtner und Freizeitbiologe sein, um die Vielfalt und Schönheit tropischer Natur in diesen Gärten zu genießen

Einige Naturreservate, sie zählen heute zu den meistbesuchten des Landes, gehen eigentlich auf Plantagen und Wirtschaftsgüter zurück, die später renaturiert bzw. ökologisch umgestellt wurden. Im **Vallée de Ferney** und in der

Domaine de l'Etoile befinden sich die letzten Urwaldreste in Privatbesitz mit einem immensen Bestand an Ebenholzbäumen. Heute bieten sie Wanderfreunden und Ökotouristen ein stimmungsvolles Ausflugsziel mit geführten Wanderungen, Restaurant, Reitgelegenheit, Quads und Mountain Bikes. **La Vanille Crocodile Park and Nature Reserve** im Süden der Insel ist ebenfalls höchst interessant, denn die Krokodilfarm hat neben einer beachtenswerten Schmetterlingssammlung einen kleinen Zoo gegründet, in dem die Besucher Riesenschildkröten, Makaken, Chamäleons, Wildschweine und Flughunde beobachten können. Ein weiteres Highlight des Parks sind die Reste tropischen Küstenurwalds, der sich hier erhalten konnte. Auch der Inselwesten hat ein kommerzielles Schutzterrain: Im **Casela World of Adventures** bietet sich auch dem vogelkundlichen Laien eine Möglichkeit, extrem seltene Vögel wie die Rosafarbene Mauritius-Taube zu sehen, darüber hinaus afrikanisches Großwild wie Nashörner, Giraffen und Löwen sowie asiatische Tiger. Auch die reiche Unterwasserwelt verdient viel Aufmerksamkeit, besonders dort, wo sie in Gefahr ist. In Baie aux Tortues (Schildkrötenbucht), deren Name daran erinnert, dass früher Meeresschildkröten zur Eiablage in diese Bucht schwammen, gilt die Unterwasserfauna als noch zu 90 % intakt. Sie steht deshalb als **Meeresnationalpark** unter sehr strengem Schutz, genau wie die Blue Bay im Südosten der Insel.

Bilder von oben: Impressionen aus dem Botanischen Garten von Pamplemousses. In der Mitte ein riesiger mehrstämmiger Banyanbaum voller Luftwurzeln, die zum Boden streben

Bild unten: In der Zuchtstation für Riesenlandschildkröten im La Vanille Nature Park

Mauritische Pflanzenpracht

Schon gewusst? Unter Endemismus versteht man das Auftreten einer Art in einem klar umgrenzten Gebiet

900 Pflanzenarten beherbergt der Inselstaat, von denen 311 Spezies endemisch sind. Jede dritte Pflanzenart kommt also nur auf den Maskarenen vor. Zieht man einen Vergleich mit Deutschland, wird auch hier wieder die Besonderheit der mauritischen Inseln deutlich: Von den 2500 Spezies in Deutschland sind lediglich 88 Endemiten, und somit also nur 3,5 % aller Arten.

Tipp Jedem Abend bei Dämmerung gibt es in den Banyan-Feigen ein lautes Vogelspektakel, wenn die Vögel dort ihre Schlafplätze aufsuchen

Mit der Vielzahl endemischer Arten im Indischen Ozean steigt auch die Bedeutung der Arterhaltung. 113 Pflanzenarten gelten auf Mauritius als gefährdet, und 50 davon sind akut vom Aussterben bedroht. In diese Klassifizierung fallen Arten, von denen nur noch weniger als 10 Exemplare in freier Natur vorkommen. 13 heimische Arten zählen sogar zu den seltensten Pflanzen der Welt – ein trauriger Rekord.

In diesen Zahlenspielen verrät sich bereits die kontroverse Situation im Land. Einerseits ein **Tropenparadies**, anderseits fürchterlich ernüchternd angesichts endloser monotoner Zuckerrohrplantagen, die die Insel bedecken. Nur ein Prozent der ursprünglichen Inselvegetation hat den Kahlschlag und die Pflanzwut der Zuckerbarone überlebt. Lediglich im Black River Gorges Nationalpark, z. B. im Macchabee Forest, sind ursprüngliche Edelholzwälder auf rund 10 km² Fläche erhalten. Da scheint es glaubwürdig, wenn Ökologen vor zehn, zwanzig Jahren behaupteten, für die Natur auf Mauritius sei es „**Fünf vor Zwölf**". Immerhin haben sie die Regierung und einen Teil der Bevölkerung aufrütteln und zu erfreulicherweise wirksamen Rettungsmaßnahmen bewegen können.

Auf dem Meeresniveau bilden Palmsavannen die vorherrschende Vegetation. Die berühmte **Kokospalme** (*Cocos nucifera*) ist dabei gar kein Produkt der Insel, sondern wurde erst Ende des 18. Jh. eingeführt. Seither hat sie sich triumphal ausgebreitet, was der aufstrebende Tourismus erst recht förderte. Welches Hotel am Indischen Ozean würde schon auf einen palmengesäumten Strand verzichten? Also werden die Kokospalmen eifrig gepflanzt, gehegt und mühevoll gegen die starken Stürme geschützt, die sie immer wieder bedrohen. Viele andere Palmarten schmücken mauritische Plätze und Straßenzüge, z. B. raschelnde Schraubenpalmen, elegante Königspalmen (engl. Mountain Glory), kuriose Flaschenpalmen, seltene Seychellennuss-Palmen und auch die wertvollen **Kohlpalmen**. Sie liefern Palmito, Palmherzen, die als Salat zubereitet zu den exquisitesten Speisen auf Mauritius zählen. Denn um ein Palmherz zu ernten, muss eine ganze ausgewachsene Palme gefällt werden.

Neben den Palmen ist ein anderer Baum an den Meeresküsten weit verbreitet, der, wie die Kokospalme, erst im auslaufenden 18. Jh. die Inseln erreichte. Er trägt hier den Namen **Filao** und seine Erscheinung ist regelrecht irreführend. Denn die Blätter der **Kasuarine** (*Casuarina equisetifolia*) erinnern an Kiefernnadeln und auch ihre kleinen zapfenähnlichen Früchte geben ihr die Erscheinung eines Nadelbaums. Dabei handelt es sich um einen Laubbaum, der besonders starke Widerstandskräfte gegen Trockenheit und Stürme aufbietet. Als Dünenbefestigung und Windschutz haben die Kasuarinen daher einen Siegeszug an den tropischen Meeresküsten angetreten. Wo sie sich ausbreiten, gedeihen allerdings keine anderen Arten mehr, denn ihre herabfallenden „Nadeln" ersticken andere Pflänzchen im Keim. Die meisten öffentlichen Strände der Insel säumen Filaoswälder.

Auch die bengalische **Würgerfeige**, der **Banyan** (*Ficus bengalensis*), darf sich als Kosmopolit unter den Tropenbäumen bezeichnen, weil der Parasit eine extrem erfolgreiche Strategie verfolgt. Seine Samen keimen auf einem beliebigen Wirtsbaum. Dort treibt er Zweige und Luftwurzeln aus, die nach unten wachsen, sodann in den Boden wurzeln und schließlich verholzen. So entstehen Stämme, die wiederum selbst Zweige treiben, von denen auch wieder Luftwurzeln nach unten streben und sich verwurzeln. Er wuchert also maßlos, „erwürgt" praktisch seinen Wirtsbaum, und bildet schließlich einen mehrere Meter starken Hauptstamm, der den abgestorbenen Wirtsstamm umschließt, und von seinen zahlreichen Sekundärstämmen umringt wird. Hinduisten und Buddhisten verehren diese prächtige, schattenspendende Ficuspflanze, die man als ein Symbol der Kraft des Stärkeren ansehen kann. Besonders prächtige Exemplare kann man im Botanischen Garten von Curepipe, in der Tempelanlage von Triolet und in Port Louis im Jardin de la Compagnie bestaunen.

Aufsitzerpflanze im Park von St. Aubin

Mitte des 20. Jh. legte man die sumpfigen Niederungen in Mauritius erfolgreich durch den Anbau von **Eukalyptuswäldern** (*Eucalyptus*) trocken. Diese schnellwachsenden und termitenresistenten Arten entziehen dem Boden viel Feuchtigkeit. So konnte die Mückenplage eingedämmt und die Malaria ausgerottet werden.

Schon gewusst?
Am saftigsten schmecken die Mangos zur Haupterntezeit im Dezember/Januar

Als „Stahl der Tropen" lobten die Kolonialmächte einst die Universalnutzpflanze **Bambus** (*Bambusae*). Seine jungen Triebe sind essbar (Bambussprossen), und die hohlen, knotigen Stängel als extrem stabiles Nutzholz begehrt. Sowohl zum Gerüstbau als auch für kunsthandwerkliche Flechtarbeiten lassen sich die Rohrstangen einsetzen. Als botanische Besonderheit durchbrechen die Schösslinge bereits mit der endgültigen Stammdicke den Boden, wachsen fortan also nur noch in die Länge. Bambus ist wegen seines kieselsäurehaltigen Holzes äußerst feuerbeständig.

Der berühmteste und vermutlich auffälligste Baum Afrikas ist der **Baobab**, auch Affenbrotbaum *(Adansonia digitata).* Der Wollbaum kommt nur in niedrig-heißen Savannenregionen Afrikas vor. In Mauritius ist er kaum verbreitet, doch man kann ein paar eindrucksvolle Exemplare dieser extrem vitalen und zähen Giganten im Botanischen Garten von Pamplemousses entdecken. Die meiste Zeit bleibt der Baobab ohne Blätter, was seine charakteristische Erscheinung noch unterstreicht. Er hat große, weiße Blüten, die nur für etwa zwei Tage am Ende der Trockenzeit aufblühen, und ovale, samtige Früchte, die soviel Vitamin C enthalten wie kaum eine andere Pflanze.

Als einer der ältesten Fruchtbäume der Menschheit genießt der ursprünglich aus Südostasien kommende **Mangobaum** (*Mangifera indica*) überall tiefe Verehrung. Der immergrüne Laubbaum bildet kräftige schattenspendende Kronen, in denen zu Beginn der Regenzeit tausende an Vitamin C und A reiche Früchte heranreifen. Vor dem Genuss der süßen Mangofrüchte sollte man ihre oft klebrige Schale gut abwaschen. Die Fruchtstiele enthalten nämlich ein langwirkendes Gift, das beim Pflücken austreten kann. Das Fruchtfleisch der Mango ist aber nicht nur köstlich, sondern auch gesund. Auf Mauritius reifen Mangofrüchte nahezu ganzjährig, nur zwischen Mai und Juli kann der Baum nicht geerntet werden.

Als salztoleranter Küstenbaum auf sandigen Böden bringt es der **Indische Mandelbaum**, auch **Badamier** genannt (*Terminalia catappa*), zu einer stattlichen Erscheinung. Durch die waagrecht und etagenartig vom Stamm angeordneten Zweige erhält der bis 23 m hohe Baum seine dekorative Wirkung und spendet herrlichen Schatten. Im Mai und Juni erblüht die **Tamarinde** (*Tamarindus indica*) in gelben bis rötlichen Farben. Der knorrige Afrikaner wird vor allem wegen der leicht säuerlichen Samenhülsen geschätzt, die einen bedeutenden Anteil am Gewürzreichtum der indischen Küche haben. Der **Rote Mahagonibaum** (*Khaya nyasica)* kann sogar bis zu 60 m Höhe erreichen und gilt wegen des Edelholzes als wichtiger Holzlieferant für Möbel. Seine Rinde enthält Chinin, einen bedeutsamen Wirkstoff gegen Malaria. Dieser Gigant wächst allerdings nur in geschützten Waldlagen im Inselinneren, wo man auch den hochwüchsigen **Teakbaum** (*Tectona grandis*) antrifft.

Eine stattliche Anzahl schöner Zierpflanzen wurde im Laufe der Jahrhunderte auf den Maskarenen eingeführt. Zu ihnen zählt der in Australien beheimatete, vom November bis Januar feuerrot blühende **Flamboyant**, Flammenbaum *(Brachychiton acerifolium),* der wegen seiner großen auffälligen Blüten gerne in Gärten gepflanzt wird. Auch der **Afrikanische Tulpenbaum** *(Spathodea Campanulata)*, ein Import aus den tropischen Gebieten Westafrikas, hat große, scharlachrote Glockenblüten. Den Korallen- oder Roten-**Feuerbaum** *(Erythrina abyssinica)* sieht man ebenfalls häufig in den Gärten. Eine wahre Augenweide ist der **Jacaranda**, auch Palisander genannt *(Jacaranda acutifolia)*, wenn er im November/Dezember voller blauer Einzelblüten steht, die allmählich abfallen und wie ein blauer Teppich den Boden bedecken. Den betörendsten Duft verströmt jedoch der **Frangipani** oder Pagodenbaum, der nur mittelhoch wächst, rund um das Jahr weiß-gelbe Blüten entfaltet und einen wertvollen Grundstoff zur Herstellung von Parfum bildet. Blühende Ziersträucher wie roter **Weihnachtsstern** aus der Wolfsmilchfamilie werden gerne in Gärten angepflanzt (er blüht von Mai bis August). Der australische Zierstrauch **Bottlebrush** (*callistemon viminalis*) erreicht etwa 3 m Wuchshöhe und besticht durch seine vielen büscheligen, roten

Der **Baum der Reisenden** *(Ravenala madagascariensis)*, wird gemeinhin gerne für eine besonders attraktive Palme gehalten, faktisch handelt es sich bei dem madagassischen Wappenbaum aber um einen Verwandten der Bananenstaude. Die fächerartig ausgebildeten Blattstiele des **Ravenal** entfalten sich stets in Ost-West-Richtung. Im Küstenbereich sieht man nur einzelne Exemplare, doch im bergigen Landesinnern wie zwischen Ruisseaú Ruse und Nouvelle Découverte bilden sie regelrechte Wälder und breiten sich parasitär aus.

Bilder links: Roter Bambus; Frangipaniblüten
Bilder oben: Baobab-Baum mit seinen Früchten; Prächtige Exemplare des Ravenal

Oben: Ein in Europa reichlich unbekannter Exot ist der **Brotfruchtbaum**, dessen warzige, bis zu 2 kg schweren Früchte im gelb-reifen Zustand ein stärkehaltiges Fruchtfleisch ausbilden, das tatsächlich wie Brot in Scheiben geschnitten und geröstet werden kann

Blütenwedel, die ihm auch den passenden Namen Zylinderputzer eingebracht haben. Der **Baumhibiskus** bringt ganzjährig sehr große, zarte Blüten in gelb oder rot hervor. **Oleander** zählt zu den Hundsgiftgewächsen, denn seine Blätter sind giftig. Er blüht auf Mauritius zwischen Oktober und Juni in den Farben Weiß, Rosé oder Lila. **Bougainvilleen** ranken sich ganzjährig mit weißen, gelben, lachsfarbenen oder roten Blüten an Hauswänden und Zäunen empor. Weil in jedem ihrer Blütenstände drei kleine Einzelblüten stehen, nennt man sie auch Drillingsblume. Nicht übersehen sollte man die Vielzahl blühender Büsche, die man in den Gärten entdecken kann, z.B. das Schwertlilien-ähnliche Indische Blumenrohr und die Goldtrompete.

Exportfähige Nutzpflanzen und zahlreiche tropische Früchte aus aller Welt werden auf Mauritius kultiviert. Warzige **Litschis**, die ab November reifen, **Guaven**, die von Dezember bis Mai den Speiseplan bereichern, und **Papayas,** deren süße Früchte das ganze Jahr über geerntet werden können. Die stammlose **Banane** (*Musa sapientum*) entwickelt zeitlebens nur einen einzigen Fruchtstand mit ca. 80 bis 250 Bananen und einer violettfarbigen Blüte. Unter den weltweit etwa 60 verschiedenen Bananenarten sind die Obst- und die Mehlbanane die bekanntesten. Ihre langen Blätter sind oft zerrissen, wodurch sie Stürmen besser standhalten können. Die **Nationalblume** heißt **Trochetia** (*Trochetia boutoniana*) aus der Gattung der Malvengewächse und kommt auf Mauritius in fünf Arten vor. Der kleine Baum liebt feuchte, bewaldete und windwärts gerichtete Berghänge. Er bildet wunderschöne glockenförmige rote Blüten aus.

Unvollständig wäre eine Beschreibung der mauritischen Flora ohne die **Flamingoblume** (*Anthurium*). Die tropischen Blumengebilde halten sich frisch bis zu vier Wochen nach dem Schnitt, was sie transportfähig macht und zum Exportschlager befähigt. Rund 18 Millionen Blumen produzieren die mauritischen Plantagen jedes Jahr. Die wachsartigen, herzförmigen Blütenkolben sind sehr lichtscheu, benötigen aber sanfte Sonneneinstrahlung und hohe Luftfeuchtigkeit. Sie gedeihen bestens unter den eigens dafür entwickelten Plastiknetzen.

Zuckerrohr, das Hauptanbauprodukt der Insel, braucht besonders viel Feuchtigkeit und muss daher intensiv bewässert werden. Er dient der Herstellung von Rohzucker, Weißzucker und der Alkoholgewinnung. Die Rohrstangen wachsen auf Mauritius bis zu 5 m hoch. Sie werden als 30 cm lange Setzlinge gepflanzt und zwischen Juni und November geerntet. Die Rohrstangen enthalten bis zu 15 % Zucker, der in den Fabriken anschließend ausgepresst und eingedickt wird.

Mangroven

Die mauritische Ostküste besitzt stellenweise flache Lagunen und Flussmündungen, an denen sich **Mangroven** angesiedelt haben.

Die skurrilen Gewächse harren in einem höchst unwirtlichen Lebensraum aus und schaffen ein Biotop für viele tropische Meeres- und Küstenbewohner. Denn Mangroven wachsen dort, wo andere Pflanzen nicht mehr lebensfähig sind: im Gezeitenbereich tropischer Küsten. Eine geniale Anpassungsfähigkeit ermöglicht diesen unscheinbaren, immergrünen Tropengehölzen die Existenz in einer ständig wechselnden Umgebung. Alle sechs Stunden, mit jeder Ebbe und Flut, durchleben sie ein Wechselbad, denn dann liegen ihre langen **Stütz- und Atemwurzeln** frei bzw. unter Wasser. Dem enormen Salzgehalt, der alle anderen Bäume abtöten würde, begegnen Mangroven auf unterschiedliche Weise. Manche entwickeln Blattdrüsen, durch die mit Hilfe einer Flüssigkeit das Salz wieder ausgeschieden wird. Andere befördern Salz durch ihre Wurzeln bis in die Blätter, die sie bald danach abwerfen.

Es gibt viele verschiedene Mangrovenarten, die sich zwar alle recht ähnlich sehen, aber nicht unbedingt miteinander verwandt sind. **Rote Mangroven** vermehren sich sehr schnell und effektiv. Aus den Früchten sprießen auf dem Baum pro Jahr einige Hundert Keimlinge, die bereits dort bis zu 50 cm lange Wurzeln bilden, bevor sie schließlich abfallen. Sie treiben im Wasser und verankern sich sofort bei der ersten Bodenberührung mit ihren langen Wurzeln. Sehr schnell entwickeln sie Seitenwurzeln, um sich gegen die Strömung zu schützen. Finden die Keimlinge keinen Nährboden, können sie bis zu ein Jahr lang im salzhaltigen Mündungsgewässer treiben, ohne abzusterben.

Da Mangroven lebenslang den Gezeitenströmungen ausgesetzt sind, bilden sie sehr starke, pfahlartige Stützwurzeln. Zwischen diesen Wurzeln lagert sich angeschwemmter Schlamm an. Dieser Schlamm, abgestorbene Wurzelteile und enorme Mengen abgeworfenen Laubes stabilisieren die Mangrovensümpfe und werden zu nährstoffreichem Morast, der wiederum das Wachstum der Mangroven beschleunigt. Wie ein breiter Gürtel umschließt das wuchernde Dickicht schließlich Küsten und Wasserwege, und schützt als **natürlicher Filter** die Uferzonen vor Brandung, Treibgut und Abfällen. Im Hort dieser dichten, schlammigen Vegetation finden Schalentiere, Muscheln, Krabben und Austern einen hervorragenden Lebensraum. Viele Wasser- und Watvögel nisten in den Sümpfen; und Barsche, Welse und Hummer halten sich im brackigen Flachwasser auf.

Ein fragiles Vogelparadies

Schon gewusst?
Die meisten Vögel schließen nur ein Auge, wenn sie schlafen. Mit dem anderen Auge halten sie nach Gefahren Ausschau

Die Begeisterung von Ornithologen und Vogelfreunden für die mauritischen Inseln gründet sich weniger auf der **Artenvielfalt**, die mit 123 Spezies vergleichsweise mager ausfällt. Ihr Wert bemisst sich vielmehr nach der Kostbarkeit sehr seltener Arten. Von ehemals 29 endemischen Vogelarten haben bis heute neun auf der Hauptinsel und weitere zwei auf Rodrigues überlebt. Sie heißen Mauritius-Turmfalke, Rosafarbene Taube, Mauritius-Sittich, der Raupenschmätzer *(Coracina typica)*, der Schwarze Bülbül *(Hypsipetes olivaceus)*, zweierlei Brillenvögel *(Zosterops olivacea chloronothus und Zosterops borbonicus mauritianus)*, der Mauritius-Weber *(Foudia rubra)* und der Paradies-Fliegenschnäpper (*Terpsiphone bourbonnensis desolata).* Auf Rodrigues sind der gelbe Rodriguez-Weber (*Foudia flavicans*) und der Rodrigues-Rohrsänger (*Acrocephalus rodericanus*) endemisch.

Unten: Flamingos im Casela Park; Hotelpools als Badespaß für Vögel wie diese Mauritiusweber

Nach dem ausgestorbenen Dodo ist der berühmteste Vogel von Mauritius der **Mauritius-Turmfalke** (*Falco punctatus*), ein Kestrel, dessen Überleben zu den weltweit größten Triumphen der Umweltschützer zählt. Als „Hühnerfresser" verschrien, wurde der kleine Greifer über viele Generationen gejagt und verfolgt. 1974 konnten nur noch vier lebende Vögel entdeckt werden, was dem Falken alsdann die Einstufung als seltenster Vogel der Welt bescherte. Sein Schicksal schien besiegelt, und doch begann jetzt der Kampf der Naturschützer um sein Überleben. Der Vorläufer der Mauritus Wildlife Foundation und vor allem der leidenschaftliche Ornithologe Gerald Durrell starteten ein

Zuchtprogramm, indem sie Eier des letzten verbliebenen Falkenpaares entwendeten und ausbrüten ließen, die Jungvögel später aussetzten und zahlreiche Nistkästen aufstellten. 35 Jahre nachdem man davon ausgehen musste, die vier Falken seien die letzten Vertreter ihrer verlorenen Art, kreisen jetzt wieder fast 800 Mauritius-Falken über den bewaldeten Berghängen – eine phantastische Erfolgsgeschichte!

Bilder von oben: Hirtenmaina; die seltene Mauritius-Taube; Mangrovenreiher; Madagaskar-Fody

Ein sehr ähnliches Rettungsprogramm half, den **Mauritius-Sittich** (*Psittacula eques echo)* zu erhalten. Von diesem grünen Papagei fand man 1987 nur noch acht Exemplare, die schon nicht einmal mehr brüteten. Auch diesmal erhielt ein endemischer mauritischer Vogel das Prädikat „seltenster Papagei der Welt". Seine Aufzucht erwies sich als besonders schwer, weil die kleinen Papageien sehr krankheitsanfällig sind. Kaum eine Spezies der Welt hat je größere Fürsorge erfahren als der Mauritius-Sittich. Doch es zahlt sich aus: Innerhalb ihres 40 km² kleinen Lebensraums in der Black River Schlucht haben sie sich auf bisher 120 Tiere vermehrt. Die Vogelkundler sind zuversichtlich, den Erhalt der Sittiche geschafft zu haben.

Ganz so sicher sind ihre Prognosen bei der **Rosafarbenen Mauritius-Taube** (*Columba mayeri*) noch nicht, obwohl den engagierten Vogelschützern auch hier ein ganz beachtlicher Erfolg gelang. Ihr Projekt startete 1986 mit den letzten zwölf verbliebenen Tauben. Auch diesmal entwendeten die Helfer Eier, die sie von Haustauben ausbrüten ließen. Erfreulicherweise legten die Mauritius-Tauben eifrig neue Eier, sobald man ihnen die frisch gelegten weg nahm. Auf diese Weise konnte sich die hübsche Taubenart auf derzeit mehr als 300 Exemplare vermehren. Die Vögel sind aber alle beringt und werden auch noch zugefüttert. Man findet sie heute im Black River Gorges NP, bei Grand Bassin und auf der Ile aux Aigrettes. Auch die anderen endemischen Arten sind gefährdet und unterstehen besonderem Schutz. Die Mauritius Wildlife Foundation unterhält eine Vogelbrutstation in Grand Rivière Noire an der Westküste, das Besuchern allerdings nicht ohne begründete Voranmeldung offen steht (mehr Infos und Kontakt unter www.mauritian-wildlife.org).

Der interessierte Tourist vermag vielleicht nicht unbedingt eine dieser ornithologischen Raritäten zu entdecken, wird sich aber rasch an den Sing- und Ziervögeln, die allerorten in Hotelgärten und Parkanlagen zwitschern, erfreuen. Besonders erfolgreich haben sich der hübsche **Rotohrbülbül** (*Pycnonotus jocosus)* sowie der zierliche grau-beige **Maskarenen-Brillenvogel** (*Zosterops borbonicus mauritianus*) an die menschliche Umgebung angepasst. Sie besiedeln in Schwärmen die tropischen Gärten und ernähren sich von Insekten und Blütennektar. Afrikanische Webervögel wie der hübsche **Madagaskarweber** (*Foudia madagascariensis*) bauen in den Gärten emsig ihre Nester, Spatzen (*Passer domesticus*) picken Krumen vom Restaurantboden, und der einst zur Heuschreckenbekämpfung aus Indien eingeführte Hirtenstar bzw. **Hirtenmaina** (*Acridotheres tristis*) stolziert durch die Grünflächen. Allerorten begegnet man auch dem zutraulichen **Sperbertäubchen** (*Geopelia striata)*.

Feenseeschwalben (*Gygis alba*), Reiher und Regenpfeifer prägen die Gezeitenzone der Meere ebenso wie Brachvögel und Reihenläufer. Die grazilen weißen **Tropikvögel** verbringen die meiste Zeit im Flug über dem offenen Meer und brüten auf den Maskarenen.

Wir haben kaum je zuvor so eine Präsenz mutiger Vögel an Hotelbuffets und Restauranttischen erlebt wie auf Mauritius, wo die frechen Piepmätze, allen voran Spatzen, Hirtenstare, Sperbertäubchen und Rotohrbülbüls, eifrig Brot und andere Köstlichkeiten mit den Gästen teilen!

Bilder von oben:
Fasan im Frédérica Nature Reserve; Teichhuhn; Rotohrbülbül im Hotelgarten; Wellenastrild
Rechts: Dodo-Nachbildung, Mauritius-Turmfalke

Der Dodo
Seit über 400 Jahren ausgestorben, doch immer noch das Wahrzeichen von Mauritius

Als die ersten Seeleute auf Mauritius vor Anker gingen, trafen sie an Land auf einen merkwürdigen plumpen Vogel mit dickem Hinterteil, wuchtigem Hakenschnabel und Watschelgang, der nicht fliegen konnte. Seine Flügel waren verkümmert, dafür humpelte der etwa 25 kg schwere Geselle träge auf kurzen, entenähnlichen Füßen umher. Die Niederländer fanden ihn kurios, hässlich, nannten ihn Dodo („Faulpelz") und hielten den eigenwilligen Laufvogel für einen „Irrtum der Evolution". Dabei hatten die Dronte, bedingt durch die isolierte Insellage und weil sie keine Feinde hatten, eine faszinierende Eigenentwicklung erfahren.

Trotz aller Geringschätzung: Ihr Fleisch fanden die Seeleute äußerst schmackhaft. So wurden die hilflosen Dronte zur fetten Beute und landeten ruck zuck im Kochtopf. Aber erst die Ratten und Affen, die mit dem Menschen auf die Maskarenen gelangten, vernichteten die Dronte. Sie fraßen die Eier und Jungtiere, ohne dass sich die Dronte wehren konnten. Nun wurden dem Dodo seine Schutzlosigkeit und die langsame Fortpflanzung zum Verhängnis. Irgendwann zwischen 1681 und 1693 wurde der letzte Dodo gesehen.

Es ist so wenig über den truthahngroßen Vogel bekannt und erhalten geblieben, dass selbst seine Gattung nicht eindeutig geklärt ist. Im britischen Oxford lagern Knochenreste und ein Schädel des *„Raphus cucullatus"*, und im Naturkundemuseum von Port Louis ist ein Modell nachgebildet.

Gängiger Ansicht nach handelte es sich bei den Dronten um flügellose Tauben. Sie waren endemisch auf Mauritius und verschwanden, als sich dort die Lebensumstände änderten. Auf Rodrigues hat es einen ähnlichen endemischen Vogel gegeben, den Solitaire, der ebenfalls ausgerottet wurde.

Der Dodo ist nun schon so lange verschwunden, und doch ist er in Mauritius überall präsent und im kollektiven Gedächtnis geblieben. Selbst im Sprachgebrauch; denn manchmal hört man hier den Ausdruck „Dead as a Dodo". Er gilt heute weltweit als ein Symbol für die Vernichtungswut des Menschen.

Besonders interessante Plätze für Vogelfreunde:

- Black River Gorges Nationalpark: Bassin Blanc; Macchabee Forest, Black River Gorges View Point und Sophie Nature Walk: Die Heimat der seltensten Vogelarten von Mauritius bietet ihnen auch noch den besten Schutz.
- An den Saltpans in Tamarin und Petit River Noire, überwintern asiatische Zugvögel.
- Vallée de Ferney (Ostküste): Das Naturreservat bietet Wald- und Greifvögeln ein Zuhause. Die Guides sind sogar in der Lage, einen Mauritius-Falken anzulocken.
- Ile aux Aigrettes (Insel im Südosten): Die ganze Insel steht unter dem Schutz des MWF und ist nur mit Voranmeldung zugänglich. Es werden Führungen unternommen.
- Botanische Gärten: Die Gärten locken mit ihrer Pflanzenzier auch zahlreiche Vögel an.
- Casela World of Adventures (Westküste): 140 verschiedene Vogelarten, darunter die seltene Rosafarbene Mauritius-Taube.

Säugetiere und Reptilien

Wie bei den Pflanzen prägte die isolierte Insellage auch die Entwicklung der Fauna. Tiere mussten auf irgendeine Weise erst einmal die Inseln erreichen: schwimmend, fliegend, vereinzelt wurden sie sogar angespült. Deshalb waren die Flughunde zunächst die einzigen Säugetiere auf Mauritius. Vögel und Reptilien konnten sich ohne Gefahr durch etwaige Räuber bestens entfalten. Die Landfauna kennt heute mehr als 670 Arten, davon sind 300 endemisch. Fast jede vierte Tierart gilt heute jedoch als bestandsgefährdet.

Zwei Tierarten waren die dominanten Vertreter bei der Ankunft der ersten Menschen: Die flugunfähigen **Dronte** (Dodo) und die **Riesenlandschildkröten**. Beide hatten eines gemeinsam: sie ließen sich leicht einfangen und landeten daher bevorzugt im Kochtopf der Schiffsköche. Riesenlandschildkröten haben schon im Dinosaurierzeitalter vor 180 Mio. Jahren gelebt und sind somit Zeitzeugen der Entwicklung unseres Planeten. Auf Mauritius wurden sie schon Ende des 18. Jh., nur 200 Jahre nach Ankunft der Europäer, ausgerottet. Die Insel beherbergt heute allerdings wieder ein paar Exemplare dieser faszinierenden Tiere. Sie wurden einst auf Empfehlung von Charles Darwin von der Seychelleninsel Aldabra nach Mauritius überführt, um ihren gefährdeten Bestand zu schützen. Nachdem sie ein gesegnetes Alter von bis zu 200 Jahren erreichen können, mag es sein, dass einige dieser Exemplare noch aus der Darwinschen Immigrantengruppe stammen. Frei lebend kommen die Riesenlandschildkröten heute nur noch auf den Seychellen und den Galapagosinseln vor. Die Tiere erreichen ein Gewicht von 250 kg, obwohl sie nur alte Blätter und Gräser fressen und notfalls sogar wochenlang ohne Nahrung auskommen können.

Die Menschen führten bald fremde Tiere ein. Versehentlich schleppte man Ratten und Wildkatzen ein, absichtlich wurden indonesische **Sambarhirsche**, **Wildschweine** und Makaken ausgesetzt. Die Java-Hirsche brachten bereits um 1639 holländische Handelsschiffe auf die Maskarenen, um sich dort eine Art Nahrungsmitteldepot für die langen Seefahrten anzulegen. Heute leben rund 6000 Hirsche in diversen Naturreservaten. Ein Teil wird während der jährlichen Jagdsaison zwischen Juni und September geschossen und landet auf dem mauritischen Speiseplan. **Makaken** sind etwa 70 cm große Backentaschenaffen aus der Familie der Meerkatzenverwandten, die von den Portugiesen aus Malaysia importiert wurden. Die flinken Primaten sind Opportunisten, bedrohen daher die Vogelwelt und räubern in Gruppen ganze Zuckerrohrplantagen. Die 60 000 Makaken sind heute eher eine Belastung für das fragile Ökosystem der Insel.

Aus Madagaskar wurde der **Tanrek** eingeführt, ein nachtaktiver Borstenigel, den die Kreolen „cochon marron“ nennen. Der Insektenfresser fällt zwischen Juni und September in einen Winterschlaf. Wie auch die Makaken wurden Tanreks früher von ärmeren Bevölkerungsschichten verspeist. Sie sind heute nur noch selten zu entdecken (abends in Hotelgärten).

Haus- und Wanderratten sind einst wahrscheinlich als blinde Passagiere auf den Ozeanschiffen eingewandert. Sie wurden eine derartige Plage, dass **Mangusten** ausgesetzt wurden, um die Ratten zu vernichten. Bedauerlicherweise haben sich wenig später die Mangusten selbst als Übel erwiesen, denn sie vernichteten auch die Kaninchen- und Hasenpopulation.

Flughunde sind auf Mauritius mit vier Arten vertreten. Die kleinen Säugetiere zählen nicht zu den Fledermäusen und ernähren sich vegetarisch (daher der englische Name Fruit Bats). Auf Rodrigues existiert eine kleine endemische Population namens *Pteropus rodrigensis*, Golden Friut Bats, weil ihr Fell rötlich-gelb glänzt. Flughunde haben einen hundeähnlichen Kopf mit auffallend großen Augen und fledermaustypische Flügel mit einer Spannweite von bis zu 1 m. Sie sind ausgestattet mit einer hervorragenden Nachtsichtfähigkeit und gutem Geruchssinn,

Bilder links: die hundertjährige Riesenlandschildkröte „Domino“ und andere im La Vanilla Nature Park; Sambarhirsche; Wildschwein

Bilder dieser Seite: nachtaktiver Borstenigel, auch Tanrek genannt; Makaken leben in den Wäldern im bergigen Landesinneren

verfügen aber gewöhnlich nicht über eine Echolokalisierung, im Gegensatz zu den Fledermäusen. **Fledermäuse** sind auf Mauritius ebenfalls zahlreich vertreten. Eine Art trägt sogar den Namen Mauritius-Grabfledermaus, weil man den Holotyp einst in einem mauritischen Grab entdeckt hatte.

In Mauritius sind nur ungiftige **Schlangen** beheimatet. Auf der menschenleeren kleinen Insel Round Island kommen zwei endemische Würgeschlangen vor. Artenreich sind die Geckos (Foto links: Ornament-Taggecko), Skinke und Agamen von Mauritius. Vereinzelt kommen auch Chamäleons vor, doch sie zeigen sich meist nur dem geschulten Auge.

Bunte Unterwasserwelt und maritimes Leben

Neben den Landtieren weist die Fauna von Mauritius auch ein vielfältiges Spektrum an Meeres- und Schalentieren auf. Vor Mauritius kommen mehr als tausend unterschiedliche Muscheln und Schnecken vor, 20 verschiedene Muränen, und es lebt hier auch die weltweit dichteste Konzentration an Blauen Marlins. In diesen Gewässern werden die begehrten Speerfische mit bis zu 700 kg Gewicht gefischt!

Das Meer als Lebensraum gliedert sich in die Gezeitenzone, die geschützten Lagunenbereiche, daran anschließende Korallen- und Felsenriffe und den tiefen Ozean. In der Gezeitenzone, die dem ewigen Rhythmus von Ebbe und Flut ausgesetzt ist, halten sich Krustentiere, Felshüpfer, Schleimfische und Krabben, die im Boden in kleinen Sandhöhlen leben, auf. Hier findet man mancherorts auch Mangrovenwälder. Krabben gelten übrigens als reinste Putzkolonnen, weil sie alles Organische auffressen und verwerten.

Die Korallenriffe

Die Koralle ist ein Tier aus dem Stamm der Nesseltiere. Sie entzieht dem Meerwasser Kalk und scheidet dieses wieder aus. Lebende Korallenpolypen machen nur einen kleinen Teil der Riffmasse aus, der Großteil besteht aus den unzähligen vielfältigen, kalziumreichen Skelettbauten abgestorbener Korallen. Korallenbänke sind daher gigantische Tierfriedhöfe. Pro Jahr wächst ein gesundes Korallenriff etwa 1 bis 2 cm. Korallentiere gehören somit zu den wenigen Tiergesellschaften, die landschaftsbildend wirken. Seit Darwin weiß man auch, dass Korallenriffe stets knapp unter der Wasseroberfläche bleiben. Sie brauchen Sonnenlicht und Wärme und kommen in allen Weltmeeren vor, vor allem aber an

den Ostküsten der Kontinente in tropischen und subtropischen Zonen. Korallen reagieren extrem empfindlich gegen Wasserverschmutzung. Was die außerordentliche Artenvielfalt ihres Lebensraums angeht, bilden sie ein Äquivalent zum tropischen Regenwald. Das Kalkgerüst abgestorbener Korallen fungiert als schützender Lebensraum für zahlreiche Fische, wie die ulkigen Lippfische, prächtige Schwärme von Papagei- und Doktorfischen, zarte Engelfische und geheimnisvolle Steinfische, die zur perfekten Tarnung ihre Farbe je nach Untergrund wie Chamäleons verändern können. Auch allerlei Riffkrabben und Krustentiere bewohnen die Korallenbänke. Seeanemonen haben eine Wirtsfunktion für Anemonenfische, die man auch als Clownfische kennt, und die zu den lebhaften Korallenbarschen zählen. Seesterne bewegen sich auf unzähligen winzigen Füßen vorwärts, die sich auf ihrer Unterseite befinden. Zu den bekanntesten Korallenbewohnern zählen die eleganten **Rotfeuerfische**. Sie sind extrem schnelle Jäger und stoßen in unglaublicher Geschwindigkeit auf ihre Beute zu. Ein interessantes Phänomen sind auch die Schiffshalter, barschartige Stachelflosser mit kleiner Saugplatte, mittels derer sie sich an größere Fische, Haie oder Meeresschildkröten anheften. So lassen sie sich dann mitziehen und ergattern meistens auch etwas von der Mahlzeit ihres Wirtes. Auch Riff- und Fahnenbarsche sind hier typisch und zählen zu den besonders fotogenen bunten Schönheiten. Papageifische fertigen sich selbst eine Art Schleimkokon, in dem sie schlafen.

Bilder dieser Doppelseite:
Farbenprächtige Bewohner der Korallenzonen, z. B. ein junger Riffhai, Nasendoktorfische, Graue Muräne, Kofferfisch, Seestern, Halfterfisch und eine Echte Karettschildkröte

Schon gewusst?

Mantarochen sind trotz ihrer Erscheinung harmlos

Haie halten sich nur außerhalb der Lagune, hinter dem Riff, auf

Thunfische erreichen Spitzengeschwindigkeiten von fast 80 km/h. Die geselligen Fische sind zumeist in Schwärmen unterwegs

Vor der Südwestküste von Mauritius tummeln sich besonders viele Krustentiere, wie die begehrten Tiger-Garnelen und fünf Hummerarten

Im tiefen Ozean

Das Reich der Tiefe liegt unzugänglich in ewiger Dunkelheit, den starken Strömungen ausgesetzt. Vor Mauritius sind sieben Haiarten bekannt, am häufigsten wird hier der Weißhai gesichtet. Schwärme winziger gestreifter Makrelen begleiten oft die Haie. Zehnerlei Walspezies und vier Delphinarten, vor allem Große Tümmler und Gemeine Delphine, sind ebenfalls in den mauritischen Gewässern vertreten. Wale tauchen oft nur saisonal auf, z. B. im Juli und August die Buckelwale vor der Nordspitze von Mauritius. Zu den bekanntesten und schnellsten Tiefseefischen zählen Speerfische (Marlin), Segelfische und Schwertfische. Barrakudas ziehen dagegen gemütlicher ihre Bahnen.

In den mauritischen Gewässern lebt auch die friedliche Riesenmuschel **Bénetier**. Sie erreicht beachtliche 250 kg Gewicht und ist mit ihren stark gezackte Schalen eine stattliche Erscheinung. Viel Seemannsgarn rankt sich um diesen harmlosen Giganten: Der Volksmund erfand eine unwahre Horrorgeschichte von der vermeintlich gefährlichen, fleischfressenden Mördermuschel.

Das Leben im Mangrovensumpf

Ausgesprochen faszinierend ist die Vielfalt höchst eigenwillig anmutender Lebensformen, denen man im Schlick der Mangroven begegnen kann. Dem flüchtigen Betrachter bleiben die vielen krabbelnden und springenden Tiere meist verborgen, denn sie ziehen sich bei vermeintlicher Gefahr sofort in Sand- und Schlammlöcher zurück. Bleibt man dagegen eine Weile ruhig stehen, kommen die neugierigen Kleintiere schnell wieder zum Vorschein. Besonders auffällig sind die sogenannten **Winkerkrabben** aus der Familie der Reiterkrabben bzw. Zehnfußkrebse. Die männlichen Krabben tragen neben einer unscheinbaren Schere auch eine monströse, überdimensionale Schere, mit der sie heftig winken, um Weibchen zur Begattung anzulocken bzw. Rivalen abzuschrecken. Bei den weiblichen Winkerkrabben sind dagegen beide Scheren gleich ausgebildet. Winkerkrabben laufen und graben seitwärts und haben eine extrem gute Sehkraft. Sie leben in senkrechten Höhlen, die sie bei ansteigender Flut von innen mit einem Schlammbrocken verschließen. So bleibt genug Luft in der Höhle, und bis zur nächsten Ebbe harren die Krabben darin aus.

Die originellsten Bewohner im Mangrovenschlick sind sicherlich die amphibischen **Schlammspringer**. De facto handelt es sich um Fische in Grundelgestalt, die bei Flut schwimmen und sich bei Ebbe im feuchten Schlick aufhalten. An Land ziehen sich die 5–15 cm großen Tiere mit Hilfe ihrer langen Brustflossen vorwärts und können enorm weit springen. Die riesigen, froschartigen Augen vermögen sie rundum zu drehen. Sie ernähren sich von kleinen Krabben, Asseln, Insekten und Garnelen.

UNTERWEGS AUF MAURITIUS...

Port Louis

Die Inselkapitale präsentiert sich mit zweierlei Gesichtern. Lärm, Verkehrschaos und Menschengewimmel untermalen wochentags den Anspruch der Stadt als größtes Finanz- und Wirtschaftszentrum im Indischen Ozean. Völlig konträr zeigt sich die 150 000-Einwohner-Stadt dagegen nach Sonnenuntergang. Dann klappt sie sprichwörtlich ihre Gehsteige hoch und fällt in tiefe Nachtruhe. Einziger Gegenversuch zu diesem puritanischen Abendprogramm ist die neue Caudan Waterfront mit ihren Kinos, einem Spielkasino und Restaurants, die auch abends noch geöffnet sind.

Wochentags verstopft die Stadt hoffnungslos, und in den Stoßzeiten müssen alle Verkehrsteilnehmer stundenlange Staus ertragen. Halbwegs gemütlich ist die Stadt nur am Wochenende, allerdings verliert sie dann mit dem Trubel und städtischen Treiben auch das Lebendige

Es ist wenig wirklich Altes in der Stadt erhalten, die viel unter Naturkatastrophen, Epidemien und Großbränden zu leiden hatte. Die meisten historischen Gebäude stammen aus dem 19. Jh. Manche wurden in der Vergangenheit liebevoll restauriert, viele andere stehen vergessen entlang der geraden Einbahnstraßen. Baufällige, vernachlässigte Holzhäuser bilden einen eigenwilligen Kontrast zu den modernen Hochhauskomplexen. So zeigt sich das Stadtzentrum als ein Konglomerat altersschwacher Holzhäuschen mit vergangenem kolonialem Glanz und trister Betonklötze, pseudomoderner Hochhäuser und einem Gewimmel aus Fußgängern, Taxis und öffentlichen Bussen. Mit einem reizvoll morbiden Charme behaupten sich die letzten kreolischen Villen dieser betriebsamen, dem Verkehrschaos ausgelieferten Hafenstadt. Die Hauptstadt hat atmosphärisch mehr zu bieten als die jüngeren Städte im Inselzentrum. Ihre Sehenswürdigkeiten rechtfertigen einen kleinen Stadtrundgang, und das leicht chaotische städtische Treiben lässt Besucher ein wenig in den mauritischen Alltag schnuppern. Zudem lockt die Caudan Waterfront mit modernen Vergnügungs- und Shoppingangeboten.

Uns gefällt die Stadt am besten, wenn sie sich für ein paar Stunden vom Lärm der sich durch ihre Straßen quälenden Fahrzeugschlangen erholen darf: in den Nachmittagsstunden am Wochenende. Dann nämlich kann sich auch der unerfahrene Fremde ohne Unfallgefahr zu Fuß treiben lassen (wochentags sollte man seine ganze Aufmerksamkeit lieber den vorüber donnernden Bussen widmen!). Für einen Stadtrundgang empfehlen wir daher den Samstagnachmittag. Dem Zentralmarkt allerdings, einem der größten Spektakel der Metropole, sollte man möglichst vormittags einen Besuch abstatten, zu seiner geschäftigsten Zeit.

Info Besondere Vorsicht empfiehlt sich beim Überqueren von Straßen wegen des ungewohnten Linksverkehrs

Ein Blick auf die Stadtgeschichte

Der Naturhafen an der windgeschützten Nordwestküste der Insel diente bereits den Holländern als Ankerplatz. Doch erst der französische Gouverneur Graf Mahé de La Bourdonnais erkannte die strategische Bedeutung der von Bergen umrahmten Hafensiedlung, ließ die Bucht ausbauen, eine Werft anlegen und hier seinen Regierungssitz gründen. Seine Amtszeit brachte wirtschaftlichen Aufschwung, Port Louis nahm Gestalt an und blühte auf. Als die junge Stadt 1770 Freihafen wurde, zogen allerdings rauere Sitten ein, denn nun gehörte Port Louis den Piraten und Seeleuten aus aller Welt, die ihr Geld in den Hafenspelunken verloren. Der Handel mit gekaperter Ware florierte, und die Städter waren Nutznießer der Piraterie. Mit dem anschließenden Zuckerboom bildete sich eine reiche Elite. Das napoleonische Zeitalter inspirierte Gouverneur Decaen dazu, die Hauptstadt in Port Napoléon umzutaufen. Da Mauritius aber 1810 von Großbritannien erobert wurde und Decaen sich der britischen Übermacht ergeben musste, die mit 10 000 Soldaten vor Port Louis aufmarschierte, blieb diese Namensänderung eine kurze Episode. Denn es zählte zu den wenigen Änderungen der neuen britischen Verwaltung, die Hauptstadt wieder in Port Louis zurückzubenennen. Die Briten verordneten der verrufenen Hafenstadt wieder mehr Recht und Ordnung, reparierten die Substanz, bauten Kirchen und gründeten den ersten Rennklub mit Rennbahn auf der südlichen Erdhalbkugel. Port Louis entwickelte sich zu einer Stadt der Gegensätze, denn neben den breiten, armen Massen aus befreiten Sklaven, indischen Einwanderern und chinesischen Wirtschaftsflüchtlingen genossen wenige Ultrareiche das Luxusleben der Privilegierten in vollen Zügen. Das britische Anliegen, die Sklaverei abzuschaffen, brachte die stolze französische Inselelite massiv gegen die neuen Herren auf. Um sich gegen einen bewaffneten Aufstand abzusichern, demonstrierte London mit dem Bau von Fort Adelaide auf einem Bergrücken über der Stadt seine Überlegenheit.

Zahlreiche Katastrophen wie Brände, Zyklone und Epidemien trieben die Wohlhabenden im 19.Jh. aus der heißen Stadt in das klimatisch viel gesündere Hochland. Port Louis, das administrative Zentrum, blieb fortan vor allem der Wohnsitz der armen Bevölkerung. Die jungen Städte im Hochland wie Curepipe und Rose Hill gerieten zum neuen Lebensraum der europäischen Privilegierten.

Erste Orientierung

„Por Loui“, wie die Metropole französisch ausgesprochen wird, schmiegt sich an eine natürliche Meeresbucht und lässt sich im Süden und Osten von schützenden Bergketten umschließen. Die Berge Le Pouce, der „Däumling“, und Pieter Both, mit 821 m der Zweithöchste und besonders markant, weil ein dicker Felsbrocken auf seiner Spitze zu schweben scheint, bilden eine imposante Kulisse. Doch die malerische Lage hat eine Schattenseite: Wie durch ein Nadelöhr zwängt sich die größte Verkehrstrasse der Insel durch Port Louis; sie durchschneidet die Stadt und bürdet ihr Tag für Tag den quälend starken Verkehr zwischen dem Norden und dem Süden der Insel auf. Viele Straßen der rechteckig angelegten Stadt dürfen heute nur noch im Einbahnsystem befahren werden. Obendrein besitzt Port Louis zwei Busbahnhöfe, die getrennt voneinander den Norden bzw. den Süden bedienen. Sie liegen fast einen Kilometer voneinander entfernt, sodass alle Passagiere, die vom Inselsüden in den Norden und andersherum reisen wollen, im Stadtzentrum zu Fuß zwischen den Busbahnhöfen unterwegs sind. Ein ständiger Quell von Menschenmassen inmitten des Verkehrsgedränges. Wenn überhaupt, existieren nur schmale Gehsteige. Das Laufen macht daher wenig Freude, es mangelt den vielen Fußgängern an Bewegungsspielraum, und die Straßen beherrschen rücksichtslose Bus-, Moped- und Autofahrer.

Eine Verbesserung gibt es für die geplagten Städter: Seit 2020 verbindet eine moderne Stadtbahn auf erhöhter Eigentrasse Port Louis mit den Hochlandstädten bis Curepipe. Die Straßenbahn verkehrt ganztags alle zehn Minuten (siehe S. 91).

Tipp Am besten beginnt man einen Stadtspaziergang an der Caudan Waterfront, die bewachte Parkplätze und einen Taxistand bietet. Von der Promenade aus präsentiert sich die Stadt außerdem von einer ihrer attraktivsten Seiten

Oben: Bunter Obststand in der Fußgängerzone an der Caudan Waterfront

Info Stadtplan von Port Louis: siehe hintere Umschlaginnenseite

Info Es existiert nur eine einzige Zufahrt zur Caudan Waterfront, die am südlichen Kreisverkehr der M1-Stadtautobahn abzweigt. Die bewachten Parkplätze kosten 50 Rs für die ersten vier Stunden (im Parkhaus am Dias Pier 80 Rs); wochentags nach 16 Uhr, samstagnachmittags und sonntags ist der Parkplatz kostenfrei.
Die Läden öffnen von 9.30–17.30 Uhr, sonntags von 9.30–12 Uhr.
Infos: www.caudan.com

Caudan Waterfront

Der künstlich aufgeschüttete Caudan-Waterfront-Komplex entstand in den 1990er Jahren auf dem Gelände alter Speicher und Hafenlagerhallen. Was als Flaniermeile rund um das Luxushotel Labourdonnais angefangen hat, ist heute ein bei Touristen und Einheimischen gleichermaßenbeliebtes Einkaufsparadies mit Kasino und zahlreichen Restaurants. Allein die Lage direkt am Hafen und dem Zentrum von Port Louis lohnt einen Besuch, um an der Promenade zu schlendern und die Aussicht auf die eleganten Yachten zu genießen. Architektonisch erinnert der Komplex ein wenig an eine Kreuzung amerikanischer Konsumtempel mit der Waterfront von Cape Town. Shoppingarkaden, „Food Courts" und Kinos wachsen aus dem Boden, mehr als 60 Boutiquen, Schmuck- und Schuhläden wetteifern um die Gunst der neuen Wohlstandsschicht im Land, und aktuell ist ein riesiger Konzertsaal in Bau. Caudan ist heute der Treffpunkt der Jugendlichen im Land. Wenn die Stadt spät nachmittags ihre Tore schließt, ist an der Waterfront immer noch etwas los. Der Reisende kann hier prima Einkäufe erledigen: Neben zahlreichen Shops und Boutiquen präsentiert der zweistöckige Craft Market (Marché artisanal) allerlei kunsthandwerkliche Souvenirs, zudem gibt es mehrere Banken und Wechselstuben und eine Apotheke. Ein paar Schritte weiter stillt man den kleinen Hunger zwischendurch an den Essensständen im Food Court oder in einem der Cafés. Wer es etwas gepflegter bevorzugt, wählt im L'Observatoire-Bereich nach Gusto aus einem von fünf Restaurants den persönlichen Favoriten. Frisch gestärkt gibt es dann spannende Kultur und Geschichte im Blue Penny Museum, das sich ebenfalls auf dem Gelände befindet und zu den besten der Insel zählt.

Die wertvollste Briefmarke der Welt – ein Fehldruck!

Einen beträchtlichen Teil ihrer Popularität verdankt die Insel Mauritius heute einem lange zurückliegenden Briefmarkenfehldruck. Denn praktisch jeder kennt den Ausdruck „Blaue Mauritius" und hat schon einmal von der wertvollen Briefmarke gehört. Was sich dahinter verbirgt, ist allerdings nur wenigen bekannt.

1847 schrieb die kleine britische Kolonie Philatelie-Geschichte, denn sie war die erste, die eigene Briefmarken herausgab. Unter der Regentschaft von Gouverneur Gomm wurden eine rote Ein-Penny-Marke für Sendungen innerhalb von Port Louis und eine blaue Zwei-Pence-Marke für Überseebriefe und solche nach La Reunion entwickelt. Der Graveur Joseph Osmond Barnard erhielt den Auftrag, entsprechende Druckplatten mit dem Konterfei der jungen Queen Victoria herzustellen. Lady Gomm, die Ehefrau des Gouverneurs, meldete sogleich großen Bedarf an den neuen Briefmarken, da sie Einladungen für einen Maskenball versenden wollte. Auf der Umrandung der Marken, von denen Barnard daraufhin jeweils 500 Stück herstellte, waren bei der ersten Serie die Wertangabe sowie „Mauritius", „Postage" und „Post Office" eingraviert. Und darin lag der Fehler: Barnard hatte den mündlichen Auftrag, „Post Paid" („Gebühr bezahlt") auf die Marken zu gravieren, falsch umgesetzt, indem er „Post Office" („Postamt") schrieb. Sein Lapsus wurde bereits im folgenden Jahr entdeckt und noch vor dem Druck der zweiten Serie behoben. Für die Philatelisten aus aller Welt geriet diese erste mauritische Serie, von der die meisten Exemplare Einladungsschreiben zu einem Maskenball frankiert hatten, fortan allerdings zu den gefragtesten Sammlerstücken.

Von der Blauen Mauritus existieren heute weltweit offiziell noch acht gebrauchte und vier postfrische Exemplare. Die etwas weniger bekannte Rote Mauritius ist in zwölf gebrauchten und zwei ungebrauchten Exemplaren vorhanden. Die Marken gelten als die wertvollsten der Welt, deren Wert mit jedem Weiterverkauf und jeder weiteren Auktion noch höher steigt. 3,5 Millionen Euro war der berühmte „Bordeaux-Brief" eines Weinhändlers seinem jetzigen Besitzer wert, auf dessen Umschlag zwei Mauritius-Marken abgestempelt sind; eine Blaue und eine Rote.

Blue Penny Museum: Das bekannteste Museum des Landes residiert in einem schönen Gebäude kreolischen Stils und verteilt sich über zwei Stockwerke. Am Eingang werden Multimedia-Sets in vier Sprachen ausgehändigt (Deutsch, Englisch, Französisch und Italienisch), die den Besucher kurzweilig von einer Station in der Landesgeschichte zur nächsten begleiten.

Tipp Wir stufen das Blue Penny Museum als eines der Top-Highlights der Insel ein

Im Obergeschoss beginnt der historische Rundgang durch das Entdeckungszeitalter und die koloniale Entwicklung von Mauritius. Anhand zahlreicher Seekarten, Schiffsmodelle, Stiche und Gemälde wird hier das mauritische Kulturerbe würdig bewahrt und spannend vorgestellt. Sehr interessant ist die Ausstellung zur städtischen Entwicklung von Port Louis mit diversen Vergleichsfotografien. Danach öffnen sich die Geheimnisse der Briefmarkenkunde. Ein Bereich ist den Erstausgaben mauritischer Briefmarken gewidmet, einschließlich natürlich dem berühmtesten Irrtum der Philatelie, der „Blauen und Roten Mauritius" von 1847. Allein diese beiden Briefmarken sind mehrere Millionen Euro wert und werden stündlich nur zehn Minuten beleuchtet, um sie vor dem Verblassen zu schützen. Die Sicherheitskräfte rufen dann die Besucher zusammen, damit jeder einmal einen Blick auf die edlen Stücke werfen kann.

Das Erdgeschoss schafft einem emotionalen Thema der mauritischen Seele Raum: Paul & Virginie, die unglücklichen Liebenden, werden hier in zahlreichen alten Romanausgaben und zeitgenössischen Gemälden lebendig; es sind sogar ein paar Wrackteile und Fundstücke des gesunkenen Segelschiffs Saint-Géran ausgestellt (siehe auch S. 122).

Info Öffnungszeiten: Mo–Sa 10–16.30 Uhr, sonn- und feiertags geschlossen. Eintritt: Erwachsene 245 Rs, Kinder bis 7 Jahre frei, bis 17 Jahre 120 Rs. Es werden Gruppen- und Familientarife angeboten. Der Museumsladen bietet eine gut sortierte Auswahl an Büchern und Souvenirs, z. B. Reproduktionen und Bildbände

Stadtspaziergang

Wir verlassen die **Caudan Waterfront** durch die Fußgängerunterführung unter der M1-Stadtautobahn hindurch zum palmengesäumten Herz der Stadt, der **Place d' Armes** (heute heißt es Place Bissoondoyal). Hier, wo Autos und Busse vorbei donnern, liegt die Keimzelle der Stadt. In der Mitte des Kreisverkehrs steht das **Denkmal** des Gouverneurs **Mahé de La Bourdonnais**. Er war der Held der französischen Kolonialperiode, der eigentliche Stadtgründer. So steht seine Statue folgerichtig am Beginn des Stadtrundgangs. Die Örtlichkeit vermittelt recht anschaulich, wie alt auf neu trifft, wie ehrwürdige Kolonialgebäude von modernen Hochhauskomplexen, dem Mc Donalds-Schnellrestaurant und Bankhäusern bedrängt werden. Der Verkehr tost und lärmt, an dieser engsten Stelle muss alles vorbei. Dem Denkmal gegenüber, am anderen Ende des langgezogenen, mit einer Palmenallee elegant geschmückten Platzes, zeigt sich der historische **Regierungspalast** (Hôtel du Gouvernement/Government House) in schöner französischer Kolonialarchitektur. Diese frühere Gouverneursresidenz strahlt eine geradlinige Eleganz aus, obwohl sie seit 1740 mehrmals verändert und erweitert wurde. Dieses älteste erhaltene Gebäude der Insel hielt sowohl Abrissplänen als auch Wirbelstürmen stand. Früher überragte es alle nahestehenden Gebäude. Heute wirkt es fast geduckt zwischen den modernen Hochhäusern und riesigen Baukränen, beweist aber wieder

Info Stadtplan von Port Louis: siehe hintere Umschlaginnenseite!

Schon gewusst? Im Durchschnitt bleiben Touristen 7–10 Tage auf Mauritius

Bilder links: Das berühmte Blue Penny Museum

Unten: Typische Straßenszene in Port Louis

einmal, wie viel attraktiver mitunter in früheren Jahrhunderten gebaut wurde. Auch die Briten begeisterten sich für den Prachtbau mit seinen schlichten Säulen und Veranden. Allerdings bewiesen sie wenig Feingefühl gegenüber der französischen Inselelite, als sie die Palastzufahrt mit einer Statue der Queen Victoria ausstatteten. Der auch im Innern prachtvolle Bau dient nun Repräsentationszwecken und ist nicht öffentlich zugänglich. Südlich des Regierungspalasts sind im ansprechenden, ockerfarbenen Gebäude des Mauritius Instituts das **Naturhistorische Museum** und die Staatsbibliothek untergebracht. Das kleine Museum präsentiert die ursprüngliche heimische Natur, das Leben im Ozean, eine umfangreiche Muschel- und Schmetterlingssammlung und ausgestopfte Vögel. Die meiste Aufmerksamkeit zieht die „Dodo Gallery" auf sich, denn sie zeigt eine originalgroße Nachbildung des Dodo. Öffnungszeiten: 9–16 Uhr, jedoch samstags nur bis 12 Uhr und mittwochs, sonn- und feiertags geschlossen. Freier Eintritt. In der Staatsbibliothek, die sich im Obergeschoss befindet, ruht das gesammelte natur- und geisteswissenschaftliche Wissen von Mauritius.

Bilder unten: Das renovierte Stadttheater und gigantischer Banyan am Jardin de la Compagnie

Gleich neben dem Museum bietet die beschauliche Parkanlage **Jardin de la Compagnie** (**Company Gardens**) eine ruhige Verschnaufpause für die lärmgeplagten Hauptstadtbesucher. So klein der Park auch ist, er beeindruckt doch gewaltig. Gigantische Banyans, bengalische Würgefeigen, spenden dieser Ruheoase mit ihrem ausladenden Luftwurzelgeflecht viel Schatten. Auf den Parkbänken ruhen sich Fußgänger aus, verbringen Arbeiter ihre Mittagspause und sitzen verliebte Paare. Der Name des kleinen Parks geht noch auf die französische Ostindien-Gesellschaft zurück, die die Grünfläche seinerzeit auf dem ehemaligen Gelände des Stadtmarkts anlegen ließ. Noch früher befand sich an dieser Stelle ein moskitoverseuchter Sumpf, in dem Leichen verscharrt wurden. Neben den monströsen Würgefeigen fallen mehrmals Löwenbüsten und einige ehrwürdige Statuen mehr oder weniger verdienter

Persönlichkeiten von Mauritius auf. So begegnet man hier Manilal Doctor, dem engen Vertrauten Mahatma Ghandis, der den indischen Arbeitern politische Rechte erkämpfte, aber auch Adrien d'Épinay, einem der stärksten Widersacher der Antisklavereibewegung, dem es gelang, die Abschaffung der Sklaverei auf Mauritius noch viele Jahre hinauszuzögern.

Würde man hier weiter nach Süden wandern, die Chaussée Street und Barrack Street entlang, man käme zu einem mächtigen steinernen Quader im Kasernenstil, den **Line Barracks**, der seit den 1730er Jahren die kolonialen Truppen zur Verteidigung der Stadt beherbergte. Gouverneur de La Bourdonnais ließ hier seine zuvor privat untergebrachten 6000 Soldaten bündeln und brachte so mehr Ordnung und Disziplin in das Soldatenleben. Heute residieren die Polizei- und die Immigrationsbehörde in den Line Barracks, Besucher dürfen den Innenhof betreten.

Wir folgen jedoch der Rue Poudrière entlang dem Jardin de la Compagnie und erhaschen da und dort einen Blick auf baufällige koloniale Holzhäuser und Banyanwurzeln, die sich vehement ihren Weg durch alte Steinmauern bahnen. Wir biegen in die kleine, für Autos gesperrte Rue du Vieux Conseil (Old Council Street) ein. Fachlich Interessierte werden sich für das **Fotomuseum** (Museum of Photography) in einem historischen Lagerhaus mit Gewölbe begeistern, wo alte Druckmaschinen, Fotoapparate und postalische Dokumente aus der Privatsammlung des Fotografen Tristan de Breville ausgestellt werden. Öffnungszeiten: Mo–Fr 10-15 Uhr, Eintritt: 150 Rs, Kinder unter 12 Jahren gratis.

Am Ende der Rue du Vieux Conseil gelangen wir direkt zur Place Nelson Mandela (früher Place Gillet). Hier versteckt sich mit dem renovierten Poncini-Gebäude und dem gegenüber liegenden **Stadttheater** ein hübsches Ensemble, das den feudalen Geist des 19.Jahrhunderts noch ein wenig erahnen lässt. Erbaut von 1820 bis 1822 als eines der ältesten Theater der südlichen Hemisphäre gewährte das schmucke Theater der Inselkolonie Zugang zur europäischen Kulturszene, zog es zu seinen glanzvollsten Zeiten doch namhafte Dirigenten und Orchester an. Ein Jahrhundert lang, von 1850 bis 1950, gönnte sich die Stadt den Luxus, teure Künstler zu engagieren. Dann hatte das moderne, größere Theater in Rose Hill seinem inzwischen renovierungsbedürftigen Vorgänger den Rang abgelaufen und es musste schließen. Erst 1994 ist das alte Theater nach umfassenden Restaurierungsarbeiten wieder eröffnet worden. Die Kuppel im Inneren zeigt wunderschöne Malereien, stimmungsvolle Kristallleuchter tauchen die hölzernen Ränge in sanftes Licht.

Tipp Wer sich ausruhen und in uriger Atmosphäre seinen Durst mit Bier löschen möchte, sollte im urigen Lokal Lambic nahe der Line Barracks vorbeischauen (siehe S. 91)

Bilder oben: Impressionen eines Spaziergangs durch die Straßen von Port Louis

Info Stadtplan von Port Louis: siehe hintere Umschlaginnenseite!

Tipp Die Pferderennen jeden Samstag ab 12.30 Uhr zählen zu den ganz besonderen Reiseerlebnissen, denn hier lebt die mauritische Seele. Jeder kann teilnehmen. Der Zutritt zu Tribüne und Balkon kostet 200 Rs (kostenlos für Damen). Mietwagenfahrer können mitten auf dem Gelände parken. Eine Luxusvariante im VIP-Bereich mit Champagner und Snacks bot früher die legendäre Crown Lodge, doch mit der Coronapandemie ist das beliebte Angebot eingestellt worden.

Bilder rechts: Die vielen Gesichter von Port Louis: Verkehrsreiche Nord-Süd-Achse im Stadtzentrum; Pferderennen sind ein Spektakel am Samstag; Ausblick von Fort Adelaide auf die Rennbahn Champ de Mars und Signal Hill; Caudan Waterfront

Die breite Rue Jules Koenig, gesäumt von modernen Bürokomplexen und Hochhäusern, mündet in die Pope Hennessy Street und führt geradewegs zur Pferderennbahn **Champ de Mars** am Fuße der Berge. Das ovale Hippodrom, auf dem ehemaligen Exerzierplatz der Franzosen erbaut (daher der Name „Marsfeld"), ist weithin sichtbar. Seine Eröffnung und die Gründung des ersten Turf-Clubs (Rennklubs) im Jahr 1812 erfolgte seinerzeit mit politischem Kalkül, sollte er doch die Gräben zwischen den alteingesessenen Franzosen und den britischen Neuankömmlingen überbrücken helfen. Großbritannien besaß zwar die politische Macht, gesellschaftlich mussten sich die Engländer aber erst mühsam den Respekt der stolzen Franzosen erkämpfen – Pferderennen schienen dazu ein probates Mittel. Später bewies der Rennplatz seine völkerverbindende Wirkung auch bei den armen asiatischen Einwanderern und mittellosen Nachkommen von Sklaven, die ebenfalls dem euphorischen Wettfieber verfielen und auf dem Champ de Mars bald zwischen den europäischen Gutsherren auftauchten. Bis in unsere Tage ist die Leidenschaft für den Pferderennsport zur nationalen Angelegenheit gewachsen. In Mauritius sind Rennwetten ein Volkssport. Und wie stolz ist man hier, dass sie die zweitälteste Pferderennbahn der Welt besitzen (nach Ascot)! Während der Rennsaison von Ende März bis Anfang Dezember finden an den Samstagnachmittagen jeweils bis zu acht Rennen statt, die einen unglaublichen Menschenauflauf verursachen. Die Polizei muss das Gelände großräumig absperren und den Verkehr regeln, tausende Menschen drängen sich auf den Zuschauerrängen und feiern. Zwischen den mit Spannung erwarteten Rennen herrscht fröhliche Jahrmarktstimmung mit Musik, Essensständen und Karussells für die Kinder. An den bedeutendsten Renntagen „Maiden Cup" und „Gold Cup" treffen rund 50 000 Besucher zusammen. Auch die Feierlichkeiten zum Tag der Unabhängigkeit am 12. März finden hier statt.

Auf dem Weg zum Champ de Mars könnte man einen Abstecher machen zu den bedeutendsten christlichen Kirchen der Stadt. Beide zählen aber nicht zu den Sehenswürdigkeiten ersten Ranges. Die römisch-katholische **Kathedrale St. Louis** aus den 1930er Jahren an der Rue Monseigneur Gonin ist ein eher düsterer, schwerer, grauer Steinbau, der an mittelalterliche Kirchenschiffe erinnert. Die Vorgänger dieser Kirche waren aus Holz konstruiert und daher immer nur kurzlebig gewesen. So wurde der erste Kirchenbau von einem Wirbelsturm hinweg gefegt und das nächstfolgende Gotteshaus durch Termitenbefall einsturzgefährdet. Neben der Kathedrale befindet sich auch der

Bischofssitz. An der Labourdonnais Street/ Ecke Poudrière Street haben die Briten 1850 die anglikanische **Kathedrale St. James** auf einem ehemaligen französischen Lager für Schießpulver und einem Gefängnis errichtet.

Geübte Fußgänger sollten auch **Fort Adelaide (La Citadelle)** in den Rundgang einbeziehen. Zur Zitadelle, die mitten in der Stadt auf einem 100 m hohen Hügel thront, führen zwei Wege, einmal von der Rue Dr. Eugène Laurent/Avenue Suffren, der andere von der Rue Jummah Mosque. Der rund zehnminütige Anstieg lohnt sich hauptsächlich wegen der einzigartigen Panoramaaussicht über die Stadt. Von hier oben erschließt sich dem Betrachter die reizvolle Lage der Stadt. Man blickt über die Altstadt und die Hafenanlagen bis zu den Wohnvierteln am Stadtrand, zum Signal Hill und zu den Moka-Bergen im Süden. Die Fortanlage ist weniger interessant. 1834–1840 errichtete die britische Kolonialmacht Fort Adelaide zur Demonstration ihrer Stärke und zum Schutz ihrer Truppen gegenüber einer aufmüpfigen französischen Siedlergemeinschaft: Es war die Zeit der Antisklavereibewegung, und Großbritannien erfuhr heftigen Widerstand von Seiten der Plantagenbesitzer, die nicht bereit waren, die Sklaverei aufzugeben.

Lange Zeit verfiel die Anlage unbeachtet, erst in jüngerer Vergangenheit wurde sie für den Tourismus und als gelegentlicher Austragungsort für Popkonzerte entdeckt. Öffnungszeiten: Mo–Sa von 9–16 Uhr, Eintritt frei.

Zwischen Fort Adelaide und dem Hafen breitet sich die **China Town** (Quartier Chinois) aus mit Straßenzügen voller kleiner Geschäfte, einem buntem Schildermeer und chinesischen Garküchen. Bei der Jummah Moschee in der Royal Street symbolisieren orangefarbene Tordurchfahrten die Begrenzung des chinesischen Viertels, ansonsten verlaufen die Übergänge zur Altstadt fließend. In China Town, wo sich im 19. Jh. die

Oben: Jummah Moschee

Bilder rechts: Impressionen aus dem Zentralmarkt von Port Louis: Obst, Gemüse, Chilis, Reis und Bohnen in allen Variationen

chinesischen Immigranten niedergelassen hatten und ihre Kultur leben konnten, betritt man eine fremdartige Welt. Auf den baufälligen Bretterhäusern weisen Schilder mit chinesischen Schriftzeichen den Eingeweihten den Weg, der Tourist vermag sich nur treiben zu lassen. Hier herrscht Kleinhandel im wahrsten Sinne des Wortes. Stöbern Sie ruhig durch die winzigen Verkaufsbereiche, staunen Sie über das preiswerte, überaus breite Warenangebot und nehmen Sie die andersartigen Gerüche und Geräusche wahr. Stellen Sie sich vor, dass manch ein Bewohner von China Town das Viertel nie verlässt. In diesen Straßenzügen ist abends mehr los als in den anderen Vierteln, die Lokale und Restaurants – die hier gerne „Hotel" heißen – schließen nicht so früh. Einheimische trifft man dann auch im Spielkasino L'Amicale, wo chinesische Kartenspielvarianten gepflegt werden (Zugang von der Rue Emmanuel Anquetil). Falls Sie zum Zeitpunkt eines chinesischen Festes in Mauritius verweilen, sollten Sie keinesfalls die bunten, lebendigen Feierlichkeiten in China Town versäumen. Chinesische Pagoden liegen allerdings wider Erwarten nicht in China Town. Statt dessen befindet sich hier das bedeutendste Gotteshaus der Muslime.

Wie ein Palast aus einem orientalischen Märchen schmückt die **Jummah Moschee** die Royal Road. In einer jahrzehntelangen Bauphase in der zweiten Hälfte des 19. Jh. schufen indische und pakistanische Handwerker diesen Prachtbau, der aufgrund seiner kostbaren Ausstattung zu den wertvollsten architektonischen Meisterleistungen der Insel zählt. Damals lag die Moschee noch mitten im indischen Quartier, erst später zogen viele Chinesen zu und gaben dem Viertel eine neue Prägung.

Das strahlend weiße Gotteshaus spielt mit herrlich verzierten hölzernen Vertäfelungen und türkisfarbenen islamischen Dekorelementen. Durch ein mächtiges, filigran bearbeitetes Holztor gerät man in das beschauliche Innere der Moschee, wo sich die Waschplätze für die Gläubigen, eine Koranschule und die Gebetshallen befinden. Es ist eine Oase der Ruhe, während draußen der Verkehr vorbei donnert. Frauen und Nicht-Muslime dürfen diesen Vorraum, nicht aber die Gebetshallen und die Koranschule, von Sa–Do von 10–12 Uhr betreten, sofern sie durch bedeckte Arme und Beine die Kleidervorschriften befolgen und die Schuhe ausziehen. Die Moschee betreibt auch eine Website: www.jummahmasjid.org

Unser Rundgang schließt nun mit einem der Höhepunkte von Port Louis ab, dem Besuch des Zentralmarktes (**Central Market/Le Bazar**). Hier spielt sich täglich ein turbulentes, überfülltes Markttreiben ab – ein Sammelsurium aus Marktgeschrei, dampfiger Luft, Enge und wechselnden Gerüchen. Die Szenerie ist exotisch: Man betritt die Markthallen durch prunkvolle schmiedeeiserne Tore und gelangt augenblicklich in das pulsierende Herz der Stadt. Warme, stickige Luft regt den Stoffwechsel an, lautes Stimmengewirr hallt in unterschiedlichsten Dialekten und die emsige Betriebsamkeit der feilschenden Marktleute vor ihren überladenen Ständen fesselt den Blick. Die fremdartigen Aromen, der zarte Duft von Koriander, Ingwer und Vanille, regen schlagartig den Appetit an. Die Obst- und Gemüsehalle ist besonders malerisch. Von der Empore, wo sich hauptsächlich Tuchhändler und Souvenirverkäufer ausbreiten, genießt man einen tollen (Über-)Blick über die vielen Stände. Die emsigen Händler lassen sich von den Touristen nicht weiter stören. Markthändler, die sich auf Touristenwaren und allerlei Tand spezialisiert haben, werben dagegen lautstark und versuchen offensiv, ihre überteuerten Waren an ahnungslose Touristen zu verhökern.

Neben Lebensmitteln wie Gemüse und Fisch bilden heute die Souvenirstände das Rückgrat des Marktlebens. Hier findet der Besucher praktisch alles, was Mauritius auf diesem Sektor zu bieten hat: Farbige Korbwaren aus Palmwedeln, „Dodo"-Figuren, bunte Tücher, Kleidung und Schmuck.

Der Markt verlagert sich hinaus auf die Straßen und vor die altersschwachen kolonialen Häuser in der näheren Umgebung. Kleine Garküchen versorgen dort die Hungrigen mit lokalen Spezialitäten wie Briani und Samosas. Beim Stand des Kräuterdoktors stapeln sich die Naturheilmittel aus getrockneten Pflanzen, Wurzeln und anderen Merkwürdigkeiten. Vom Fischmarkt, wo bunte Korallenfische neben getrockneten Tintenfischen liegen, ziehen Gerüche herüber. Gleich nebenan breiten sich frisch geschlachtetes Geflügel und Fleischwaren aus. Dieser Markt ist auch ein Schmelztiegel ethnischer und gesellschaftlicher Gruppierungen von Mauritius: Der

Tipp Die meisten Souvenirs werden hier zu überzogenen Preisen feilgeboten, kräftiges Handeln ist unbedingt angesagt! Typische Touristenartikel wie Vanillestangen gibt es im chinesischen Supermarkt nebenan viel billiger

Info Der Zentralmarkt ist täglich geöffnet, aber an Sonn- und Feiertagen nachmittags zu. Morgens ist hier am meisten los. Vorsicht: Im Gedränge des Marktes haben Taschendiebe ein leichtes Spiel

Bauer trifft den Städter, der Katholik den Tamilen, der Fischer den Beamten. Das bunte Gedränge präsentiert die Vielfalt dieses Landes, inklusive seiner Touristen.

Nach diesem Frontalangriff auf die Sinne ist es nur ein Katzensprung zurück zum Astrolabe Komplex und Caudan Waterfront. Bei Interesse lohnt sich zuvor der Besuch des kleinen **Postmuseums** im kolonialen Gebäude der Hauptpost in der Quay Street. Hier sind Telegrafenautomaten, alte Druckplatten, Exponate zur Postgeschichte, Briefmarken und Kopien der berühmten Briefmarken-Fehldrucke Blaue und Rote Mauritius zu sehen. Öffnungszeiten: Mo–Fr 9.30–16.30 Uhr, Sa 10–16 Uhr, Eintritt: Erwachsene 150 Rs, Kinder 90 Rs.

Hinter dem Postmuseum liegt am Hafenkai noch ein Kleinod, das die meisten Besucher „links liegen" lassen: Das **Windmill Museum** in einer 1736 von La Bourdonnais errichteten, restaurierten Mühle. Öffnungszeiten: Mo–Fr 10–12 Uhr und 13–15 Uhr, freier Eintritt.

Nicht versäumen sollte man allerdings einen Besuch der UNESCO-Weltkulturerbestätte **Aapravasi Ghat**, die sich nördlich der Hauptpost anschließt. Das Durchgangslager mussten mindestens 462 000 vorwiegend indische Schuldknechte bei ihrer Ankunft zwischen 1834 und 1910 durchlaufen. Das Denkmal steht Besuchern von Mo–Fr von 9–16 Uhr und Sa/So von 9–12 Uhr offen und zeigt neben den Ruinen der Anlage ein interessantes, modernes Museum mit zahlreichen historischen Fotos (siehe auch S. 26). Der Eintritt ist frei.

Odysseo: Das frühere Aquarium von Pointe aux Piments ist umgezogen und seither als kinder-orientiertes Ozeanium in neuen Räumlichkeiten neben dem Le Suffren Hotel untergebracht. Der Rundgang dauert ca. eine Stunde. Öffnungszeiten: täglich von 9–18 Uhr, Eintritt: Erwachsene 1050 Rs, Kinder von 4–12 Jahren 790 Rs, Senioren ab 65 Jahren 930 Rs.

Hotels in Port Louis

Labourdonnais Waterfront Hotel: Port Louis, Caudan Waterfront, Tel. 2024000, E-Mail: info@ninetysixhotels.com, www.labourdonnais.com. Das 5-Sterne-Business-Hotel in schönster Lage mit 98 Zimmern, 11 Suiten, drei Restaurants und einem Health Centre gibt sich im gediegenen Kolonialstil. Geschäftsreisenden zu empfehlen, jedoch ohne Badegelegenheit. Preise: ÜF ab 225 €/DZpP und 450 €/EZ.

Le Suffren Hotel & Marina: Port Louis, Caudan Waterfront, Tel. 2024900, E-Mail: info@ninetysixhotels.com, www.lesuffrenhotel.com. Ansprechendes 4-Sterne-Hotel mit 113 Zimmern am südlichen Rand der Caudan Waterfront gelegen, das zum selben Management wie das Labourdonnais Hotel gehört. Es bietet einen grandiosen Hafenblick, ist für Badeurlauber aber ebenfalls ungeeignet. Preise: ÜF ab 135 €/DZpP und 270 €/EZ.

Citadelle Mall Apartments: Port Louis, Sir Virgil Naz Street, Tel. 2122026. Unterhalb von Fort Adelaide werden in einem Hochhauskomplex geräumige Apartments mit jeweils drei Schlafzimmern und Küche/Lounge zur Vermietung über Buchungsplattformen wie Airbnb.de, Booking.com und Agoda.com angeboten. Preise: ab 108 €/Nacht.

Praktische Informationen

Tourist Info: Die Touristeninformation (MTPA) befindet sich im Victoria House in der St. Louis Street/Ecke Barracks Street (siehe Stadtplan). Tel. 2101545

Shopping: Die besten Einkaufsmeilen bieten die Caudan Waterfront, der Astrolabe Shopping Complex und der Central Market (für Souvenirs). Im nördlichen Vorort Roche Bois liegt die „Riche Terre Mall" mit einem großen Jumbo Supermarket.

Restaurants: Eine nette Empfehlung für Biertrinker ist das rustikale Restaurant „Lambic" in der St. Georges Street an den Line Barracks. In diesem kleinen Kolonialhäuschen werden unzählige Biere aus aller Welt ausgeschänkt. Bei Redaktionsschluss war diese Institution allerdings geschlossen und der Zeitpunkt der Wiedereröffnung unbekannt (Tel. 2126011, www.facebook.com/lambic.mu). Haute Cuisine finden Feinschmecker nur einen Katzensprung entfernt in der Chevreau Street im Le Courtyard Restaurant (Tel. 2100810, www.lecourtyard.com, wochentags mittags und freitags auch abends geöffnet). Alternativ bietet das kulinarische Angebot in der Caudan Waterfront für jeden Geschmack und Geldbeutel etwas; vom preiswerten Fast Food der koreanischen, chinesischen, indischen und mediterranen Küche bis zum Gourmetrestaurant, z. B. Yuzu Asian Fusion und Restaurant Namasté. Feine Kaffeevariationen, Paninis und Salate serviert dort auch das LUX Café.

Öffentliche Verkehrsmittel: Die beiden Bus-/Straßenbahnhöfe von Port Louis liegen knapp einen Kilometer voneinander entfernt und begrenzen in etwa das Stadtzentrum (zu fuß ca. 15 Minuten). Der Immigration Square Bus Terminal zwischen der Jummah Moschee und dem Hafen bedient die Strecken in den Norden und Nordosten (ganztags von 6–18.30 Uhr). Am Victoria Square zwischen den Line Barracks und der Caudan Waterfront laufen alle Verbindungen in den Süden und Südosten des Landes, in die Städte im Zentralplateau und nach Mahébourg zusammen. Im Januar 2020 eröffnete die neue moderne **Stadtbahn** von Mauritius, die aktuell über 26 km zwischen dem Victoria Square in Port Louis und den Hochlandstädten bis Curepipe verläuft und unterwegs an 19 Haltestellen stoppt. Sie befährt die Strecke in beiden Richtungen von 6–22 Uhr in einem 10-Minuten-Rhythmus.

Parken: Bewachtes Parken bietet die Caudan Waterfront an zwei offenen Plätzen und in einem Parkhaus täglich von 7–23 Uhr. Die ersten vier Stunden kosten 50 Rs (überdachte Plätze 80 Rs), jede weitere Stunde danach 50 Rs. Wochentags nach 16 Uhr, samstagnachmittags und sonntags ist der Parkplatz kostenfrei. Siehe Map auf S. 80.

Nachtleben sollte man in Port Louis nicht erwarten; die tagsüber so quirlige, unruhige Stadt verwaist nach Einbruch der Dunkelheit. Nur an der Caudan Waterfront mit ihren beiden Hotels und dem Kasino ist auch in den Abendstunden noch etwas los. Im Jardin de la Compagnie, wo tagsüber Besucher zwischen Würgefeigen schlendern, breiten sich nachts Rauschgifthandel und Prostitution aus.

Chinesische Pagoden

Port Louis besitzt drei größere Pagoden, die allerdings wider Erwarten nicht in China Town, sondern weiter südlich davon liegen. Die chinesisch-taoistische **Lam Soon Pagode** befindet sich in der Eugene Laurent Street an der Pferderennbahn. Die bekanntere **Thien Thane Pagode** liegt malerisch am Signal Hill. Dafür folgt man von den Line Barracks der Straße Rue Volcy Pougnet bis zu deren Ende, wo die breite Straße sich deutlich verengt. Hier biegt man rechts in die kleine Straße und danach in die zweite nach links. Das achteckige Gotteshaus liegt direkt am Berghang .

Tamilischer Tempel

Einer der größten und schönsten tamilischen Tempel liegt im nördlichen Vorort Abercrombie. Man erreicht den „Sockalingum Meenatchee Ammen Kovil Temple", der besser bekannt ist unter dem Namen **Kaylasson**, über die nördliche Ausfallstraße Nicolay Road (der Verlängerung der Royal Road), an der sich dieser großflächige Komplex unübersehbar auf der rechten Seite erstreckt. Von Norden kommend zweigt man von der M1-Autobahn beim Kreisverkehr, an dem nach Westen Baie de Tombeau ausgeschildert ist, in die gegenüberliegende östliche Richtung ab. Diese Straße endet an einer T-Kreuzung, an der man rechts die umzäunte Tempelanlage in ca. 200 m Entfernung liegen sieht. Die wichtige Prozession Kavadee wird unter anderem hier zelebriert.

Ein katholischer Wallfahrtsort

Unweit des Kaylasson Tempels, im Stadtteil Sainte Croix, zieht ein katholischer Wallfahrtsort Pilger aller Konfessionen an. Man folgt der Nicolay Road weiter stadtauswärts bis zu einem Kreisverkehr, an dem rechts eine Polizeistation liegt, und hält sich weiterhin geradeaus. Kurz danach erscheint ein Schild mit dem Hinweis auf die **Grabstätte von Père Laval**. Dort muss man rechts abbiegen; der kurze Weg endet nach ca. 500 m direkt an der Kirche. Von Norden kommend ist die Stelle gleich nach dem Fluss am Stadtbeginn von Port Louis ebenfalls durch Schilder markiert. Auch die Anreise mit öffentlichen Bussen vom Immigration Square Bus Terminal ist möglich. Hinter dem Parkplatz erstrecken sich das Mausoleum von Père Laval, die Kirche und im Nebengebäude ein Devotionalienladen und eine kleine Ausstellung über Leben und Wirken des berühmtesten Priesters von Mauritius.

An vielen Tagen, besonders sonn- und feiertags, reißt der Strom pilgernder Menschen an diesem Ort nicht ab

Pater Jacques Desire Laval gelangte 1841 als katholischer Arzt und Missionar nach Mauritius, um nach „schwarzen Seelen zu fischen". Als aufgeklärter Geist war er entsetzt, als er die harten Lebensbedingungen der indischen Schuldknechte und befreiten Sklaven kennenlernte. Er schlug sich bald auf ihre Seite und wurde ihr Fürsprecher im Dialog mit Kirche und Kolonialregierung. Die Armen behandelte der Arzt gratis. Seinen Einsatz für die Rechte ehemaliger Sklaven dankten ihm diese schon zu Lebzeiten mit Verehrung. Laval geriet unterdessen mit der Kirche und der weißen Oberschicht in Konflikt, hielt aber lebenslang an seiner humanistischen Überzeugung fest. Am 9.9.1864 starb Laval 61-jährig und wurde auf dem Friedhof von Ste. Croix beigesetzt. Schon bald begannen die Wallfahrten an das Grab, die Pilger berichteten sogar von Wunderheilungen. Lavals Gebeine wurden schließlich in einen gläsernen Sarkophag umgebettet und die alte Kirche in den 1960ern durch einen modernen zeitgenössischen Betonklotz ersetzt. Alljährlich prozessieren Tausende Pilger mit Fackeln in der Nacht zum 9.September zur Wallfahrtskirche und halten katholische Gottesdienste ab. Aber auch während des Jahres sind Pilgerfahrten zu Père Laval eine viel gepflegte Tradition. Das Erstaunliche aber ist, dass auch andere Glaubensangehörige an das Grab des **„Apostels der Schwarzen"** pilgern. Sie beten schweigend am gläsernen Sarkophag oder versuchen vorsichtig, diesen zu berühren. Im Sarkophag liegt eine Nachbildung des Paters, seine Gebeine befinden sich darunter in einer Gruft. In dieser würdevollen, andächtigen Atmosphäre sollten sich die Besucher fotografisch möglichst zurückhalten. Auch hier, wie ebenso in Grand Bassin, wird augenscheinlich, wie tief die hingebungsvolle Religionsausübung in der mauritischen Kultur verhaftet ist. Papst Johannes Paul II. sprach Père Laval am 29. April 1979 schließlich selig.

Cap Malheureux
Coin de Mire
Hibiscus
Beau
Camp Pave
Le Cannonier
Lux Grand Baie
Pereybere
Club Mediterranée
20° South
Royal Palm
Veranda
Shivala Tempel
Mauricia
Grand Baie
Mystic Life Style
La Croisette Shopping
Casuarina
Mont Choisy
The Vale
Trou aux Biches
Palmiste
Maheswarnath Tempel
Fond du Sac
Bel Azur
Veranda Pointe aux Biches
White Oaks
Camp Scipion
Triolet
Le Recif
Villas Mon Plaisir
Plaine des Papayes
Chateau de Labourdonnais
Le Meridien
Point Aux Piments
Le Victoria
Gowsal
Solitude
Mosallement
St-André
Mapou
Oberoi
Ravanela
Maritim
Balaclava
Westin Turtle Bay
Intercontinental
Aventure du Sucre
Angsana
Mahogany Mall
Botanischer Garten
Arsenal
Pamplemousses
Les Cocotiers
Le Chambly
Baie du Tombeau
Calebasses
Mont Goût
Riche Terre Mall
Terre Rouge
Grande Rosalie
Roche Bois
Notre Dame
St. Croix
Congomah
Caudan Waterfront
Kaylasson Tempel
Valton
Port Louis
Lam Soon Pagode
Ruisseau Rose
Thien Thane Pagode
Richelieu
Pieter Both 820m
Melotte
Nouvelle Découverte
Pailles
Domaine Les Pailles
Le Pouce 812m
Coromandel
Roselyn Cottage
Eureka
Circonstance
Bagatelle City
Moka
St-Pierre
Beau Bassin
A1
A2
A3
A4
A5
A7
M1
M2
N
1
5 km

Freizeitpark Domaine Les Pailles

Rund 6 km südöstlich von Port Louis schmiegt sich ein Freizeitgelände in das Guibiestal im Schoße der Moka-Berge. Hier entstand einmal ein spielerisches Museum zur Inselgeschichte, das sich an Schulklassen, einheimische Familien und Touristen richtete, aber seit Jahren ziemlich vernachlässigt brachliegt. Früher konnten die Besucher eine nostalgische Zugfahrt mit der Schmalspureisenbahn unternehmen und in der Pferdekutsche zur rekonstruierten Zuckermühle, einem Kräutergarten und den Destillen für aromatische ätherische Öle und für Rum fahren. Ein Kasino und vier Restaurants warben um die Kunden. Doch seit 2015 ist die Anlage im Niedergang und ein Besuch der verbliebenen Restaurants nicht mehr empfehlenswert.

Le Pouce: Wanderung auf den Hausberg von Port Louis

812 m hoch ragt Le Pouce, der „Daumen", über die Hauptstadt. Es gibt zwei Aufstiegsmöglichkeiten, die zwar keine bergsteigerischen Fähigkeiten erfordern, aber Trittsicherheit, gutes Schuhwerk und eine ordentliche Portion Kondition, um die 800 Höhenmeter im tropischen Klima und der Sonne ausgesetzt zu erklimmen. Wer es schafft, wird mit einem grandiosen Ausblick belohnt. Der einfachere Wanderpfad beginnt in Moka, an der Brücke über die Rivière Nord-Ouest im Ortsteil St. Pierre. Er führt durch einige Felder und einsamen Wald; erst am Schluss wird es richtig steil. Der andere Weg führt vom südlichen Stadtrand von Port Louis durch das Vallée du Pouce den Berg hinauf. Der Aufstieg erfordert je nach Fitness 1,5 bis 2 Stunden. Der Reiz lässt sich noch steigern, wenn man den Berg von der einen Seite besteigt und über die andere Flanke wieder hinab wandert.

Info Nach Regenfällen ist die Bergbesteigung weniger empfehlenswert, da der Boden aufweicht. Wegen der mehr als dürftigen Wegmarkierungen sollten Sie einen Wanderführer mitnehmen. Organisierte halbtätige Besteigungen ab/bis Eurêka in Moka bieten Yemaya Adventures, Vertical World und Yanature an (z. T. auch in deutscher Sprache, Adressen siehe S. 269)

Le Château de Réduit

Die Residenz des Staatspräsidenten, ein elegantes Anwesen im kolonialfranzösischen Stil inmitten einer gepflegten Gartenanlage mit altem Baumbestand, ist leider nur an ganz wenigen ausgewählten Tagen im Jahr öffentlich zugänglich. Der Name Réduit bedeutet Zuflucht, und als solche war das 1748 erbaute, kleine hölzerne Fort gedacht, das Frauen und Kindern Unterschlupf bieten sollte. Weil aber derart reizvoll gelegen, befand bereits Gouverneur Dumas wenig später, dass La Réduit einen prächtigen Wohnsitz abgäbe, und er ließ sich das Gebäude entsprechend umgestalten. 1778 musste es wegen Baufälligkeit abgerissen und komplett neu errichtet werden. Dieser Steinbau wirkt immer noch wie ein Versteck, denn die Villa lässt sich inmitten des weitläufigen Prachtgartens kaum ausmachen.

Info Für den Besuch der Villa sollten etwa 30 Minuten angesetzt werden; mit dem Spaziergang zum Wasserfall und kreolischem Mittagsmenü etwa drei Stunden. Es ist ratsam, telefonisch zu reservieren, wenn man hier speisen möchte.

Oben: Villa Eurêka inmitten der gepflegten Gartenanlage und vor den grünen Moka-Bergen
Bilder rechts: Terrasse und Salon, Wasserfall und ein Magagaskar-Taggecko. Diese Geckos sind heute sehr häufig in Mauritius und sie verdrängen heimische Arten wie Ornament-Taggeckos
Weitere Fotos: S. 21, S. 24

Kolonialvilla Eurêka

In der kleinen Ortschaft Moka, wenige Kilometer südlich von Port Louis gelegen, wartet ein kreolisches Schmuckstück auf Besucher. Inmitten einer großzügigen, prächtig gestalteten Parkanlage thront eine Kolonialvilla aus dem frühen 19. Jh. Ein britischer Einwanderer, der sich für den französisch-kreolischen Architekturstil begeisterte, hatte seinerzeit das Gutshaus erbaut. Seine Nachkommen haben Eurêka (La Maison Créole Eurêka) restaurieren und mitsamt der originalen Möbel und Innendekoration zum Museum ausstatten lassen. Das Anwesen liegt großartig am Fuße der Moka-Berge und grenzt direkt an den Fluss Rivière Baptiste. Spazierwege führen durch den tropischen Garten hinunter an den Fluss und zu einem kleinen Wasserfall. Die koloniale Villa ist in schlichten Grautönen gehalten, die dem Gutshaus eine unaufdringliche, elegante Ausstrahlung verleihen. Stets weht eine sanfte Brise durch die Wohnräume, die wirken, als seien ihre Bewohner nur für ein paar Minuten außer Haus. Der Besucher wandelt über knarzende Böden von Zimmer zu Zimmer und bestaunt die zeitgenössischen Gemälde und Fotografien an den Wänden. Hier kann man sich prima ausmalen, wie es sich als mauritischer Großgrundbesitzer im 19. Jh. gelebt hat – das hat schon etwas!

Die Villa beherbergt ein Museum, ein kleines Restaurant und einen bescheidenen Souvenirladen. Öffnungszeiten: Mo–Sa 9–17, So 9–15.30 Uhr. Mittags bietet das Restaurant auf der Terrasse mit Blick über den Garten ein kreolisches Dreigängemenü an. Der Eintritt zum Maison Eurêka beträgt 320 Rs., inklusive dem Mittagsmenü auf der Veranda des Gutshauses 1250 Rs.

Zufahrt von Port Louis: Man verlässt die Autobahn an der Ausfahrt Mont Ory/Moka und folgt der unauffälligen Beschilderung bis zum Parkplatz unter schattigen hohen Bäumen. Kontakt: Tel. 4338477, 4334951,4332584, E-Mail: eurekamr@intnet.mu.

Hot-Spots im Norden

Pamplemousses Botanical Gardens

L' Aventure du Sucre

Tempel in Triolet

Besuch von Grand Baie

Info Wir beschreiben zunächst im Uhrzeigersinn die Küstenstrecken mit ihren Hotels und Stränden. Anschließend folgen die Sehenswürdigkeiten im Inselinneren.

Info-Maps: S. 94 und S. 119

Das dichte Busnetz ermöglicht hier ein gutes Zurechtkommen auch ohne eigenem Mietwagen

Von Port Louis nach Grand Baie

Der Norden von Mauritius ist das populärste und am besten erschlossene Gebiet der Insel. Landschaftlich überwiegen flache, von scheinbar endlosen Zuckerrohrfeldern bedeckte Ebenen und sanfte Hügel; nur südlich von Pamplemousses ragen abwechslungsreiche Berge auf, in denen sich die Wolken abregnen. Ein Vorteil des Nordens sind die kurzen Wege zu den touristischen Zentren in Port Louis und Grand Baie sowie zur berühmtesten Sehenswürdigkeit der Insel, dem Botanischen Garten in Pamplemousses. Ein angenehmes Klima und wenig Wind sind weitere Pluspunkte dieser lebhaften Region.

Baie du Tombeau

Der Hauptstadt am nächsten liegt die Baie du Tombeau, zu deutsch „Grabesbucht", die ihren düsteren Namen der Tatsache verdankt, dass in diesen gefährlichen Gewässern früher zahlreiche Schiffe auf Riffe und Felsen aufliefen und kenterten. 1615 sanken mehrere Handelsschiffe in einem Wirbelsturm, wobei auch der niederländische Admiral Pieter Both den Tod fand. Phantasievolle Zeitgenossen vermuten in der Grabesbucht geheime Piratenverstecke. Taucher bargen jedoch bisher nur ostindisches Porzellan von den gesunkenen Handelsschiffen. Verbuddelte Piratenschätze harren also weiter ihrer Entdeckung.

Die Bucht ist heute dicht bebaut mit tropisch bepflanzten Privathäusern und Ferienvillen, die kaum Zugang zum Meer erlauben. Wochentags ist es einsam und idyllisch am felsigen Strand, an den Wochenenden dominieren hier Partystimmung, Badefreuden und lebhafter Trubel.

Hotels im Bereich von Baie du Tombeau

Hotel Les Cocotiers: Tel. 2068600, E-Mail: resa@cocotiers-hotel-mauritius.com. Ein einfaches Mittelklassehotel mit 48 Zimmern, das seine abgelegene Lage am wenig reizvollen Strand von La Goulet durch persönlichen Service und einen netten Poolbereich auszugleichen versucht. Preise: HP ab 51 €/DZpP und 100 €/EZ.

The Address Boutique Hotel: Tel. 4053000, E-Mail: info@ninetysixhotels.com, www.addressboutiquehotel.com, Das gehobene Mittelklassehotel mit 42 modischen Zimmern im venezianischen Stil liegt nicht am Meer, sondern etwa 2 km landeinwärts an einer Flussmündung in Port Chambly. Seine Zielgruppe sind junge, aktive Reisende. Preise: HP ab 105 €/DZpP und ab 210 €/EZ.

Oben: Regenbogen über der Bucht von Grand Baie

Die Straße entlang der Grabesbucht neigt sich wegen des tiefen Einschnitts des Rivière du Tombeau wieder dem Landesinneren zu und führt in die kleine Ortschaft **Arsenal**. Hier reihen sich zahlreiche Boutiquen, Modeläden und ein paar kleinere Designer-Outlet-Centren aneinander. Der Name Arsenal erinnert an ein französisches Munitionsdepot aus dem 18. Jh., das aber nicht mehr vorhanden ist.

Reste dieser kolonialen Anlagen liegen sich auf dem Gelände des Maritim Hotels

In Arsenal gabelt sich die Straße zwischen Triolet und Beau Plan/Pamplemousses. Die reizvolle Strecke in Richtung Pamplemousses führt durch dichte Wälder am Sanatorium von Moulin à Poudre („Pulverfabrik") und dem Sir Seewoosagur Staatskrankenhaus vorbei. Hält man sich dagegen links, gelangt man über Triolet direkt nach Grand Baie. Allerdings muss man dazu das mit ungefähr 4 km Ausdehnung längste Dorf von Mauritius durchqueren, was bei dem hiesigen Verkehrsaufkommen tagsüber selten Vergnügen bereitet.

Tipp für die Fahrt nach Norden: 1,5 km nördlich von Arsenal zweigt die kleinere Küstenstraße vom Highway links ab, die durch flache Zuckerrohrfelder wieder zum Meer führt und über Balaclava und Trou aux Biches nach Grand Baie gelangt – und dabei die verkehrschaotische Ortschaft Triolet umgeht

Balaclava & Baie aux Tortues (Turtle Bay)

Vor langer Zeit kamen Meeresschildkröten zur Eiablage an den Strand der Schildkrötenbucht, Baie aux Tortues. Dies ist lange vorbei, aber die vorgelagerten Korallenriffe gelten heute als die besterhaltenen der ganzen Insel. Diese intakten Korallengärten zu retten ist die Aufgabe des bisher einzigen Meeresnationalparks von Mauritius.

In dieser dünn besiedelten, ländlichen Region locken Hotels mit schmalen Stränden und hervorragenden Schnorchel-Spots (siehe S. 100). Die Ferienresorts liegen jedoch etwas abgeschieden für unternehmungslustige Gäste, die sich auch außerhalb der Hotels unterhalten möchten.

Ein Feriendomizil für Gäste, die Ruhe und Entspannung suchen

Hotels in Balaclava & Baie aux Tortues

Angsana Balaclava bzw. **Le Jadis Beach Resort & Wellness - by Banyan Tree:** Tel. 2041888, E-Mail: info@lejadis.com, https://lejadis.com. Ein beschauliches Wellness-Resort mit 51 eleganten Suiten, Spa und Ayurveda-Praxis. Preise: HP ab 170 €/DZpP und 340 €/EZ.

InterContinental Resort: Tel. 2821010, E-Mail: info@icmauritius.com, www.intercontinental.com. 4-Sterne-Plus-Resort mit 210 Zimmern im puristischen Design, mit Fitness-Center und Ayurveda-Spa. AI möglich. Preise: HP ab 300 €/DZpP und 500 €/EZ.

Westin Turtle Bay Resort & Spa Mauritius: Tel. 2041400, www.westinturtlebaymauritius.com. Das moderne Wellnesshotel mit 190 Zimmern und Suiten bietet fünf Restaurants und zahlreiche Sportangebote.
Preise: HP ab 242 €/DZpP und 428 €/EZ.

Hotel Maritim: Tel. 2041000, E-Mail: info.mau@maritim.de, www.maritim.de. Luxusanlage unter dt. Management mit weitläufigem Strand und Poolbereich, Spa, Sauna und 9-Loch-Golfplatz. Auf dem Gelände befinden sich die Ruinen des Forts Balaclava, ein Reitstall und das feudale Edellokal „Château Mon Desir" (www.chateaumondesir.mu). AI möglich. Preise: HP ab 276 €/DZpP und 440 €/EZ.

The Ravenala Attitude: Tel. 2043000, E-Mail: info@theravenala-hotel.com, www.theravenala-hotel-mauritius.com. Das 4 Sterne-Suitenhotel mit 272 Zimmern bietet zehn Restaurants, einen riesigen Pool, Spa, Sauna und Hammam. AI möglich. Preise: HP ab 95 €/DZpP und 166 €/EZ.

Oberoi Hotel: Tel. 2043600, E-Mail: Generalmanager.mauritius@oberoihotels.com, www.oberoi-mauritius.com. Ein Luxusresort der absoluten Top-Liga (6 Sterne). Mit einer herausragenden Gastronomie, großartigen Lage und wohl dem blauesten Pool der Insel (Foto unten)! Ruhig, gediegen und höchsten Ansprüchen gerecht werdend. Siehe auch unsere „Besondere Empfehlung" auf S. 238. Preise: HP ab 330 €/DZpP und 660 €/EZ.

Pointe aux Piments

Von den Hotels bei Balaclava fährt man erst wieder ein kurzes Stück des Wegs zurück bis zur beschilderten Abzweigung nach Norden. Durch Zuckerrohrplantagen windet sich die schmale Teerstraße in Richtung Pointe aux Piments. Ehe die Straße wieder an die Meeresküste gelangt, zweigt nach links eine Sackgasse zu den Hotels Le Victoria und Le Meridien ab. Bleibt man auf der Hauptstraße, führt diese entlang des steinigen Strandes, wo Fischerboote in der flachen Lagune dümpeln. Kasuarinen säumen den langen felsigen Badestrand. Dazwischen befinden sich noch die baulichen Reste einer französischen Granatenstellung. Die „Batterie des Grenadiers" wird heute ziemlich ignoriert, ist jedoch ein anschauliches Beispiel dafür, wie ernsthaft Frankreich einst die Insel gegen die britische Übernahme zu verteidigen versuchte.

Das einst ruhige Fischerdorf veränderte sich durch den Bau moderner Badehotels und zahlreicher Apartmentanlagen, die Lokale und Boutiquen nach sich zogen. Der Strand ist an den meisten Stellen stark durchsetzt mit schwarzem Lavagestein. Die meisten Hotelstrände wurden aber mühevoll von den scharfkantige Felsen bereinigt .

Hotels in Pointe aux Piments

Hotel Le Victoria: Tel. 2042000, E-Mail: victoria@beachcomber.com, www.beachcomber-hotels.com. 4-Sterne-Plus-Sporthotel mit Pool, mehreren Gyms, Sauna, Dampfbad. Sehr große Zimmer, ideal für Familien. AI möglich. Der Bereich **Victoria For 2** ist exklusiv für Erwachsene. Preise: HP ab 165 €/DZpP, 265 €/EZ.

Le Meridien: Tel. 2043333, E-Mail: info@lemeridien.mu, www.lemeridien-mauritius.com. Weitläufig konzipierte Anlage mit 4 Restaurants und 265 großen Zimmern und Suiten. Breites Sportangebot, schöner Sandstrand, überwiegend französische Gäste. Einstufung als 4 Sterne-plus-Hotel. Preise: HP ab 242 €/DZpP und 480 €/EZ.

Villas Mon Plaisir: Tel. 2617980, E-Mail: villasmp@intnet.mu, www.villasmonplaisir.com. Das Mittelklasse-hotel direkt am Strand mit 41 Zimmern, Pool und Restaurant empfiehlt sich besonders für preisbewusste Reisende mit Unternehmungsgeist. Preise: HP ab 65 €/DZpP und 95 €/EZ.

Le Recif Hotel: Tel: 2042800, E-Mail: info@recif-hotel.com, www.recif-hotel-mauritius.com. Beschauliches kleineres Erwachsenen-hotel von Attitude Resorts mit 70 Zimmern der Kategorie 3 Sterne Plus. Preise: HP ab 93 €/DZpP und 144 €/EZ.

White Oaks Premium Villas: Tel. 2658167, E-Mail: bookings@whiteoaksvilla.net, www.whiteoaksvilla.net. Kleine Luxusanlage mit zwölf Ferienbungalows für Selbstversorger. Preise: je nach Größe ab 180 €/Nacht.

Voile Bleue: Tel. 2656800, E-Mail: hello@voilebleue.mu, www.voilebleue.mu. 3-Sterne-Strandanlage mit 22 Studios zur Selbstversorgung, Salzwasserpool und Restaurant. Preise: HP ab 55 €/DZpP, 103 €/EZ.

Veranda Hotel Pointe aux Biches: Tel. 2655901, E-Mail: pointeauxbiches@veranda-resorts.com, www.veranda-resorts.com. Zwangloses "Barfußhotel" im lässigen Robinson-Crusoe-Stil. Ein 4-Sterne-Hotel für ein eher jüngeres Publikum, es gibt auch einen kleinen Adults-Only-Bereich. AI möglich. Preise: HP ab 95 €/DZpP, 189 €/EZ.

Trou aux Biches

Nur wenige Kilometer nördlich von Pointe aux Piments liegt der Küstenort Trou aux Biches. Die Straße führt zunächst weiterhin direkt am Meeresstrand entlang, der sich hier steinig zeigt und nur ein paar Angler und Fischer anzieht. Dennoch reihen sich auch hier neuere Apartment- und Hotelanlagen aneinander, ehe man zu den schönen Stränden von Trou aux Biches gelangt.

Rechts passiert man bald einen Restaurantkomplex, dahinter folgt der Supermarkt Chez Popo. Nach der Stichstraße zum Hotel Le Palmiste zweigt auf Höhe des nächsten Public Beaches vor der Polizeistation die Zufahrt nach Triolet ab, über die man zum berühmten Maheswarnath Shiv Mandir Tempel gelangt (S. 104). An dieser Straße befinden sich auch ein paar Boutiquen und ein weiterer Supermarkt. Bleibt man dagegen auf der Küstenstraße, führt diese in einem Bogen um das weitläufige Luxusresort Trou aux Biches herum zum Hotel Casuarina und geht dann unbemerkt über in den Ort Mont Choisy.

Tipp Trou aux Biches und Mont Choisy stufen wir in der Skala der schöneren Strände und Ferienorte von Mauritius weit oben ein

In Trou aux Biches beginnt endgültig die durchgehende **Touristenzone**, die über die Hochburg Grand Baie bis nach Péreybère reicht. Die Ortschaft Trou aux Biches ist weit auseinandergezogen und zum Flanieren daher nicht unbedingt ideal, dafür geizt es nicht mit traumhaften, kilometerlangen weißen Stränden. An den meisten Wochenenden und Feiertagen füllt sich der Public Beach und herrscht fröhlicher Trubel, den Rest der Woche sind die Urlauber allein an den schönen Stränden. Die Lage ist viel reizvoller als Grand Baie. Wer ausgehen, shoppen oder flanieren möchte, ist trotzdem schnell mit einem Taxi oder dem Bus im quirligen Grand Baie. Auch zu kulturellen Highlights wie dem Tempel von Triolet und Port Louis oder zum Pamplemousses Botanical Garden ist es nicht weit. Die touristische Infrastruktur von Trou aux Biches mit Mietwagenverleih, Supermärkten, Bars, Restaurants, Geldautomaten, Tauchschulen und allerlei Unterkünften ist ausreichend für Freunde der Beschaulichkeit.

Hotels in Trou aux Biches

Le Sakoa Hotel: Tel. 2655244, E-Mail: isakoa@trimetys-hotels.com, www.lesakoa.com. Sehr gepflegte, familiäre Apartmentanlage mit 16 Zimmern und zwei Suiten mit Küche. Die Zimmer zur Straße sind laut, wir empfehlen daher die schöneren und ruhigen Meerblickzimmer. Kleines Restaurant vorhanden, doch sehr viele Gäste bevorzugen Selbstversorgung. Es gibt einen Pool im Garten und Wassersport gegen Gebühr. Preise: ÜF ab 165 /DZpP und 330 €/EZ.

Hotel Trou aux Biches: Tel. 2046800, E-Mail: trouauxbiches@beachcomber.com, www.beachcomber-hotels.com. Die trendigste Adresse am Platz genießt eine phantastische Lage direkt am endlosen weißen Strand. Das 5-Sterne-plus-Beachcomber-Resort bietet 333 Suiten und Villen, sechs Restaurants, jede Menge Pools und einen riesigen Sport- und Spa-Bereich. Preise: ÜF ab 147 €/DZpP und 243 €/EZ.

Hotel Le Palmiste: Tel. 2656815, E-Mail: info@hotel-lepalmiste.com, www.hotel-lepalmiste.com. Kleineres Mittelklassehotel ohne viel Ambiente, das etwas zurückgesetzt in einer Seitenstraße liegt und im Innenhof des Gebäude-komplexes 81 geräumige Zimmer, ein Restaurant und zwei Pools bietet. Preise: HP ab 72 €/DZpP und 111 € /EZ.

Casuarina Resort & Spa: Tel. 2045000, E-Mail: info@alizeeresort.com, www.hotel-casuarina.com. Familiäre ältere 3-Sterne-Plus-Ferienanlage jenseits der lebhaften Küstenstraße (nicht direkt am Strand), mit zwei Gartenpools, Wassersport, Spa und Tauchschule. 93 Zimmer und 12 Bungalows. Preise: ÜF ab 90 €/DZpP und 135 €/EZ.

Le Cardinal Exclusive Golf Resort & Spa: Tel. 2045200, E-Mail: info@alizeeresort.com, www.lecardinalresort.com. Das elegantere, modernere Schwesterresort des Casuarina Resorts liegt direkt zwischen Strand und Straße, verfügt über 13 Junior Suiten und Penthäuser, eine Bar, Pool und Restaurant. Preise: ÜF ab 140 €/DZpP und 280 €/EZ.

Be Cosy Apart Hotel: Tel. 2045400, E-Mail: becosy@trimetys-hotels.com, www.beapart.com. 102 moderne Studios und Apartments zur Selbstversorgung mit Hotelservice, Restaurant, Pool im Innenhof. An der Küstenstraße, nicht direkt am Strand, gelegen. Gutes Preis-Leistungsverhältnis. Ein Tipp für unternehmungslustige und unabhängige Reisende mit Komfortanspruch. Preise: Übernachtung ab 53 € pro Nacht.

Le Grand Bleu Hotel: Tel. 2655812, E-Mail: contact@legrandbleuhotel.com, https://legrandbleuhotel.business.site. Ein einfaches, lebhaftes Mittelklassehotel der 3-Sterne-Kategorie, das nicht direkt am Strand, sondern jenseits der Küstenstraße liegt. Preise: ÜF ab 38 €/DZpP und 75 €/EZ.

Restaurants

Mont Choisy Golf Club: Unser Tipp: Das Restaurant im Golfplatz von Mont Choisy mit Blick ins Grüne steht jedermann offen und serviert Pizza, Pasta und Salate zu günstigen Preisen. Täglich geöffnet, Tel. 2601000.

Le Pescatore: Fischrestaurant mit romantischer Terrasse direkt am Ozean rund 500 m nördlich des Casuarina Hotels. Hier kocht der Chef im europäisch-kreolischen Stil. Reservierung empfohlen, Tel. 2656337.

Freizeitgestaltung

Mietwagen: Europcar ist vertreten im Coral Azur Hotel in Mont Choisy (S. 105).

Glasbodenboote: Der Strand und die Unterwasserwelt von Trou aux Biches zählen zu den schönsten der Insel.

Hochseefischen: Tagesausflüge können bei Marlin Tours nördlich vom Casuarina Resort organisiert werden. Tel. 2475516.

Tauchen: Die Prodive Tauchbasis residiert beim R Beach Club in Mont Choisy (S. 105) und organisiert vom Tauchkurs über Tauchgänge bis zum Tiefsee- und Wracktauchen alles, was das Taucherherz begehrt. Tel. 2656213, www.prodivemauritius.com. Auch das Blue Water Diving Centre nahe dem Le Grand Bleu Hotel (http://bluewaterdivingcentre.com, Tel. 2656700) und das Bigorno Diving Center (https://bigornodiving.com, Tel. 54959107) beim Be Cosy Apart Hotel können empfohlen werden.

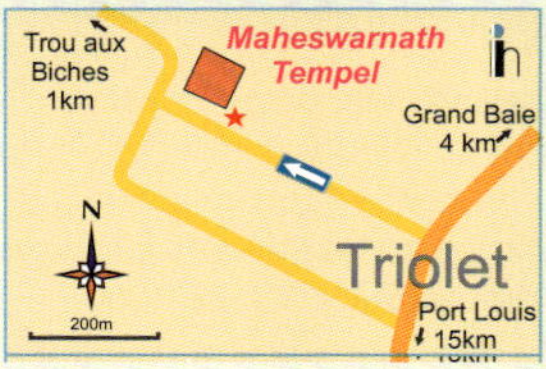

Tempelanlage in Triolet

Das längste Dorf von Mauritius sollte man möglichst nicht der Länge nach durchqueren müssen, so verstopft ist diese indisch geprägte Reihensiedlung tagsüber. Sehr sehenswert ist aber der Hindu-Tempel **Maheswarnath Shiv Mandir**. Von Trou aux Biches ist es nur ein Katzensprung dorthin. Das Einbahnstraßensystem erschwert die motorisierte Anreise ein wenig. Man fährt am besten von Trou aux Biches bis zur A4, der Hauptstraße in Triolet, und biegt in Richtung Grand Baie ab. Die erste Linksabbiegung danach führt direkt zum Tempel. Im Hof, bei den mächtigen Badamierbäumen, kann man parken.

Manchmal führt ein Wärter die Besucher bereitwillig durch die Tempelanlage und singt klangvoll im Haupttempel (eine Spende ist angebracht). Andernfalls darf man auch allein die verschiedenen Bereiche besichtigen. Vergessen Sie aber nicht, vor dem Tempelinneren die Schuhe auszuziehen und sich möglichst ruhig zu verhalten, um die Betenden nicht zu stören.

Der Tempel aus dem späten 19. Jh. ist das größte Heiligtum der Hindus. Ornamentbänder in kräftigen Farben und feines Dekor zieren die Außenfassaden. Trotzdem wirkt der Hindu-Tempel viel zurückhaltender als die bunten tamilischen Tempel. Der elegante weiße Bau weist auch islamische Architekturelemente auf. Rund um den Haupttempel, der Shiva geweiht ist, reihen sich weitere kleinere Tempel zu Ehren verschiedener Götter wie Ganesh mit dem Elefantenkopf. Auch Shivas Reittier Nandi genießt einen Ehrenplatz und erhält viele Opfergaben. Verwirrend ist die Vielfalt der zum Teil in Glaskästen geschützten Skulpturen, die Nichteingeweihten in die Religion des Hinduismus viele Rätsel aufgeben. Die Tempelanlage spielt eine bedeutende Rolle beim jährlichen Pilgerfest Cavadee. Kurz vor Sonnenuntergang bevölkern übrigens hunderte lärmende Vögel die riesigen Bäume im Tempelgarten. Ob der Tempel auch der größte des Landes ist, ist allerdings strittig, denn dieses Attribut schreibt man auch dem Amma Tookay Tempel im Süden bei Camp Diable zu (siehe S. 153).

Info Die Küstenstraße zwischen Trou aux Biches und Cap Malheureux ist tagsüber stark befahren. Am Wochenende kommen noch viele Motorräder hinzu. Darunter haben alle Hotels zu leiden, die direkt an dieser Straße liegen.

Nördlich des Casuarina Hotels schließen sich das Le Grand Bleu Hotel, die Tauchschule Blue Water Divers und der R Beach Club mit Spa, Beach Bar und Tapas-Restaurant beim Bootsclub an. Ältere Hotelanlagen wie Coral Azur schließen sich daran an, dahinter, jenseits der Küstenstraße, die Apartmentanlage Villas Mont Choisy und ein Supermarkt. Nach den Beach Villas und dem modischen Mystik Life Style Hotel beginnt wieder ein langer öffentlicher Strand mit üppigem Filaoswald. Hier wendet sich die Küstenstraße nun ins Landesinnere, dem vor wenigen Jahren eröffneten 18-Loch-Golfplatz mit unauffälligem Restaurant zu, und mündet auf die B13 zwischen Triolet und Pointe Canonniers.

Mont Choisy

Mont Choisy ist eine begehrte Wochenendresidenz wohlhabender Einheimischer und besitzt einen der großzügigsten öffentlichen Strände der ganzen Insel, wo sich an Wochenenden traditionell Busladungen voller Familien zum gemeinsamen Picknicken einfinden. Das Ortsbild verändert sich seit einiger Zeit rasant, denn in der bislang beschaulichen Siedlung werden nun immer mehr Residenzien, Studios und Apartments erbaut. Und damit einhergehend entstehen moderne Einkaufsmalls wie die Mont Choisy Shopping Promenade mit Supermarkt und Massagestudio.

Hotels in Mont Choisy

Coral Azur Beach Resort: Tel. 2656070, E-Mail: montchoisy@intnet.mu, http://coralazur.com. Modern renoviert zeigt sich dieses ältere 3-Sterne-Hotel in bester Lage. 88 Zimmer, 3 Restaurants, Kids Club und Pool. Preise: HP ab 71 €/DZpP und 110 €/EZ.

Wonders Beach Boutique Hotel: Tel. 2606700, E-Mail: resa@wondersbeach.mu, www.wondersbeach.mu. Neues 5-Sterne-Resort mit modernen Suiten und Villen, Restaurant, Pool und Fitnessclub. Preise: HP ab 210 €/DZpP und 370 €/EZ.

Flowers of Paradise Hotel & Restaurant: Tel. 2656356, E-Mail: info@hotel-paradise-mauritius.mu, https://hotel-paradise-mauritius.mu. Familienfreundliches kleines Hotel der Mittelklasse und Restaurant. Preise: ÜF ab 99 €/DZpP und 162 €/EZ.

Choisy Les Bains: Tel. 2600555, E-Mail: reservatios@clbholidays.com, www.clbholidays.com. Apartmentanlage, nicht direkt am Strand gelegen, mit 16 Zimmern, Pool, Spa, Gym und Restaurant. Preise: Übernachtung ab 180 €/Nacht.

Domaine de Grand Baie: Tel. 2604400, E-Mail: info@domainegrandbaie.com, www.domainegrandbaie.com. Diese elegante Apartmentanlage mit zwei Pools, Spa, Sauna und Gym befindet sich zwischen dem Mont Choisy Shopping Centre und dem unbebauten Hinterland. Ein Tipp für Unabhängige, Langzeitreisende und Unternehmungslustige. Preise: Studio mit HP ab 160 € (max. 2 Pers.).

Mont Choisy Beach Resort, **Sun Villa Mont Choisy Apartments** und **Villas Des Iles 2:** Diese und weitere kleine, gepflegte Anlagen für unabhängige Selbstversorger werden über Portale wie Booking.com und Airbnb.de oder auch bei Indian Ocean Travel, www.iot-mauritius.de angeboten.

Pointe Canonniers

Zwischen Mont Choisy und Grand Baie ragt eine Landzunge weit in den Indischen Ozean, die einst von strategischer Bedeutung war. Schon die Franzosen stationierten hier eine Garnison, die britische Verwaltung errichtete später auch noch einen Leuchtturm, der den Schiffen zur Orientierung diente. Heute genießen Touristen die herrliche Aussicht zur Süd- und Nordküste; und die Kanonen der Kolonialzeit zieren Badestrand und Restaurantterrasse.

Zwischen Mont Choisyund Grand Baie eröffnete 2017 ein neuer Golfplatz

Von Mont Choisy führt die B13 in 2 km geradewegs zur Landspitze von Pointe Canonniers. An den langen Public Beach schließt sich der Club Med an. Dann folgen die Zufahrt zum Le Canonnier Hotel und wenig später die Seapoint Bungalows, ehe die Straße scharf nach Osten abknickt und sich Grand Baie zuwendet. Sie verläuft nun zwischen den Grundstücksmauern feudaler Villen direkt nach Grand Baie, leider ohne Ausblick auf die zumeist türkisfarbene Bucht.

Die dichte Wohnsiedlung Pointe Canonniers geht unmittelbar in den berühmten Ferienort Grand Baie über

Die Landzunge zwischen Mont Choisy und der Bucht von Grand Baie ist ein ruhiges Siedlungsgebiet mit Apartmentanlagen für Selbstversorger und ein paar sehr kinderfreundlichen Hotels; einzig das feine Boutique-Hotel 20° South unterscheidet sich davon.

Pointe aux Canonniers hat flach abfallende Strände, eignet sich allerdings wenig für längere Strandwanderungen (in Richtung Grand Baie ist dies wegen der vielen abgegrenzten Privatgrundstücke nahezu unmöglich).

Nachtschwärmer und Einkaufswütige werden ins nahegelegene Grand Baie ausweichen müssen. Tagsüber bestehen permanente Bus- und Taxiverbindungen nach Grand Baie und Port Louis.

Hotels in Pointe aux Canonniers

Club Mediterranée: Tel. 2638509, E-Mail: info@clubmed.de, www.clubmed.de. Weitläufige AI-Clubanlage am schönen Strand mit 280 Zimmern, intensiver Kinderbetreuung, viel Animation und großem Sportprogramm einschließlich Golfplatz. Gute Küche!
Preise: 7 Nächte mit AI ab 1200 €/DZpP.

Le Cannonier Hotel : Tel. 2097000, E-Mail: cannonier@beachcomber.com, www.beachcomber-hotels.com. Ein weitläufiges traditionsreiches und familiäres 4-Sterne-Resort mit 248 Zimmern an mehreren kleinen Strandbuchten.
Preise: HP ab 125 €/DZpP, 205 €/EZ.

Seapoint Boutique Hotel: Tel. 2091055, E-Mail: reservation@searesortshotels.com, www.searesortshotels.com. Ältere, jedoch renovierte und modische Apartmentanlage mit netten Zimmers und Suiten, Pool, Restaurant und Wellness-Center.
Preise: HP ab 194 €/DZpP und 370 €/EZ.

La Pointe Villas: Tel. 2631961, E-Mail: lapointevillas@intnet.mu, www.lapointevillas.com. Eine Adresse für Unternehmungslustige: 17 zweckmäßige Apartments und Studios zur Selbstversorgung in einer gepflegten Anlage mit zwei Pools. 300 m Entfernung zum öffentlichen Strand.
Preise: Übernachtung ab 92 €/Nacht.

Hotel 20° South: Tel. 2635000, E-Mail: info@20degreesud.net, www.20degressud.net. Ein elegantes Boutique-Hotel mit ruhiger Atmosphäre und schönem Wellnessbereich/Spa. 27 geschmackvolle Zimmer umringen den Pool im Garten. Die Anlage ist abgeschirmt.
Preise: HP ab 218 €/DZpP und 326 €/EZ.

Grand Baie

Vor einer Generation lag hier noch ein verschlafenes Fischernest. Doch dann setzte eine rasante Entwicklung ein, die bis heute andauert. Der Bereich um Grand Baie wird wegen seines mediterranen Flairs gerne als die „Cote d'Azur von Mauritius" verkauft. In der Tat schlängelt sich hier wie am Mittelmeer die schmale Küstenstraße durch einen sehr touristischen Badeort. Die breite Bucht mit ihren Motorbooten und teuren Yachten ist wirklich malerisch, und der Blick auf die Luxusvillen und schicken Hotels vor dem Hintergrund markanter blauer Berge zweifelsohne sehr reizvoll. Der Gast findet hier alles, was einen unbeschwerten Urlaub ausmacht: Mietwagenagenturen, Taxis, Supermärkte, Cafés, Nachtclubs, Einkaufsgalerien, Fast Food und Gourmetrestaurants, Geldautomaten, einfache Pensionen und Luxusherbergen, Reiseanbieter und Bootsausflüge.

Es ist zudem ein Ort, an dem Pauschalreisende und Individualisten unterschiedlichster Nationen aufeinandertreffen. Viele Leute, oft Stammgäste auf Mauritius, mieten sich im Ort einfache Apartments oder kommen in preiswerten Pensionen unter. Deshalb bietet Grand Baie vergleichsweise viele kleine Kneipen und Cafés sowie Läden für Selbstversorger. Am Wochenende füllt sich der Ort mit Einheimischen, und dann werden die Nächte durchgefeiert. Sie lieben es, mit ihren Autos ganz cool den Sunset Boulevard auf und ab zu fahren. Grand Baie ist freitags und samstags die angesagteste Location, um das Nachtleben von Mauritius kennenzulernen.

Ortsbeschreibung

Die touristische Hauptstadt von Mauritius zieht sich von Pointe Canonniers bis zum Hotel Merville Beach über rund 5 km ohne klar erkennbare Ortsgrenzen. Von Pointe aux Canonniers kommend kündigt sich die Touristenhochburg mit Restaurants wie Le Languste und Le Capitaine an. Dann taucht auf der linken Straßenseite der **Shivala Hindu-Tempel** (siehe S. 110) auf, wenig später das Café Müller und Le Tandoor Indian Restaurant. Jetzt hat man die „Große Bucht" erreicht und erhascht endlich den Blick auf die vertäuten Boote und Yachten in der sanften Meeresbucht. Die Küstenstraße heißt hier **Royal Road**. Beim „Sunset Boulevard Shopping Village" beginnt die eigentliche Touristen-Flaniermeile: Linkerhand liegen die öffentlichen Badestrände unter Kasuarinen, mit wartenden Taxis, mobilen Snackbars, Eisverkäufern

Bild oben: Figur im Tempel von Triolet

und vielen Fliegenden Händler. Auf der anderen Seite Shoppingarkaden, Boutiquen, Banken, Lokale, Cocktail Bars und jede Menge kleiner Büros, die Ausflugsfahrten und Wassersportaktivitäten anbieten. Im Ortszentrum ist man umringt von trendigen Kneipen wie Malibu Spur und Le Dodo. Hier liegen die Mietwagenagenturen AVIS und Europcar und das Undersea Walk Reservation Office. Fehlende Gehsteige, das Verkehrsgewühl und die vielen Fußgänger erschweren das gemütliche Herumschlendern allerdings beträchtlich.

Beim La Pagoda Restaurant, gegenüber der Taxis, führt eine schmale Straße mit Souvenir- und kunsthandwerklichen Geschäften zum überdachten Souvenirmarkt „**Le Bazar**", wo Urlauber unter Musikbeschallung in kleinen Buden und auf Wühltischen ausgiebigst dem Kaufrausch verfallen können. Die Royal Road folgt dagegen den Ausläufern der Bucht. Beim rot-weißen **Shiv Mandir Tempel** mit den Elefantenfiguren auf der rechten Seite (Bild S. 107, zweites von unten) verlässt man schon wieder das Zentrum von Grand Baie. Eine Stichstraße führt hier noch links zu den Hotels Le Mauricia, Veranda und Royal Palm, zwischen denen sich der La Cuvette Public Beach versteckt, den viele als den schönsten öffentlichen Strand der ganzen Insel rühmen.

Geradeaus folgen entlang der Küstenstraße der Stardance Night Club, der Supermarkt Store 2000 und das Ventura Hotel. Jetzt nimmt auch wieder die Bebauung zu, und man fährt zwischen den Hecken und Grundstücksmauern edler Villen, ohne freien Blick zum Meer zu haben.

Strände & Badegelegenheit

Die Bucht von Grand Baie ist sehr gut geschützt und vom Ozean nur durch eine schmale Öffnung im Norden zugänglich. Zahlreiche Boote, Motorsegler und Yachten liegen hier vor Anker. Zum Baden ist der Strand in der Bucht weniger geeignet.

Im Ortskern findet man einen unbebauten öffentlichen Strand, an dem sich viele Mauritier und Gäste einfinden, die in einem Hotel ohne Strandzugang wohnen. Um einiges reizvoller ist jedoch der bekannte **La Cuvette Public Beach**, der eher unauffällig zwischen dem Veranda Hotel und dem Royal Palm Hotel am nördlichen Ende der Bucht zu finden ist. Er bietet einen großen Parkplatz, Toiletten, Duschen, Abfalleimer, einen makellosen Sandstrand und einen phantastischen Blick auf die Landzunge Pointe Canonniers und den Ozean.

Einkaufstipps in Grand Baie

Lebensmittel: Der große „SuperU-Hypermarket" mit Boutiquen, Fastfood-Lokalen und Geldautomaten bietet bis in die Abendstunden gute Einkaufsmöglichkeiten für Selbstversorger (So nur vormittags). Am Ortsende Richtung Péreybère liegt der Supermarkt „Brigadier 2000". Die „**La Croisette Shopping Mall**" mit dem Food Lovers Market (Foto rechts) und die gegenüberliegende „**Mont Choisy Shopping Promenade**" an der Ausfallstraße zur M2 haben allen städtischen Supermärkten allerdings längst den Rang als modernste und größte Einkaufszentren abgelaufen.

Souvenirs: Schauen Sie mal beim Bazar vorbei (etwa 200 m vom Sunset Boulevard gelegen). Die von Räucherstäbchen duftgeschwängerten, durchgehenden Buden und Mini-Verkaufsstände haben neben viel Ramsch auch schönes Kunsthandwerk und typische Andenken im Angebot. Die meisten Verkäufer sind unaufdringlich und freundlich; kräftiges Handeln gehört allerdings zum Geschäft.

Kleidung & Schmuck: Zahlreiche Boutiquen und Modeläden präsentieren ihre Waren in den Shoppingarkaden entlang des Sunset Boulevards. Im Bazar findet man vor allem preiswerte T-Shirts, Stoffe und Badebekleidung.

Shivala Hindu-Tempel

Der farbenprächtige Tempel gehört zu den jüngsten bedeutsamen Gotteshäusern der Insel, denn er wurde erst im Jahr 2000 fertiggestellt. Ein Teil seiner Faszination beruht auf der überraschenden Tatsache, diese stille, ehrwürdige Tempelanlage inmitten einer modernen, lauten Touristenhochburg anzutreffen. Mit dem Schritt durch das Holztor betritt man eine spirituelle, fremdartige Welt. Manchmal ist ein Wärter in der Nähe, um den staunenden Gästen die mystische Bedeutung der exotischen Figuren und Fabelwesen zu erklären. Man darf den Tempel auch allein besichtigen, die Gläubigen nehmen kaum Notiz von den Fremden. Öffnungszeiten: 8–16 Uhr, um eine Spende wird gebeten. Bitte nicht vergessen: Das Tempelinnere darf man nicht mit Schuhen betreten.

Restaurants und Nachtleben

Das gastronomische Angebot von Grand Baie ist in jeder Hinsicht vielseitig: beim Preis, der Geschmacksvielfalt und der Qualität. Vom Pizza Hut und dem mobilen Biriani-Stand bis zum sündhaft teuren Japaner ist die ganze Bandbreite vertreten. Besonders häufig sind China-Restaurants, wie Palais de Chine, La Pagode, Chinese Garden Restaurant und Ti Kouloir. Dann folgt die indische Küche mit den Restaurants Nitzana, Le Tandoor und Happy Rajah. Italienische Kost servieren Mamma Mia, Botteghita und Luigi's. Auch an der kreolischen Fusion-Küche versuchen sich mehrere Lokale. Das Hinterhof-Café Müller offeriert Milchshakes, Crepes und Frühstücksvariationen. Unser Tipp: „Cocoloko" im Ortszentrum serviert Pizza und Salate mit lässiger Musik, gratis WLAN und Fassbier zwischen den Bananenstauden im gekiesten, schattigen Innenhof. Wie kein zweiter Ort bietet Grand Baie Bars, Nachtclubs und Diskotheken, z. B. die Shisha Flavours Lounge, den Banana Beach Club, Le Bar & Vous und – die größte von allen – die Safari Bar.

Die Freizeitgestaltung: Wassersport & Landausflüge

Nirgendwo ist das Ausflugs- und Wassersportangebot breiter als in Grand Baie. Was anderswo nur von den Hotels organisiert wird, z. B. Wasserski, Glasbodenboote, Wind- und Kitesurfen, kann man hier praktisch an jeder Ecke buchen. In der Bucht frönt alles dem Wassersport und sonstigen Vergnügungen rund ums Meer. Die Auswahl ist riesig und die starke Konkurrenz drückt die Preise – zum Vorteil der Urlauber, die hier günstigere Angebote finden als an anderen Küstenbereichen von Mauritius.

Solar Undersea Walk: Tel. 2637819, http://underseawalk.mu. Hinter diesem Ausdruck verbirgt sich ein etwa halbstündiger Unterwasserspaziergang in 3–4 m Tiefe. Eine Glasglocke mit Sauerstoffzufuhr, die man aufgestülpt bekommt, macht's möglich (ideal für Brillenträger und Nicht-Schnorchler). Ein tolles Erlebnis mit bunten Fischen, die sich prima mit Brot anlocken lassen. Tipp: eine GoPro mitnehmen! Preis: rund 47 € pP.

Le Nessee Semi-Submarine: Tel. 2691000, https://mauritiusattractions.com. Hier haben wir es mit einem Zwitter zu tun: halb Glasbodenboot und halb Unterwassergondel. Deshalb sieht man auch bequem seitlich aus dem tiefer gelegten Boot die faszinierenden Meeresbewohner. Max. 30 Personen können an der knapp zweistündigen Tour teilnehmen. Preise: Erwachsene 23 €, Kinder 12 €.

Tauchen: Rund um Grand Baie liegen sehr gute Tauchplätze, die Insidern unter den Namen „Aquarium" und „Coral Gardens" bekannt sind. Exquisite Tauchgründe bieten auch die Inseln im Norden, zu denen Bootsausflüge unternommen werden (siehe S. 117). Preise: ab 45 € pro Tauchgang.

Hochseefischen, Katamaran- und Speedboat-Trips: Sportfisher Charters am Sunset Boulevard ist hier der richtige Ansprechpartner: Tel. 2638358, E-Mail: info@sportfisher.mu, www.sportfisher.com.

Die meisten Wasseraktivitäten schlagen mit 35–55 € zu Buche: **Wasserski** kostet etwa 48 € pP, **Schnorcheln** oder **Stand-Up-Paddling** 22 € pP und **„Schwimmen mit Delfinen"** vor Benetier Island 39–50 € pP.

Landausflüge: Die Reiseagenturen von Grand Baie ermöglichen mit ihrem breiten Angebot, praktisch alle Sehenswürdigkeiten der Insel auf Rundfahrten zu erleben. Die Tagesfahrten kosten in der Budget Version pro Person ab 16 €, wobei dieser Preis keinerlei Eintritt oder Verpflegung beinhaltet. Wer zur Ile aux Cerfs an der Ostküste fährt, bezahlt inklusive Inseltransfer ab 25–40 €, für den Trip zur Ile aux Aigrettes ab 30 € (ohne Eintritt).

Reiseagenturen & Tourist Info

Grand Baie bietet keine Touristeninformation. Dafür gibt es hier eine Anzahl privater Reisebüros, die Touristen gerne weiterhelfen, Ausflüge und Aktivitäten jeder Art organisieren und teilweise auch inhabergeführte Unterkünfte unter Vertrag haben, z. B. Mauritours (www.mauritours.net), Mauritius Attractions (https://mauritiusattractions.com) und Ebrahim Travel & Tours (www.ebrahimtours.mu).

Hotels in Grand Baie

Ocean Villas: Tel. 2631000, E-Mail: reservations @ocean.mu, www.ocean-villas.com. Ansprechende Bungalows in einer älteren, eingewachsenen Gartenanlage am schmalen Strand zwischen Pointe aux Cannoniers und Grand Baie; mit Poolbereich, Restaurant und einem Spa mit Hamam. AI möglich. Preise: HP ab 55 €/DZpP und 90 €/EZ.

Residence Peramal: Tel. 2638109, E-Mail: reservation@residence-peramal.com, www.residence-peramal.com. Ansprechende Selbstversorgeranlage direkt an der Meeresbucht. Preise: je nach Größe der Studios 40–70 €/Nacht.

Grand Bay Suites: Tel. 52511153, www.grandbaysuitesmauritius.com. Mitten im Zentrum am Sunset Boulevard gelegen, bietet sich diese 4-Sterne-Apartmentanlage für unternehmungslustige, unabhängige Selbstversorger an. Die klimatisierten Apartments mit Balkon oder Terrasse sind geräumig und haben einen Gemeinschaftspool. Preise: Übernachtung ab 65 €/Nacht.

Mauricia Beachcomber: Tel. 2091100, E-Mail: mauricia@beachcomber.com, www.beachcomber-hotels.com. Mit diesem 4-Sterne-Hotelkomplex mit 237 Zimmern, einer kühlen Inneneinrichtung mit viel Metall, dem modischen Gastrobereich, einem riesigen Pool und einem eigenen Nachtclub spricht die Beachcomber-Gruppe hier ein jugendliches, feier- und unternehmungslustiges Publikum an. Vom Strand sind es nur wenige Minuten ins Zentrum von Grand Baie. Preise: AI ab 162 €/DZpP und 240 €/EZ.

Veranda Grand Baie Hotel & Spa: Tel. 2098000, E-Mail: verandahotel@veranda-resorts.com, www.veranda-resorts.com. Frisch renoviertes 4-Sterne-Apartment-Hotel mit schönem Strand am nördlichen Ende der Bucht. Traditionsreich, lebhaft und jugendlich. Preise: HP ab 110 €/DZpP und 216 €/EZ.

LUX* Grand Baie: Tel. 2092200, E-Mail: luxgrandbaie@luxresorts.com, www.luxresorts.com. Das brandneue Flagschiff der Lux Resorts öffnete auf dem Gelände des traditionsreichen Merville Beach Hotels. Es besitzt einen der ganz wenigen wirklich privaten Strände von Mauritius. Nach dem Umbau zeigt es sich als modisches Lifestyle Hotel im Luxussegment (Foto oben) und hat eine jugendliche und anspruchsvolle Klientel im Visier. Die Gastronomie steht im Fokus. Preise: HP ab 355 /DZpP und 590 €/EZ.

Royal Palm Beachcomber: Tel. 2098300, E-Mail: royalpalm@beachcomber.com, www.royalpalm-hotel.com. Das Hotel der absoluten Spitzenklasse mit nur 69 Suiten genießt einen ausgezeichneten Ruf für seinen Stil, die Intimität und Diskretion sowie einen außergewöhnlichen Spa- und Fitness-Bereich. Das kulinarische Angebot und der gediegene Service sind exzellent. Diese noble Adresse wird höchsten Ansprüchen gerecht. Preise: ÜF ab 312 €/DZpP und 514 €/EZ.

Privatunterkünfte, Ferienhäuser & Studios: Grand Baie bietet eine stattliche Auswahl an Privatpensionen, Zimmer- und Apartmentvermietung. Studios und Villen werden in allen Preiskategorien vom älteren Mittelklassebau bis hin zu eleganten, modischen Luxusresidenzen mit Privatpool und Sicherheitspersonal angeboten. Durch die guten Versorgungsmöglichkeiten vor Ort liegt es nahe, dass viele Gäste anstelle eines Hotelaufenthalts die Privatsphäre und Unabhängigkeit einer solchen Wohnanlage bevorzugen. Die Angebotsvielfalt im Internet ist ausgesprochen groß. Behilflich bei der Auswahl sind z. T. auch deutschsprachige Reiseanbieter mit guten Ortskenntnissen, die eine Auswahl der zuverlässigeren Unterkünfte vorstellen (Adressen siehe im Infoteil: Reiseagenturen, S. 279). Einige deutsche Reisevermittler wie Indian Ocean Travel, FTI und Dertour stellen auch Ferienhäuser bzw. Luxusvillen für bis zu sechs Personen vor, die in der Regel allerdings nicht direkt am Strand liegen. Auch die Internet-Hotelvermittler Booking.com, Agoda.com und Expedia.de haben Luxusferienhäuser im Programm, z. B. die AO Luxury Beach Apartments by BARNES und die Oasis Villas by Evaco Holiday Resorts, die beide im Übergangsgebiet zwischen Grand Baie und Péreybère liegen.

Verkehrsmittel

Busse: Grand Baie liegt nur 17 km von Port Louis entfernt. Dort fahren die Busse ab dem Immigration Square Bus Terminal via Trou aux Biches nach Grand Baie und weiter zum Cap Malheureux in einem halbstündigen Rhythmus, mit Haltestopps praktisch alle paar Hundert Meter. Zusätzlich gibt es Expressbusse, die ohne Zwischenstopps direkt nach Grand Baie durchfahren. Zwischen Pamplemousses und Grand Baie bestehen etwa stündliche Verbindungen.

Taxi: Es besteht ein deutliches Preisgefälle zwischen den Taxifahrten, die man am Hotel organisiert, und denen, die man im Ort frei aushandelt. Mit etwas Geschick kostet ein Tagesauflug innerhalb der Region ab 30 €, die Fahrt nach Port Louis 22 € und ein Flughafentransfer 40–48 €. Ein Minibus mit Chauffeur kostet ab 75 € pro Tag.

Mietwagen sind in den Agenturen von Garnd Baie ab 36 € pro Tag erhältlich.

Für ca. 6 € pro Tag kann man an vielen Plätzen **Fahrräder** mieten. Weil der Norden von Mauritius überwiegend flach ist, bieten sich für sportliche Naturen ausgedehnte Radausflüge durchaus an.

Motorroller kosten 15–28 € pro Tag.

Oben: Insel Coin de Mire, das Wahrzeichen der Nordküste, betrachtet vom Paradise Cove Boutique Hotel

Foto rechts: Banyan am Friedhof in Cap Malheureux – dies ist nur ein einziger Baum!

Tipp Péreybère bietet viele Berührungspunkte mit den Einheimischen

Von Grand Baie nach Cap Malheureux

Jenseits des LUX* Grand Baie Resorts wird es allmählich wieder ruhiger. Früher lag das nächste Dorf Péreybère rund 3 km von Grand Baie entfernt. Heute allerdings gehen die Ortschaften unauffällig ineinander über.

Péreybère

Péreybère (sprich: pörejbier), noch vor wenigen Jahren ein verträumtes Fischerdorf in einer kleinen, reizenden Bucht, entdeckten erst die reichen Mauritier und dann der internationale Tourismus. Seither führt die Straße bis zum Cap Malheureux praktisch durch enge Steinmauern, hinter denen Villen in tropischen Gärten stehen. Den gemütlichen Dorfcharakter hat Péreybère verloren, zuviel Verkehr braust hindurch. Aber noch ist es hier halbwegs überschaubar. Die schmale Bucht rahmt den kleinen öffentlichen Sandstrand mit schwarzen Lavafelsen ein. Es gibt nur kleinere Hotels ohne Privatstrand und moderne Apartmentanlagen, und so treffen Touristen hier leichter auf Einheimische als in den abgeschirmten Resorts. Wer keine Touristengettos mag und sich gerne unters Volk mischt, könnte hier fündig werden.

Kurz hinter Péreybère erreicht die Küstenstraße das Coin de Mire Hotel, an dessen kleinem Strandabschnitt Fischer anlanden. Wenig später sticht rechts des Weges etwas zurückgesetzt ein farbenprächtiger **Tamilentempel** ins Auge. Danach sollten Sie nach links einen Blick auf den alten **Friedhof** werfen. Über die alten Grabsteine wacht ein riesiger **Banyanbaum** mit seinem gewaltigen Luftwurzelgeflecht.

Unerwartet plötzlich öffnet sich der Blick wieder auf das Meer, vertäute Fischerboote und die ferne Insel Coin de Mire. Der eigentliche Blickfang dieses Plätzchens ist allerdings eine kleine, leuchtend rote Kirche (siehe S. 116).

Hotels in Péreybère

Hibiscus Beach Resort: Tel. 2638554, E-Mail: resa@hibiscus.intnet.mu, www.hibiscushotel.com. Das einzige Hotel am Ort, das am Meer liegt, kaschiert seine enge Bebauung durch üppige tropische Pflanzen. Strandbar und Poolbereich wirken ansprechend, doch anstelle eines Strandes gibt es nur felsiges Lavagestein. 40 Zimmer, Kategorie 3 Sterne Plus, AI möglich. Preise: HP ab 97 €/DZpP und 170 €/EZ.

Péreybère Hotel & Apartments: Tel. 2638165, E-Mail: pereyberehotel@intnet.mu, www.pereyberehotel.com. Hotelblock im Ortszentrum gegenüber des öffentlichen Strands. Für Gäste geeignet, die mitten im Geschehen sein wollen (wir empfehlen die ruhigeren Zimmer ohne Meerblick). Preise: ÜF ab 68 €/DZpP, 135 €/EZ.

Toparadis Guesthouse: Tel. 57238124, E-Mail: info@toparadis.com, https://toparadis.com. Eine etwas beengte Mittelklasseanlage mit eher kleinen Zimmern direkt an der Küstenstraße, die sich um einen Pool gruppiert. Jugendliches Publikum. Preise: HP ab 71 €/DZpP und 115 €/EZ.

Nitzana Residences: Tel.2627777, E-Mail: fo@nitzanamauritius.com, www.nitzanamauritius.com. Apartments rund 500 m vom Strand entfernt mit Pool und Restaurant. Preise: ab 90 €/€/DZpP und 180 €/EZ.

Ocean V Hotel: Tel. 2602200, E-Mail: reservation@searesortshotels.com, https://searesortshotels.com. Das 4-Sterne-Resort macht sein Dach mit Pool und Restaurant zum Mittelpunkt der lebhaften Anlage. Preise: HP ab 94 €/DZpP und 160 €/EZ.

The Garden Lodge: Tel. 59401090, E-Mail: cotejardinltd@gmail.com, https://thegardenlodge.mu. Die ruhige begrünte Anlage 500 m vom Strand umschließt einen schönen Innenpool. Mit Restaurant und Bar. Preise: ÜF 45 €/DZpP und 89 €/EZ.

Essen, Trinken und Feiern

Entlang der Hauptstraße reihen sich allerlei Restaurants aneinander, unser Tipp ist jedoch das abseits im Ort gelegene Gartenlokal „Island Babe Healthy food". Die angesagteste Location für coole Cocktails, Musik und Tanz heißt „The Cloud – Rooftop & Lounge Bar" direkt am Meeresstrand.

Cap Malheureux

Das „Unglückskap" ist ein geschichtsträchtiger Ort. An dieser Stelle landete 1810 die übermächtige britische Flotte auf ihrem Weg zur Annexion von Mauritius. Zehntausend Marinesoldaten gingen hier an Land und marschierten praktisch ohne Gegenwehr bis nach Port Louis. Der düstere Name dieser Landspitze ist aber wahrscheinlich eher die vielen Schiffsunglücken in diesen strömungsreichen Gewässern geschuldet als jener denkwürdigen britische Landeinnahme.

Cap Malheureux ist ein Ausflugsziel, das auf keiner Mauritiusrundfahrt fehlt, denn hier steht ein besonders pittoreskes Wahrzeichen der Tropeninsel: Die **Kapelle Notre Dame Auxiliatrice** ist bis heute tausendfach fotografiert und zu Werbezwecken publiziert worden. Mit ihrem schmucken, strahlend roten Satteldach wirkt sie eigentlich eher ein wenig deplaziert. Etwas Selbstvergessenes, Melancholisches liegt über der dörflichen Szenerie, denn ungeachtet der Touristen, die für einen kurzen Fotostopp halten und Selfies schießen, gehen die Fischer hier weiterhin schweigend ihrer täglichen Arbeit nach.

TIPP Gegenüber der Kirche bietet sich Hungrigen und Romantikern die Coin de Mire Resto Bar für eine Pause mit Blick auf das Nordkap von Mauritius an

Hotels in Cap Malheureux

Coin de Mire Hotel: Attitude Resorts, Tel. 2049900, E-Mail: info@coindemire-hotel.com, www.coindemire-hotel.com. Das ältere 3-Sterne-Hotel liegt an der viel befahrenen Küstenstraße, der schmale steile Strand jenseits der Küstenstraße gewährt einen reizvollen Blick auf Fischerboote. Trotz der eher ungünstigen Lage hat das Hotel viele Stammgäste, es wird auch AI angeboten. Preise: HP ab 73 €/DZpP, 114 €/EZ.

The Good Life Eco Lodges: Tel. 54892663, E-Mail: contact@thegoodlifemauritius.com, www.thegoodlifemauritius.com. Kleine moderne, tropisch eingewachsene Anlage an der Küstenstraße mit acht Zimmern und sehr schönem Poolbereich. Nichtraucherhotel. Preise: ÜF 95 €/DZpP und 189 €/EZ.

Cape Point Exclusive Resort und **Myra Seafront Suites:** Tel. 2655020, E-Mail: info@innlov.com, www.innlov.com. Moderne Luxusapartments von Luxury Ocean Vacation mit Übernachtungspreisen ab 130 €/Nacht.

Verkehrsmittel

Busse: Linienbusse verkehren ganztags fast stündlich zwischen Cap Malheureux und Pamplemousses sowie nach Grand Baie und Grand Gaube.

Essen und Trinken

Restaurants: In Richtung Grand Baie liegt an der Straße nahe dem bunten Tamilentempel das Restaurant „Kanaco", und in der Pavée Road befindet sich der Seafood-Spezialist „Bella Amigo" (mit Seafood-Verkauf, Tel. 2626263, www.bellamigo.com).

Die vorgelagerten Inseln

Fünf unbewohnte Inseln vor der Nordspitze von Mauritius bergen ein ausgezeichnetes Tauch- und Schnorchelparadies und sind überdies wichtige Schutzzonen für die bedrohte Tier- und Pflanzenwelt. **Coin de Mire** in nur 4 km Entfernung bildet mit seiner markanten, fast dreieckigen Silhouette ein beliebtes Motiv für Sonnenuntergangsszenen. Das steile, bröckelige Tuffgestein dieser Insel und das fehlende Riff würden eine Schiffsanlandung erschweren, wäre das Betreten der unter Naturschutz stehenden Insel nicht sowieso verboten. So lassen die Ausflugsboote das bekannte Eiland links liegen und steuern noch rund 5 km weiter zur **Ile Plate** (Flat Island) und ihrem kleineren Anhängsel **Ilot Gabriel** (Gabriel Island), die von fischreichen Korallenriffen umgeben sind. Bei einer Choleraepidemie 1856 nutzte man die Inseln als Quarantänestationen, woran noch immer der alte Friedhof und ein Leuchtturm auf Flat Island erinnern.

Mit 20 km am weitesten von Mauritius entfernt stehen die **Ile aux Serpents** (Snake Island) und **Ile Ronde** (Round Island) unter strengem Naturschutz. Auf Round Island leben noch endemische Tierarten, wie der Gunther's Gecko *(Phelsuma guentheri)*, die Round Island Boa *(Casarea dussumieri)*, und der Weißschwanztropikvogel *(Phaethon lepturus)*, für deren Erhalt die Biologen kämpfen. Auch die endemische Flaschenpalme *(Hyophorbe lagenicaulis)* ist hier mit einigen Exemplaren vertreten.

Serpent Island ist dafür ein Vogelschutzgebiet. Es ist ein **Kuriosum**, dass auf Round Island Schlangen leben, nicht aber auf Serpent Island (Schlangeninsel), diese dafür rund ist – im Gegensatz zur Erstgenannten! Hier liegt offensichtlich ein Irrtum der Kartografen vor. Für beide Inseln gilt: Betreten verboten!

Von Cap Malheureux nach Goodlands

Je weiter man nun nach Osten fährt, umso entspannter wird der starke Verkehr. Nach dem Abzweig zum versteckt gelegenen Paradise Cove Hotel öffnet sich die Meeresbucht Anse La Raie, an deren Ende ein kleiner bunter Hinduschrein sichtbar wird. Bei Pointe Madras auf Höhe des Lagoon Attitude Hotels wendet sich die Straße den Zuckerrohrfeldern zu und erreicht beim kleinen Supermarkt im Weiler Colodyne die Abzweigung ins Landesinnere Richtung Goodlands und Mapou/Pamplemousses. Wir bleiben allerdings auf der schmalen Küstenstraße nach Grand Gaube.

Grand Gaube

Tipp Wier hier Urlaub macht, sollte entweder Ruhe suchen oder einen Mietwagen haben

Umringt von eintönigen Zuckerrohrfeldern steht diese Fischergemeinde im Ruf, ihr Handwerk, den traditionellen Schiffsbau, besonders gut zu verstehen. Neben der Fischerei betreiben die Männer eine Austernzucht, ansonsten steht die Zeit hier ziemlich still. Touristisches Treiben sucht man (noch) vergebens. Entsprechend ab vom Schuss liegen die wenigen Hotels. Für Ruhesuchende kein Problem – doch wer mehr Unterhaltung auch außerhalb des Hotels sucht, sollte sich vielleicht für eine andere Inselregion entscheiden. In diesem letzten Fischerdorf des äußersten Nordens knickt die Straße ins Landesinnere nach Goodlands ab.

Unten: Verträumter Spa-Pool im Paradise Cove Boutique Hotel

Hotels in Grand Gaube

Paradise Cove Boutique Hotel: Tel: 2044000, E-Mail: info@pcove.mu, www.paradisecovehotel.com. Das 5-Sterne-Erwachsenenhotel mit 70 Zimmern, vier Pools, vier Restaurants, Tennisplatz und sehr schönem Spa-Bereich ist eine romantische Oase für Zweisamkeit auf top Niveau. Siehe unsere „Besondere Empfehlung" auf S. 240. Preise: HP ab 202 €/DZpP und 354 €/EZ.

Sea Diamonds Boutique Hotel & Spa: Tel. 2091055, E-Mail: reservation@searesorts hotels.com, www.searesortshotels.com. Das neue Luxushotel eröffnete im Sommer 2023. Preise: HP ab 285 €/DZpP und 515 €/EZ.

Lagoon Attitude: Tel. 2048800, E-Mail: info @lagoonattitude.com, www.hotels-attitude.com. Beschauliches 4-Sterne-Erwachsenen-Hotel mit drei Restaurants, drei Pools und Spa in der Bucht von Anse La Raie. AI möglich. Preise: HP ab 140 €/DZpP, 160 €/EZ.

Zilwa Attitude Hotel: Tel. 2049800, E-Mail: info@zilwa-hotel.com. Das 4-Sterne-Resort mit dem Motto „authentisch mauritisch" verfügt über 214 Zimmer, sechs Restaurants, einen schönen Spa- und lebhaften Poolbereich. Zielgruppe sind junge Paare und aktive Familien. AI möglich.
Preise: HP ab 105 €/DZpP und 177 €/EZ.

LUX* Grand Gaube: Grand Gaube, Tel. 2049191, E-Mail: luxgrandgaube@luxresorts.com, www.luxresorts.com. Ein weitläufiges, nach Feng Shui-Prinzipien konzipiertes 5-Sterne-Luxusresort mit 195 Zimmern und Suiten, mehreren Strandbuchten und Pools, sechs Restaurants, Fitnessraum und Spa-Bereich mit frei zugänglicher Sauna/Dampfbad und einem Spa-Pool. Sehr idyllisch gelegen am Pointe aux Roches, westlich des Fischerdorfes. AI möglich.
Preise: HP ab 200 €/DZpP und 323 €/EZ.

Veranda Paul & Virginie: Tel: 2092400, E-Mail: pauletvirginie@veranda-resorts.com, www.verandagroup.com. Romantisches, ruhiges 3-Sterne-Erwachsenenhotel direkt in Grand Gaube mit 81 Zimmern, zwei Pools im Garten, schmalem Strand und kleinem Spa (ohne Pool/Sauna). AI möglich.
Preise: HP ab 100 €/DZpP und 198 €/EZ.

Verkehrsmittel

Busse: Öffentliche Busse fahren von hier aus durch das Inselinnere nach Port Louis, nicht entlang der Küste über Grand Baie. Es bestehen außerdem Busverbindungen nach Troilet und Centre de Flacq.

Taxi: Taxifahrten nach Grand Baie kosten etwa 25 €, nach Port Louis 38 €. Eine Fahrt nach Pamplemousses dauert von Grand Gaube je nach Verkehrsaufkommen rund 20 bis 35 Minuten, nach Port Louis etwa doppelt so lange.

Goodlands

Goodlands ist eine aufstrebende Arbeiterstadt mit indo-mauritischer Prägung. Industrie und Landwirtschaft bilden die Grundlage der neuen wohlhabenden Mittelschicht. Für den Reisenden ist die lebhafte Stadt wegen ihrer guten Einkaufsmöglichkeiten interessant: Mittwochs und samstags findet hier ein Gemüsemarkt statt, dienstags und freitags ein Kleidermarkt. Ein gut bestückter Winners-Supermarkt liegt 100 m nach „Historic Marine" am Ortsausgang Richtung Poudre d'Or, kurz danach gelangt man zur modernen Shopping Mall „VIP Village" (mit Geldautomat).

Foto rechts: Das Denkmal der St. Géran am Hafen von Poudre d'Or

Historic Marine

Die Fabrik für maßstabsgetreue historische Schiffsmodelle ist ein richtiger Besuchermagnet. Hier fertigen rund 80 Kunsthandwerker mit viel Akribie Modellschiffe nach Originalplänen und Fotos. Das Edelholz, zumeist Mahagoni und Teak, wird aus Südafrika und Asien eingeführt. Neben dem beeindruckenden Verkaufs- und Ausstellungsraum liegt die Werkstatt, in der die Handwerker mit viel Liebe fürs Detail berühmte Schlachtschiffe, elegante Windjammer und historische Segler nachbilden. **Showroom** und **Werkstatt** sind auch für Nichtkäufer interessant. An den größten Modellen wird bis zu fünf Monate gearbeitet, entsprechend ist der Preis (ein Arbeitsmonat kostet grob 500 €). Historic Marine verlangt stolze Preise, gilt aber als der Mercedes unter den Anbietern und gewährleistet eine professionelle Abwicklung von der Auftragsannahme bis zum bruchsicheren Versand in Holzkisten.

Adresse: Goodlands, Tel. 2839304, Fax 2839204, E-Mail: info@hismar.mu, www.historic-marine.com. Öffnungszeiten: Mo–Fr 9–17 Uhr, Sa/So 9–12 Uhr, die Werkstatt kann man mittags und am Wochenende nicht besichtigen. Eintritt frei.

Unter dem Eindruck der historischen Segelschiffe empfehlen wir nun noch einen stimmungsvollen kurzen Abstecher in die koloniale Vergangenheit:

Poudre d'Or

Nur 3 km von Goodlands liegt das gemütliche Fischerdorf Poudre d'Or, das seine Berühmtheit vor allem dem schmerzlich-schönen Roman **Paul & Virginie** von Bernadin de St. Pierre verdankt. Hier spielte sich am 17.08.1744 ein historisches Schiffsunglück ab, bei dem die Saint Géran in einem Sturm auf das Riff der Ile d'Ambre auflief und mit Mann und Maus vor den Augen der entsetzten Insulaner sank. Diese Tragödie wurde zur Schlüsselstelle in dem berühmten Roman von Bernadin de St. Pierre (siehe S. 122).

Am Hafenpier, der zwischen dichten Mangroven liegt, erinnert das **Monument der St. Géran** an das tragische Unglück. Es gibt hier auch ein paar Steinbänke und eine Toilette. Am Ende des Public Beaches inspiriert ein altes Gebäude den nachdenklichen Betrachter: Das Hospital von 1864 ist ein schönes Beispiel britischer Kolonialarchitektur (siehe Foto S. 27).

Tipp Am südlichen Ortsende von Poudre d'Or sollten Sie sich die malerisch zwischen Kokospalmen stehende **Kirche Ste. Philomène** aus dem Jahr 1847 nicht entgehen lassen. Im Innern beeindrucken wuchtige Schwenkfenster, das einheitliche Holzgestühl und schwere Seitentüren.

Hartnäckig halten sich die Legenden um versteckte Piratenschätze in der Gegend um Poudre d'Or (zu deutsch: „Goldstaub"). Angeschürt wurden die Schatzsucher durch einen Fund aus den 1950ern, als in der näheren Umgebung ein Koffer voller historischer Goldmünzen auftauchte. Seit dieser Ent-deckung suchen zahlreiche Glücksritter und Tauchexpeditionen nach vermeintlichen Schätzen. Sie stöberten zwar 1966 das Wrack der Saint Géran auf, ihre Ausbeute belief sich aber auf ein paar Münzen und Porzellangeschirr. Die alte Schiffsglocke wurde geborgen, und sie ist heute im Museum von Mahébourg zu sehen.

Wer sich einmal auf die unbewohnte, von Dickicht und Wald bedeckte **Insel Ambre** übersetzen lassen möchte, benötigt mit einem der Fischerboote am Pier rund 30 Minuten für die Strecke. Die Insel wurde nach dem Stoffwechselprodukt Ambra aus dem Darm des Pottwals benannt.

Paul & Virginie

Ein Drama über die unerfüllte Liebe

Mauritius im 18. Jahrhundert. Die Tropeninsel gehört seit ein paar Jahrzehnten zu Frankreich. Reiche Gutsherren lassen Tausende Sklaven auf den Feldern schuften. Humanistisches Gedankengut kennt hier noch niemand. Das starre Klassensystem gewährt dem einfachen Volk wenig persönlichen Gestaltungsraum. Wer nicht dem Adel angehört, fristet ein hartes, arbeitsames Dasein.

Doch völlig unbekümmert von den gesellschaftlichen Zwängen ihrer Zeit wachsen in der tropischen Idylle zwei Kinder auf. Die beiden erleben in natürlicher Umgebung und tiefer Zuneigung zueinander unbeschwerte und freie Jugendjahre. Ein jähes Ende findet ihr Glück, als eine adelige Tante aus Frankreich Virginie zu sich holt, um dem jungen Mädchen eine standesgemäße Ausbildung zu ermöglichen. Virginie reist nach Europa, leidet dort aber unter großem Heimweh. Auch Paul denkt sehnsüchtig an seine geliebte Freundin in der Ferne. Bald entschließt sich Virginie, zu Paul und dem einfachen, naturnahen Leben auf Mauritius zurückzukehren. Sie reist an Bord der St. Géran, dem Unglücksschiff, das in Sichtweite ihres Geliebten Schiffbruch erleidet. Ein paar Matrosen wollen die junge Frau in höchster Not retten, doch Virginie weigert sich aus Scham, ihre schweren Reifröcke abzulegen. Paul muss vom nahen Ufer mit ansehen, wie die schweren Kleider Virginie in die Tiefe ziehen und die junge Frau ertrinkt. Paul stirbt wenig später an seinem gebrochenem Herzen.

Diese fiktive Liebesgeschichte ist heute auf Mauritius derart gegenwärtig, dass man versucht ist zu glauben, es handle sich um ein historisch belegtes Ereignis. Allerorten stehen Paul & Virginie-Monumente, hängen Gemälde mit Szenen ihres Lebens und sind Örtlichkeiten nach ihnen benannt. So soll z. B. in Baie du Tombeau Virginies Leiche an Land gespült worden sein, und im Botanischen Garten von Pamplemousses seien die beiden der Legende nach bestattet worden. Auch in Frankreich zählte der durchaus sozialkritische Roman fast zwei Jahrhunderte lang zu den meist gelesenen Kinderbüchern.

Der Schöpfer von Paul und Virginie, **Henri Bernardin de Saint Pierre**, wurde 1737 in einfachen Verhältnissen in Nordfrankreich geboren. Nach seiner Teilnahme am Siebenjährigen Krieg und längeren Wanderjahren durch Europa und Russland kam er 1768 als Ingenieur nach Mauritius. Dort verbrachte er drei Jahre mit romantischen Naturstudien und leidenschaftlichen sozialkritischen Beobachtungen. Er verabscheute die Sklaverei. Nach seiner Rückkehr in Paris begann Saint Pierre zu schreiben und publizierte 1784 erfolgreich die dreibändigen Naturstudien „Etudes de la Nature“. In einer Neuauflage dieser Studien im Jahre 1788 veröffentlichte er erstmals den Roman „Paul & Virginie“, der alsbald seinen Siegeszug durch die Literatur antrat. Der Roman erschien in zahlreichen Übersetzungen; die deutsche Ausgabe ist nur noch antiquarisch erhältlich.

Im Landesinneren

Pamplemousses Botanical Gardens & L' Aventure du Sucre

Die Hauptsehenswürdigkeit der Insel liegt nur 12 km nordöstlich von Port Louis bzw. 15 km von Grand Baie entfernt und ist sehr gut zu erreichen. Auch der trägste Sonnenanbeter sollte sich dieses Ausflugsziel nicht entgehen lassen.

Die Kombination beider Sehenswürdigkeiten bietet sich wegen ihrer Nähe zueinander geradezu an. Direkt beim Botanischen Garten in Pamplemousses halten die Linienbusse zwischen Port Louis und Grand Gaube. Busse von Grand Baie und Trou aux Biches kommend stoppen nahe dem Museum L' Aventure du Sucre. Mietwagenfahrer finden an beiden Zielen, die gut ausgeschildert sind, sichere Parkgelegenheit.

Die Entstehung des Botanischen Gartens

Pamplemousses verdankt seinen Namen der Südfrucht Pampelmuse, die schon zu Zeiten der Niederländer aus Indonesien eingeführt und hier angebaut worden ist. 1736 erstand Gouverneur La Bourdonnais den Landsitz. Er verabscheute das stickige, schwüle Klima von Port Louis, ließ hier deshalb seinen Landsitz „Mon Plaisir" erbauen und legte die ersten umfangreichen Obst- und Gemüsegärten an. Für die Versorgung der Sklaven importierte La Bourdonnais die Cassavapflanze (Maniok), die sich rasch verbreitete. Auch

Info Pamplemousses ist der älteste Botanische Garten der Südhalbkugel

Oben: Ein Teichhuhn stolziert über die Seerosenblätter im Bassin des Nénuphars

Tipp Am schönsten sind die Lichtverhältnisse morgens und spätnachmittags, zudem entgeht man dann dem größten Besucheransturm. Meiden Sie Wochenenden, wenn zusätzlich zu den Touristen auch noch zahlreiche einheimische Familien den Tag im Park verbringen

die ersten Gewürzsetzlinge – Zimt und Pfeffer – gehen auf sein Konto. Unter La Bourdonnais war die Anlage aber noch eher eine Plantage. Seine Nachfolger Pierre Poivre, der von 1767–1775 den Garten verwaltete, und Nicolas Céré, Parkdirektor von 1775–1810, begründeten den Ruhm dieser botanischen Schatztruhe. Beide waren sehr ambitioniert, eine weltweit einmalige Anlage zu schaffen. Sie pflanzten vor allem Gewürze an, ferner Kräuter, Blumen, Wasserpflanzen und Obstbäume aus der ganzen Welt. Wirtschaftliche Anreize stachelten die leidenschaftlichen Botaniker an, denn mit dem Anbau von Muskatnuss, Gewürznelken und Pfefferstäuchern sollte das niederländische Gewürzmonopol untergraben werden. Man muss sich in die damalige Zeit versetzen: Exotische Gewürze erzielten irrsinnige Gewinnspannen auf den europäischen Märkten. Die Vorherrschaft im Gewürzhandel war von nationaler Bedeutung. Auf Mauritius gediehen die Setzlinge so prächtig, dass sie schon bald nach Madagaskar und Sansibar exportiert werden konnten. In der Folge brach schließlich das holländische Handelsmonopol zusammen.

Der Botanische Garten wurde in dieser Zeit mehrfach erweitert. Später florierte auch der Export von Orchideen nach Europa. Am Ende der französischen Kolonialzeit war der Garten bereits weltberühmt, verlor dann aber die Aufmerksamkeit und wurde in den folgenden Jahrzehnten vernachlässigt. Erst unter James Duncan, der ab 1849 vor allem die Sammlung der Palmen initiierte, bekam die Anlage ein neues Gesicht und interessante Erweiterungen. Mit dem Zuckerboom geriet der Botanische Garten in den Fokus der Forschung als Versuchsstation für Zuckerrohrarten aus aller Welt. Später zogen die Briten hier Tausende Eukalypten, mit denen sie die mückenversuchten Sümpfe trockenlegten, um die Malariaerkrankungen einzudämmen. Zwei verheerende Zyklone, 1945 und 1960, verwüsteten den Garten; dank des günstigen Klimas erholten sich die Pflanzen aber rasch. Ein Garten für Arzneipflanzen entstand 1995 mit Unterstützung Chinas, und zur Jahrtausendwende erhielt der Botanische Garten einen gemauerten Schutzzaun.

Heute dehnt sich der älteste Botanische Garten der Südhalbkugel über 26 ha Fläche aus. Er liegt an einer Wettergrenze im Windschatten der Hochlandberge. Rasche Wechsel zwischen Sonne und kurzen Regenschauern sind typisch. Seit September 1988 heißt er zu Ehren des ersten Präsidenten „Sir Seewoosagur Ramgoolam Botanical Garden". Mehr als 500 Pflanzenspezies beherbergt das Gelände, darunter 80 verschiedene Palmenarten, von denen zehn auf den Maskarenen endemisch sind. Manche Bäume sind fast 300 Jahre alt. Der Park ist ganzjährig eine Augenweide, am schönsten allerdings zur Regenzeitblüte zwischen Dezember und April. Während der Coronapandemie wurde der Park etwas vernachlässigt, aktuell laufen aber erste Restaurierungsarbeiten.

Im Park unterwegs

Der botanische Garten ist nicht streng angeordnet, sondern eine weitläufige Parkanlage mit vielen Wegen, Palmenalleen und Fischteichen. Sitzbänke zum Ausruhen sind zahlreich vorhanden. Entlang der schmalen Kanäle führen idyllische Fußpfade, oft abseits bekannter Aussichtspunkte, an denen sich die Touristengruppen sammeln. Lassen Sie sich einfach treiben!

Bilder links: Vielfältige Flora; Schmiedeeisernes Eingangstor; Lotusblütenteich; Chateau de Mon Plaisir

Bilder rechts: Königspalmenallee in der Poivre Avenue; Seerosenteich „Bassin des Nénuphars"; Grand Bassin

S. 126/127: Mangrovenreiher: Rotohrbülbül; Zuckermühlen-Nachbau

Das erste berühmte Fotomotiv befindet sich beim ehemaligen Haupteingang: das filigrane, weiße, **schmiedeeiserne Eingangstor**, das seit 1868 den Zugang zum Park markiert. Es ist ein typisches Kunsthandwerk viktorianischen Stils. Gleich hinter dem alten Pförtnerhaus wurzeln drei prächtige **Baobabs** (*Adansonia digitata*) vom afrikanischen Festland. Hier beginnt die Poivre Avenue, flankiert von schlanken **Königspalmen** (*Roystonea regia*). Sie kreuzt die Telfair Avenue mit ihren legendären, riesigen **Talipotpalmen** (*Corypha umbraculifera*), die nur ein einziges Mal nach 40 bis 60 Lebensjahren Millionen winziger Blüten entwickeln und danach absterben. Zwischen den Talipotpalmen und dem Liénard Obelisken an der Cossigny Ave lohnt sich der Besuch eines weiteren klassischen Afrika-Baumes: Der **Leberwurstbaum** (*Kigelia pinnata*) wird seinem Namen wirklich gerecht. Wie dicke Würste hängen die schweren Früchte herab. Von hier ist es nur ein Katzensprung zum größten Anziehungspunkt des Botanischen Gartens. Im **Seerosenteich** „Bassin des Nénuphars“ dehnen sich die größten Seerosenblätter der Welt auf bis zu zwei Meter Durchmesser aus (leider sind die meisten zur Coronazeit durch Parasiten eingegangen). Teichhühner staksen problemlos auf den wuchtigen grünen Blättern umher, die im Normalzustand fast den ganzen Teich bedecken. Die **Giant Amazon Water Lily** (*Victoria amazonica*) entwickelt weiße Blüten, die sich rosa färben, ehe sie nach zwei Tagen verblühen. Nicolas Céré hatte den schmalen Teich 1778 kreiert. Der Botaniker ahnte sicher nicht, dass hier einmal täglich hunderte Freizeitfotografen am Beckenrand stehen würden, um ideale Lichtverhältnisse für ihre Aufnahmen zu erwischen! Der nächste äußerst fotogene Besuchermagnet liegt gleich um die Ecke. Über die Sir Henry Barkly Avenue, von einer Reihe indischer Betelnusspalmen verziert, gelangt man zum kleineren **Lotosteich**. Erst 1941 errichtet, gehört er zu den jüngsten Errungenschaften des Gartens.

Das **Château de Mon Plaisir** am Ende der Sir John Pope Hennessy Avenue ist eine Nachbildung des Landsitzes von La Bourdonnais. In der prächtig renovierten, 1823 erbauten Kolonialvilla residiert seit langem die Parkdirektion. Von Zeit zu Zeit finden hier auch Staatsempfänge statt. Im Untergeschoss informiert eine dauerhafte Fotoausstellung über das Wirken des tief verehrten ersten Präsidenten von Mauritius. Vor dem Château befinden sich das „**Sir Seewoosagur Ramgoolam Mausoleum**“ und das gleichnamige Denkmal. Nach seinem Tod wurde der Leichnam des „Vaters der Nation“ im Park feierlich verbrannt und bestattet. Seither pilgern viele Menschen an diese Gedenkstätten; auch Schulklassen unternehmen

Tipps für den Parkbesuch

Der Zugang zum Botanische Garten von Pamplemousses liegt beim großen Parkplatz; der frühere Hauptzugang etwa 300 m weiter ist derzeit geschlossen. Öffnungszeiten: 8.30–17.30 Uhr, der Eintritt beträgt 300 Rs pP. Sonn- und feiertags ist der Parkbesuch für Einheimische gratis und daher sehr stark frequentiert. Viele Besucher lassen sich von den mehrsprachigen Guides durch die Anlage führen (75 Rs pP); man kann auch Club Cars mieten, um den Park bequem zu erkunden (Erwachsene 250 Rs, Kinder 100 Rs). Die Guides geleiten die Besucher zügig zu den Highlights des Parks, ihre Tour dauert etwa 45 min. Auch die geführten Tagesrundfahrten der Hotels sehen für einen Parkbesuch oft nur eine Stunde Aufenthalt vor, obwohl man wenigstens 1,5 bis 2 Std. einplanen sollte, um die Anlage in Ruhe zu genießen. Detailinformationen liefert eine englisch-französische Broschüre, die beim Eingang verkauft wird. Auf den Übersichtskarten sind „Kioske" eingezeichnet, kleine Pavillons, in denen man picknicken kann (ein Lokal oder Getränkeverkauf existiert im Park nicht). Toiletten befinden sich bei der nachgestellten Zuckermühle. Vorsicht: Die Restaurants im Umfeld beider Parkeingänge sind reichlich überteuert.

Tipp Kurz vor der Kirche und dem Eingang in den Botanischen Garten liegt das Café Wiener Walzer. Obwohl der Konditor nicht aus Österreich kommt, sondern Mauritier ist, verführt er seine Gäste mit Kuchen und Torten.

regelmäßige Ausflüge hierher. Auf dem Weg in Richtung Parkplatz beim Nebenzugang zum Botanischen Garten begegnet man auch einer Reminiszenz an die erste **Zuckermühle** von Mauritius (Le Moulin à sucre), die seinerzeit in Pamplemousses stand. Der Nachbau zeigt die Funktionsweise des frühkolonialen Modells, was man allerdings nicht auf Anhieb erkennt, weil das Drehgestell in dem Modell fixiert ist. Das Zuckerrohr wurde dabei zwischen den drehenden Zylindern wie in einer Mangel durchgepresst.

Der größte Fischteich, **Grand Bassin**, liegt zentral mitten im Park. Hier gerät der Besucher zwischen idyllische Wasserpflanzen, wuchernde Bananenstauden, Papyrus, Mandelbäume und beieindruckende Exemplare der Ravenala, wie der „Baum der Reisenden" hier heißt. Die unzugänglichen Inseln im Grand Bassin sind ein Tipp für Vogelfreunde, denn in ihrem Schutz halten sich Mangrovenreiher, Rohrsänger und Teichhühner auf. In der näheren Umgebung sind Glanzkrähen und verschiedene Tauben unterwegs. Wer größere Tiere bevorzugt, wird in den Gehegen fündig. Einige der Hirsche tragen ein kapitales Geweih. Nebenan sind Riesenlandschildkröten untergebracht.

Eine der ältesten Kirchen von Mauritius, die katholische **St. Francois d'Assisi Kirche**, liegt dem prächtigen Haupteingangstor des Gartens gegenüber. Sie soll Mitte des 18. Jh. im Auftrag von Gouverneur La Bourdonnais errichtet worden sein. Neben dem schlichten Kirchenbau gibt es noch einen historischen Friedhof mit denkmalgeschützten Gräbern (siehe Bild S. 19).

Ein perfekter Tagesausflug könnte so aussehen:
Vormittags durch den Botanischen Garten flanieren, auf der Restaurantterrasse von L' Aventure du Sucre zu Mittag essen, danach den Rundgang durch das Zuckermuseum genießen und zur Erinnerung eine Flasche edlen Rum oder ein buntes Zuckersortiment erstehen.

L' Aventure du Sucre

Für dieses hochmoderne Museum für Landesgeschichte und Zuckerherstellung sollten Sie sich mindestens zwei Stunden Zeit nehmen. Die Ausstellung ist anschaulich und modern gestaltet, äußerst informativ und auch für Kinder bestens geeignet. Sie beginnt mit einer umfangreichen Darstellung der Inselgeschichte, von den Entdeckungsreisenden und ersten Einwanderern über die Sklavenbefreiung zur schrittweisen Technisierung der Zuckerherstellung. Danach werden in einer riesigen Halle die Originalmaschinen zur Zuckergewinnung gezeigt und detailliert erklärt, ebenso Diagnosegeräte zur Bestimmung der Restfeuchtigkeit und des PH- und des Zuckergehalts. Einige Kessel sind zur besseren Anschaulichkeit aufgeschnitten und sogar begehbar. Man lernt den aufwändigen Prozess der Zucker- und Rumherstellung, dass von einst 400 Betrieben heute nur noch vier Sugar Estates auf Mauritius existieren, und dass man in dieser Zuckermühle zwölf Sorten Zucker kennt. Selbst der harten Arbeit der Schauerleute im Hafen wurde Respekt gezollt. Zum Ende der Tour, die man allein oder mit einer der sehr interessanten Führungen unternehmen kann, gelangt man in den Verkaufsbereich für edle Geschenkartikel, wo man alle Rumvariationen und Zuckersorten probieren darf. Im Gartengelände befindet sich das **Restaurant Le Fangourin**; hier sitzt man angenehm ruhig auf der Terrasse und genießt lokale Köstlichkeiten.

Adresse: Beau Plan, Pamplemousses, Tel. 2437900, www.aventuredusucre.com. Öffnungszeiten (Museum): 10–16 Uhr. Eintritt: Erwachsene 575 Rs, Kinder bis 12 J. 300 Rs. Führungen (200 Rs pP, ca. 90 min) auf Englisch/ Französisch und mit gratis Audio-Guide auf Deutsch zum Downloaden gibt es Mo–Do um 10.30 Uhr und 14 Uhr sowie Fr um 14 Uhr.

Bilder oben: die Eukalyptusallee bei Grande Rosalie; Zuckerrohrernte; Hochlandszenerie

Bilder rechts: Schnappschuss auf der Rundfahrt; Château de Labourdonnais

Panoramarundfahrt durchs Hinterland

Dieser Halbtagesausflug führt durch das Hinterland im Norden von Mauritius. Wählen Sie hierfür einen Tag mit klarem Wetter. Von **Terre Rouge** am Nordausläufer von Port Louis führt der Bogen über die Autobahn hinauf in die Nicolière Mountains (mit großartigen Ausblicken auf den markanten Berg Pieter Both; der Felsbrocken auf seiner Spitze sieht aus, als würde er jeden Augenblick hinunterstürzen) und dann von Ripailles über Nouvelle Decouverte und den **See Nicolière**, ein riesiges Wasserreservoir, das mehr als 5 Mio. Kubikliter Süßwasser fasst, nach Pamplemousses in die Küstentiefebene zurück. Die Ufer des Sees sind beliebt zum Angeln und Picknicken. Die Fahrbahn führt direkt über die Staumauer und trifft anschließend auf die Straße (A2) zwischen Bon Accueil und Pamplemousses. Wir folgen einer wunderschönen Allee bis **Grande Rosalie**. Soweit man auch schaut erstrecken sich Zuckerrohr- und vereinzelte Gemüsefelder. Etwas abseits und den neugierigen Blicken verborgen liegen die Anwesen der Plantagenbesitzer in den Feldern. Je näher man der Küste kommt, umso mehr häufen sich nun die neuen Luxus- Wohnanlagen inmitten der Felder.

Ein herrschaftliches Anwesen aus kolonialen Tagen steht heute noch in Grande Rosalie: Das **Château de Villebague**, auch Villa Rosalie genannt, wurde einst vom Gouverneur La Bourdonnais errichtet. Das elegante Herrenhaus der ältesten Zuckerfabrik der Insel befindet sich allerdings in Privatbesitz und ist nicht zugänglich.

Château de Labourdonnais

Das 1859 erbaute feudale Anwesen des Zuckerbarons Christian Wiehe ist zusammen mit dem unliegenden ehemaligen Plantagengelände zum Touristenspot ausgebaut worden, in dem sich heute ein paar Restaurants und Gartencafés, modische Boutiquen und eine Baumschule befinden. Das Château selbst kann besichtigt werden und liegt nördlich von Mapou an der Straße nach Poudre d'Or Hamlet (gut ausgeschildert).

Öffnungszeiten: Mo–So von 9–17 Uhr. Eintritt inklusive Rum-und Saft-Tasting: Erwachsene 400 Rs, Kinder 250 Rs. Ein „Underground Museum" kann bei Vorreservierung ebenfalls besucht werden (200 Rs pP). Kontakt: Tel. 2669533, https://domainedelabourdonnais.com.

Hot-Spots im Osten

Kashinath Mandir Tempel
Besuch von Mahébourg
Ile aux Cerfs
La Vallée du Ferney
Ile aux Aigrettes

Info Der ständige Südostpassat sorgt an der Ostküste für ein mildes Klima mit steter Brise

Tipp Sehenswert ist in Centre de Flacq das koloniale Gerichtsgebäude „District Court“, ein majestätischer Bau aus der Mitte des 19. Jh.

Info Die kurvenreiche Küstenstraße verläuft zumeist ohne Aussicht zwischen den hohen Mauern der Privatgrundstücke und Kasuarinenwäldern. Schöner ist die Fahrt durch den Bras d'Eau Nationalpark

Entlang der Ostküste

Fahrt nach Trou d'Eau Douce

Zwischen Poste Lafayette und Trou d'Eau Douce finden Sonnenanbeter kilometerlange Traumstrände und eine luxuriöse Hotellerie in ruhiger Umgebung. Im Süden erhebt sich eine malerische Bergkulisse. Hier zeigt sich der Osten ursprünglich, authentisch und vom Tourismus wenig beeindruckt.

Die Strecke führt uns durch den Bezirk Flacq, dessen Name auf die Niederländer zurück geht und die endlose Ebene passend als „flach“ beschreibt. Bedeckten damals noch dichte Ebenholzwälder die Böden, muss sich der heutige Besucher mit eintönigen Zuckerrohrfeldern zufriedengeben. Der natürliche Bewuchs ist schon vor Jahrhunderten den landschaftlichen Nutzflächen gewichen. Die FUEL (Flacq United Estates Ltd.), eine der größten Zuckerrohrfabriken des Landes, ist hier ansässig. Eine auffällige Besonderheit sind die vielen schwarzen Steinhaufen in den Feldern. Diese Lavahügel bezeugen den vulkanischen Ursprung der Insel. Das Gestein wird auf Mauritius gerne als Straßenbaumaterial und für Grundstücksmauern verwendet. Kontrastierend zum eher langweiligen Inselinneren im Bezirk Flacq wartet seine Meeresküste mit ausgezeichneten und kilometerlangen Sandstränden auf.

Wirtschaftliches Zentrum ist die quirlige Bezirkshauptstadt **Centre de Flacq**. Man findet hier Banken, Tankstellen, eine Vielzahl kleiner Läden und Marktstände, aber auch zwei moderne Einkaufszentren, das „Ceur de Ville Shopping Centre“ und die „Flacq Shopping Mall“.

Wir beginnen unsere Küstenfahrt in **Rivière du Rempart**. Zwischen diesem Städtchen und Roches Noires entsteht seit einigen Jahren das „Azuri Oceanfront Village“, eine moderne Residenzienanlage mit Hotel (S. 134). Von Roches Noires verläuft die alte Küstenstraße zwischen Fischerhäusern, kleinen Hotelanlagen, Villen und Wochenendhäusern bis nach **Poste Lafayette**. Alternativ kann man auf frisch geteerter Straße durchs Landesinnere nach Poste de Flacq fahren. Dabei durchquert man den **Bras d'Eau Nationalpark**, in dem Wanderpfade mit Picknickplätzen durch die hohen alten Wälder führen (Mückenschutzmittel nicht vergessen!). Beim Parkplatz befinden sich die Ruinen einer alten Zuckermühle und ein kleines Visitor Centre.

Petite Julie
Amaury
Bras d' Eau Nationalpark
Jalsa Beach
Ville Bague
L'Aventure
Prince Maurice
Lac Nicolière
Le St. Geran
Poste de Flacq
Belle Mare Plage
Long Beach
Solana
Kashinat Mandir Tempel
A2
Pont Blanc
Bon Accueil
Constance
A2
Centre de Flacq
Waterpark
Sunrise Attitude
R. Francoise
Mare La Chaux
The Residence
LUX Belle Mare
Palmar
Belle Mare
Ambre
St-Julien
Union Flacq
A7
Orchid Villas
SALT
Crystals
Camp Thorel
Camp Bonnemére
Bramsthan
Quatre Cocos
R. Poste de Flacq
Camp Ithier
St-Julien d'Hotman
Queen Victoria
Palmar
R. Coignard
L'Unite
Friday
Camp de Masque
Ecroignard
Silver Beach
Tropical
Trou d'Eau Douce
A7
Mont Ida
Médine
Petit Bois
Camp de Masque Pavé
Le Touessrok
River Sèche
Bel Air
Ilot Mangenie
Clemencia
Ile aux Cerfs
Melrose
Montagne Blanche
Mt Blanche 532m
Beau Champ
Pellegrin
Pont Lardir
Anahita Resort
Deep River
Four Seasons
Montagne Blanche
La Nourrice
Anahita
Sébastopol
Grande Rivière Sud-Est
Lesur
Laguna Beach
Quatre Soeurs
Domaine de l' Etoile
Belle Rive
Grande Rivière Sud-Est
Mt. Bambou 626m
Grand Sable
Pic Grand Fond 521m
Montagne Bambouse
Petit Sable
Pointe du Diable
Domaine de Anse Jonchée
Bambous Virieux
River Champagne
Anse Jonchée
Le Val
Valley de Ferney
Mt. Lion 480m
Ste-Madeleine
Cluny
Vieux Grand Port
R. des Créoles
Ste-Hilaire
Museum Vieux Grand Port
Riche en Eau
Mt des Creoles 309m
Rivière des Créoles
Astroea
R. la Chaux
Rose Belle
Mahébourg
Mont Fertile
Bel Air
La Rosa
Preskil
Ile aux Aigrettes
A10
Mall
A12
Beau Vallon
M1
International Airport Sir Seewoosagur Ramgoolam
Gros Bois
Holiday Inn
Blue Bay
Le Peninsula Bay
N
1
5 km

Hotels rund um Poste Lafayette

Radisson Blu Azuri Resort & Spa: Tel. 4023700, E-Mail: info.azuri@radissonblu.com, www.radissonblu.com. Das moderne 4-Sterne-Resort liegt mit 86 Zimmern direkt im Azuri Residenzienpark (siehe S. 132). Preise: HP ab 140 €/DZpP und 243 €/EZ.

Radisson Blu Poste Lafayette Resort & Spa: Tel. 4026200, E-Mail: info.pl@radissonblu.com, www.radissonblu.com. Ein etwas beengtes, direkt an der Küstenstraße gelegenes 4-Sterne-Erwachsenenhotel mit schmalem Strand und Pool in einsamer Lage. Preise: HP ab 115 €/DZpP und 200 €/EZ.

La Maison D'Été: Tel. 4105039, E-Mail: info@lamaisondete.com, https://newmarkhotels.com. Familiäre, beschauliche Bungalowanlage direkt am Strand mit zwei Pools und kleinem Restaurant. Gut geeignet für ruhesuchende Individualisten. Preise: ÜF ab 85 /DZpP und 145 €/EZ.

Jalsa Beach Hotel & Spa: Tel. 4027300, E-Mail: jalsabeach@intnet.mu, http://jalsabeach.com. 4-Sterne-Anlage mit 66 Zimmern; schön, aber isoliert gelegen mit Blick auf die Lagune. Gemütlich und ruhig. Preise: HP ab 100 €/DZpP und 160 €/EZ.

Le Prince Maurice Hotel: Tel. 4023636, E-Mail: info@princemaurice.com, www.constancehotels.com. Das elegante Constance-Resort zählt zu den allerfeinsten Adressen der Insel und ist ideal für Romantiker, Ruhesuchende und Verliebte. Es bietet 88 elegante Suiten, einen großartigen Spa-Bereich und eine edle Gastronomie. Preise: HP ab 475 €/DZpP und 800 €/EZ.

Der „Schwimmende Tempel“

In der kleinen Ortschaft **Poste de Flacq** an der Straßenkreuzung nach Centre de Flacq lohnt sich ein Abstecher zum sog. „Schwimmenden Tempel“ **Kashinath Mandir**. Folgt man im Dorf der unbeschilderten kleinen Straße nach Osten, endet diese direkt beim Hindutempel.

Bei hohem Flutlevel wird die Straße etwas überspült und das Gotteshaus auf der winzigen Insel Ile aux Goyaviers vom Festland abgeschnitten. Die außergewöhnlich reizvolle Lage, umgeben vom Meer in einer mangrovengesäumten Lagune, lässt diesen Tempel aus der Fülle hinduistischer Gotteshäuser herausragen. Zudem handelt es sich um ein wunderbar filigranes Kunstwerk in Weiß. In überdachten Schreinen entdeckt man viele bunte Figuren und Statuen aus der komplizierten Götterwelt des Hinduismus. Shivas Reittier Nandi genießt einen Ehrenplatz, vor dem meistens einige Opfergaben liegen. Das stierähnliche Tier gilt als Wächter eines Shiva-Tempels. Auch Shivas Gattin, die vierarmige Glücksgöttin Lakshmi, wird hier verehrt. In Kashinath Mandir wird gebetet, glimmen Räucherstäbchen, und Frauen in wunderschönen Saris verteilen schweigend ihre Opfergaben. Als Tourist sollte man zurückhaltend sein und die Schuhe vor dem Tempelinneren ausziehen.

Oben: Die Neptune kreuzt seit vielen Jahren auf ihren Ausflugsfahrten vor der Ostküste

Auf der Weiterfahrt nach Belle Mare weicht die Küstenstraße zunächst vom Meer zurück. Nach knapp 4 km, etwa auf halber Strecke nach Belle Mare, erreichen wir die Stichstraße zum One & Only Le Saint Géran Resort. Entlang dieser Zufahrtsstraße liegen das Belle Mare Plage Resort, ein Golf-Mekka mit drei verschiedenen Spielfeldern, und eine Filiale der MBC-Bank mit Geldautomat zum Bargeldwechseln.

Zwischen dem Le Saint Géran Resort und Trou d'Eau Douce breiten sich schier endlos lange, wunderschöne Sandstrände und ein gutes Dutzend Hotels aus. Neben den Traumstränden und einigen ausgezeichneten Luxushotels sind hier vor allem die **Golfplätze** das ganz große Highlight der Region. Zum Belle Mare Plage Hotel gehören gleich zwei perfekte 18-Loch-Golfplätze, im Le Saint Géran Hotel liegt ein 9-Loch-Platz und die Ile aux Cerfs besitzt einen legendären 18-Loch-Platz, der zu den besten der Welt zählt. Golfer schätzen die ständige Brise aus Südostes, die für angenehme Tagestemperaturen sorgt. Auch Kiter und Surfer kommen hier durch die konstanten Winde gut auf ihre Kosten.

Außerhalb der Ferienresorts gibt es jedoch praktisch keine (touristische) Infrastruktur. Es verkehren ein paar Busse, aber ohne Mietwagen oder Taxi sind die Urlauber eher aufgeschmissen. Man kann hier wirklich herrliche Strandwanderungen unternehmen, jedoch kaum attraktive Spaziergänge auf dem Festland. Wer gerne durch Ortschaften schlendert und „Window Shopping" liebt, wird im näheren Umfeld nicht so leicht fündig. Daher sind auch die Gastronomie-Alternativen gering, man kann fast nur auf andere Hotels ausweichen. Wir empfehlen diese Urlaubsregion deshalb vor allem Ruhesuchenden, Strandromantikern, aktiven Wassersportlern und natürlich allen Freunden des Golfsports.

Schon gewusst?
In den Korallenriffen von Mauritius leben zwei endemische Fischarten: ein Anemonenfisch und ein Segelflossen-Doktorfisch

Unterwasserspaziergänge und ein Wasserspaßbad

Entlang der Küstenstraße nach Belle Mare kommt man nun am Long Beach Resort und dem Symon's Restaurant vorbei. Die Fa. Aquaventure bietet hier Unterwasserspaziergänge für ca. 43 Euro an. Wenig später geht es rechts zum „Splash N Fun Leisure Park", einem Wasserspaßbad für die lokale Jugend. Dann folgen öffentliche Strände in dichten Kasuarinenhainen und das Hotel Sunrise Attitude, ehe die Straße unvermittelt in die Ortschaft Belle Mare mündet.

Hotels nördlich von Belle Mare

One& Only Le Saint Géran Hotel: Tel: 4011688, E-Mail: info@oneandonlylesaint geran.com, www.oneandonlyresorts.com. Dieses Haus ist eine mauritische Legende und zählt seit Jahrzehnten zu den edelsten Resorts der Insel. Spektakulär schöner Palmenstrand, Helikopterlandeplatz, Butler-Service, ein riesiger Spa und ein cooler Boat Club sind hier Standard. Preise: ÜF ab 390 €/DZpP und 780 €/EZ.

Constance Belle Mare Plage: Tel. 4022600, E-Mail: info@bellemareplagehotel.com, https://newmarkhotels.com. Ein berühmtes weitläufiges Golf-Luxushotel mit langen Sandstränden, mehreren Pools, zwei 18-Loch-Meisterschaftsgolfplätzen, Wassersportzentrum und ausgefeilter Gastronomie. 235 Zimmer und 21 Villen. Preise: HP ab 145 €/DZpP und 230 €/EZ.

Long Beach: Tel. 4151010, E-Mail: info@ longbeach.mu, www.longbeachmauritius.com. Das modische Lifestyle-Hotel (5 Sterne) mit 255 hellen Zimmern, zwei z. T. beheizten Pools, erlesener Küche, Gym und Spa wendet sich einem jüngeren, sportlichen Publikum zu. Preise: HP ab 165 €/DZpP und 230 €/EZ.

Solana Beach Mauritius: Tel: 4027200, E-Mail: info@solanabeach.mu, www.southerncross hotels.mu. Ein kleineres Erwachsenenhotel mit schönem Strand, Gym, Spa sowie gratis Sauna & Dampfbad. AI möglich. Preise: HP ab 195 €/DZpP und 235 €/EZ.

Hotel Sunrise Attitude: Tel. 4011400, E-Mail: info@sunrise-hotel.com, https://hotels-attitude .com. 4-Sterne-Erwachsenenhotel für junge Paare und Singles, in dem es auch Zimmer mit direktem Poolzugang gibt. Es liegt jenseits der Küstenstraße (nicht unmittelbar am Strand). Preise: HP ab 80 €/DZpP und 140 € /EZ.

Belle Mare

Das Touristenzentrum des Ostens bietet die beste Versorgungsstation an der Küste, dennoch beschränkt sich das Angebot auf zwei kleinere Supermärkte mit guter Getränkeauswahl, eine Wechselstube und diverse Factory-Shops, in denen vor allem Kleidung angeboten wird.

Die herrlichen Strände beiderseits von Belle Mare sind keinesfalls für die Touristen reserviert. Zwischen den schönen Ferienresorts liegen vielmehr immer wieder „Public Beaches" für die Einheimischen. Diese öffentlichen Strandabschnitte bieten die gleiche **Strandqualität** wie die Luxusanlagen. Schatten spenden hier aber meistens Kasuarinen anstelle von Kokospalmen, die von den Hotelgärtnern mühevoll eingepflanzt und gehegt werden müssen, um den Touristen das perfekte tropische Klischee zu bieten. Die dünn besiedelte, beschauliche Ostküste wird am Wochenende an den Public Beaches zum Tummelplatz. In Autos, Pick-ups und Bussen reisen die einheimischen Großfamilien mit Kind und Kegel an. Sie breiten ihre Decken aus, haben manchmal auch Plastikstühle im Gepäck und bereiten gesellige Picknicks oder Barbecues. Frauen sitzen im Schatten beieinander, Männer musizieren, und die Kinder baden und bauen Sandburgen. An den vielen Touristen in den prächtigen Hotelanlagen scheinen sie sich nicht zu stören, ein großer Teil der einheimischen Badegäste arbeitet wahrscheinlich auch im Hotelgewerbe. Den öffentlichen Strand von Belle Mare begrenzt das stilvolle Strandrestaurant The Plantation, das bereits zum anschließenden Residence Resort gehört.

Tipp Die MBC-Bank vor dem Belle Mare Plage Hotel bietet bessere Wechselkurse als die Wechselstube im Ort Belle Mare und verlangt auch keine Kommission

Oben: Strand von Belle Mare; Wachmann im One & Only Luxusresort
Foto links: Mauritische Eleganz mit Kolonialstilambiente im Residence Resort

Entlang der Küstenstraße folgen nun die Hotels Residence, LUX* Belle Mare und Palmar Beach. Hinter einem kurzen öffentlichen Strandabschnitt mit Kasuarinenhain liegen die Ferienanlagen Ambre und SALT of Palmar. Nach Süden folgen danach wieder lange Public Beaches und einzelne neue Resorts, die hier in den letzten Jahren zwischen den bisher unbebauten Strandabschnitten von Palmar entstanden. Nahe dem Fischerdorf Trou d'Eau Douce mehren sich wieder die Touristenanlagen. Längere Strandwanderungen sind hier gut möglich, die Küstenstraße hinter den Hotels bietet dagegen keinerlei Anreize für Spaziergänge.

Hotels südlich von Belle Mare

The Residence Hotel: Tel. 4018888, E-Mail: info-mauritius@theresidence.com, www.cenizaro.com. Kolonial anmutendes 5-Sterne-Resort mit 171 Zimmern und indisch-eleganter Einrichtung; eine palmengesäumte Gartenanlage, mehrere Strandbuchten und großzügige Poollandschaft. Preise: HP ab 190 €/DZpP und 250 €/EZ.

LUX* Belle Mare Resort: Tel. 4022000, E-Mail: luxbellemare@luxresorts.com, www.luxresorts.com. Diese Luxushotel zählt zu den traditionsreichsten Häusern der Insel. Nach einem Feuerausbruch im Juli 2022, der sich wegen der starken Winde rasch über den ganzen Hotelkomplex ausbreitete, wurde das schwer beschädigte Resort restauriert und im Oktober 2023 wieder eröffnet. Der neue Stil ist minimalistisch elegant. Preise: HP ab 190 €/DZpP und 250 €/EZ.

Veranda Palmar Beach: Tel. 4023500, E-Mail: palmar@veranda-resorts.com, www.veranda-resorts.com. Schmale, etwas beengte Anlage mit windgeschütztem Poolbereich im Kokospalmgarten der Kategorie 3-Sterne-Plus. 77 Zimmer mit kleinen Veranden und schönem Sandstrand. Preise: AI ab 110 €/DZpP, 219 €/EZ.

Ambre A Sun Resort: Tel. 4018188, E-Mail: info@ambre.mu, www.ambremauritius.com. 4-Sterne-Erwachsenenhotel von Sun Resorts mit 297 Zimmern im 70er-Jahre-Retrostil, mit schickem Poolbereich und weitläufigem Sandstrand. Die meisten Gäste buchen AI. Preise: HP ab 110 €/DZpP und 196 €/EZ.

SALT of Palmar: Tel. 4018500, E-Mail: reservation@saltresorts.com, www.saltresorts.com. Klein aber fein! Trendiges 5-Sterne-Boutique-Hotel an einer Landzunge mit 59 Zimmern und À-la-carte-Restaurant am kleinen Strand voller Lavasteine. Lässiges Ambiente und Lokalkolorit. Preise: ÜF ab 160 /DZpP und 221 €/EZ.

Maritim Crystals Beach Resort & Spa: Tel. 4027800, E-Mail: info.mac@maritim.de, www.maritim.mu. Lebhaftes 4-Sterne-Familienresort mit 181 großzügigen und modernen Zimmern und vier Restaurants. Preise: AI ab 150 €/DZpP und 300 €/EZ.

C Mauritius: E-Mail: info@constancehotels.com, www.c-resorts.com. Der Neuzugang aus dem Hause der Constance-Gruppe: Ein Boutique-Hotel im läsigen „shabby-chic"-Stil mit einem All-inclusive-Konzept und vielseitigem Sportprogramm. Preise: AI ab 158 €/DZpP und 315 €/EZ.

Seasense Boutique Hotel & Spa: Tel. 4151800, E-Mail: reservation@searesortshotels.com, www.searesortshotels.com. Neues Luxus-Erwachsenenresort, das Gourmets und Weinfreunde ins Visier nimmt. Mit Spa und Gym. Preise: HP ab 165 €/DZpP und 260 €/EZ.

Friday Hotel: Tel. 4027070, E-Mail: info@friday-attitude.com, http://friday-hotel-mauritius.com. Kleines 3-Sterne-AI-Hotel mit 51 Zimmern, verteilt in zweistöckigen Gebäuden im blühenden Palmengarten, mit Spa, Pool und schmalem Sandstrand. Preise: HP ab 100 €/DZpP und 114 €/EZ.

Silver Beach Hotel: Tel. 4802600, E-Mail: silverbeach@intnet.mu, www.silverbeach.mu. Einfache, ältere Anlage mit 65 Zimmern, Bungalows, schönem Garten und schmalem Strand. Preise: AI ab 85 €/DZpP und 160 €/EZ.

Tropical Hotel: Tel. 4801300, E-Mail: info@letropical-hotel.com, www.tropical-hotel-mauritius.com. Ein 3-Sterne-Erwachsenenhotel mit 60 Zimmern in zweistöckigen Gebäuden. Mehrmals täglich fahren eigene Boote zur Ile aux Cerfs. Preise: HP ab 95 €/DZpP und 160 €/EZ.

Shangri La's Le Touessrok Hotel: Tel. 4027400, E-Mail: sltr@shangri-la.com, www.shangri-la.com. Das traditionsreiche Spitzenhotel gehört zu den bekanntesten Resorts der Insel. 200 Zimmer und Suiten mit Butlerservice verteilen sich auf einer Landspitze und einer Insel, wodurch mehrere Strandabschnitte und kleine Buchten für die illustre Klientel entstanden. Außerdem gehört die idyllische Nachbarinsel von Ile aux Cerfs, Ilot aux Mangenies, zum Resort, und nur den Hotelgästen wird hier Zutritt gewährt. Auf Ile aux Cerfs konzipierte das Touessrok Hotel einen Golfplatz, der zum tropischen Traum für anspruchsvolle Golfer avancierte. Siehe „Besondere Empfehlungen" auf S. 234. Preise: ÜF ab 260 €/DZpP und 515 €/EZ..

Trou d'Eau Douce

Das verschlafene Fischerdorf lässt wochentags kaum erahnen, dass es am Wochenende zum Besuchermagneten wird. Etwas unübersichtlich und ohne erkennbarem Zentrum liegt die nette Ortschaft umringt von endlosen Zuckerrohrfeldern in der ruhigen, breiten Bucht. Die Fischer haben hier schon lange ein lukratives Zubrot zur beschwerlichen Arbeit des traditionellen Fischfangs und der Austernzucht entdeckt: Sie stellen einen Taxibootservice zur Ile aux Cerfs. Zahlreiche Schilder im Dorf weisen die Transferboote zur beliebten Badeinsel aus. Am nördlichen Ortseingang befinden sich ein Touristen-Informationsbüro, eine Tankstelle und Wechselstuben, allerdings keine Bank. Die **Gastronomie** hat sich ein wenig entwickelt. Wer gerne mit Aussicht über die Bucht speisen möchte, dem seien die Terrassenrestaurants „Le Four A Chaud", „Chez Tino" und Restaurant „Les Alizés" empfohlen. Beliebt ist auch der Asiate „Green Island Beach Resort". Das „Café des Arts" in der alten Zuckerfabrik Old Sugar Mill fungiert zugleich als Kunstgalerie, öffnet nur abends und verlangt strikte Vorreservierung (Tel. 4800220). Hier zu speisen ist, kulinarisch und vom Ambiente her etwas Besonderes. Das Lebensmittelangebot beschränkt sich wiederum auf kleine Supermärkte. Trou d'Eau Douce liegt an den Buslinien zwischen Mahébourg und Centre de Flacq. Ihren eigenwilligen Namen verdankt die Ortschaft einer Süßwasserquelle, die einen Teich voller Seerosen speist, der sich nahe dem Ticketschalter für die Ile aux Cerfs-Bootsfahrten am südlichen Ortsrand befindet. Es gibt hier auch einen Parkplatz.

Südlich von Trou d'Eau Douce zweigt eine palmenbestandene Teerstraße zum Ozean ab. Es handelt sich um die Zufahrt zum berühmten Luxusresort Le Touessrok.

Info Hier dreht sich alles um die Bootsausflüge zur Ile aux Cerfs. Neben der reinen Überfahrt werden auch Kombitickets mit Lunch und Sonnenbetten auf der Insel verkauft (ab 25 Euro) bzw. mit einem Abstecher zum Wasserfall des Grande Rivière Sud-Est (S. 142). Nur wenige Hotels wie Touessrok und Tropical setzen ihre Gäste gratis mit eigenen Booten über. Mietwagenfahrer sind besser beraten, wenn sie zum Pointe Maurice Jetty fahren (siehe S. 140 links).

Info Ausflug zur Domaine de l'Etoile in den Bambous-Bergen: siehe S. 145

Bild oben: Happy Hour zum Sonnenuntergang im Luxusresort Le Touessrok

Info Der Bootstransfer vom Festland erfolgt entweder am südlichen Ortsrand von Trou d'Eau Douce beim „Public Jetty" für 500 Rs pP und Strecke oder – und das ist für Autofahrer viel besser – direkt neben dem Eingang des Hotel Touessrok am „Pointe Maurice Jetty" (ca. 150 m rechts entlang einer Teerstraße fahren). Hier starten von 9–17 Uhr alle 30 Minuten Transferboote zur Insel, das Auto steht auf einem bewachten Parkplatz, und der Spaß kostet nur 450 Rs pP für die Hin- und Rückfahrt inklusive einem Cocktail und einer Sonnenliege.

Bilder dieser Doppelseite: Impressionen eines Ausflugs zur Ile aux Cerfs

Ile aux Cerfs

Es war einmal... Einst schien die unbewohnte, flache Insel vor der Ostküste von Mauritius das Abbild eines tropischen Idylls zu sein: unberührte, weiße Sandstrände vor einer türkisfarbenen, sanften Lagune mit Blick auf die mauritischen Berge. Die „Hirschinsel", Ile aux Cerfs, tappte aber in die Falle der „Geheimtipps", die plötzlich von allen Seiten vermarktet werden. Traumhaft schön ist es hier immer noch, aber längst nicht mehr idyllisch, sondern reichlich überlaufen. Verabschieden Sie sich also von den klischeehaften Träumereien vom Tropenidyll und stellen Sie sich auf einen kurzweiligen, turbulenten Badespaß mit Souvenirständen, Wassersportaktivitäten und Strandlokalen ein. Am Wochenende mischen sich viele Einheimische unter die Touristen, denn sie lieben die kinder- und nichtschwimmersichere Bucht. Wir sind der Ansicht, die Insel Ile aux Cerfs sollte man sich nicht entgehen lassen, auch wenn man sie mit vielen anderen teilen muss und der Kommerz heute das tropische Eiland regiert.

Die Fahrt zur Masala Jetty dauert je nach Wasserstand und Startort 15–20 Minuten. In Inselnähe dürfen die Taxiboote zum Schutz der Mangroven nur max. 5 Knoten fahren und müssen wegen der Untiefen einem abgesteckten Kanal folgen, daher schlängeln sich die Boote zur Insel. Wegen des sehr klaren Wassers kann man schon während der Überfahrt bunte Fische und Meeresgetier am Boden bestaunen.

Am **Landungssteg** von Ile aux Cerfs angekommen, führt hinter den sauberen Toiletten ein kurzer Fußweg nach links zum lebhaften Teil der Insel. Zuerst kommt man an den überdachten Souvenirständen vorbei, wo man alles einkaufen kann, was man anderswo noch versäumt hat. Die Händler lassen die Inselbesucher völlig zufrieden, wenn sie kein Interesse an den Andenken zeigen.

Beim Badebereich ist viel Platz, um sich unter den Kasuarinen oder den aufgestellten Schattendächern auszubreiten. Hier genießt man auch den schönsten Ausblick über die Lagune zum Festland mit seinem Bergpanorama. Das warme, türkisfarbene, flache Wasser eignet sich für Kleinkinder zum Plantschen, die Größeren lassen sich begeistert mit der Strömung zwischen den beiden Inseln treiben. Das rustikale indische Stelzen-Lokal „La Chamiére Masala“ und das Restaurant „Sand's Grill“ (Burger, Meeresfrüchte und Fisch) sorgen fürs leibliche Wohl. Im Hintergrund befinden sich Duschen und Toiletten. Zahlreiche Mülleimer helfen, die Insel trotz des ständigen Besucheransturms wohltuend sauber zu halten.

Es gibt viele Möglichkeiten zum Zeitvertreib: Lokale Anbieter organisieren Bootsausflüge zum Wasserfall des Grande Rivière Sud-Est (S. 142), Speedboat-Fahrten, Banana Boat, Parasailing, Schnorcheln, Katamaranfahrten und Bootstrips mit dem Piratenschiff Neptun (Foto S. 135), und der Treetops Adventure Park lockt mit einem Baumwipfelpfad. Wer nichts davon unternehmen will, kann die Insel umrunden oder auch einfach nur eine Sonnenliege mieten. Man zahlt stets direkt am Strand in fast jeder erdenklichen Währung oder per Kreditkarte. Abgeschirmt von diesem belebten Bereich bedeckt die Insel ein von Bernhard Langer persönlich konzipierter und weithin geschätzter 18-Loch-Golfplatz.

Bubble Lodge: Tel. 52551495, E-Mail: info@bubble-lodge.com, www.bubble-lodge.com. Schlafen in der Blase! Das coole GlamCamp 400 m vom Golf Club und „Langer's Bar & Grill Restaurant“ verspricht die ungewöhnlichste Unterkunft der Insel und Luxus mit Butler-Service. Preise: HP ab 245 €/DZpP und 480 €/EZ.

Von Trou d'Eau Douce nach Mahébourg

Südlich von Trou d'Eau Douce enden die Sandstrände, denn die bewaldete Bergkette der über 600 m hohen Bambous Mountains ragt nun bis an die Küste heran. Sie beschert der Gegend sehr steinige Küsten voller Lava, zahlreiche kleine Wildbäche und eine abwechslungsreiche Uferszenerie.

Von Trou d'Eau Douce führt die Strecke erst einmal quer durch die Zuckerrohrfelder nach **Bel Air**, einem Reihendorf, und erreicht bei Beau Champ wieder die Meeresküste. Dieser Küstenabschnitt wird derzeit durch immer luxuriösere Immobilienanlagen erschlossen wie dem Anahita World Class Sanctuary mit dem Four Seasons Resort.

Grande Rivière Sud-Est

Das Fischerdorf an der Mündung des Grande Rivière Sud-Est in die geschützte Bucht Anse Cunat zählt zu den ältesten Siedlungen der Insel und stammt noch aus der niederländischen Epoche. Lange Zeit war der Hafen ein bedeutsamer Umschlag für Ebenholz. Im 19. Jh. wurde er sogar durch die Eisenbahn mit Port Louis verbunden. Seit der Bahnhof 1954 geschlossen und der Hafen bedeutungslos wurde, verblasst der Ort. Er ist jedoch als Ausgangspunkt zum **Wasserfall** des Grande Rivière Sud-Est, der die Bambous-Berge entwässert, auf den Ausflugsplänen der Reiseanbieter zu finden. Der größte Fluss der Insel stürzt in mehreren Kaskaden von den Vulkanbergen hinab und bildet bis zu 10 m tiefe Fälle. Im Ort bieten Fischer kurze Bootstransfers zu diesem kleinen Wasserfall an. Die Szenerie ist durch die bewaldeten Ufer nett, aber zumeist völlig überlaufen und nicht wirklich spektakulär zu nennen. Bei der Dorfjugend hat es sich herumgesprochen, dass Touristen Trinkgeld geben, wenn die Jungs waghalsige Sprünge von den Felsen in den Fluss wagen.

Zwischen Beau Champ und View Grand Port sind massive Baumaßnahmen zum Hochwasserschutz im Gange. Zugleich entsteht dadurch ein Radweg auf der Uferbefestigung

Bild rechte Seite: Ein Fischer watet entlang der mangrovengesäumten Ostküste von Beau Champ

Ab jetzt schlängelt sich die Küstenstraße kurvenreich durch kleine Fischerdörfer am Meer entlang. Bis Grand Sable sind Straßenschäden zu beachten, danach erlaubt die gute Fahrtstraße wieder, sich den vielfältigen Ausblicken zu widmen. Die Strecke zählt zu den besonders malerischen Routen auf Mauritius. Die kleinen Ortschaften und armseligen Dörfer tragen niedliche Namen und sind vom Tourismus noch unbeleckt.

Am **Pointe du Diable** windet sich die Straße um eine schmale, steilkantige Landzunge. An der Kehre erinnern Ruinen und eine auf den Ozean gerichtete Kanone an eine französische Verteidigungsanlage aus dem 18. Jh. Vom diesem Parkplatz aus genießt man auch den Blick bis zu den kleinen Inseln außerhalb der Lagune. Anschließend umfahren wir die geschützte Bucht Anse Bambou. Hier liegt direkt an der Straße zwischen den Mangroven die Chalets des Restaurants „La Case du Pecheur" (siehe unten).

Im nächsten Dorf, **Anse Jonchée**, ist eine Ylang Ylang-Plantage ausgeschildert, wo durch Destillation ein essenzielles Öl gewonnen wird. An der Straße befindet sich ein kleiner Verkaufsladen für die Produkte.

La Case du Pecheur: Tel. 6345675, E-Mail: iresalcdp@gmail.com. Die romantisch-rustikale Anlage schmiegt sich mit 16 klimatisierten hölzernen Stelzenbungalows und Fußwegen aus Korallenbruch zwischen Mangroven in die schlickige Bucht (zum Baden ungeeignet). Die Zimmer liegen eng nebeneinander auf Plattformen im Mangrovensaum (ÜF 65 €/DZpP und 114 €/EZ). Die Besitzer halten Meerestiere in Zuchtbecken, setzen sich für den Schutz der ursprünglichen Küstenvegetation ein und haben einen „Mangrove Nature Trail" angelegt. Zum Erfrischen gibt es einen kleinen Pool. Eine urige, einsame Unterkunft für Individualisten (mitunter viele Moskitos, schlechter WLAN-Empfang). Das Restaurant ist für Fisch und Meeresfrüchte bekannt.

Hotels in dieser Region

Four Seasons Resort at Anahita: Tel. 4023100, E-Mail: reservations.mas@fourseasons.com, www.fourseasons.com/de/mauritius/. Eine luxuriöse Wohnresidenz mit 123 Villen, mehreren Stränden, Golfplatz, modernem Spa und großartigem Gastronomieangebot. Alle Villen besitzen private Pools. Erlesen, kultiviert und viel Privatsphäre und Ruhe gewährend. Preise: HP ab 345 €/DZpP und 674 €/EZ.

Anahita Golf & Spa Resort: Tel. 4022200, E-Mail: info@anahita.mu, www.anahita.mu. Trendiges Lifestyle-Resort mit 122 Luxuswohnsuiten und 180 m² großen Villen direkt am Meer und dem Golfplatz. Sehr elegant. Preise: HP ab 300 €/DZpP und 500 €/EZ.

Laguna Beach Hotel & Spa: Tel. 4175888, www.lagunabeachhotel.mu. Das ruhige Resort am Ende einer Landzunge hinter dem Dorf Grande Riviere Sugar Estate bietet 3-Sterne-Niveau, 64 Zimmer und einen schönen Pool. Preise: HP ab 90 €/DZpP und 130 €/EZ.

Otentic Eco Tented Lodge: Tel. 59414888, E-Mail: info@otentic.mu, www.otentic.mu. Das Ökocamp liegt mit zwölf Safarizelten und zwei Holzchalets beim Dorf Deux Freres zwischen der Straße und dem Ufer des Grande Rivière Sud-Est. Ein ganz anderes Inselerlebnis: Rustikal im Zelt schlafen, Kanufahren und Mountainbiken und Baden im kleinen Pool statt Faulenzen am Meer. Täglich gibt es einen Transfer zur Ile aux Cerfs. Preise: ÜF ab 75 €/DZpP und 150 €/EZ.

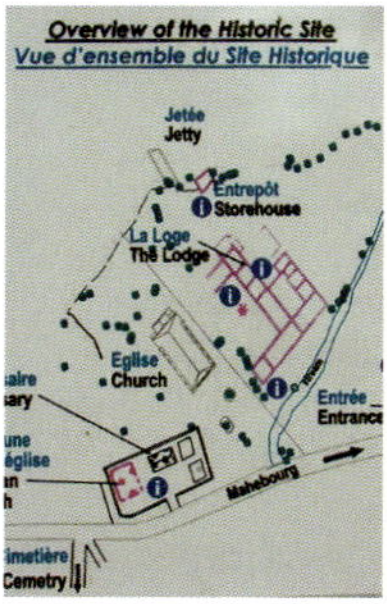

Bilder oben: Das besuchenswerte Museum „Fort Frederik Hendrik“

Die nächste größere Ortschaft heißt **Vieux Grand Port** und liegt direkt unterhalb des 480 m hohen Löwenbergs „Lion Mountain“. Es ist ein besonders geschichtsträchtiger Ort, denn das alte Warwijck Bay gilt als Keimzelle der niederländischen Besiedlungsversuche. Allerorten bietet diese Gegend noch Relikte und Zeugnisse der Vergangenheit, z. B. alte Gräber, stillgelegte Kamine und Fabrikreste von Zuckerfabriken aus frühkolonialer Zeit. Die Bucht war auch Schauplatz der dramatischen Seeschlacht zwischen Frankreich und Großbritannien im August 1810. Beide Kriegsgegner erlitten schwere Verluste und kämpften verbissen mit allen verfügbaren Tricks und Täuschungsmanövern. Damals siegten die Franzosen, weil sie die Bojen für die sichere Einfahrt in die Bucht versetzten, und daraufhin mehrere britische Schiffe auf dem Riff aufliefen und havarierten. Doch ihre Freude hielt nicht lange an, denn vier Monate später annektierten die Briten die Insel trotzdem.

Direkt an der Straße liegt das **Museum „Fort Frederik Hendrik“**. Es zeigt im Innern eine Ausstellung alter Gemälde zur Seeschlacht und Relikte jener Epoche. Die Außenanlage ist sehr weiträumig; hier wandelt man durch die betagten Mauerreste und Ruinen. Ein Lageplan erleichtert die Orientierung. Öffnungszeiten: Mo, Di, Do, Fr, Sa von 9–16 Uhr, So 9–12 Uhr, mittwochs geschlossen. Der Eintritt ist frei.

Gleich außerhalb von Vieux Grand Port, nur 6 km vor Mahébourg, gelangen wir zur kurzen Stichstraße in das **Ferney-Tal**, wo engagierte Ökologen Nature Walks durch die unberührten Bergwälder anbieten (siehe rechts). Der Abzweig ist deutlich ausgeschildert und endet nach 500 m am Parkplatz beim Informationsgebäude.

La Hacienda: Tel. 59891866, E-Mail: lahacienda@lincolnrealty.mu, www.lahaciendamauritius.com. Oberhalb von Vieux Grand Port liegen am steilen Berghang vier stille Chalets zur Selbstversorgung (mit Küchenzeile) in einer gepflegten kleinen Gartenanlage mit sehr viel Aussicht und Pool. Im Wald hinter den Chalets leben Makaken. Siehe „Besondere Empfehlungen“ auf S. 231. Preise: ÜF ab 48 €/DZpP und 95 €/EZ.

Domaine de l'Etoile & La Vallée de Ferney

In den geschützten, einsamen Bergen der Montagne Bambouse haben sich bis heute die ursprüngliche Vegetation und eine fragile Tierwelt erhalten können. Ein beachtlicher Teil des Berglands befindet sich in Besitz privater Organisationen. Hier entstanden zwei touristische Attraktionen, deren Konzepte sich deutlich voneinander unterscheiden:

Domaine de l'Etoile

An den nördlichen Berghängen der Bambouse Mountains erstreckt sich ein vergnügungsorientiertes Estate; sein Zugang liegt an der Straße zwischen Bel Air und Montagne Blanche/Quartier Militaire. Es zählte zu den ersten ökotouristischen Projekten in Mauritius. Direkt beim Parkplatz, für jederman zugänglich, liegt ein **Terrassenrestaurant**. Wer einmal eine Auszeit von Sonne, Sand und Strand sucht, findet hier sattes Grün, hohe Bäume und ein paar Sambarhirsche am Waldrand. Folgende **Aktivitäten** wurde angeboten: Bogenschießen, Quad Bikes, Buggy-Fahrten, Reiten, Trekking mit und ohne Guide und die angeblich längste Zipline der Welt über sieben Seilrutschen mit 3,5 km Länge. Jedoch: Bei Redaktionsschluss war die Domaine geschlossen, und es ist unklar, ob sie wieder öffnet. Kontakt: Tel. 57291050, E-Mail: info@terrocean.mu, www.terrocean.mu.

La Vallée de Ferney

Das ökologischere Schutzgebiet in Sachen Bildungsarbeit und Naturschutz entstand auf dem Gelände von Ferney, einer der ältesten Zuckerfabriken der Insel. Hier gibt es noch zahlreiche endemische Pflanzen, die Besuchern während der Wanderung in den lichten, mitunter steilen Bergwäldern gezeigt werden. Auch auf dem Vogelschutz liegt das Augenmerk. Insbesondere Mauritiusfalken und Mauritius-Sittiche sind hier heimisch; die extrem gefährdeten **Mauritius-Turmfalken** werden mit besonderen Brutkästen zum Brüten animiert, und die Guides sind in der Lage, am Ende der Tour einzelne Turmfalken durch Pfiffe anzulocken und zu füttern.

Der Zugang erfolgt von der Küstenstraße bei Vieux Grand Port. Man parkt beim Visitor Centre, das eine Ausstellung zur Flora und Fauna bereithält. Täglich um 9.30, 10.30, 13.30 und 14.30 Uhr starten hier geführte Touren entlang einem 3 km langen **Waldlehrpfad** (1000 Rs, Kinder 500 Rs), und gelegentlich auch **Safarifahrten** im Geländewagen für etwa zwei Stunden. Alternativ darf man allein entlang dreier ausgewiesener Strecken im Jagdgebiet wandern (5, 13 oder 20 km lang). Wir empfehlen Insekten- und Sonnenschutz, festes Schuhwerk sowie lange Hosen, weil es auch durch Gestrüpp geht. Zur Info: Zwischen Juni und September ist der Zugang nicht möglich, denn in dieser Zeit finden Jagdsafaris statt. Während der Brutzeit von Oktober bis Januar sind die Falken etwas scheuer als die übrige Zeit.

Ferney Nature Lodge: Tel. 57291080, E-Mail: info@ferney.mu, www.ferney.mu. Lust darauf, im Naturschutzgebiet zu übernachten und am Lagerfeuer den nächtlichen Geräuschen zu lauschen? Dann sollten Sie die vier geschmackvollen Chalets in den Bergen von Ferney besuchen! Preise: HP ab 148 €/DZpP, 295 €/EZ.

Mahébourg und die Blue Bay

Die Cavendish Bridge, eine prächtige koloniale Steinbrücke, überspannt den Rivière La Chaux am nördlichen Zugang zur charmanten, aber auch leicht morbiden Hafenstadt Mahébourg (sprich: „maybuhr“). Ein nettes Fotomotiv sind die Ufer des Flusses mit ihren eng aneinander gebauten, alten Häusern. Die Royal Road führt nun direkt durch das Zentrum der 20 000-Einwohner-Stadt. Obwohl das Tor zur Welt, der internationale Flughafen, nur zehn Autominuten entfernt liegt, hat sich hier das authentische, untouristische Flair gut erhalten. Zahlreiche wackelig anmutende Häuschen aus dem 19. Jh. und eine Vielzahl kleiner, indischer Läden geben Mahébourg ein chaotisch-liebenswertes Gesicht.

200 Jahre ist sie kürzlich alt geworden, die Hafenstadt, die der letzte französische Gouverneur Decaen noch gründete, weil er Port Bourbon (Vieux Grand Port) bei einem etwaigen britischen Angriff für gefährdet hielt. Wenige Jahre später besetzten die Briten die Insel und bescherten Mahébourg – deren Name an Gouverneur Mahé de La Bourdonnais erinnert – mit der Bahnlinie nach Port Louis eine wirtschaftliche Blüte. Die Bahnschienen sind längst wieder abgebaut worden, und auch der Hafen hat seine Bedeutung eingebüßt. Fischfang bildet heute die Basis der Provinzstadt.

Bild unten: Die Kirche Notre Dame d' Anges; Obstvielfalt auf dem Stadtmarkt

Neben dem marinegeschichtlichen **Museum** (S. 148) und der neugotischen katholischen **Kirche Notre Dame d' Anges**, einer Oase der Ruhe und sanften Schlichtheit mit hölzerner Dachkonstruktion, sind noch einige pittoreske baufällige Kolonialhäuser sehenswert. Besuchen sollte man auch den **Zentralmarkt** mit seinen üppigen Obst- und Gemüseständen. Gleich nebenan befindet sich der Busbahnhof mit Verbindungen zum Rest der Insel. Flaniermeile der Kleinstadt ist die ansprechend gestaltete **Uferpromenade** am Hafen mit ein paar Lokalen und hübscher Aussicht bis zu den kleinen Inseln außerhalb des Riffs. Die winzige Insel, auf der ein Haus mit rotem Dach steht, heißt übrigens **Ile Mouchoir Rouge** (Foto S. 148). Darin soll einst der leutscheue Medikus von Mahébourg residiert haben. Am Hafen steht auch ein Denkmal zur Erinnerung an die Seeschlacht von 1810. Hier pflegen die Einheimischen den Müßiggang und genießen den Ausblick von den Parkbänken. Zur Stadt passt auch die kuriose **Biscuiterie H. Rault**, eine familiär betriebene Keksfabrik in der Fabien Road in Ville Noire, die Maniok-Bisquits herstellt (mit Laden und Besichtigungsmöglichkeit von Mo-Fr von 9–15 Uhr, http://biscuitmanioc.com/home.html, Tel. 6319559).

Restaurants

Le Jardin de Beau Vallon: Tel. 6312850 (siehe rechts). Mittags leger und rustikal im Gartenlokal, abends romantisch dinieren in einer alten Kolonialvilla! Reservierung empfohlen.

Les Copains d'Abord: Tel. 6319728. An der Promenade gelegen stehen hier Seafood und Wildgerichte nach Saison auf der Speisekarte.

Falaise Rouge: Tel. 57291080. Ausflugslokal an der Küste nördlich von Mahébourg.

Einkaufen

Mit der „Bo'Valon Mall", an der Hauptstraße westlich von Beau Vallon gelegen, hat nun auch Mahébourg eine Shopping Mall (9.30–20 Uhr, So nur bis 14 Uhr). Das kleinere Einkaufszentrum „London Way" mit Bank/ ATM liegt an der Straße zur Blue Bay (8.30–19 Uhr, So nur bis 12.30 Uhr).

Hotels in Mahébourg

Coco Villa: Tel. 6312346, 6312192 E-Mail: cocovilla20@hotmail.com, www.mahecocovilla.net. Pension am südlichen Ortsrand ohne Strandzugang. 16 Zimmer, teilweise mit Kochnische. Preise: ÜF ab 23 €/DZ und 35 €/EZ.

Preskil Beach Hotel: Tel. 6041000, E-Mail: info@preskilbeachresort.mu, www. southerncrosshotels.mu. Das frisch renovierte 4-Sterne-Surfparadies in exponierter Lage nahe der Stadt bietet zwei Pools und Hamam. Preise: HP ab 153 €/DZpP und 220 €/EZ.

Le Jardin de Beau Vallon: Tel. 6312850, www.lejardindebeauvallon.com. Charmante Kolonialvilla mit großem Garten vor den Toren der Stadt in Beau Vallon (nahe der neuen Mall) mit vier einfachen Holzbungalows, Pool und Abendrestaurant in der Villa. Siehe „Besondere Empfehlungen" auf S. 231. Preise: Ü ab 31 €/DZpP und 50 €/EZ.

Nativ Lodge & Spa: Tel. 6322058, E-Mail: contact@nativlodge-spa.com, www. nativlodge-spa.com. Geschmackvolle, ruhige kleine Wellnessanlage am Fluss und nahe dem Museum gelegen, 3-Sterne-Niveau. Preise: ÜF ab 41 €/DZpP und 81 €/EZ.

Museo de Naval (Naturhistorisch)

Das etwas antiquiert wirkende Museum passt hervorragend in diese Stadt. Es liegt in der Royal Road, stadtauswärts in Richtung Flughafen, in einem kleinen, ruhigen Park. Der koloniale Prachtbauaus dem Jahr 1775 besitzt eine geschwungene Doppel-Freitreppe. Während der Seeschlacht vom August 1810 hatte der Hafenkommandant das Haus bewohnt und die beiden verwundeten Befehlshaber der französischen und britischen Flotten bei sich aufgenommen, um sie pflegen zu lassen – der Überlieferung nach lagen die beiden Erzfeinde damals gemeinsam in einem Zimmer!

Auf beiden Stockwerken zeigt das Museum die Geschichte der niederländischen, französischen und britischen Besiedlungszeit anhand von alten Seekarten, sehenswerten Stichen und Ölgemälden, filigranen Schiffsmodellen und historischen Navigationsgeräten. Es ist eine leicht angestaubte, teilweise sogar kuriose Sammlung. So befinden sich hier die geborgene Schiffglocke der havarierten Saint Géran, ein Eisenbahnwaggon aus dem 19. Jh., der hölzerne, thronähnliche Stuhl des Botanikers und Zuckerbarons Charles Telfair und sogar ein paar Knochen des ausgerotteten Dodo. Ein Besuch ist absolut zu empfehlen! Öffnungszeiten: Mo–Sa von 9–16 Uhr, So und Feiertage von 9–12 Uhr. Der Eintritt ist frei.

Ile aux Aigrettes (Silberreiher-Insel)

Nur 850 m vor dem Festland ragt eine 25 ha große Insel aus der Lagune. Sie ist durch ihren niedrigen, buschigen Bewuchs von eher spröder Wirkung, genießt aber die höchste Aufmerksamkeit der Mauritius Wildlife Foundation (MWF). Für botanisch Interessierte birgt die unscheinbare Insel zahlreiche endemische Schätze.

Ursprünglich von Ebenholzwäldern bedeckt, die schon den niederländischen Hackbeilen zum Opfer fielen, geriet die Insel lange Zeit in Vergessenheit. Im 2. Weltkrieg errichteten die Briten eine Militärbasis und stationierten über 1000 Soldaten in Festungsanlagen, deren Reste heute noch zu sehen sind. Später diente das Eiland als Weideplatz für Schafe und Rinder. Zur Fütterung wurde schnell wachsendes, anspruchsloses Akaziengestrüpp gepflanzt, das bald die ganze Insel überwucherte und die Überbleibsel endemischer Küstenvegetation schwer in Mitleidenschaft zog.

1965 erklärte der Staat Ile aux Aigrettes zum Naturreservat, unternahm aber dennoch nichts gegen den praktizierten Holzeinschlag. 21 Jahre später kam die MWF ins Spiel, übernahm die Kontrolle und stellte die Insel unter strengen Schutz. Seither sind beachtliche Erfolge beim Kampf um den Erhalt der natürlichen Küstenflora und –fauna zu verzeichnen. Vehement wurden alle eingeführten Nager, wie Ratten und Spitzmäuse, ausgerottet, die sich an jungen Pflanzenkeimen und Vogelnestern schadlos gehalten hatten. So retteten die Naturschützer die letzten Reste der alten Küstenvegetation und Ebenhölzer. Erfolgreich setzten sie endemische Tierarten wie Riesenlandschildkröten und den Telfair Skink (*Leiolopisma telfairii*), aus, von dem hier sogar 700 Exemplare zu Forschungszwecken gechipt wurden. Die Rosafarbene Taube liefert eine weitere **Erfolgsgeschichte**, denn die stark gefährdete Art konnte sich auf der Insel bestens vermehren. Die ausgesetzten Mauritius-Falken sind allerdings allesamt gleich wieder abgewandert; sie mochten wohl doch lieber in den Bergen leben.

Seit wenigen Jahren propagiert die MWF die Öffnung der Insel für den **Ökotourismus**. Seither besteht die Möglichkeit, einen etwa zweistündigen Rundgang auf Ile aux Aigrettes zu unternehmen. Nach Ankunft des Transferbootes am Pier beginnt die Tour im Visitor Centre, das mit Schautafeln einführende Informationen über ausgestorbene Tierarten bereithält. Hier gibt es auch kalte Getränke und einen Souvenirshop. Dann folgt der **Nature Trail**. Er führt an den Taubenschlägen und einer Aussichtsplattform vorbei zu botanischen Besonderheiten wie Ebenholzbäumen und endemischen Raritäten wie Drachen- und Flaschenpalmen, Ratten- und Ochsenbäumen. Rund 30 bedrohte Pflanzenarten sind bis heute auf der Insel wieder heimisch geworden. In einigen Höhlen leben außerdem Flughunde.

Anreise: Etwa 100 m südlich der Einfahrt zum Hotel Preskil markiert ein Schild an der Straße den Parkplatz und die Anlegestelle der Transferboote zur Ile aux Aigrettes. Abfahrt von Mo–Sa: 9.30 Uhr, 10 Uhr, 10.30 Uhr, 13.30 Uhr, 14 Uhr und 14.30 Uhr, sonntags nur um 9.30 Uhr, 10 Uhr und 10.30 Uhr. Im Informationsgebäude auf der gegenüberliegenden Straßenseite oder telefonisch unter Tel. 52588139 kann man (vor)reservieren. Der Eintritt beträgt 800 Rs, für Kinder die Hälfte. Sonnen- und Mückenschutz nicht vergessen! Weitere Infos: www.mauritianwildlife.org.

Bilder links: Blick vom Hafen auf Ile Mouchoir Rouge; Museo de Naval, Kolonialvilla am Flussufer, altes Stadthaus. Rechts: Flaschenpalme auf Ile aux Aigrettes

Fahrt zur Blue Bay

Von Mahébourg zur bezaubernden Blue Bay reihen sich entlang der Meeresküste schmucke Wochenendhäuser und nostalgische, kreolische Villen. Die dicht bebaute Küstenstraße führt über **Pointe d'Esny**, einem einstigen Erholungsort der gehobenen mauritischen Mittelschicht. Hier hat der Tourismus schon lange Fuß gefasst, denn die Mauritier liebten es, in Pointe d'Esny entspannte Ferien zu verbringen. Heutzutage ist die Bebauung derart dicht, dass der Vorbeifahrende kaum noch einen Blick zum Ozean erhascht. Ähnlich wie in Péreybère und Cap Malheureux fährt man hier zwischen schwarzen Grundstücksmauern und hohen Hecken. Strandwanderungen sind auch eingeschränkt, weil die einzelnen Grundstücke in der Regel bis ans Ufer eingezäunt sind. An der türkisfarbenen Blue Bay breitet sich der beliebte Public Beach aus, mit Picknickbänken, Glasbodenbooten und Ausflugsfahrten zur Ile de deux Cocos.

Bild unten: Die neu gestaltete Uferpromenade von Mahébourg und das Denkmal Pointe des Régates

Blue Bay Marine Park

Das 353 ha große Marine-Schutzgebiet in der Blauen Lagune bis zur kleinen Insel „Ile des deux Cocos" beherbergt mit einer durchschnittlichen Tiefe von 5,50 m die **ältesten und buntesten Korallen** von Mauritius. Mahr als 50 verschiedene Korallenarten wurden hier entdeckt. Die Bucht weist zudem reiche Bestände an Mangroven, Algen und Seegrasflächen auf, weshalb sich hier 72 Fischarten und die stark gefährdete Suppenschildkröte *(Chelonia Mydas)* angesiedelt haben. Dieses Unterwasserparadies zu erhalten ist Aufgabe des 1997 ins Leben gerufenen Meeresparks. Denn den Korallen drohte die vollständige Vernichtung durch die ungehemmten Baumaßnahmen in der Blauen Lagune und den ausufernden Tourismus. Doch das ruhige Flachwasser in der Bucht gilt als idealer Übungsplatz für unerfahrene Taucher und Schnorchler. Obwohl offiziell nur noch limitierte Ausflüge mit lizenzierten Führern im Marinepark unternommen werden dürfen, gefährden diese Aktionen weiterhin das fragile Ökosystem unter Wasser. Naturschützern gehen die Maßnahmen im Marinepark deshalb noch lange nicht weit genug.

Unterkünfte an der Blue Bay

Astroea Beach Hotel: Tel. 6314282, E-Mail: info@astroeabeach.com, www.astroeabeach.com. Das kleine Erwachsenen-Boutique-Hotel mit Spa, elf Zimmern, fünf Bungalows und Restaurant liegt an einem schönen Strandabschnitt. Preise: HP ab 153 €/DZpP und 205 €/EZ.

Chanteauvent Guesthouse: Tel. 6319614, E-Mail: res@chantauvent.com, www.chantauvent.com. 18 Zimmer im kreolischen Haupthaus direkt am Strand, Apartments hinter der Küstenstraße, Restaurant. Preise: ÜF ab 45 €/DZpP und 78 €/EZ.

Blue Beryl Guest House: Tel. 6319862, E-Mail: contact@blueberyl.com, www.blueberyl.com. Vier Selbstversorgerstudios und zwei Zimmer in zweiter Reihe an der Blue Lagoon (nahe dem La Peninsula Bay), kein eigener Strandzugang. Preise: ÜF ab 50 €/DZpP und 108 €/EZ.

La Peninsula Bay Beach Resort & Spa: Tel. 6319046, E-Mail: resa@lepeninsulabay.com, www.lepeninsulabay.com. Traditionsreiches, lebhaftes 3-Sterne-Plus-Hotel mit 72 Zimmern am nördlichen Rand der Blue Bay. Der eigene Strand liegt zwischen Lavafelsen. AI möglich. Preise: HP ab 86 €/DZpP und 140 €/EZ.

Shandrani Resort & Spa: Tel. 6034100, E-Mail: shandrani@beachcomber.com, www.beachcomber-hotels.com. Das allererste Hotel auf Mauritius ist heute ein modernes Familienresort mit 335 Zimmern und ein Wassersportmekka mit Segelklub, Tauchzentrum und Kitesurfschule. Tolle Lage auf einer Landzunge am Südende der Blue Bay mit mehreren Stränden, allerdings auch direkt beim Flughafen. Preise: HP ab 135 €/DZpP und 223 €/EZ.

Anantara Le Chaland: Tel. 6515000, E-Mail: mauritius@anantara.com, www.anantara.com. Neues ruhige und elegantes Luxusresort etwa 150 m vom Strand La Cambuse und 1,6 km von der Blue Bay entfernt. Siehe „Besondere Empfehlungen" auf S. 232. Preise: HP ab 172 €/DZpP und 405 €/EZ.

Holiday Inn Mon Trésor: Tel. 6012700, E-Mail: reservation@himauritius.mu, www.ihg.com. Flughafenhotel (nicht am Strand gelegen) mit 140 modernen, jedoch etwas nüchternen Zimmern, Spa, Pool und Gym. Preise: ÜF ab 80 €/DZpP und 140 €/EZ.

Im Wohngebiet an der Blue Bay stehen auch zahlreiche kleine Apartments zur Verfügung, die über Portale wie Booking.com und Airbnb.de oder www.iot-mauritius.de angeboten.

Restauranttipp

Blue Bamboo: Tel. 6315801. Beliebtes Restaurant für kreolische Küche und Holzofenpizza an der Küstenstraße nach Blue Bay, in dem es auch Tische im Garten gibt.

Hot-Spots im Sueden

- Black River Gorges Nationalpark
- Pilgerort Grand Bassin
- Besteigung des Le Morne Brabant
- La Vánille Nature Park
- Chamarel Falls
- Ebony Forest
- Teefabrik
- Heritage Nature Reserve

Von Mahébourg nach Bel Ombre

Im Süden zeigt sich Mauritius von seiner ungestümen Seite. Wind und Wellen peitschen mitunter heftig an die tropische Küste, Wolkentürme jagen über die steilen Berghänge, geruhsame Fischerdörfer lassen den modernen Tourismus auf Mauritius fast vergessen. Ein Augenschmaus sind die leuchtend grünen, flachen Zuckerrohrfelder vor jäh aufragenden, bewaldeten Bergketten. Für **Panoramarundfahrten** ist der abwechslungsreiche Süden ideal.

Um von Mahébourg an die Südküste zu gelangen, fahren wir zunächst 8 km auf der Fernstraße nach Port Louis bis zur Abzweigung zum Flughafen und nach Plaine Magnien. Die Landstraße B8 verlässt die Wohnstadt in ihrem Zentrum und führt über die Ortschaft Trois Boutiques nach L'Escalier. Entlang dieser Strecke tauchen schon die ersten Zuckerfabriken auf, und hie und da sieht man auch einen viereckigen

Schornstein aus vergangenen Tagen inmitten der Zuckerrohrfelder stehen. Das Städtchen L'Escalier ist muslimisch geprägt, und die meisten Frauen zeigen sich hier nur verschleiert in der Öffentlichkeit. Nach der Ortsdurchfahrt überqueren wir nach einer scharfen Kurve den Rivière du Paste und betreten an seinem Westufer den Verwaltungsdistrikt Savanne. Kurz danach fährt man wie durch einen Tunnel unter den Zweigen eines riesigen Banyanbaums durch. Auf der Weiterfahrt folgen einige Flüsse mit tropisch üppigem Uferbewuchs.

In **Rivière des Anguilles**, einem lebhaften Marktflecken mit illustren alten Holzhäuschen, mündet unsere Straße in die A9, eine Nord-Süd-Verbindung zwischen der Südküste und dem Inselinneren (z. B. zur Teefabrik Bois Chéri). In diesem Ort lohnt sich ein Abstecher zum La Vànille Naturreservat, landläufig bekannt als „La Vànille Crocodile Park".

Lohnende Abstecher

Der prächtige, riesige **Hindu-Tempel Amma Tookay Kovil**, nördlich von Camp Diable inmitten von Zuckerrohrfeldern gelegen, ist das Ziel zahlreicher Pilger. Es gibt hier sogar eine eigene Bushaltestelle. Die farbenprächtige Anlage wird von zwei mächtigen schwarzen Steinlöwen-Statuen bewacht.

In Rivière des Anguilles/Tyack liegt direkt an der Hauptstraße nach Norden das unauffällige winzige Wohnhaus des Politikers und Ministers Sookdeo Bissondoyal (1908–1977), heute ein **Museum** (Eintritt frei).

Info Der Eintrittspreis inkludiert eine einstündige Führung auf Englisch und Französisch, man kann aber auch allein das Gelände erkunden. Wer sich zum Abschluss mit Lederwaren aus Krokodilhaut ausstatten möchte, findet eine reiche Auswahl im Souvenirladen, empfehlenswert ist auch das Restaurant mit Dschungelambiente.

Bilder dieser Doppelseite: Im La Vànille Nature Park gibt es eine wunderbare Pflanzen- und Tiervielfalt zu Bestaunen

La Vànille Nature Park

1994 gründete ein australisch-mauritisches Pärchen auf dem Gelände einer ehemaligen Vanilleplantage eine Krokodilzucht mit hundert madagassischen Panzerechsen. Seither wuchs das Reservat mit derzeit mehr als 2000 Exemplaren zur weltgrößten Zuchtstätte für Aldabra-Riesenlandschildkröten an, und im Laufe der Jahre erweiterte der Gründer Owen Griffiths das Parkgelände zu einer erfolgreichen Kombination aus naturkundlichen Sammlungen und Museen, der Aufzuchtstation, einem Tierwaisenhaus, Streichel- und Freiluftzoo, in dem man sich viele Stunden aufhalten kann.

Den Schwerpunkt eines Besuchs bilden neben den Krokodilbecken mit Exemplaren jeden Alters ganz klar die **Riesenlandschildkröten**, die man hier sogar streicheln und mit Blättern füttern darf. Hier leben Tiere aller Altersstufen. Während die Kleinsten kaum handtellergroß sind, bringen behäbige Senioren wie der mit 100 Jahren älteste Bewohner „Domino" bis zu 275 kg auf die Waage. Schautafeln und die engagierten, fröhlichen Guides erzählen über die Tiere, die einst zu Hunderttausenden Mauritius bevölkert hatten, seit ihrer Ausrottung auf den Maskarenen aber nur noch auf dem Seychellenatoll Aldabra überleben konnten. Diese schweren Gesellen zu berühren, ist nicht nur für Kinder ein Erlebnis. Um 10.30, 11 und 13 Uhr findet ihre Fütterung statt (mit 350 Rs Aufpreis); um 11.30 Uhr werden die ausgewachsenen **Krokodile** gefüttert (kein Aufpreis), und um 11, 13.30 und 15 Uhr die Baby-Krokodile (200 Rs Aufpreis). Einen besonderen Status genießt auch Octar, der imposante **Grüne Leguan** (Foto rechts), der sich täglich um 10.30 und 14.30 Uhr dem Publikum zeigt. Und gelegentlich gibt es eine lustige Interaktion und Fütterung der **Lemuren** (mit 300 Rs Aufpreis).

Außergewöhnlich vielfältig präsentieren sich die Ammonitenausstellung und das klimatisierte **Insektarium**; mit 25 000 aufgespickten Exemplaren ist sie die weltgrößte private Sammlung dieser Art. Keinesfalls versäumen sollten Sie den kurzen **Nature Walk** durch den ursprünglichen, feuchttropischen Urwald. In der kleinen Talsenke hat sich mit Riesenbäumen, Lianen, Farnen und Palmen die originale Küstenvegetation erhalten, wie sie ansonsten kaum noch auf Mauritius zu finden ist. Der Fußpfad hat einen feucht-heißen, schweißtreibenden Dschungel-Charakter. Erfrischungen bietet danach das **Restaurant „Le Crocodile Affamé"** („Das hungrige Krokodil"). Es liegt am Rande des Dschungelwaldes

und offeriert seinen Gästen reichhaltige Speisen und mehrere Gerichte mit Krokodilfleisch; z. B. einen „Degustations-Salad“ für etwa 10 Euro mit geräuchertem Krokodilfleisch, Krokodil am Spieß und in der Frühlingsrolle.

Der Rundweg führt schließlich an mehreren Tiergehegen und Terrarien vorbei, in denen Chamäleons, Mangusten, Wildschweine und Aale gehalten werden.Auch **Makaken** und **Mauritius-Flughunde** sind hier zu sehen.

Anreise: Das Reservat liegt rund 2 km südlich von Rivière des Anguilles im Vorort Senneville und ist deutlich ausgeschildert. Öffnungszeiten: täglich von 9–17 Uhr (Oktober–April bis 17.30 Uhr); alle 30 Minuten beginnt eine Führung. Eintrittspreise: Erwachsene 975 Rs, Kinder 685 Rs. Info: www.lavanille-naturepark.com.

St. Aubin: Feudales Ambiente, Rumverkostung und frische Vanille

Wo einst Zuckerrohr angebaut wurde, wachsen heute Vanilleschoten und wird erfolgreich Rum gebrannt: die Plantage St. Aubin zählt zu den meistbesuchten Ausflugszielen der Insel. Rechts der Zufahrt liegt das wunderschöne, fast 200 Jahre alte Herrenhaus im kreolischen Kolonialstil. Beim Parkplatz befindet sich der Ticketschalter im Souvenirverkaufsladen. Hier beginnt die Besichtigungstour mit einer Filmvorführung, danach führt der Rundgang zur Anthurienzucht und durch die Vanille-Plantagen und dem Trockenlager weiter zur Rumdestille beim stilvollen Tagesrestaurant im Herrenhaus. Dort lässt sich der Besuch wunderbar bei einem Mittagessen ausklingen. Die Speisenfolge orientiert sich an mauritischen Genüssen: Ein Salat aus Palmherzen oder Smoked Marlin als Starter, „Vànilla Chicken" oder „Chicken creole" als Hauptgericht, und für den süßen Abschluss vielleicht ein Fruchtsorbet oder „Banana Flambé". Die Preise sind fair und die Atmosphäre romantisch-schön.

Unser Tipp: Frischer kann man keine Vanilleschoten kaufen, als direkt im Trockenraum dieser Plantage! Auch der Rum, vor allem der rein destillierte in den runden Flaschen, ist von hoher Qualität.

Öffnungszeiten: täglich von 8.30-17 Uhr. Eine Führung kostet 580 Rs, inklusive Mittagessen 1300 Rs, für Kinder die Hälfte, Rumprobe 100 Rs. Für Sparfüchse: Das Kombiticket für drei Stationen (Erwachsene 2500 Rs, Kinder 1250 Rs) schließt den Besuch im Tea Estate Bois Chéri (S. 177), in der Domaine des Aubineaux (S. 204) und ein Mittagessen ein, das der Gast in einem der drei Sehenswürdigkeiten einnehmen kann. Tel. 6763089, www.saintaubinloisirs.com.

Zurück in Rivière des Anguilles biegen wir in südlicher Richtung in die A9 und durchqueren das gleichnamige, tief eingeschnittene und tropisch bewachsene Flussbett, ein schönes Fotomotiv. Schon nach kurzer Fahrt erreichen wir in **St. Aubin** eine interessante Sehenswürdigkeit, die traditionsreiche Zuckerrohrplantage mit touristischen Führungen, Shop und Restaurant.

Unter dem Eindruck der Zuckerfabriken und feudalen ehemaligen Herrenhäuser nähern wir uns bald einem Städtchen, das mit seinen vielen historischen Bauwerken und nostalgischem Ambiente fast **musealen Charakter** hat und zu einem gemütlichen Ortsbesuch einlädt.

Unterkunft für Individualisten

Auf dem weitläufigen Gelände des Union Sugar Estates befinden sich idyllische Unterkünfte.

Andréa Lodges: Tel. 52511153, www.andrea-lodge.com. Nahe eines alten Herrenhauses liegen zehn elegante Ferienhäuser mit Pool und Restaurant (die 3 km lange Zufahrt beginnt rund 1 km westlich von St. Aubin). Durch die Corona-Pandemie wurde die Anlage geschlossen und bis zum Redaktionsschluss noch nicht wieder eröffnet.

Auberge de Saint Aubin: Tel. 6763089, E-Mail: reservation@saintaubinloisirs.com. Innerhalb des Estates von St. Aubin (siehe links) werden ein paar Zimmer in einem Bungalow mit Pool vermietet. Nette Atmosphäre, gute Küche, jedoch recht nah an der Straße gelegen. Preise: HP ab 55 €/DZpP, 110 €/EZ.

Souillac

Das verschlafene Provinzstädtchen ist eine Gründung von Gouverneur Souillac, der 1779–1787 auf Mauritius regierte. Um die mühselige Landpassage der Güter und Ernteprodukte aus dem Süden nach Port Louis zu vereinfachen, ließ Souillac an der Mündung des Rivière Savanne einen Hafen errichten.

Im ausklingenden 18. und frühen 19. Jh. schufteten hier Sklaven – und später billige indische Arbeitsknechte – für die Zuckerbarone, beluden die Handelsschiffe mit den begehrten Waren von den Plantagen an der Südküste, allen voran Zuckerrohr, exotische Gewürze, Tee und Kaffee. Steht man heute an der **historischen Hafenmole**, ist von der einstigen Geschäftigkeit nichts mehr zu spüren. Nur ein paar Boote dümpeln im Wasser und ein Denkmal erinnert an den Gouverneur (Foto rechts). Im steinernen Lagerhaus, wo einst der Zucker eingelagert wurde, bietet heute das Restaurant La Batelage schattige Einkehr mit chinesisch-europäischer Küche.

Auch ein Museum hat Souillac zu bieten: „La Nef“, das kleine, einem Hexenhäuschen nicht unähnliche Wohnhaus aus Korallenbruch, beherbergt zur Erinnerung an den mauritischen Poeten das **Robert Edward Hart Museum**. International ist der Verfasser französisch- und englischsprachiger Gedichte kaum bekannt, er wird in seiner Heimat aber sehr verehrt. Die Ausstellung im Inneren ist klein und weniger interessant als das Gebäude selbst, in dem Edward Hart (1891–1954) viele seiner Werke verfasste.

Öffnungszeiten: Mo/Di/Do/Fr 9–16 Uhr, Mi 11–16 Uhr, Sa 9–12 Uhr, So und feiertags geschlossen. Eintritt frei. 400 m westlich des Museums liegen die berühmten **Telfair Gardens**, eine kleine, nach dem britischen Zuckerbaron und Naturfreund Charles Telfair benannte Parkanlage, wo die Einheimischen gerne unter den Luftwurzeln der hohen Banyanbäume flanieren (Foto links). Man blickt von dort bis hinüber zum alten Friedhof, der einsam auf dem gegenüberliegenden Felsvorsprung Wind und Wetter ausgesetzt ist.

Fährt man vom Edward Hart Museum nach Osten, gelangt man nach 1,3 km an die kleine Bucht von **Gris Gris** am südlichsten Punkt der Insel. Vom Parkplatz aus blickt man geradewegs auf die schmale Bucht, ihren wunderschönen Sandstrand und die zumeist aufgewühlte See. Denn hier fehlt ein schützendes Korallenriff, und so brechen die Wellen mit voller Kraft ans Ufer. Baden ist verboten; zahlreiche Schilder warnen vor der starken Strömung. Viele Besucher sind trotzdem fasziniert von dieser natürlichen Wildheit, steigen in die Bucht hinab und genießen den strammen Wind.

Beim Parkplatz wetteifern mehrere Lokale um die Gunst der Besucher. Für preiswerte, gute Meeresfrüchte hat sich „Chez Rosy" einen Namen gemacht (Tel. 6254179). Von Gris Gris kann man noch 600 m weiter nach Osten fahren und gelangt an einen Parkplatz unter Kasuarinen. Von hier führen Fußpfade zum Meer hinab und eine Piste bis zu einem schwarzen Felsvorsprung, den windumtosten Felsen „**La Roche qui pleure**" („der weinende Fels"). Das Meer wirkt hier noch aufgewühlter und abweisender; die Szenerie erinnert viel eher an den Nordatlantik als an tropische Gewässer.

Bilder links: Schnappschüsse in Gris Gris und Souillac

Für die Weiterfahrt von Souillac nach Bel Ombre wählen wir in Surinam die Küstenstraße B9, nicht die weiter im Hinterland liegende Straße B10 über St. Felix und Chemin Grenier. Denn die Küstenstraße wendet sich sogleich dem Ozean zu und folgt nun direkt am Meeresufer dem überwiegend einsamen Küstenlauf. Öffentliche Badestrände, Kasuarinenwälder, die den ständigen strammen Winden trotzen, und ein paar Ferienhäuser wechseln sich ab. In der Baie du Jacotet liegt das Inselchen Sancho. Bei Ebbe kann man hinüberwaten

Rochester Falls

Der Rivière Savanne stürzt inmitten der monotonen Zuckerrohrfelder knapp 2 km vor seiner Mündung die felsigen Rochester Falls hinab. Nach rund 10 m freiem Fall füllt der Fluss einen steinigen, klaren Pool, der einlädt, sich darin zu erfrischen. Am Wochenende springen einheimische Kinder manchmal von der Fallkante in den Felsenpool, um den Touristen zu imponieren und ein paar Münzen zur Belohnung zu ergattern. Der Wasserfall ist von beiden Uferseiten zugänglich.

Zufahrt von Surinam (Westufer): Fahren Sie zunächst 800 m in Richtung St. Felix, und biegen Sie vor der Total-Tankstelle rechts ab. Nach 300 m kommt eine starke Linkskurve, in der eine kleinere Straße geradeaus weiter führt. Sie fahren nun 600 m entlang dieser Nebenstraße und anschließend noch 500 m auf dem kleinen Feldweg durch die Zuckerrohrfelder. Der Weg endet direkt an der Fallkante; von hier aus können Sie zum Pool hinabsteigen.

Zufahrt von Souillac (Ostufer): Diese Zufahrt ist deutlich ausgeschildert, wenngleich man hier viel länger auf steiniger Erdstraße fährt. Zwischen der alten Kirche und dem Rochester Restaurant beginnt die Zufahrt. Nach kurzer Fahrt wird sie zur ruppigen Piste und führt für 1,5 km durch Zuckerrohrfelder. Am Ende muss man noch fünf Minuten zu Fuß gehen, erreicht die Fälle dann am Badepool und genießt einen schönen Blick auf die Rochester Falls.

Auf beiden Seiten warten meistens einige Männer, um kühle Getränke oder gegen ein kleines Trinkgeld „Führungen" anzubieten. Vorsicht: Sie sind teilweise recht aufdringlich und mitunter sogar aggressiv; man sollte daher besser mit Guide unterwegs sein.

La Vallée des Couleurs Nature Park

Im Tal der Farben

An den Berghängen nördlich von Chenin Grenier liegt ein ähnliches Naturphänomen wie die farbige Erde von Chamarel (S. 169). Das vulkanische Gestein mit unterschiedlichen **Farbschattierungen** ist kleiner als in Chamarel; dafür will man hier sogar 23 verschiedene Farbtöne auseinanderhalten können. Ein Rundweg führt über das bergige Gelände, an mehreren Wasserfällen vorbei, in denen man auch baden kann, und gewährt immer wieder nette Ausblicke. Doch haben meisten Besucher dafür wenig Interesse, sie reizt das Angebot an sportlichen Aktivitäten: Quad Bike fahren, Buggy fahren, Downhill karten, eine schwingende Hängebrücke und eine Zipline bewältigen. Speziell an den Wochenenden herrscht hier viel Spaßbetrieb. Für das leibliche Wohl sorgen wochentags das am Berg gelegene Lokal La Citronelle und am Wochenende das Restaurant Le Chamouzé (jeweils von 10–16 Uhr).

Öffnungszeiten: täglich von 9–17.30 Uhr, Eintritt: 400 Rs, Kinder bis 12 Jahre 200 Rs. Die Aktivitäten kosten extra: Zipline ab 1150 Rs, Quadbike single 2950 Rs, zu zweit 3950 Rs, Mountain Cart ab 600 Rs etc. Es gibt auch zahlreiche Kombiangebote. Kontakt: Tel. 6604477, www.lvdc.mu.

und einen alten Schiffsanker im Schlick entdecken. Die oft windgepeitschten Strände dieser einsamen Küstengegend sind sehr strömungsreich und daher für Badende nicht ganz gefahrlos.

An diesem Küstenabschnitt liegt das Wellness-Resort Shanti Maurice mit der coolsten Kneipe im Indischen Ozean, „**Rum Shed**", direkt an der Hotelzufahrt, die abends in lässiger Atmosphäre 180 verschiedene Rumsorten, Snacks und fetzige Musik bietet (Di–So geöffnet, Foto rechts).

Luxusresort bei Pointe aux Roches

Shanti Maurice: Chemin Grenier, Tel. 6037200, E-Mail: info@shantimaurice.com, www.shantimaurice.com. Das Villenhotel mit Luxus-Spa auf einem 14 ha großen Gelände bei Pointe aux Roches war zuerst als Meditations- und Ayurveda-Therapiezentrum ausgerichtet. Dann mauserte es sich zum modernen Lifestyle-Boutique-Resort mit sehr geräumigen, eleganten Suiten und Villas, einem ausgeprochen niveauvollen Gastronomiekonzept (Rum Shed, Fish Shack, La Kaze Mama) und einem beeindruckenden Spa-Bereich für anspruchsvolle Genießer.
Preise: ÜF ab 157 €/DZpP und 333 €/EZ.

Bel Ombre

Bel Ombre („Schöner Schatten") liegt beim gleichnamigen riesigen Sugar Estate, dem über Generationen wichtigsten Arbeitgeber der Region. Wie der europäische Adel im Mittelalter genossen die Plantagenbesitzer hier ihre uneingeschränkte Macht. Der berühmte Philanthrop und Naturfreund Charles Telfair, einer der wenigen Briten, die sich nach der Besitznahme von Mauritius auf der Insel dauerhaft niederließen, hatte das bergige Anwesen einst geprägt und erfolgreich modernisiert.

Nach der Jahrtausendwende wurde ein Küstenabschnitt der Großplantage parzelliert und für die touristische Entwicklung ausgewiesen, Zuckerrohrfelder planiert und ein Golfplatz nebst vier großen Hotelanlagen im vier bis fünf Sterne-Bereich errichtet. Ohne jegliche andere touristische Infrastruktur wirkte das neue Touristenzentrum anfangs wie eine Retortenanlage. Vieles hat sich seither verändert, doch nach wie vor richten sich die Hotels primär an Ruhesuchende, Golfer und Reisende mit einem Mietwagen.

Foto links: Sega-Tänzerinnen

Fotos dieser Seite: der ständige Wind an der Südküste lässt die Palmen schräg wachsen; die lässige Kneipe „Rum Shed"

Beim Kreisverkehr von Bel Ombre zweigt eine Stichstraße zu den direkt nebeneinander liegenden Hotels ab. Die Gegenrichtung führt zum Château von Bel Ombre und dem Golfplatz, die mit feudalen Restaurants aufwarten – das Gartenlokal „Golf du Château" beim Golfplatz tagsüber, und das „Château de Bel Ombre" am Abend. Gegenüber dem Le Telfair Hotel beherbert der „Place du Moulin" in einer alten Zuckerrohrfabrik das beeindruckende Muschelmuseum **„World of Seashells"** mit über 8000 Exponaten aus 1800 Spezies (Eintritt 275 Rs, Kinder 125 Rs, täglich von 9–17 Uhr).

Die Strände von Bel Ombre werden durch ein vorgelagertes Korallenriff geschützt. Der Südostpassat sorgt für eine starke Meeresströmung, und in den kühlen Wintermonaten hält die stete Brise manchen Hotelgast vom Baden ab.

Le Château de Bel Ombre: Das Herrschaftshaus des schillernden Zuckerbarons Charles Telfair entstand in den Jahren zwischen 1816 und 1833 und thront zwischen den weiten, hügeligen Feldern oberhalb des Golf Clubs. Trotz des kreolischen Baustils strömt das Anwesen vornehme Strenge aus. Für ein besonderes Essen stellt das Restaurant im Château den richtigen Rahmen und bietet exzellenten Service. Neuerdings kann dort sogar übernachten. Öffnungszeiten: Mo–Sa 12–15 Uhr und 19–22 Uhr. Reservierung nötig. Tel. 6015529, https://belombre.com.

Die Hotels von Bel Ombre (West nach Ost)

Le Telfair Golf & Wellness Resort: Tel. 6015500, E-Mail: info@letelfair.com, www.letelfair.com. Romantisches 5-Sterne-Resort im kreolischen Kolonialstil mit einem großzügigen Spa-Bereich, Kiteschule und Golfplatz. Erlesene Piano-Bar und offene Küche im Hauptrestaurant. Stimmungsvoll! Preise: HP ab 195 €/DZpP und 254 €/EZ.

Heritage Awali Golf & Spa Resort: Tel. 6011500, E-Mail: resa@heritageresort.mu, www.heritageresort.mu. Das 5-Sterne-Schwester-Resort nebenan beeindruckt durch afrikanische Dekorelemente, warme Farben und ist deutlich lebhafter. Die Gäste beider Hotels können alle Restaurants und den Golfplatz nutzen. 172 Zimmer, Spa. Preise: AI ab 184 €/DZpP und 276 €/EZ.

Kaz'alala Hosted B&B: Tel. 2605102, E-Mail: info@belombre.com. Kleines Gästehaus an der Straße, rund 1 km vom Strand von Bel Ombre (es gehört zur Domaine de Bel Ombre). Die modernen kleinen Zimmer haben eigene Küchenzeilen. Ein Tipp für Individualisten. Preise: ÜF ab 72 €/DZpP und 145 €/EZ.

Tamassa Hotel: Tel. 6037300, E-Mail: info@tamassaresort.com, http://www.tamassaresort.com. Tamassa bedeutet Party, und dies hat sich das 4-Sterne-Plus-All-Inclusive-Hotel auf die Fahnen geschrieben. Es bietet drei Pools, eine größer Spa-Area, Sauna mit eigenem Pool, Fitnessbereich und einen Night Club für Nachtschwärmer. Preise: AI ab 142 €/DZpP und 284 €/EZ.

Outrigger Resort & Spa: Tel. 6235000, E-Mail: resa.mauritius@outrigger-mu.com, www.outriggermauritius.com. 4-Sterne-Plus-Resort mit drei Pools, Spa, Club Zone und drei Restaurants im weitläufigen Garten. Preise: HP ab 143 €/DZpP und 286 €/EZ.

Sofitel SO Mauritius: Tel. 6055800, E-Mail: h6707@sofitel.com, www.sofitel.com. Das zweite Sofitel der Insel eröffnete 2010 mit einem ungewöhnlichen Konzept nach Stardesigner Kenzo Takada. Hier wird mit Formen und Farben gespielt. 86 Suiten und Villen, kleiner Spa-Bereich und ein etwas eigenwilliger Pool. Das Resort liegt an einem einsamen, oft windumtosten Strandabschnitt. Preise: HP ab 185 €/DZpP und 300 €/EZ.

Bel Ombre Nature Reserve

Das 1300 ha große Naturreservat erstreckt sich über das **UNESCO-Biosphärengebiet von Bel Ombre**, in dem sich die Hotels Le Telfair und Heritage Awali, Luxusvillen, das Château de Bel Ombre und ein 18-Loch-Golfplatz befinden, ferner über das Wandergebiet **L' Abbatis des Cipayes** und den **Frédérica Adventure Park**, in dem geführte Ausflugstouren im Geländewagen (Jeep oder Buggy), auf Quadbikes, mit Mountain Bikes oder zu Fuß unternommen werden. Treffpunkt für alle Unternehmungen ist das Buchungsbüro an der Straße zwischen Riviere des Galets und der Zufahrt zum Sofitel So Resort (westlich der Brücke über den Jacotet River). Tel. 6235615, www.belombrenaturereserve.com.

In jedem der drei Gebiete finden Aktivitäten statt: **Fun-Activities** wie 4 x 4 Safaris (28 € pP), zweistündige Quadbike-Touren und Buggy-Fahrten (ab 125 € pP) jeweils um 9, 12.30 und 15 Uhr im Frédérica Adventure Park; von Rangern geführte, bis zu fünfstündige **Wanderungen** in den beiden anderen Schutzgebieten (je nach Dauer und Trail ab 30 € pP). Der Naturpark erstreckt sich bis auf 400 m Höhe entlang der Berge und ist die Heimat von rund 3500 Sambarhirschen, Wildschweinen, Fasanen, Hasen und Mangusten. Auf allen Ausflügen sind Fotostopps an schönen Aussichtspunkten vorgesehen, an manchen Stellen kann man auch in den Bächen baden. Vogelfreunde halten nach Fliegenschnäppern, Tropikvögeln, Mauritius-Sittichen und Mauritius-Turmfalken Ausschau. Alle Ausflüge sollten vorreserviert werden. Wir empfehlen die Vormittagstouren wegen der oft günstigeren Licht- und Wetterbedingungen. Da es in den Bergen häufig regnet, sind feste Schuhe und eine Regenjacke angeagt.

Von Bel Ombre zum Le Morne Brabant

Info Diese Strecke erhielt das Prädikat „Scenic Route"

Auf der Weiterfahrt in Richtung Le Morne Brabant durchqueren wir nach 1 km das Dorf St. Martin. Auf dem Friedhof erinnert ein Gedenkstein an die Rettung der Schiffbrüchigen nach der Havarie der Trevessa im Jahr 1923. Nach einer 2000 km langen Odyssee und fast einem ganzen Monat auf hoher See trieb ihr Rettungsboot schließlich hier an Land.

Die Küstenstraße führt durch kleine Fischerdörfer. In Baie du Cap zweigt eine kurvenreiche Straße in die Berge nach Chamarel, zur Coloured Earth und Chamarel Falls ab (S. 168).

Am Strand von **Baie du Cap** mahnt ein weiteres Denkmal vor den Gefahren des Ozeans: Der britische Kapitän Matthew Flinders geriet zu Beginn des 19.Jh. auf der Fahrt von Australien nach Europa in Seenot, erlitt vor Mauritius Schiffbruch und rettete sich hier an Land. Unglücklicherweise befand sich die Insel zu diesem Zeitpunkt im Krieg mit Großbritannien, weshalb der Schiffbrüchige kurzerhand inhaftiert wurde und erst Jahre später wieder die Freiheit erlangte.

Unten: Blick vom Aussichtsfelsen auf die berühmte Haarnadelkurve; Mangroven gedeihen bestens im Gezeitenbereich der Küste

Die Küstenstraße nimmt nun einen dramatischen Verlauf. Sie steuert einen als Maconde bezeichneten einsamen Felsvorsprung an und dreht direkt davor in einer engen **Haarnadelkurve** zurück. Ein paar Stufen führen die Felsspitze hinauf; von oben lässt sich die Spitzkehre gut fotografieren.

Wie ein Fjord ragt die Bucht Baie du Cap in das Inselinnere. Die Küstenstraße folgt dem Einschnitt bis zum Mündungsgebiet des gleichnamigen Flusses. Mangroven säumen hier den brackigen Schlick. Kurvenreich geht es auf schmaler Küstenstraße weiter, mit reizvollen Ausblicken zum Ozean und auf saftig grüne Berge. Es ist eine beschauliche, aber auch rückständige, arme Gegend, die vom betriebsamen Alltag der Städter und vom Tourismus kaum berührt wird. Die Dorfbewohner finden ihr karges Auskommen als Fischer oder bei der Feldarbeit, sicherlich arbeitet der eine oder andere auch in einem der Hotels von Bel Ombre.

Bald kommt die Halbinsel mit dem markanten Tafelberg Le Morne Brabant in Sicht. Die Küstenstraße knickt vor dem Tafelberg nach Norden ab. Gut 13 km nach Bel Ombre erreichen wir die Abzweigung nach Pointe Marron, der Nordspitze der Halbinsel Le Morne Brabant.

Die Halbinsel Le Morne

Es fällt nicht schwer, beim Gedanken an die kleine Halbinsel im Südwesten von Mauritius ins Schwärmen zu geraten. Hier passt einfach alles: Der Ozean ist wunderbar klar und sanft, die weißen Sandstrände scheinbar endlos, und über der idyllischen Tropenszenerie thront dieser magische, steile Felsbrocken mit seiner besonderen Ausstrahlung. Keine Frage – Le Morne Brabant, der 555 m hohe Tafelberg ist ein faszinierendes Wahrzeichen von Mauritius.

Schon gewusst?

Die Unesco hat bisher 1154 Welterbestätten in 167 Ländern ernannt. Zwei davon liegen auch in Mauritius: Le Morne Brabant und Aapravasi Ghat in Port Louis (S. 26 und 90)

Früher war er eine Fluchtburg entlaufener Sklaven, die sich auf dem einsamen Bergplateau vor der Verfolgung durch die Behörden und Sklavenhändler sicher wähnten. Es heißt, eine Tragödie spielte sich ab, als die Briten 1834 einige Polizisten auf den Berg schickten, um den Flüchtlingen das Ende der Sklaverei zu verkünden. Etliche Sklaven sollen sich damals in Panik vom Berg gestürzt haben, weil sie befürchteten, von der Polizei verhaftet und zu ihren „Besitzern" zurückgebracht zu werden. Ein Denkmal an der Küstenstraße auf Höhe des Dinarobin Resorts erinnert heute daran. Aufgrund dieser historischen Bedeutung setzte die Unesco Le Morne Brabant 2008 auf die Liste der **Welterbe**. Außerdem beherbergt der Granitfels zahlreiche endemische Pflanzen und gewährt in seinen überhängenden Höhlen gefährdeten Vogelarten wie dem Mauritius-Turmfalken Schutz.

Oben: Steinskulptur am Denkmal vor dem Le Morne Brabant

Ein breites Riff umschließt die Halbinsel fast vollständig. In der Lagune ist das Meer sehr ruhig und bietet beste Voraussetzungen für Kinder, Nichtschwimmer und zahlreiche **Wassersportarten**. Die Strände im Westen sind durch den Tafelberg vom Wind geschützt. **Kitesurfer** finden beste Bedingungen, sobald sie im Süden der Halbinsel (genannt

„One Eye") aus dem Windschatten des Tafelbergs geraten und den starken Südostpassat nützen können. In den tiefen Gewässern vor der Halbinsel sind die weltweit mächtigsten und größten **Tiefseefische**, unter anderem ein 715 kg schwerer Blauer Marlin, gefischt worden.

Die Straße rund um Le Morne endet denn auch im Pik Pik Surf-Village.

Hotels in Le Morne

Le Paradis Hotel & Golf Club: Tel. 4015050, E-Mail: paradis@beachcomber.com, www.beachcomber-hotels.com. Das 5-Sterne-Plus-Resort mit dem Schwerpunkt Wassersport und Golf genießt mit mehreren Traumstränden die beste Lage der ganzen Halbinsel. 257 Zimmer verteilen sich auf dem riesigen Gelände, im Hintergrund schließt sich der hoteleigene 18-Loch-Golfplatz an. Alle Einrichtungen und Restaurants des Schwesterhotels Dinarobin dürfen genutzt werden. Preise: ÜF ab 164 €/DZpP und 270 €/EZ.

Dinarobin Hotel Golf & Spa: Tel. 4014900, E-Mail: dinarobin@beachcomber.com, www.beachcomber-hotels.com. Das gediegene Premiumhotel (5-Sterne-Plus) mit 172 eleganten Suiten bietet noch einen persönlicheren und intimeren Rahmen als sein lebhaftes Schwesterhotel und hat sich dem Thema Wellness verschrieben. Riesige Angebotsvielfalt im Spa, tolle Gastronomie, ein Ferienresort zum Süchtigwerden... Preise: ÜF ab 170 €/DZpP und 280 €/EZ.

LUX* Le Morne: Tel. 4014000, E-Mail: luxlemorne@luxresorts.com, www.luxresorts.com. Das bekannte 5-Sterne-Hotel bietet 149 Zimmer und Suiten, mehrere Restaurants und Pools, Gym, Spa-Bereich, einen großartigen Palmengarten und herrlichen Strand – ein tropischer Traum für Honeymooner und Verliebte. Viele Stammgäste. AI möglich. Preise: ÜF ab 192 €/DZpP und 364 €/EZ.

JW Marriott Mauritius Resort: Tel. 4606522, E-Mail: booking@jw-mauritius.com, www.marriott.de. Die 172 großzügigen Zimmer, der gigantische Luxus-Spa und das Kolonialstil-Ambiente im Hauptgebäude sind spektakulär. Mit Butler-Service und einem Kite Surf Club der Luxusklasse. Preise: HP ab 460 €/DZpP und 800 €/EZ.

Riu Turquoise und **Riu Palace:** Tel: 6504203, www.riu.com. Die spanische Gruppe RIU betreibt am stürmischeren Südstrand der Halbinsel zwei Hotels, die aktuell grundlegend restauriert und umgestaltet werden. Im Sommer 2024 eröffnen das 4-Sterne-Familienresort Riu Turquoise mit über 380 Zimmern und das sich anschließende 4-Sterne-Plus-Adults-Only-Resort Riu Palace. Ihre Lage eignet sich besonders zum Kiten und Surfen.

Praktische Infos

Die Infrastruktur der Halbinsel ist ganz auf den Premium-Tourismus ausgerichtet. Das „Commercial Centre" beim Eingang zum Le Paradis Hotel, in dessen Hintergrund elegante Villen und Ferienhäuser an den Berghang gebaut wurden, beschränkt sich auf eine Bankfiliale mit Geldautomat und mehrere Modeboutiquen. Selbstversorger und Shopping-Freunde werden eher im Shopping Centre in La Gaulette und im „Ruisseau Créole Shopping Centre" bei Grand Rivière Noire fündig (18 km nördlich, S. 180). Öffentliche Verkehrsmittel verkehren etwa stündlich entlang der Küstenstraße zwischen Baie du Cap und Tamarin, eine Bushaltestelle befindet sich an der Abzweigung auf die Halbinsel. Die 4 km lange Zufahrtsstrecke zu den Hotels wird nicht öffentlich bedient.

Ausflug zur Insel Ile aux Bénetiers

Zahlreiche Ausflugsboote steuern die langgezogene, flache Insel in der Lagune an. Hier wollte sich einmal eine Fkk-Szene etablieren, doch Muslime und Hindus protestierten vehement, und so setzte die Regierung den Freizügigkeiten rasch ein Ende. Benannt wurde die Insel nach der Riesenmuschel Bénetiers, der man lange nachsagte, eine menschenverschlingende Mördermuschel zu sein. Ausflugsfahrten zum „Schwimmen mit Delfinen" und zum Schnorcheln im Korallenriff führen zu dieser Insel sowie zum nahegelegenen Crystal Rock, einem vulkanischen Felsen mitten in der Lagune (siehe Foto S. 277).

Bergtour auf den Le Morne Brabant

Die Besteigung des mauritischen Wahrzeichens ist für sportliche Naturen und geübte Wanderer ein Höhepunkt der Reise und unbedingt zu empfehlen.

Die Tour beginnt auf der Südseite des Berges. Von den Riu-Resorts führt eine kleine Piste entlang dem Kitesurfer-Beach nach Osten bis zur Küstenstraße zurück. Auf dieser Strecke liegt das neue Wärterhaus mit Parkmöglichkeit, wo man sich in ein Besucherbuch einträgt. Seit 2016 darf man den Berg auch ohne Führer auf eigene Gefahr besteigen. Wir empfehlen dennoch, die anspruchsvolle Tour mit einem erfahrenen Guide zu unternehmen; am besten mit Yan und seinem Team, das bis 2016 das alleinige Monopol für die Besteigung des Le Morne Brabant hatte. Kontakt: www.trekkingmauritius.com, Tel. 52514050, Preis: 45 Euro pP).

Die erste Hälfte des Anstiegs verläuft sanft und anspruchslos auf breiten Fußwegen. Nach 250 Höhenmetern, beim South-West-Viewpoint, wird es schwierig und steil, denn jetzt schrumpft der Weg zu einem Pfad, der durch ein Gate führt und anschließend steil und sehr steinig ansteigt. Bald enden die Bäume und es geht in einer Scharte die Lavafelsen hinauf. Jetzt heißt es klettern (scharfkantig und sehr steil!). Großartige Ausblicke über die Insel und das Riff sind der Lohn für die Mühsal. Es bleibt steil und technisch anspruchsvoll bis hinauf zum Gipfelkreuz auf 500 m Höhe (weiter darf man den Berg nicht besteigen). Rechnen Sie für den Anstieg etwa 2 Stunden und etwas weniger für den Abstieg, obwohl dieser besonders im Kletterbereich abwärts schwierig ist.

Unsere Tipps: Dies ist die schwierigste Bergtour der Insel und erfordert Trittsicherheit, Schwindelfreiheit, Fitness und entsprechendes Schuhwerk. Starten Sie früh, denn die Lavafelsen heizen sich auf. Kletterhandschuhe können hilfreich sein, wo man mit Händen und Füßen kraxeln muss. Meiden Sie das Wochenende wegen der vielen einheimischen Besucher, und packen Sie genug Trinkwasser ein.

Rundfahrt durch die Berge

Über die Stationen Chamarel, Black River Gorges Nationalpark, Grand Bassin und Bois Chéri

Tipp Zu den schönsten Panoramastrecken von Mauritius zählt die kurvenreiche Fahrt von Grande Case Noyale über Chamarel in den Black River Gorges Nationalpark. Die Rundfahrt durch das beliebte Ausflugsgebiet zum hinduistischen Pilgerzentrum Grand Bassin und über die Teeplantagen zur Küste zurück beinhaltet neben der malerischen Strecke auch einige der großartigsten Sehenswürdigkeiten der Insel. Ohne Wanderungen lässt sich der Ausflug an einem Tag prima bewältigen, wenn man früh aufbricht

In Grande Case Noyale, 9 km von den Hotels am Le Morne Brabant entfernt, beginnt die steile Bergauffahrt. 3,5 km windet sich die Teerstraße die küstennahen Berge hinauf und gibt dabei wunderbare Ausblicke auf die sanfte Lagune und die Insel Bénetiers frei. Unterwegs huschen manchmal Makaken von der Straße ins Gebüsch. Noch vor dem Bergdorf Chamarel liegt exponiert am steilen Abhang das Ausflugslokal „Le Chamarel". Direkt nach dem Restaurant zweigt die unauffällige Zufahrt zur Lodge „Lakaz Chamarel" ab.

Über **Chamarel** schreiben ältere Bücher, das beschauliche, kreolische Dorf, in dessen Peripherie der einzige Kaffee der Insel gedeiht, sei noch unberührt vom Tourismus. Das hat sich doch stark verändert. Die Nähe zum Besuchermagneten „Coloured Earth & Chamarel Falls" und dem Nationalpark hat Ausflugslokale, Öko-Lodges und kleine Gästehäuser wie Pilze aus dem Boden schießen lassen. Bei den Tagesrestaurants wie „Chez Ruben", „La Citronelle" und „Domaine du Cachet" herrscht kreolische Küche vor. Sehenswert ist auch das katholische Wallfahrtskirchlein Sainte Anne.

Info Bennant wurde Chamarel nach einem französischen Offizier, der sich hier 1791 niederließ und in das lukrative Holzgeschäft einstieg

Am Ortsrand dominiert die Rumfabrik „**Rhumerie de Chamarel**" (Eintritt 550 Rs, Kinder 275 Rs; Mo–Sa von 9.30–16.30 Uhr, So geschlossen), wo verschiedene preisgekrönte Rumsorten produziert werden. Die kurze Besichtigungstour schließt eine Rumprobe ein. Wer im Tagesrestaurant einkehrt, bezahlt keinen Eintritt. Mit großem Verkaufsladen.

Unterkünfte in Chamarel

La Vieille Cheminée: Tel. 4834249, E-Mail: contact@lavieillecheminee.com, www.lavieillecheminee.com. Dies ist etwas Besonderes; die charmante mauritische Form eines „Urlaubs auf dem Bauernhof". Nur 300 m nach dem Zugang zur Coloured Earth erstreckt sich die Obst- und Gemüsefarm La Vieille Cheminée. Hier stehen sechs individuelle kreolische Holzbungalows und Chalets zur Selbstversorgung. Dazu ein Pool, tolle Wandermöglichkeiten, Mountainbikes und Reitgelegenheit. Mit Frühstück und Zimmerservice, auch Mahlzeiten sind erhältlich. Mindestaufenthalt 2 Nächte. Oft ausgebucht! Preise: pauschal ab 148 € pro Nacht.

Lakaz Chamarel: Tel. 4834240, E-Mail: info@lakazchamarel.com, www.lakazchamarel.com. Auch diese Unterkunft zählen wir zu den schönsten der Insel: stimmungsvoll, naturnah, idyllisch, tropisch und romantisch. Diese 4-Sterne-Plus-Lodge in einem von dichtem Wald umgebenen Taleinschnitt ist perfekt für Naturfreunde, Wanderer und Hobby-Ornithologen. Preise: HP ab 124 €/DZpP und 248 €/EZ.

Hotel Chalets Chamarel: Tel. 6609796, E-Mail: reservation@searesortshotels.com, www.searesortshotels.com. Intimes Luxusresort auf dem Gelände der 7 Coloured Earth mit elf Chalets entlang des Bergkamms. Spektakuläre Aussicht, Infinity-Pool, Fine Dining und Ruhe. Preise: HP ab 170 €/DZpP und 304 €/EZ.

Chamarels Highlights: 7 Coloured Earth, Chamarel Falls, Lavilleon Nature Forest und Ebony Forest

2 km südlich von Chamarel in Richtung Baie du Cap liegt beim Dorf Cachette direkt an der Straße der Zugang zu diesen vier viel besuchten Natursehenswürdigkeiten. An der Schranke sind die Eintrittsgebühren zu bezahlen, danach fährt man noch ein paar Kilometer bis zum jeweiligen Ziel.

Chamarel Falls: 1,5 km nach dem Ticketschalter gelangt man zum großen Parkplatz gegenüber dem Wasserfall. Ein kurzer Anstieg mit Treppen führt zum Aussichtspunkt. Rund um den 100 m senkrecht hinabstürzenden **Wasserfall**, der sich aus den Flüssen St. Denis und Viande Salée speist, hat sich im Sprühnebel eine tolle Vegetation gebildet, die besonders am späten Nachmittag, wenn die Sonne ihr sanftes Licht direkt auf den Wasserfall strahlt, zur Geltung kommt.

Oben: Die Farbige Erde von Chamarel; 100 m freier Fall an den Chamarel Falls

7 Coloured Earth: Nach weiteren 1,5 km Fahrt durch die Zuckerrohrfelder gelangt man zur „**Farbigen Erde**". Nach einem kurzen Fußweg öffnet sich die Vegetation und gibt den Blick frei auf eine völlig kahle, vegetationslose Lavaformation. Das leicht wellige Gestein leuchtet tatsächlich in unterschiedlichen Farbtönen, von Anthrazit bis Purpur, Rostrot, Rot, Ocker, Lila und Braun. Das eigenwillige Naturphänomen wird mit hoch konzentrierten Ansammlungen von Eisen und Aluminium im Gestein erklärt, wogegen die ursprünglich vorhandenen

TIPP Für Vogelfreunde: In den Zuckerrohrfeldern am Wegesrand halten sich viele Rebhühner auf, und beim Wasserfall kreisen Schwalben

Oben: Blutsaugeragamen sind hier weit verbreitet

Basalte und Kieselsäuren vollkommen ausgewaschen seien. Das kahle Lavagestein inmitten der dichten Wälder sieht reichlich kurios aus. Bei trübem Wetter oder im gleißenden Mittagslicht dürfte die Wirkung allerdings enttäuschend ausfallen. Das beste Licht zum Fotografieren bieten die Morgenstunden und der späte Nachmittag. Beim Kinderspielplatz befindet sich ein Becken mit Riesenlandschildkröten und das Restaurant verkauft belegte Sandwiches. Für den Besuch beider Sehenswürdigkeiten braucht man etwa zwei Stunden. Öffnungszeiten: tgl. von 8.30–17.30 Uhr. Eintrittspreis: Erwachsene 550 Rs, Kinder bis 12 Jahre 275 Rs.

Lavilleon Adventure Park: Der Action Park auf dem gleichen Gelände lockt mit Wanderpfaden, Seilrutschen, Bogenschießen, Klettersteig und einer Hängebrücke. Täglich von 9–17 Uhr geöffnet. Eintrittspreise: Erwachsene 200 Rs, Kinder 125 Rs, die Aktivitäten kosten extra. Kontakt: Tel. 2128086, www.lavilleonadventurepark.com.

Curious Corner of Chamarel

Im Museum „Curious Corner" dreht sich alles um optische Täuschungen, Illusionen und visuelle Überraschungen. Jede Besuchergruppe bekommt eine fröhliche Führung und erlebt die Welt der magischen Täuschung aktiv mit. Der Besuch ist ein Familienspaß und dauert je nach persönlicher Neigung ein bis zwei Stunden.
Kontakt: Curious Corner of Chamarel, www.curiouscornerofchamarel.com, Tel. 483420. Öffnungszeiten: täglich von 9.30–17 Uhr. Preise: Erwachsene 475 Rs, Kinder von 5–12 Jahren 350 Rs.

Ebony Forest: Initiiert vom La Vanille Nature Park entstand hier ein Projekt zum Erhalt indigener Urwälder und zur Rettung endemischer Vogelarten, das 2017 öffentlich zugänglich wurde. Auf 50 ha Fläche können die Besucher auf Baumwipfelpfaden durch den Flycatcher Forest schlendern, zum Aussichtspunkt „Sublime Point" wandern, fünf endemische Vogelspezies entdecken und im Museum im Visitor Centre eine Ausstellung zu Edelhölzern wie dem Ebenholz besuchen. Ein Jeep-Shuttle führt zu den verschiedenen Punkten, und für das leibliche Wohl sorgen eine Snackbar und das Le Takamaka Restaurant. Je nach Begeisterung kann man sich hier mehrere Stunden aufhalten.

Eintritt: Erwachsene 360 Rs, Kinder 220 Rs. Safarifahrten starten um 9.30, 11.30, 13.30 und 15.30 Uhr (Erwachsene 1100 Rs, Kinder 720 Rs). Birdwatching-Touren und geführte Wanderungen starten um 9 Uhr (Erwachsene 1800 Rs, Kinder 1100 Rs. Öffnungszeiten: Mo–So 9–17.30 Uhr. Tel. 4603030, www.ebonyforest.com.

Weiterfahrt von Chamarel

Die Strecke führt uns jetzt kurvenreich in die Berge entlang der „Route Plaine Champagne“. Nach knapp 4 km, noch vor dem Black River Gorges Nationalpark, erreichen wir ein 500 m hoch gelegenes Ausflugsrestaurant (siehe rechts). Auf der Weiterfahrt weist bald ein Schild den Beginn des Black River Gorges Nationalparks aus. Die Asphaltstraße bleibt weiterhin gut befahrbar.

Varangue sur Morne: Tel. 4836610. Ein traditionsreiches gemütliches Lokal mit netter Aussichtsterrasse und einem grandiosen Fernblick. Feine Fruchtcocktails! Öffnungszeiten: täglich von 12–16.30 Uhr.

Les Chalets en Champagne: Tel. 59887418. 500 m nach dem Restaurant „Varangue sur Morne“ verstecken sich zwei abgeschirmte Ferienhäuser. Die Holzchalets verfügen über mehrere Zimmer und Küchenabteile. Seit der Corona-Pandemie ist die Anlage geschlossen und leider unklar, wann wieder geöffnet wir.

Black River Gorges National Park

Oben: Gorges View Point im Nationalpark

Seit 1994 besitzt Mauritius mit diesem 6500 ha großen Schutzgebiet seinen ersten Nationalpark. Das Gebiet ist eine Schatztruhe der letzten endemischen Pflanzen und Tiere, denn es integriert auf 3,5 % der Inselfläche annähernd 90 % der verbliebenen heimischen Urwälder. Deren Erhalt ist für die Rettung gefährdeter Vogelarten überlebensnotwendig. Mauritius-Turmfalken finden hier ihr ideales Jagd- und Brutgebiet, erfolgreich wurden Mauritius-Tauben ausgesetzt, und auch die Bestände an Mauritius-Sittichen gelten inzwischen als gesichert. Der Park ist nicht nur ein wertvolles Refugium für seltene Vögel, er bietet auch die ursprünglichsten Landschaften der Insel mit den höchsten Gebirgszügen, tiefen Taleinschnitten, versteckten Wasserfällen, einsamen Kraterseen und erloschenen, seit Jahrtausenden überwucherten Vulkanspitzen. Im Westen reicht das Schutzgebiet bis an den Piton de la Petite Rivière Noire heran, den höchsten Berg

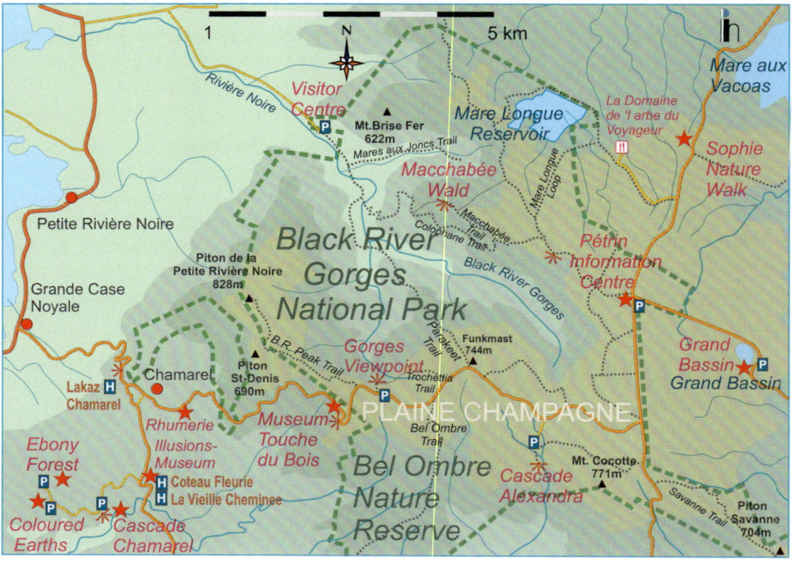

Oben: Beschilderung und eine Wegmarkierung für Wanderpfade im Nationalpark

der Insel (828 m); im Osten integriert er die Gipfel der Montagnes Savanne. Das Zentrum bildet die **Hochebene Plaine Chamgagne** auf rund 700–740 m Höhe. Da sie ständig dem Südostpassat ausgesetzt ist, herrscht dort nur ein niedriger Bewuchs vor. Dichte Urwälder bedecken dagegen die vielen Täler und Schluchten, in denen Wildbäche zum Meer hinabstürzen. Mehr als **3000 Blütenpflanzen** beherbergt der Nationalpark, die schönste Blütezeit liegt zwischen Januar und März. Der Park ist eine Augenweide mit jährlich einer Viertelmillion Besuchern, von denen die meisten aber nur die Aussichtspunkte ansteuern und auf Wanderungen verzichten. Dabei bietet das Gelände ein Wegenetz mit 60 km **Wanderwegen** unterschiedlicher Länge und den Schwierigkeitsgraden von leicht bis anspruchsvoll. In den **Besucherzentren** sind sporadisch Wanderkarten erhältlich, mit denen sich die sportlicheren Ausflügler auf den Weg machen können. Allerdings sollte man die schnellen Wetterwechsel bedenken. Im Hochland prasselt viel Regen nieder; besonders oft am Nachmittag.

Die Aussichtspunkte liegen direkt an der Straße von Chamarel nach Le Pétrin. Zuerst erreichen wir den berühmten **Gorges View Point**. Vom Parkplatz (mit Toiletten) und den Souvenirständen sind es nur ein paar Schritte bis zum Aussichtspunkt an der Schlucht des „Schwarzen Flusses".

Rechterhand stürzt hier der Black River Wasserfall in die Tiefe. An dieser Stelle sieht man auch sehr häufig Makaken in den Bäumen.

400 m vor dem Parkplatz beginnt der etwa zweistündige **Aufstieg** zum **Piton de la Petite Rivière Noire** hinauf, dem mit 828 m höchsten Gipfel des Landes. Der 5 km lange Wanderpfad folgt einem Bergrücken mit einem kurzen Schlussanstieg. Als Lohn winkt die Aussicht über den ganzen Südwesten der Insel.

Auf der weiteren Strecke führt wenig später ein 14 km langer Wanderpfad zur Südküste nach Bel Ombre hinab. Kurz danach beginnt am Funkmast der anspruchsvolle, 8 km lange „**Parakeet Trail**“. Er verläuft durch die Black River Schlucht zum Besucherzentrum bei Grande Rivière Noire. Alle diese Bergtouren sollte man nur mit einem versierten Bergführer unternehmen.

Der **Alexandra Falls View Point** ist deutlich ausgeschildert. Nach kurzer Alleezufahrt erreicht man den riesigen Parkplatz (mit Toiletten). Zur hölzernen Stelzenplattform beim Aussichtspunkt läuft man ein paar Minuten. Dort kann man zwei Wasserfälle sehen; bemerkenswert ist auch die veränderte Vegetation an dieser etwa 700 m hohen, den Passatwinden ausgesetzten Stelle. Fremdartige, robuste Sträucher mit wilden Beeren trotzen hier den ständigen Feuchtwinden. Die Bergluft ist kühl, und bei freier Sicht reicht der Blick weit über die Südküste und den Ozean.

Die „**Route Plaine Champagne**“ stößt nach weiteren 2 km auf eine Querstraße. Nach links führt sie nach Le Pétrin (S. 174). Rechts erreicht man nach etwa 1 km den Beginn einer leichten Wanderroute zum 2 km entfernten Berggipfel Piton Savanne (704 m).

Die **Wildhüterstation Le Pétrin** liegt am Beginn der Macchabee-Wanderung. Leider bietet das Information Center nur einige ältere Fotos und ein Modell des Nationalparks (Tel. 2580058, Öffnungszeiten: täglich von 6–18 Uhr). Es liegt inmitten eines kleinen Botanischen Gartens, dessen Bäume, Büsche und Blütenpflanzen mit Namensschildern markiert wurden. Hier beginnt

der beliebte Wanderweg zum „**Macchabee Wald**". Die 5 km lange, einfache Wanderung mit Aussichtspunkten führt bis an die Reste originaler Bergurwälder mit Ebenholzbeständen im Macchabee Wald (ca. 2 Std.). Wir empfehlen den direkten Weg dorthin, da sich der an der Tafel ausgewiesene Rundweg als Trampelpfad erweist. Wer auf halber Strecke in den „**Colophane Trail**" abzweigt, gelangt über einen steilen, unwegsamen Pfad zum Black River Visitor Centre im Talboden hinab (10 km Strecke).

4 km nördlich von Le Petrin liegt der **Sophie Nature Walk** (mit Parkplatz). Mo–Fr von 9–15 Uhr und Sa/So von 9–17 Uhr stehen Besuchern hier Picknickplätze und Spazierwege im dichten Bergwald mit plätscherndem Bach, riesigen Farnen und Sumpfeiben (*Taxodium distichum*) mit ihren aufrechten Luftwurzeln zur Verfügung. Im **Visitors Centre** gibt es Abbildungen der heimischen Blumenwelt, dahinter schließt sich ein **Waldmuseum** mit Ausstellung alten Werkzeugs und verschiedener Holzarten an sowie eine Farn- und Orchideenzucht. Fährt man von hier weiter in Richtung Vacoas, gelangt man zur Takamaka Winery (siehe S. 206)

Tipp Nahe dem See Mare Longe liegen in der **Domaine de L'arbe du Voyageur**, ein kleines Restaurant, das auf Wildgerichte spezialisiert ist, und fünf Holzbungalows (HP ab 30 €/DZpP). Die 1,6 km lange Zufahrtspiste zweigt etwa 2 km nördlich von Le Petrin ab. Tel. 52912946, https://ddvoyageur.com

Das **Black River Visitor Centre** liegt am Westrand des Parks, am Ende der 5,3 km langen Stichstraße von Grand Rivière Noire (Tel. 2580057, Öffnungszeiten: Mo–Fr 6–18 Uhr, Sa/So 9–17 Uhr). Dort befindet sich auch die nicht öffentliche Vogelbrutstation der Mauritian Wildlife Foundation. Der schattige Parkplatz ist ein beliebter Wochenend-Picknickausflug für Einheimische. Von hier führt ein unebener, flacher Waldweg 1,5 km am Bach entlang in die enger werdende Schlucht und zu einem Unterstand. Erst danach, wenn man den Bach überquert hat, steigt die Forststraße in Serpentinen steil den Berg hinauf. Nach etwa 500 m wird man mit einem weiten Ausblick bis zum Meer belohnt. Diese Aussicht und die hohen Bäume mit ihrem mächtigen Wurzelwerk lassen die Kurzwanderung zu einem empfehlenswerten Ausflug werden. Spätnachmittags sieht man hier auch Flughunde. Der steinige Weg eignet sich jedoch nicht für Flipflops oder Schuhe mit Absätzen.

Fotos: Aufsitzerpflanze im Bergwald; Visitors Centre am Sophie Nature Walk; Luftwurzeln im Lavageröll

Ganga Talao in Grand Bassin

Nur eine kurze Fahrt von gut 2 km trennt das beschauliche Wildhütercamp Le Pétrin von einer der bedeutendsten und **größten hinduistischen Pilgerstätten** außerhalb Indiens. Die kerzengerade Zufahrt zum Kratersee Grand Bassin wird von riesigen Parkplätzen flankiert; und schon von weitem kündigen die überdimensionierten, 33 m hohen Statuen des Gottes Shiva und seiner Frau Parvati das Heiligtum an. Bereits diese Zufahrtsstrecke macht deutlich, welche Menschenmassen hier bei religiösen Feierlichkeiten zusammentreffen.

Der Bergsee ruht auf 702 m Höhe in einem erloschenen Vulkankrater. Der Überlieferung nach soll Shiva einst das Heilige Wasser des Ganges transportiert und versehentlich ein paar Tropfen davon verschüttet haben, die vom Himmel auf eine kleine Insel im Indischen Ozean fielen. Diese Tropfen füllten den Kratersee Grand Bassin und seither verehren die Hindi das Gewässer als **Ganga Talao** („See des Ganges"). Er ist ihnen ebenso heilig wie der breite Strom Ganges in Indien. Ganzjährig ein Ziel der Pilger und Betenden, sammeln sich hier alljährlich im Februar/März mehrere hunderttausend Gläubige zum mehrtägigen Fest Maha Shivarati. Diese Feierlichkeiten gelten als die größte hinduistische Veranstaltung außerhalb Indiens.

Rund um den Kratersee befinden sich Tempelanlagen mit zahlreichen geschmückten Opferschreinen und farbenprächtigen Statuen, die oft phantasievolle Figuren zwischen Mensch und Tier darstellen. Die wichtigste Gottheit ist **Shiva**, der Gott der Zerstörung und der Schöpfung. Am Elefantenkopf erkennt man seinen **Sohn Ganesh**, den Gott der Weisheit und des Glücks. Shiva hatte ihm einst versehentlich den Kopf abgeschlagen und dann durch das Haupt eines Elefanten ersetzt. **Brahma**, der Schöpfer, wird stets mit vier Köpfen dargestellt, die in alle Himmelsrichtungen schauen. Mitten im See thront die Götterfigur von **Mutter Ganga**, und den Haupttempel am Ufer bewacht der Affengott **Hanuman**.

Vor dem Betreten des Tempels schwingen die Pilger die schwere Glocke am Eingang, danach umrunden sie die bemalten Statuen und Figuren. Ihre **Opfergaben**, die sich aus Früchten wie Kokosnüsse, Bananen und Ananas zusammensetzen, setzen sie vor den Götterstatuen ab. Andere platzieren die Gaben auf Palmblätter, die sie anzünden und mit ihren Gebeten auf dem See auf die Reise schicken. Allerorten brennen Öllampen und glimmen Räucherstäbchen. Man kann hier Stunden verbringen, weil das ständige faszinierende Kommen und Gehen der Pilger die Zeit vergessen lässt.

Info Der großen Toleranz der Hindus gegenüber Andersgläubigen ist es zu verdanken, dass die Tempel von Grand Bassin zu den bedeutendesten Sehenswürdigkeiten von Mauritius zählen (dürfen). Denn für Europäer sind die Tempelanlagen, das Opferzeremoniell und die Pilger in langen Gewändern und leuchtenden Saris ein äußerst interessantes Spektakel. Fremde dürfen sich völlig frei in den Anlagen am See bewegen, auch das Tempelinnere betreten und fotografieren. Mit erstaunlichem Gleichmut sehen die Betenden und Opfernden über die Anwesenheit zahlreicher Fototouristen hinweg. Auch die neugierigsten Besucher erfahren in der Regel keinerlei Ablehnung oder Empörung von den Pilgern. Umso mehr bitten wir um ein Mindestmaß an Respekt und Zurückhaltung gegenüber den Gläubigen. Bitte berühren Sie nichts, fotografieren Sie Betende nicht direkt und wahllos, verhalten Sie sich dezent und leise, tragen Sie passende Kleidung (keine Miniröcke/Shorts und unbedeckten Oberkörper) und ziehen Sie die Schuhe vor dem Betreten eines Tempelinneren aus.

Bois Chéri: Nostalgische Teefabrik mit Museum und Teeprobe

Kurz danach erneut ein Szenenwechsel: Wir geraten wieder in Kulturlandschaft. Leuchtend grüne Teeplantagen auf niedrigeren Hängen führen uns bis zum Bois Chéri Tea Estate. In der Fabrik werden Führungen mit Teeprobe angeboten, die zum festen Programmpunkt vieler Ausflugsfahrten zählen. Der Rundgang beginnt in einem Museum, das mit Bildern und Texten die Produktionsschritte bei der Teeherstellung erklärt. Dann folgt die Führung durch die Fabrik mit ihren antiken Maschinen zum Trocknen, Sieben und Fermentieren der frisch gepflückten Teeblätter. Besonders interessant ist der Verpackungsbereich mit Maschinen zur Teebeutelabfüllung. Auf europäische Besucher wirkt die ganze Abfolge nostalgisch und unglaublich gemütlich; man kann sich diesen Betrieb kaum noch im hochmodernen Mitteleuropa vorstellen. Der größte Teil der Produktion von Bois Chéri dient dem Eigenbedarf von Mauritius; ein kleinerer Anteil wird nach Europa und Südafrika exportiert. Von den zehn Teesorten, die hier produziert werden, ist der aromatisierte „**Vanilla Tea**“ besonders erfolgreich und wird auch in den Hotels aufgebrüht. Nach der 15–30 minütigen Führung (je nachdem, ob gearbeitet wird oder der Betrieb ruht) begibt man sich eigenständig zum Restaurant, das etwa 2 km abseits erhöht an einem See liegt, eingebettet in üppiger Natur. Die Teeprobe erfolgt auf der Aussichtsveranda des Restaurants. Erwarten Sie jetzt keine britische Teezeremonie – probiert wird hier mit einer Kanne heißen Wassers und Teebeuteln!

Als „**Route du Thé**“ (Straße des Tees) werden Le Domaine de Saint-Aubin (S. 156), das Bois Chéri Tea Estate und Le Domaine des Aubineaux (S. 204) vermarktet. Die Besichtigung des Bois Chéri Tea Estates (Museum, Fabrik und Teeprobe) kostet 525 Rs, inklusive Lunch 1250 Rs. Für den Besuch aller drei Stationen der „Route du Thé“ gibt es ein Kombiticket für 2500 Rs, das auch ein Mittagessen einschließt (für Kinder stets die Hälfte). Öffnungszeiten: Mo–Sa von 9–17 Uhr, doch sollte ein Besuch wegen der Fabrikaktivitäten möglichst vormittags stattfinden. Beachten Sie auch, dass Tee hauptsächlich zwischen Ende November und März geerntet wird und die Produktion in den übrigen Monaten statt von Mo–Fr nur am Mittwoch und Donnerstag aktiv ist. Das Restaurant empfehlen wir unabhängig von einem Fabrikbesuch, denn es bietet ein gepflegtes Ambiente mit Traumblick und moderaten Preisen.

Hot-Spots im Westen

Casela Park World of Adventure

Les Salines du Yemen

Tamarin Falls

Martello Tower

Shopping Malls

Tipp In den kühlen Monaten ist ein Aufenthalt an der geschützten Westküste angenehmer

Info Nur an der trockenen Westküste ist die Salzgewinnung durch Verdunstung möglich

Fahrt von Le Morne nach Port Louis

Zwischen Le Morne und Port Louis liegt ein windgeschützter Küstenstreifen mit kilometerlangen Sandstränden und guter touristischer Infrastruktur. Hinter der flachen Küste steigt steil das bergige Hochland zu den Ballungszentren im Inselinneren hin an, wo sich das Alltagsleben der Mauritier abspielt. Die Vorteile der Westküste sind die guten Versorgungsmöglichkeiten und das mildere, trockenere Klima besonders in den kühleren Monaten. Hier müssen die landwirtschaftlichen Felder bewässert werden, weil so wenige Regenwolken den Küstenstreifen erreichen. In Flic en Flac, Wolmar und Tamarin hat der Tourismus die ursprünglich rückständige, arme Region wirtschaftlich gestärkt. In den luxuriösen Resorts genießen die Gäste die ruhige, vom Korallenriff geschützte Lagune, die schönsten Sonnenuntergänge und tolle Ausblicke auf die hohen Berge im Hinterland.

Auf der Fahrt von der Halbinsel Le Morne entlang der Küstenstraße nach Norden passieren wir anfangs noch kleine Fischerdörfer mit Wellblechhütten. Weil die Strände wenig einladend sind, kann diese Region kaum von der modernen Entwicklung und dem Tourismus profitieren. Allein die Ortschaft **La Gaulette**, in der einige europäische Zuwanderer leben, prosperiert; hier liegt auch das „Village Walk Shopping Centre“. Die meisten Touristen rauschen allerdings durch bis **Grande Case Noyale** zur Panoramaauffahrt nach Chamarel und zum Black River Gorges Nationalpark (S. 168ff).

Unten: Ausblick auf Le Morne Brabant

Unterkunft in La Gaulette

La Reine Creole: Tel: 4515558, E-Mail: info@mauritius-lrc.com, www.mauritius-lrc.com. Frühstückspension in Coteau Raffin unter deutschem Management mit vier Zimmern/Studios an der Straße im Ort (nicht am Strand gelegen). Preise: ÜF ab 21 €/DZpP und 29 €/EZ.

Die Küstenstraße berührt jetzt mehrmals fast das Meer und führt ganz nah an die Mangroven im Gezeitenbereich heran. Ausladende, riesige Banyan-Bäume kündigen beschauliche Fischersiedlungen an. Beim Dorf **Petite Rivière Noire** begannen früher die Salinenbecken aus Lavagestein, doch als an der Westküste immer mehr moderne Wohnanlagen (Residenzenparks) angelegt wurden, mussten diese Verdunstungsbecken für die Salzgewinnung weichen. Seit der französischen Epoche entlockte man an diesem trockenen Küstenstreifen, wo die Niederschlagsmengen so gering sind, dass das Meerwasser rasch verdunstet, dem Ozean das begehrte Meeressalz in solchen Flachbecken und deckte

1
5 km
N
Pointe aux Sables
Richelieu
Petite Riviere
Port Louis
Pailles
Domaine Les Pailles
Coromandel
A1
M1
Camp Créoles
Albion
Canot
Club Med Albion
Eureka
Moka
Beau Bassin
Bagatelle
Mall of Mauritius
Jüdischer Friedhof
A3
Cyber City
Rose Hill
Quatre Bornes
A8
Trianon Shopping Park
Medine
Bambous
Cascavelle Shopping Village
Villas Caroline
Manisa
Seastar
Flic en Flac
Beaux Songes
Palma
Phoenix
Wolmar
Casela World of Adventure
Pearle Beach
La Pirogue
Sugar Beach
Hilton
Sofitel
Maradiva
Sands
Mt du Rempart 545m
Vacoas
A3
Tamarina
Tamarin
Coeur Cap Shopping C.
Les Salines du Yemen
Tamarin
Camp Coches
Henriette
Tamarin Falls Viewpoint
La Preneuse
Tourelle du Tamarin 548m
The Bay
Martello Tower
Marguery Villas
La Mariposa
Ruisseau Creole Shopping C.
Grand Rivière Noire
Riverview Commercial C.
Simonette 632m
7 Cascades Lodges
Tamarin Falls
Tamarin Falls Reservoir
Takamaka
Mare Longue Reservoir
Mare aux Vacoas
Sophie Nature Walk
Black River Gorges National Park
Le Petrin
Grand Bassin
Crystal Rock
Ile aux Benitiers
Grande Case Noyale
Lakaz Chamarel
Chamarel
La Gaulette
Village Walk Shop
Rhumerie
Gorges View Point
Le Paradis
Coloured Earths
Illusions-Museum
Coteau Raffin
Cascade Chamarel
Dinarobin
Lux
Le Morne
St.Regis
Riu Le Morne
Le Morne Brabant 556m
Baie du Cap R.
L'Embrasure
Bel Ombre Nature Reserve

damit den Eigenbedarf der Insel voll ab. Heute gibt es allerdings nur noch die Salinenbecken bei Tamarin (S. 183). Eine weitere Auffälligkeit ist der Korallenkies, der hier anstelle von Kiesgestein vielfache Verwendung findet.

Nach kurzer Fahrt ohne Ausblick zum Meer gelangen wir an die Bucht von Black River. Dieser trichterförmige Einschnitt und sein Hafen sind vor Zyklonen gut geschützt, und bei entsprechender Sturmwarnung suchen hunderte Schiffe und Boote darin Schutz. Die Bucht ist außergewöhnlich fischreich, weil der Meeresboden vor der Küste rasch in extreme Tiefen abfällt. Sie zieht daher seit Jahren Taucher und Sportfischer an.

Links: Eine Obsthändlerin aus Grande Rivière Noire

Unterkunft in Black River / La Preneuse

The Bay: Tel: 4837042, E-Mail: contact@thebay.mu, www.thebay.mu. Die einstige Backpackerlodge hat sich zum Boutique-Hotel gemaustert. 16 Zimmer, schicker Pool, lässiges Restaurant, alles direkt am Strand. Preise: ÜF ab 88 €/DZpP und 176 €/EZ.

Marguery Villas Resort: Tel. 4835020, E-Mail: booking@marguery-villas.com, www.marguery-villas-resort.com. Neue Luxusanlage für Kurz- und Langzeitaufenthalte. Alle Poolvillen sind riesig und haben private Pools. Nicht unmittelbar am Meer gelegen. Preise: Übernachtung ab 300 €/Nacht.

Fabular Sea View: Tel. 4523434, E-Mail: contact@fabularvillasandhotels.com, www.fabularvillasandhotels.com. Kleine 3-Sterne-Anlage erhöht am Hang über dem Ort gelegen mit Pool, Zimmern und Studios. Preise: ÜF ab 150 €/Nacht.

La Mariposa Bed & Breakfast: Tel. 4835048, E-Mail: sales@lamariposa.mu, www.lamariposa. mu. An der südlichen Zufahrt zum Martello Tower liegt das nette Boutique-Hotel mit Zimmern und Apartments direkt am Strand. Einladender Pool im Garten, Spa, Restaurant, ansonsten angenehm ruhig. Preise: ÜF ab 60 €/DZpP und 120 €/EZ.

Einkaufen

An der Abzweigung zum Black River Gorges Nationalpark liegt das **Riverview Commercial Centre**, doch das größere Einkaufszentrum in dieser Region ist das **Ruisseau Créole Shopping Centre** nördlich von Black River in La Mivoie: Mo–Sa von 9.30–18 Uhr, sonntags steht es den Geschäften frei, ob und wann sie öffnen. Tel. 4834000, www.ruisseaucreole.com. Die Boutiquen offerieren Kleidung, Schmuck und Souvenirartikel, außerdem findet man hier eine Bankfiliale, ein Steak House, Sushi und italienische Küche.

Tipp für Selbstversorger: Eine kleine, hochwertig bestückte Food Lovers-Filiale und großer „London Way Supermarket" befinden sich an der Hauptstraße in Tamarin.

Aktivitäten

Hochseeangeln und Delfinbeobachtungen haben mehrere Anbieter im Angebot:

Fish Whisperer: Tel. 57325523, E-Mail: info@fishingmauritius.net, www.fishingmauritius.net.

JPH Charters: Tel. 57290901, E-Mail: resa@jph.mu, www.jph.mu.

Blackriver Charters: Tel. 52513147, E-Mail: info@blackrivercharters.mu, www.blackrivercharters.mu.

Grande Rivière Noire (Black River)

Die Ortschaft Grande Rivière Noire entwickelte sich früh zum florierenden Zentrum der Hochseefischerei. Weil vor der Küste Delphine leben, werden in der Ortschaft spezielle Bootstouren wie „Schwimmen mit Delfinen" angeboten.

Auffällig ist der Bauboom in dieser Region. Allerorten entstehen modernste Villensiedlungen, Apartmentanlagen und Luxusresidenzen; die Neubauten breiten sich bereits an den Hängen der Berge im Hinterland aus und nehmen kein Ende.

Black River hat sich auch bei Ornithologen und Naturschützern einen Namen gemacht, zweigt hier doch die Zufahrtsstraße zum Besucherzentrum des Black River Gorges NP ab (S. 174). Die Strecke entlang des Bergflusses Grande Rivière Noire führt direkt auf die gleichnamige Schlucht zu, die dem Nationalpark ihren Namen gab. Beim Wildhüterposten und dem Wanderparkplatz befindet sich auch das Captive Breeding Center, ein **Vogelaufzuchtprogramm** der Mauritius Wildlife Foundation, es ist jedoch nicht öffentlich zugänglich. Das Engagement der Vogelschützer brachte ganz beachtliche Erfolge und rettete einige endemische Spezies vor dem Aussterben (siehe S. 68f).

Eine Stichstraße führt die Bucht entlang zum Martello Tower de l'Harmonie. Ein weiterer, deutlich interessanterer derartiger Verteidigungsturm aus dem 19.Jh. wurde allerdings ein paar Kilometer weiter in La Preneuse zum Museum ausgebaut (siehe S. 182).

Info Im gängigen Sprachgebrauch wird für den Ort meistens der englische Name „Black River" verwendet

Oben: Beschilderung zum Nationalpark

La Preneuse

Fast unbemerkt gehen die nächsten Küstenorte La Preneuse, La Mivoie und Tamarin ineinander über, seit der Bauboom die Dörfer etwas planlos vergrößert. Dieser Küstenstreifen ist wegen des Martello Tower Museums bekannt, beherbergt aber auch einige empfehlenswerte Unterkünfte für Individualisten, die dem Trubel in den Touristenzentren entkommen wollen. Bemerkenswert ist hier auch das koloniale Postamt an der südlichen Zufahrt zum Martello Tower.

Unten: Das kolonial anmutende Postgebäude von La Preneuse

Martello Tower Museum

Der restaurierte Martello Tower von La Preneuse, ein Verteidigungsturm aus dem 19.Jh., ist ein interessanter Abstecher nicht nur für Freunde der Militärgeschichte. Neben Originalgewehren und einer schwenkbaren historischen Kanone ist die massive bauliche Konstruktion sehenswert.

Der Turm ist nur knapp 12 m hoch, seine runden Mauern aber bis zu 3,50 m dick. Zwanzig Soldaten und ein Offizier nebst fünf Kubikmeter Schießpulver, fast 20 000 Liter Wasser und ausreichend Verpflegung fanden darin Platz. Der einzige Zugang von außen führte über eine Leiter in den höhergelegten Aufenthaltsraum der Männer, in dem auch gekocht und geschlafen wurde. Von hier aus reichte eine Leiter in das Erdgeschoss hinab, wo die Lebensmittel und das Schießpulver lagerten. Auf dem Dach des Turms war die Kanone so angebracht, dass sie in alle Richtungen drehbar war.

Ein Blick in die Geschichte: Im Jahr 1794 musste Frankreich seine Besitztümer auf Korsika gegen Angriffe der britischen Flotte verteidigen. Am Cap Mortella im Norden Korsikas hielten 38 Mann mit nur zwei Kanonen in einem runden Wehrturm zwei Tage lang die britische Seeflotte in Schach, ehe sie sich den deutlich überlegenen Angreifern ergeben mussten. Großbritannien zeigte größten Respekt vor dieser Leistung. Die Offiziere ließen sich den wehrhaften, dickwandigen Turm am Cap Mortella genau zeigen und kopierten das Modell für eigene Verteidigungsanlagen. Wenige Jahre später errichteten sie entlang der britischen Ostküste über hundert solcher „Martello-Türme" (den Namen Mortella hatten sie inzwischen verballhornt), um sich gegen mögliche Angriffe Napoleons zu schützen. Bis Mitte des 19. Jh. tauchten im ganzen Britischen Empire, von Südafrika bis Australien, 118 Martello Towers auf, und fünf dieser Verteidigungstürme wurden zwischen 1831 und 1834 auch an der Westküste von Mauritius erbaut. Es war eine politisch angespannte Zeit: Die Briten setzten gerade gegen heftigen Widerstand der frankophonen Kolonisten die Abschaffung der Sklaverei durch. Die Inselverwaltung fürchtete daher eine Rebellion und einen möglichen Angriff französischer Kriegsschiffe. Den sollten die Martello-Türme gegebenenfalls abwehren.

Die fünf mauritischen Martello-Türme haben nie ein Kriegsgeschehen erlebt, denn seit ihrer Errichtung war die Insel einzig in den Zweiten Weltkrieg involviert; und selbst in diesem Krieg wurde Mauritius nicht zum Schauplatz von Kriegshandlungen.

Zufahrt: Der Martello Tower liegt direkt zwischen den Kasuarinen beim Public Beach an der La Preneuse Road. Er ist sowohl von Süden (1 km, am alten Post Office vorbei) als auch von Norden (1,5 km Einbahnstraße, unauffällig beschildert) erreichbar.

Öffnungszeiten: Di+Sa von 9.30–13 Uhr und Mi+Fr von 9.30–17 Uhr.

Eintritt: Erwachsene 100 Rs, Kinder 40 Rs (inklusive einer Führung in Englisch und Französisch).

Tamarin an der Baie du Tamarin

In diesem florierenden Küstenort ziehen sich elegante, gepflegte Villen den Hang der Tamarin-Berge hinauf. Der Strand ist so dicht bebaut, dass er Vorbeifahrenden verborgen bleibt. In Surferkreisen ist Tamarin ein Begriff wie Tarifa in Spanien. Hohe Wellen rollen vom Indischen Ozean in diese nur an den Flanken durch Korallenriffe geschützte Bucht, sodass die Meeresbewegungen ungebremst auf die Küste treffen. Besonders im Juni und Juli herrschen oft hervorragende Bedingungen für Wellenreiter und Surfer. Auch Delfine werden hier regelmäßig gesichtet. In der Bucht „La Barachois" spülen die Flüsse grauen Sand von den Bergen ans Ufer. Diese Stelle gilt als Geburtsort des Surfens in Mauritius.

Les Salines de Yemen: Mitten im Ortszentrum sind die letzten Salinenbecken zur Salzgewinnung sehenswert. Nur hier wird noch auf traditionellem Wege Salz gewonnen (siehe S. 178), was man entlang eines 15 minütigen Rundwegs mit Schautafeln beobachten kann. Öffnungszeiten: Mo–Fr 9–16 Uhr, Sa 9–11.30 Uhr. Eintritt: 150 Rs, Kinder 75 Rs.

Am nördlichen Ortsrand von Tamarin hat man einen spektakulären Ausblick auf die Berge der "Trois Mamelles". Die markanteste Erscheinung ist Rempart Mountain; das mauritische Matterhorn. Seine 545 m hohe Spitze zu erklimmen gilt als bergsteigerische Herausforderung.

Weiter entlang der Küstenstraße erreicht man bald einen Kreisverkehr. Geradeaus sind jetzt nur 2 km durch Zuckerrohrfelder bis zur nächsten Sehenswürdigkeit zu fahren.

Info La Preneuse geht ungefähr auf Höhe des Restaurants „La Bonne Chute" in den Nachbarort Tamarin über

Oben: Das „Matterhorn von Mauritius"

Einkaufen

„London Way" und Foodlovers Market sind gut sortiert, bei „La View Tourelle" neben der Feuerwehr gibt es täglich fangfrischen Fisch, und im **Coeur Cap Tamarin Shopping Centre** am nördlichen Ortsrand einen riesigen neuen Super-U Hypermarket.

Restaurant

La Bonne Chute: Tel. 4836552. Vielseitige und fischreiche mauritische Küche! Di und So geschlossen.

Ousaporn: Tel. 4837061. Beliebtes Thai Food Restaurant neben dem Foodlovers Market. Mo Ruhetag.

Le Haka Restaurant & Sports Bar: Tel. 4834956. Lässige Lokal beim Riverland Sportclub. Täglich geöffnet.

Unterkunft in Tamarin

Hillside Haven: Tel. 57545951, E-Mail: mldbritter@gmail.com. Zwei Studios zur Selbstversorgung am Berghang über Tamarin. Siehe „Besondere Empfehlungen" auf S. 242. Preise: Ü ab 75 € pro Nacht (für 2 Personen).

Veranda Tamarin Hotel & Spa: Tel. 4833100, E-Mail: resa@vlh.mu, www.veranda-resorts.com. Das „Hippie-Chic-Resort" gibt sich bewusst lässig und ist ein Tipp für Kitesurfer und Wassersportler. 3 Sterne. AI möglich. Preise: ÜF ab 76 €/DZpP und 114 €/EZ.

Tamarina Golf & Spa Boutique Hotel: Tel: 4040150, E-Mail: resa@tamarina.mu, www.tamarina.mu. 4-Sterne-Residenz mit 18-Loch-Golfplatz, Spa und jeweils drei Bars und Restaurants in der Bucht von Tamarin. Preise: HP ab 126 €/DZpP und 200 €/EZ.

Oben: Im Gehege bei den weißen Tigern;
zahmer Papagei in der Aufzuchtstation;
ein kleiner Webervogel
Rechts: Die Giraffen lassen sich von Besuchern füttern; Zwergflusspferd; neugieriger Papagei; Pirschfahrt im offenen Wagen

Casela Park – World of Adventure

Das Herzstück dieses weitläufigen, 1979 gegründeten Naturgeländes war unter dem Namen „Casela Bird Park" bereits eines der beliebtesten Ausflugsziele von Mauritius und machte Kindern und Erwachsenen gleichermaßen Spaß. In den letzten Jahren mauserte sich der 14 ha große Vogelpark allerdings zu einem sehr kommerziellen, nun 250 ha großen Natur- und Abenteuerpark mit jährlich mehr als einer halben Million Besuchern – und ist heute die meist besuchte Sehenswürdigkeit im gesamten Indischen Ozean.

Casela gliedert sich in mehrere Sektionen: Der Kinderbereich bietet einen vielseitigen Streichelzoo, für die Jugend gibt es ein noch umfangreicheres Angebot an sportlichen Herausforderungen (Quadbikes, Segway, Canyoning und Zip-Lines), im bergigen Gelände des Safariparks geht es auf geführte Fotopirschfahrten im offenen Allradfahrzeug oder mit lärmenden Quadbikes, um nach Kudus, Elenantilopen, Giraffen und Breitmaulnashörnern Ausschau zu halten, und im Wildtierbereich dürfen Mutige Löwen, weiße Tiger und Karakals streicheln. Aus Zimbabwe wurde ein umstrittenes Spektakel nach Mauritius exportiert: „Walk with the Lions", Spaziergänge mit Löwen und Tigern, als spannende, aber nicht tierschutzgerechte Alternative zum faulen Strandleben.

Die Volieren aus den Anfangsjahren des Parks sind noch da. Viele der exotischen bunten Vögel dürften auch Hobbyornithologen kaum jemals gesehen haben; und seltene endemische Arten wie die Rosafarbene Taube haben hier ein sicheres Zuhause gefunden. Außer den gefiederten Exoten ist der Park auch den imposanten Riesenlandschildkröten, die sich gerne am Kopf streicheln lassen, zur Heimat geworden.

Das Gartenrestaurant thront mit prächtiger Aussicht über der Tamarin Bay und bietet lokale Spezialitäten und Snacks zu fairen Preisen. In der Senke unterhalb des Lokals befinden sich die Tilapia-Fischteiche und die Becken der Wasservögel. Reiher und Flamingos stehen hier Modell für die Fotografen. Ein paar Schritte weiter folgt das Hirschgehege mit Aufzuchtstation, nebenan suhlen sich träge Wild- und Hausschweine zwischen Straußen. In der Aufzuchtstation werden pflegebedürftige Vogelkinder und ein kleiner Flughund umsorgt.

Öffnungszeiten und Preise

Casela Park ist täglich von 9–17 Uhr geöffnet, die Restaurants von 10–16 Uhr. Kontakt: Casela World of Adventures, Tel. 4016500, www.caselaparks.com. Infos bietet auch die Website www.safari-adventures-mauritius.com der Betreiber des Wildkatzenbereichs.

Der **Tageseintritt** ohne Aktivitäten beträgt 1200 Rs für Besucher ab 13 Jahren (960 Rs für Kinder von 4–12). Täglich geöffnet, sonntags finden allerdings keine Interaktion, Walks und Safari-Drives statt.

Zusätzliche möglich Aktivitäten: „Zip-Line"-Fahrten an Stahlseilen, Segway-Fahren, ein Canyon-Swing und Quadbike-Ausflüge.

Interaktion mit Wildtieren: Kamelreiten, Giraffen zu füttern oder die Begegnung mit Zwergflusspferden kosten je 300 Rs. Im Wildkatzenbereich kostet eine „Interaction" mit Raubkatzen wie Löwen, Geparden, Karakals und Servals zwischen 550 und 1000 Rs, der „Walk with the Lions" 4000 Rs, alles jeweils zuzüglich zum Parkeintritt. Das Angebot an sportlichen und interaktiven Variationen ist verwirrend groß und zu wechselnden Zeiten, daher empfiehlt es sich, die Website mit aktuellen Informationen zu konsultieren. Dort kann man im Voraus buchen. Alle Aktivitäten werden direkt beim Parkzugang am riesigen Parkplatz und dem Souvenirladen organisiert. Wegen der Hygienevorschriften dürfen Besucher keine Lebensmittel mit in den Park bringen.

Bilder: Typischer Eiswagen an den Stränden im Westen; Leuchtturm von Albion; Vogeltränke

Weiterfahrt nach Port Louis

Kurz nach dem Casela Park zweigt linkerhand zur Küste die Stichstraße in die Badeorte Flic en Flac und Wolmar ab (S. 190), und wenig später in entgegengesetzter Richtung die Straße ins Hochland. Sie führt über das Dorf Palma, in dem noch einige koloniale Häuschen und eine kleine katholische Kirche stehen, nach Quatre Bornes (S. 198).

Wir ignorieren jedoch beide Abfahrten und fahren geradeaus nach Norden, vorbei am neuen Cascavelle Shopping Village und direkt durch die Kleinstadt **Bambous**. An das beliebte Domizil während der französischen Kolonialzeit erinnert heute kaum noch etwas. Die Briten errichteten 1841 eine mächtige Kirche am nördlichen Ortsrand, wo sich auch ein weitflächiger Friedhof befindet; die größte Bedeutung für heutige Besucher hat aber vermutlich der gut bestückte Winners-Supermarkt im Ortszentrum.

Vor dem Dorf **Canot**, das wir danach durchqueren, zweigt eine weitere Straße ins Hochland nach Beau Bassin ab, an der nach 1,4 km bei der **Kirche St. Martin** eine historische Besonderheit liegt: ein gemeinsamer Friedhof für Angehörige katholischen und jüdischen Glaubens. Im jüdischen Friedhofsbereich erinnern 127 Grabsteine an Internierte aus dem Gefängnis von Beau Bassin. Hier informiert ein interessantes **Memorial Centre** über das Schicksal dieser jüdischen Flüchtlinge (Mi+Fr 10–16 Uhr, So 10–13 Uhr, siehe S. 188).

Mit zunehmendem Verkehr führt die Straße nun durch eine ausufernde Reihensiedlung in die Inselhauptstadt. Port Louis beginnt an der Brücke über den Grande Rivière Nord-Ouest, an dessen Hochufer noch die französischen Befestigungsanlagen zu sehen sind.

Insel der Düfte

Mauritius duftet wie kaum eine andere Insel. Der Geruchssinn der Urlauber wird auf Mauritius beständig betört und sanft umschmeichelt. Viele Aromen liegen in der Luft, wenn Vanille, Koriander, Ylang Ylang und Zimt blühen. In etlichen Hotels wird dezent nachgeholfen mit Duftschalen und Räucherstäbchen

Albion

Vor ein paar Jahren richteten Tourismusplaner und Immobilienhaie ihr Augenmerk auf das verträumte Fischerdorf Albion, das bis dato einsam zwischen endlosen Zuckerrohrfeldern vor sich hin dämmerte. Seither werden auch hier die langen Sandstrände erschlossen, schicke Wohnhäuser für die gehobene Mittelklasse errichtet, und in Albion soll künftig sogar ein Touristenzentrum mit Golfplatz entstehen. Den Anfang machte 2008 das Luxusresort von Club Med.

Unterkunft in Albion

Club Mediterranée d'Albion: Tel. 2060700, E-Mail: info@clubmed.de, www.clubmed.de. Luxuriöse All-Inclusive-Clubanlage im gelungenen Kolonialstil mit 266 Zimmern und Suiten, vielseitiger Kinderbetreuung, Animation und Unterhaltung, breitem Sportangebot einschließlich Golf, Spa und einem angenehm entspannten ZEN-Bereich für Ruhesuchende. Das 5-Sterne-All-Inclusive-Resort gilt als einer der besten Club Meds weltweit und bietet getrennte Bereichen für Ruhesuchende und Party People; eine gute Empfehlung für Alleinreisende, sportliche junge Leute und für Familien. Preise: 7 Nächte mit AI ab 1650 €/DZpP.

Folgt man der Küste von Albion nach Norden, gelangt man schließlich nach Pointe aux Caves, wo ein einsamer Leuchtturm am Strand steht. Das Gebiet ist bislang noch unentdeckt vom internationalen Tourismus und entsprechend beschaulich. Ähnlich sieht es in Petit Verger und am Strand von Pointe aux Sables aus. Anstelle großer Ferienhotels befinden sich hier in Hauptstadtnähe Wohnsiedlungen für die neue Mittelschicht, die im täglichen Verkehrsstau zu ersticken drohen.

Mauritius und die jüdischen Häftlinge im 2. Weltkrieg

Ein einmaliger Fall von Abschiebung jüdischer Flüchtlinge aus Palästina führte einst 1580 Juden zur Internierung nach Mauritius (1940–1945).

Das zweite Kriegsjahr 1940. Unter erbärmlichsten Bedingungen irrten rund 1800 jüdische Flüchtlinge auf dem Seelenverkäufer „Atlantic" von Wien über die Donau zum Schwarzen Meer und durch das östliche Mittelmeer. Sie versuchten seit Monaten, der tödlichen Verfolgung durch die Nazis zu entrinnen und in das „Gelobte Land" Palästina zu gelangen. Doch ihre gefährliche Odyssee war Großbritannien, der Kolonialmacht Palästinas, nicht entgangen. Trotz der akuten Gefahren für Leib und Leben unter den Nazis vergaben die Briten an Juden nur sehr begrenzt Einreisebewilligungen nach Palästina. Und wie viele andere zuvor besaßen auch die halb verhungerten Flüchtlinge auf der Atlantic keine offiziellen Einreisegenehmigungen, und sie galten für die Londoner Regierung somit als illegale Einwanderer.

Die jüdischen Flüchtlingsströme aus Mitteleuropa, die heimlich nach Palästina gelangten, hatten sich seit Kriegsbeginn drastisch erhöht. Großbritannien wollte dies keinesfalls dulden und zur Abschreckung einen Präzedenzfall schaffen. Und dazu wurden nun die verzweifelten Menschen auf der Atlantic auserkoren.

Nach Ansicht der Briten rechtfertigte auch Hitlers Vernichtungsmaschinerie nicht, dass Juden nach Palästina flüchteten. Man behandelte sie daher wie überführte Verbrecher. Dabei wollte ein großer Teil der kampffähigen Flüchtlinge sogar auf Seiten der Alliierten gegen Hitler in den Krieg ziehen. Nie zuvor und niemals wieder danach erfuhren Juden, die knapp dem Tode entkommen waren, eine solche rigide Behandlung, wie die Atlantic-Passagiere: Nach wenigen Tagen in einem Sammellager bei Haifa verfrachtete Großbritannien die Verzweifelten auf die beschlagnahmten niederländischen Passagierdampfer „Johann de Witt" und „Nieuw Zeeland" und deportierte sie kurzerhand **ans Ende des Britischen Empire** nach Mauritius. Fortan galten sie nicht mehr als Flüchtlinge, sondern als Häftlinge, die eine abschreckende Strafe für ihr Vergehen – vor Hitlers Schergen zu flüchten und dabei unerlaubt britisches Territorium zu betreten – verbüßen sollten.

Am 28. Dezember 1940 landeten die beiden Schiffe mit 1580 völlig entkräfteten, vielfach kranken und psychisch angeschlagenen, mittellosen Juden im Hafen von Port Louis. Es befanden sich 849 Männer, 635 Frauen und 96 Kinder an Bord. Ein bunt gewürfelter Haufen: 640 Österreicher, 294 Tschechen, 172 Polen, 151 Bürger der Freien Stadt Danzig, 84 Deutsche und einige Russen, Rumänen, Ungarn, Letten und Türken. Sie wurden sofort in **das Gefängnis von Beau Bassin** gebracht und dort in zwei vorbereiteten Baracken – Männer und Frauen mit Kindern streng voneinander getrennt – verwahrt. Der Frauentrakt war anfangs noch eine Baustelle. Die Enttäuschung über die Hartherzigkeit Großbritanniens, den Freiheitsentzug und die Familientrennung lasteten schlimm auf den entkräfteten Menschen. Viele wussten zunächst nicht einmal, ob ihre Familienangehörigen auch auf Mauritius interniert waren. Sie litten ferner unter den **fürchterlichen hygienischen Bedingungen** und dem feuchttropischen Klima. Malaria und Typhus brachen aus.

Erst nach 18 Monaten im Gefängnis begannen die Behörden, „das Familienleben zu organisieren". Darunter verstand man allerdings nicht, Familien zusammen wohnen zu lassen. Die Frauen erhielten lediglich Passierscheine, mit denen sie zu bestimmten Zeiten ihre Ehemänner besuchen durften. Allmählich lockerten sich die strengen Haftbedingungen aber merklich. Das Misstrauen gegenüber den überwiegend deutschsprachigen Juden und der Bestrafungsaspekt gerieten in den Hintergrund, die Bewachung ließ nach, und **erste Freigänge** wurden erlaubt. Schließlich fanden sogar einwöchige Ferienlager für je 60 Internierte am Strand von Palmar statt. Leider nahmen alle diese „Privilegien" ein jähes Ende im August 1943, als die Stimmung der Inselbevölkerung wegen der Nahrungsmittelknappheit und anti-jüdischer Propaganda umschlug. Plötzlich wurden die Juden der Sabotage ausgerechnet für die Nazis verdächtigt, vor denen sie in größter Not geflohen waren! Daher folgte nun eine strikte Ausgangssperre, und auch die Wachen wurden verstärkt. Die mauritischen Juden waren also erneut zum **Spielball der Kriegspropaganda** geworden – erst den Nazi-Todeslagern entflohen, von den Briten als Verbrecher in Haft genommen, deportiert, jahrelang ohne Anklage inhaftiert, und schließlich wegen ihrer deutschsprachigen Herkunft der Sympathie mit dem Feind verdächtigt. Die Rückkehr zu den strengen Haftbedingen führte fast zum Lagerkoller der Flüchtlinge, die nun schon seit Jahren in Unfreiheit lebten. Im Juni 1944 kam es zum Aufstand, der von den Frauen ausging, gewaltfrei blieb und letztlich zum Umdenken bei der britischen Verwaltung führte. Endlich gerieten die Dinge zugunsten der Häftlinge in Bewegung. In London setzten sich moderate Stimmen durch, die **dieses dunkle Kapitel britischer Flüchtlingspolitik** so rasch wie möglich beenden wollten. Im Februar 1945 fiel die Entscheidung, den mauritischen Internierten die Rückkehr und Einreise nach Palästina zu gewähren. Bis ein geeignetes Transportschiff bereitstand, vergingen allerdings noch einige Monate. Am 11. August 1945 fand der historische Präzedenzfall mit der Einschiffung aller Juden auf dem Truppentransporter „Franconia" ein Ende. Sie erreichten Palästina am 26. August 1945 als die erste Gruppe jüdischer Einwanderer nach Kriegsende – fünf Jahre nachdem die meisten von ihnen in höchster Not ihre frühere Heimat verlassen hatten.

Allen, die mehr über die schicksalhafte Flucht der Juden und ihre Jahre auf Mauritius erfahren möchten, sei die Lektüre folgender Bücher empfohlen:

- Geneviève Pitot: Der Mauritius-Schekel. Hentrich & Hentrich Verlag, Berlin, 2008.
- Alfred Heller: Dr. Seligmanns Auswanderung – Der schwierige Weg nach Israel. Verlag C. H. Beck, München, 1990.
- Erwin Lichtenstein: Bericht an meine Familie. Luchterhand Verlag, 1985.

Flic en Flac & Wolmar

TIPP Wer im Urlaub den Trubel sucht, gerne flaniert und Einheimische kennenlernt, der liegt hier genau richtig. Flic en Flac bietet all dies und zudem eine gute öffentliche Verkehrsanbindung, Möglichkeiten zur Selbstversorgung und einen wunderschönen Strand – für Rucksackreisende und preisbewusste Individualisten ein prima Standort

Das Küstendorf Flic en Flac hat sich über die Jahre zu einem sehr lebhaften Ferienort entwickelt und geht inzwischen fast nahtlos in den kleineren Ableger Wolmar über. Das sympathische Touristenzentrum gilt heute als die Nummer Zwei auf der touristischen Landkarte, nach Grand Baie und gefolgt von Belle Mare im Osten. Weil es abseits der Durchgangsstraßen liegt, blieben ihm die Verkehrsprobleme von nördlichen Zentren wie Grand Baie und Peréybère erspart.

Die Ortschaft Flic en Flac präsentiert sich als Summe zahlloser zwei- bis dreistöckiger Neubauten ohne gewachsenem Kern. Viele Neuzuwanderer haben sich hier niedergelassen oder Zweitwohnsitze gebaut. So entstanden zahlreiche private Apartments, Wochenendhäuser und Privatpensionen. Die Hotels von Flic en Flac gehören zur einfachen bis guten Mittelklasse, Luxustempel reihen sich erst in Wolmar aneinander. Viele Urlauber und Stammgäste bevorzugen ein Privatquartier oder eine kleine Ferienwohnung.

Der 8 km lange feine Sandstrand teilt sich gleichermaßen in Hotelbereiche und öffentliche Strandabschnitte, daher findet in Flic en Flac und Wolmar ein reges Freizeitleben der Mauritier statt. Die Public Beaches füllen sich an den Wochenenden mit fröhlichen Städtern aus dem Hochland. Dann wird dort campiert, musiziert, gebadet und gegrillt. Bunte Eiswagen haben Hochbetrieb, und ihre typische Spieluhrenmusik untermalt die legere Stimmung.

Oben: Sonnenuntergang am Strand von Wolmar

Rechts: Vielfältige Gastronomie: Kokosnus-Cocktails und Indische Chapatis

Einkaufen & Tourist Info

Das größte Mall **Cascavelle Shopping Village** an der Zufahrt nach Flic en Flac ist täglich bis abends geöffnet (mit Winner's Supermarket).

In der Ortsmitte von Flic en Flac vertreibt der Jumbo Express im Einkaufskomplex „**Pasadena Village**“ Lebensmittel.

Im gleichen Gebäudekomplex liegt ein kleines Büro der Tourist Info, das hauptsächlich Prospekte verteilt (Mo–Sa von 9–17 Uhr).

Im näheren Umfeld des Pasadena Village haben sich mehrere Restaurants, Boutiquen und Souvenirläden niedergelassen. In Richtung Wolmar, wo die teuren Hotels liegen, verändern sich mit der Kaufkraft der Gäste auch die Auslagen in den Läden. Hier finden Sie elegante Herrenausstatter, Boutiquen namhafter Designer und teurere Schmuckläden.

Tauchen

Das Angebot an Tauchgängen und -kursen ist in Flic en Flac sehr breit und günstig. Tauchgänge zu den vielen grandiosen Spots an der Westküste werden ab 40 € angeboten.

Sea Urchin Diving Centre: Tel. 4538825, E-Mail: hello@diveseaurchin.com, www.diveseaurchin.com. Das erfahrene Tauchunternehmen steht unter deutscher Leitung und ist (fast) eine Powerfrauen-Team.

Exploration Sous-Marine: Tel. 4538450 E-Mail: info@exploration-sous-marine.com, www.exploration-sous-marine.com. Im Hotel Villas Caroline gelegen.

Restaurants & Abendgestaltung

Sunset Garden: Tel. 57813131. Gemütliches asiatisches Gartenrestaurant zwischen Villas Caroline und Hotel Anelia. Chinesisch-mauritische Küche, Di geschlossen.

Leslies Restaurant: Tel. 4538172. Chinesisches Lokal gegenüber vom Sunset Garden Resto.

Sawasdee Thai Food: Tel. 4538452. Thai-Food und mehr Asiatisches steht hier auf dem Speiseplan. Montags Ruhetag.

Seastar Hotel Restaurant: Tel. 4530055. Das Restaurant im Seastar Hotel hat ein Faible für Fisch und Meeresfrüchte. Hier gibt es auch manchmal spezielle Events und Lifemusik.

Domaine Anna: Tel. 4539650, Medine. An der Zufahrt nach Flic en Flac ausgeschildert, liegt einsam in den Zuckerrohrfeldern das bei den Einheimischen beliebte Edelrestaurant Domaine Anna (1,2 km Zufahrt). Abseits allen Trubels speist man hier gepflegt unter alten Bäumen und neben Fischteichen. Chinesisch-mauritische Küche, viel Fisch. Mo geschlossen.

Creole Shack: Tel. 57361523. Hier ist nicht nur das Ambiente lässig, es schmeckt auch prima und ist vielseitig (mauritisch-asiatisch und Seafood-orientiert). Täglich mittags geöffnet, samstags auch abends.

Kenzi Bar Resto: Tel. 52509094. Coole Bar und Grill-Kneipe (Burgers, Chips) nahe dem Seastar Hotel, wo Seggae-Freunde chillen. Di–Sa ab 18 Uhr geöffnet, am Wohenende meistens mit Lifemusik.

Straßenverkauf: Preiswert und schmackhaft: Kleine Garküchen und der Verkauf von Snacks aus dem Fahrzeug heraus sind in Flic en Flac häufig. Typische Gerichte sind Roti (indische Pfannkuchen) und Biryanis (geschmorte Reiseintöpfe).

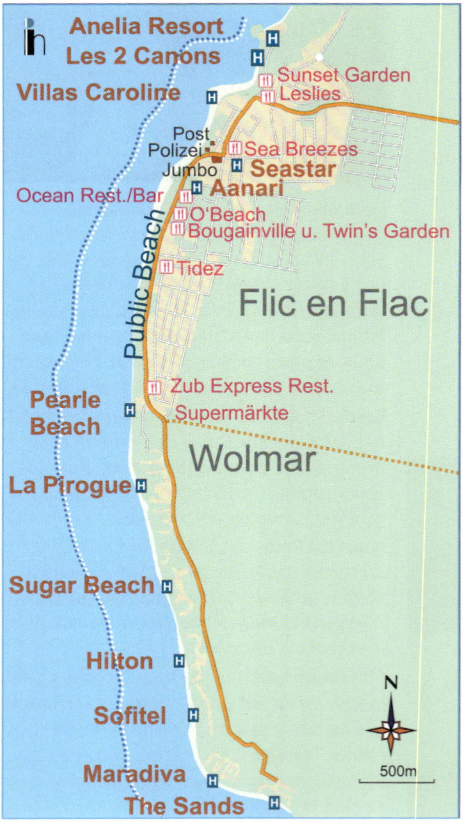

Verkehrsmittel

Busse: Etwa im 20-Minuten-Takt verkehren die Busse ganztags zwischen Flic en Flac/Wolmar und Port Louis. Ein sehr dichtes Busnetz existiert außerdem entlang der A3 in die Hochlandstädte wie Quatre Bornes und Curepipe.

Taxi: Es besteht ein deutliches Preisgefälle zwischen Taxifahrten, die man an den Hotels organisiert, und solchen, die man im Ort frei aushandelt. Der Fahrtpreis nach Port Louis liegt bei 25–30 € (einfache Fahrt). Ganztägige Inselrundfahrten, z. B. nach Pamplemousses und an die Ostküste, kosten mit etwas Verhandlungsgeschick 55–75 €, für einen Flughafentransfer bezahlt man rund 45 €. Innerhalb von Flic en Flac und Wolmar berechnen die Taxis 5–10 € pro Strecke. Meist ist es günstiger, ein Taxi für die Hin- und Rückfahrt zu bestellen und den Fahrer am Zielort warten zu lassen, als zwei Einzelfahrten auszuhandeln.

Mietwagen: Die Hotels in Flic en Flac und Wolmar vermitteln auf Wunsch Mietwagen, zudem haben mehrere Autoverleiher hier ihre Zweigstellen und bieten Fahrzeuge ab 26 € pro Tag an.

Unterkunft in Flic en Flac

Anelia Resort & Spa: Tel. 4538333, E-Mail: info@aneliaresort.com, www.aneliaresort.com. Mittelklasseresort mit 147 Zimmern und Bungalows in ruhiger Ortsrandlage am nördlichen, felsigen Strand von Flic en Flac. 4-Sterne, AI möglich. Preise: HP ab 105 €/DZpP und 180 €/EZ.

Les 2 Canons Boutique Hotel: Tel. 4895790, E-Mail: info@les2canons.mu, www.les2canons.mu. Inhabergeführtes intimes Hotel in guter Strandlage, mit Infinity-Pool und Restaurant. Empfehlenswert! Preis: ÜF ab 85 €/DZpP und 170 €/EZ.

Villas Caroline: Tel. 4538411, E-Mail: caroline@intnet.mu, https://villascarolinehotel.com. Das 3-Sterne-Plus-Hotel besitzt den schönsten und breitesten Strand am Platz. Preise: HP ab 85 €/DZpP und 115 €/EZ.

Aanari Hotel & Spa: Tel. 4539000, E-Mail: customerservice@aanari.com, www.aanari.com. Das Hotel liegt mitten im Ortszentrum neben dem Pasadena Village (nicht am Strand). Es bietet 50 Zimmer, einen kleinen Pool, Fitnessraum, Spa-Bereich mit Sauna, Restaurant und eine gemütliche Bar. Preise: ÜF ab 88 €/DZpP und 138 €/EZ.

Seastar Hotel: Tel. 4530055, E-Mail: info@seastarmauritius.com, www.seastarmauritius.com. Charmantes kleines Boutique-Hotel in Ortslage (nicht direkt am Strand) mit 21 Zimmern, Pool und beliebtem Restaurant. Auf dem Dach (Rooftop) befinden sich eine Bar, Sonnenliegen und ein Whirlpool. Preise: ÜF ab 53 €/DZpP und 105 €/EZ.

Manisa Hotel: Tel. 4538558, E-Mail: manisa@intnet.mu, www.manisahotel.com. Das Mittelklassehotel liegt zentral an der Küstenstraße zwischen Flic en Flac und Wolmar, nicht direkt am Strand. 53 Zimmer mit Garten, Pool und Restaurant. AI möglich. Preise: ÜF ab 80 €/DZpP und 136 €/EZ.

L'Oiseau de L'Océan: Tel. 4539200, E-Mail: info@loiseaudelocean.com, www.loiseaudelocean.com. Im Ort gelegene Mittelklassestudios zur Selbstversorgung, mit Pool und Shuttle-Service zum 1,5 km entfernten Strand. Preise: ÜF ab 35 €/DZpP und 50 €/EZ.

Aux plaisirs de la vie: Tel. 54855561, E-Mail: contactweb@auxplaisirsdelavie.com, https://auxplaisirsdelavie.com. Familiäre kleine Privatpension mit Pool rund 1 km vom Strand mitten im Ort gelegen. Einfach, mit Gemeinschaftsbad, aber das wird durch die herzlichen und hilfsbereiten Gastgeber ausgeglichen. Preise: Übernachtung ab 25 € pro Person.

Privatunterkünfte und -pensionen: Flic en Flac hat eine lange Tradition als Ferienort und bietet eine entsprechend große Auswahl an privaten Pensionen, Studios und Apartments. Deutschsprachige Reiseanbieter mit guten Ortskenntnissen werden im Infoteil auf S. 279 genannt. Auch die Internet-Hotelplattformen wie Booking.com, Agoda.com und Expedia.de bieten eine umfangreiche Auswahl. Bedenken Sie bitte, dass die meisten einfacheren Unterkünfte nicht direkt am Strand liegen, manche schon in die Jahre gekommen sind, und einige auch unter der nächtlichen Geräuschkulisse leiden.

Wolmar

Der Ortsteil Wolmar beginnt in etwa auf Höhe des Manisa Hotels. In seiner näheren Umgebung befinden sich Lokale wie „O'Beach", „Bougainville", „Tidez", „Twin Gardens" und „The Beach Shack", der Gemischtwarenhändler Wolmar Store, der auch Lebensmittel und Getränke verkauft, und ein paar Boutiquen für Mode und Schmuck. In Wolmar erstreckt sich die Flaniermeile auf kaum mehr als 250 Meter. Nach Süden folgen von hier aus die großen Luxushotels, die nur gelegentlich durch einen kleinen Streifen öffentlichen Badestrands voneinander getrennt werden. Der schöne lange Sandstrand vom La Pirogue Hotel bis zum The Sands Resort erlaubt ausgedehnte Strandspaziergänge. Beim The Sands Resort endet der touristische Teil in der Bucht von Tamarin. Obwohl in den meisten Landkarten verzeichnet, gibt es hier keine direkte Straße zwischen Wolmar und Tamarin.

Hotels in Wolmar (Nord nach Süd)

Pearle Beach Resort & Spa: Tel. 4016300, E-Mail: infopearle@intnet.mu, http://pearlebeachresort.com. Jugendliches, familiäres 4-Sterne-Hotel mit 74 Zimmern, direkt am Strand zwischen Flic en Flac und Wolmar gelegen. Nur die Zimmer im Hauptgebäude haben Meerblick. Mit großem Pool und Restaurant. AI möglich. Preise: ÜF ab 116 €/DZpP und 154 €/EZ.

La Pirogue Resort & Spa: Tel. 4538441, E-Mail: info@lapirogue.mu, www.lapirogue.com. Dieses traditionsreiche Ferienhotel ist besonders beliebt bei Familien und Hochzeitsreisenden. Die im Halbrund angelegten Steinbungalows sind schon ein wenig in die Jahre gekommen, werden aber nach und nach renoviert. Umso mehr begeistert der Vogelreichtum im tropischen Kokospalmengarten, der so weitläufig ist, dass trotz 248 Zimmern jeder Gast Ruhe und Platz finden kann. Zentralbereich und Pool mit Restaurant sind neu konzipiert und ansprechend gestaltet. Eine kinderfreundliche, legere Anlage mit viel Flair! AI möglich. Preise: HP ab 200 €/DZpP und 320 €/EZ.

Sugar Beach Resort & Spa: Tel. 4033300, E-Mail: info@sugarbeachresort.mu, www.sugarbeach resort.com. Das Schwesterhotel des La Pirogue wurde zum 5-Sterne-Ferienhotel aufgewertet und bietet 238 Zimmer und 66 Suiten im Stil einer feudalen kolonialen Zuckerrohrplantage. Die Gäste beider Hotels dürfen alle Einrichtungen gegenseitig nützen. Preise: HP ab 220 €/DZpP und 430 €/EZ.

Hilton Mauritius Resort & Spa: Tel. 4031000, E-Mail: info-mauritius@hilton.com, www.mauritius.hilton.com. Das 5 Sterne-Resort der amerikanischen Hotelkette bietet eine betont lockere, aber dennoch professionelle Atmosphäre mit breitem Wassersportangebot, modernem Fitnessraum und einem tollen Spa

(Sauna und Dampfbad sind inklusive). Drei Spezialitätenrestaurants, Poollandschaft mit Quiet Pool, 193 Zimmer und zahlreiche Suiten mit Butlerservice.
Preise: HP ab 240 €/DZpP und 440 €/EZ.

Sofitel l'Imperial Resort & Spa: Tel. 4538700, E-Mail: H1144@sofitel.com, www.sofitel.com. Gleich neben dem Hilton Resort schließt sich die großzügige 5-Sterne-Luxusanlage mit einem Hauptgebäude im fernöstlichen Pagodenstil an. Hier ist alles angenehm großzügig gebaut, auch die Zimmer sind sehr geräumig. Typisch für Sofitel: auch das gastronomische Angebot zeigt sich auf hohem Niveau. 233 Zimmer und Suiten, zumeist frisch renoviert. Der große Spa-Bereich bietet eine frei zugängliche Sauna. Siehe „Besondere Empfehlungen" auf S. 236.
Preise: HP ab 205 €/DZpP und 330 €/EZ.

Maradiva Villas Resort & Spa: Tel. 4031500, E-Mail: info@maradiva.com, http://maradiva.com. Diese beschauliche 5-Sterne-Plus-Anlage bietet Urlaub vom Feinsten: Die 65 Villen, alle mit privatem Pool und Küche ausgestattet, bieten absolute Privatsphäre. Im modern-eleganten Zentralkomplex befinden sich Feinschmeckerrestaurants und ein weiterer großer Pool; der Strandbereich ist ausgesprochen weitläufig angelegt. Ein ruhiges und intimes Resort für höchste Ansprüche an Komfort und Service.
Preise: ÜF ab 770 €/DZpP und 1540 €/EZ.

The Sands Suites Resort & Spa: Tel. 4031200, E-Mail: infosands@sands.mu, www.sands.mu. Das 4 Sterne-Plus-Hotel wartet mit einem der breitesten Strände von Wolmar auf und bietet einen traumhaften Blick in die von Bergen umschlossene Bucht von Tamarin (anstatt auf das offene Meer). Dieses ruhig in einer Sackgasse gelegene Resort mit dreistöckigen Wohnkomplexen und einem Pool im Zentrum hat auch ohne viel Schnickschnack eine tolle Atmosphäre. 91 Zimmer. AI möglich.
Preise: HP ab 258 €/DZpP und 475 €/EZ.

Bilder von oben: Eine Hochzeit am Wolmar Beach; Köchinnen im Hilton Resort; ein hungriger Webervogel auf dem Frühstücksteller; bunte Taschen als Souvenir

Luxus für Zwei á la Mauritius

„Partnermassage" in einem Spa

Wer auf Mauritius seinen Urlaub verbringt, wird über kurz oder lang mit verführerischen Massage- und Spa-Angeboten konfrontiert werden. Kaum ein Hotel, das nicht selbst einen duftgeschwängerten Spa-Bereich mit breitem **Wohlfühlprogramm** sein Eigen nennt. Doch die Schwellenangst, diese eleganten Räumlichkeiten aufzusuchen, mag manch einen unerfahrenen Besucher abschrecken, selbst wenn er einer Massage oder einem Saunagang zugeneigt wäre. Deshalb möchten wir Ihnen das Prozedere in einem mauritischen Spa hier vorstellen. Und der Frage nachgehen: Was verbirgt sich eigentlich hinter der vielfach angebotenen „Partnermassage"?

Im Spa-Tempel auf dem Hotelgelände werden wir zuerst von zierlichen, eleganten jungen Damen an der Rezeption begrüßt und nehmen an einem schweren Massivholztisch Platz. Der hohe Raum, geschmackvoll in warmen Tönen dekoriert, versetzt uns dezent in Erwartungshaltung. **Zarter Vanilleduft und andere exotische Aromen umschmeicheln die Nase.** Eine der dunkeläugigen Schönheiten informiert uns über die Vielfalt ihres Angebots und vereinbart schließlich anhand des schon gut gefüllten Terminkalenders einen Zeitpunkt für unsere Partnermassage.

Am nächsten Morgen ist es soweit. Wir tragen Badekleidung und darüber die Hausbademäntel, die in allen Gästezimmern bereitliegen. In der Empfangshalle des Spas drücken uns die fein gekleideten Damen zuerst einen Fragebogen in die Hände. Wir sollen ankreuzen, ob körperliche Einschränkungen oder Beschwerden bei der Massage zu beachten wären. Wir können auch angeben, ob wir einen herzhaften Druck bevorzugen oder lieber eine sanfte Massagetechnik. Dann werden wir in einen abgeschirmten Bereich im kleinen Palmengarten geleitet. Hinter einem Zaun befindet sich eine lichte Bambus- und Palmholzkonstruktion, durchlässig für ein wenig Tageslicht, eine sanfte Brise und das Palmblätterrauschen. Das Innere besteht aus zwei kleinen Räumen und je einer Toilette und Dusche. Der eine Raum wird fast vollständig von einem sprudelnden Jacuzzi ausgefüllt. Für die nächsten 30 Minuten soll dieses heiße Süßwasserbecken uns gehören. Das warme Wasser wird die Muskeln lockern, und das wunderschöne Ambiente mit vielen liebevoll dekorierten frischen Blüten und Duftaromen uns in eine entspannte Stimmung versetzen. **Wichtig zu wissen**: In Mauritius betritt man ein Jacuzzi, Dampfbad oder eine Sauna stets mit Badekleidung (niemals nackt)!

Nach einer halben Stunde erscheinen die beiden Masseure, die in den meisten Fällen Damen sind. Jetzt ist es Zeit, den idyllischen Minipool zu verlassen und sich kurz abzuduschen. Frische Handtücher zum Abtrocknen liegen zur Genüge bereit. Außerdem kleine Wegwerfhöschen, die man sich anstelle der nassen Badekleidung überziehen soll, und die ein wenig an die europäische OP-Vorbereitung für einen chirurgischen Eingriff erinnern.

Im halbdunklen Nebenraum stehen zwei Massagebetten nebeneinander. Jedes ist mit einer frischen Frangipani-Blüte und mehreren Handtuchschichten bedeckt, in die wir sorgfältig eingewickelt werden. Das bewegliche Kopfgestell mit einer Aussparung für das Gesicht ermöglicht eine sehr bequeme Bauchlage. Direkt darunter stellen die Masseurinnen Duftschalen mit schwimmenden Blüten. Im Hintergrund laufen jetzt instrumentale, entspannende Klänge. Die beiden Masseurinnen arbeiten von nun an parallel. Es wird immer nur der Körperteil, den sie gerade massieren, freigelegt; der übrige Körper bleibt mit warmen Handtüchern bedeckt. **Auf Diskretion und Stille wird stets geachtet.** Die Partnermassage ist eine einstündige, sehr ölige Aroma-Entspannungsmassage für den ganzen Körper. Sie beginnt am Rücken, der mit allen Griffen und Kniffen asiatischer Massagekunst durchgeknetet wird. Dann folgen die Rückseiten der Beine und die Fußsohlen. Als wir uns danach umdrehen, fühlen wir uns bereits vollkommen entspannt und locker. Mit sanftem Druck und Dehnungen bearbeiten die Damen erneut unsere Beine, Füße und schließlich die Arme. Spätestens bei der gekonnten Nacken- und Oberbauchmassage wünscht man sich, sie mögen die ganze Aktion noch einmal von vorne beginnen. Aber dann kommt noch eine Überraschung: Mit geschickten, cremigen Fingern zaubern sie eine phantastische Gesichts- und Kopfhautmassage. Das fühlt sich so überraschend gut an, dass uns völlig egal ist, wie ölig unsere Haare danach sein mögen.

Nach der Massage werden Kräutertees („Infusion“) oder kaltes Wasser gereicht und wir dürfen dieses kompakte Wohlfühlprogramm für Körper und Seele im Ruheraum ausklingen lassen. Zum Baden oder in die Sonne sollte man nach einer Massage sowieso nicht sofort gehen, sondern erst die Öle einziehen lassen.

Info Die Tour in die Hochlandstädte ist ein abwechslungsreicher Ausflug, z. B. für einen trüben Tag oder um einmal die Lebenswelt der Gastgeber kennenzulernen. Vor allem rund um Curepipe liegen ein paar lohnenswerte Sehenswürdigkeiten. Der vielen Werbung für Shoppingparadiese in den Hochlandstädten sollte man dabei nicht allzu viel Glauben schenken, denn die Einkaufstempel und -meilen entpuppen sich oftmals als mittelmäßig. Unser Ansicht nach reicht es, durch die „Mall of Mauritus“ in Bagatelle zu schlendern. Da gibt's auch gleich eine zünftige Privatbrauerei.

Tipp Meiden Sie unbedingt die Stoßzeiten morgens und nachmittags, oder legen Sie den Ausflug auf das Wochenende

Oben: Flying Dodo Brewing Company in Bagatelle. Hier wird Bier nach deutschen Maßstäben gebraut. Wir empfehlen das kräftige Märzenbier!

Tour ins Hochland: Die Städte im Inselinneren

Die Plaines Wilhems, bis Ende des 19. Jh. von Wäldern bedeckt und unbewohnt, sind heute der dichtest besiedelte Distrikt der Insel. Der Exodus der Städter aus Port Louis nach den verheerenden Cholera- und Malariaepidemien führte zur Gründung mehrerer Städte im Hochland. Damit die Leute trotzdem ihre tägliche Arbeit an der Küste erfüllen konnten, wurde damals eine Bahnlinie zur Hauptstadt gebaut. Die gute Verkehrsanbindung beschleunigte wiederum den Zustrom in die neuen Hochlandsiedlungen. Inzwischen leben rund 350 000 Menschen in den Städten des Hochlands, die längst ihre Ortsgrenzen verlieren und ineinander wachsen. Die Urbanisierungsrate im modernen Mauritius liegt bei 42 %, und die interessanteste Stadt im Hochland ist Curepipe.

Die Bahnverbindungen wurden schon vor Jahrzehnten eingestellt und so wickelt sich der tägliche Verkehr zwischen den Städten und nach Port Louis allein über das hoffnungslos überlastete Straßennetz ab. Chaotische Zustände und lange Staus sind während der Stoßzeiten die Regel; und für europäische Besucher, wenn sie eine solche abgasgeschwängerte „Rush Our“ miterleben, ein lehrreiches Schauspiel in Sachen Gleichmut und Geduld.

Beau Bassin & Rose Hill

Die beiden der Hauptstadt am nächsten gelegenen Wohnstädte bilden zusammen eine Gemeinde mit mehr als 100 000 Einwohnern und sind bereits untrennbar zusammengewachsen. Gemeinhin werden beide Stadtteile heute als Rose Hill bezeichnet. Hier lebt die indo-mauritisch geprägte Mittelklasse. Viele Einwohner fahren täglich weite Strecken an die Küste oder nach Port Louis zur Arbeit. Als Kulturzentrum beherbergt die Doppelstadt eine Konzerthalle, den British Council und ein Theater im viktorianischen Rathausbau. Viele günstige, kleine Läden decken den täglichen Bedarf der Stadtbewohner. Am Rand von Rose Hill liegen allerdings auch die ehrgeizigsten Bauprojekte der Insel: **Cyber City** und **Bagatelle Mall**. Dafür wurde eine neue Stadt mit Wohnsiedlungen, Gewerbegebieten, Shopping Malls und Freizeitattraktionen aus dem ländlichen Boden gestampft.

Quatre Bornes

Quatre Bornes ist die Dritte im Bunde des nördlichen Städtekonglomerats. Hier kreuzt sich die bedeutendste Ost-West-Verbindung mit der Nord-Süd-Traverse, deshalb ist die großflächige Wohnsiedlung praktisch ständig verstopft. Der

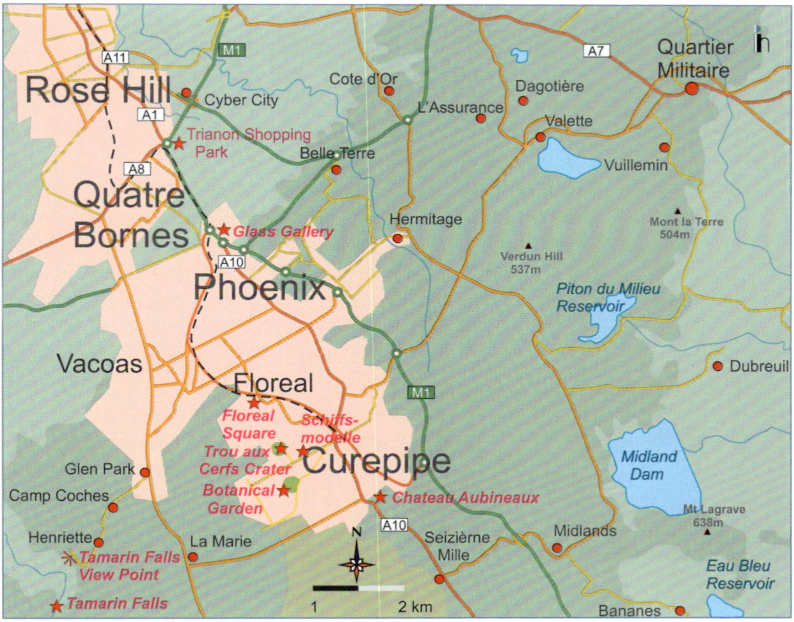

Verkehr quält sich über die St. Jean Road quer durch Quatre Bornes. Entlang dieser Straße liegen unzählige kleine Läden und zentral im Ortskern das markante mehrstöckige Orchard Tower Centre.

Einkaufen und Einkehren

„Bagatelle - The Mall of Mauritius" – hier liegen die modernsten Läden der Insel und hier verbringt der Mauritier neuerdings am liebsten seine Freizeit. 130 Läden, ein Food Court mit Lokalen und Restaurants und ein Kino locken die Insulaner in Massen in den neuen Konsumtempel. Eine Autobahnausfahrt und ein Hotel wurden eigens erbaut, und die Mall ist täglich von 9.30 bis teilweise spät abends geöffnet. Der „Food Lover's Market" ist eine Freude für Selbstversorger. Unser besonderer Tipp gilt der **Privatbrauerei „Flying Dodo"**: Hier gibt es neben gutem Essen unterschiedliche Fassbiere aus der eigenen Brauerei. Tel. 4688810, www.flyingdodo.com.

Ein weiteres Einkaufszentrum liegt am Autobahnkreisverkehr zwischen Port Louis und Curepipe. Der **„Trianon Shopping Park"** bietet einen Supermarkt, das Warenhaus „Game" und 75 weitere Läden wie Apotheke, Optiker, Frisör, Buch- und Fotoläden, Pâttiserien, Food Court und Boutiquen.

Unterkunft für Geschäftsleute

Hennessy Park Hotel: Tel. 4037200, E-Mail: info@ninetysixhotels.com, www.hennessyhotel.com. Direkt im Cyber City Komplex auf Ebene 65 liegen die 108 Zimmer/Suiten dieses modernen Business Hotels der gehobenen Mittelklasse. Preise: ÜF ab 116 €/DZpP und 230 €/EZ.

Phoenix

Info Die Städte unterschieden sich immer noch ein wenig nach sozialer und ethnischer Herkunft

Phoenix ist die Heimat der gleichnamigen Brauerei und somit allen Biertrinkern auf Mauritius ein Begriff. Die Autobahn von Port Louis teilt sich am Ortsbeginn von Phoenix beim großen Kreisverkehr in zwei Strecken nach Süden: Die alte Royal Road führt mitten durch Phoenix und Curepipe, während die neue Umgehungsstraße beide Städte umfährt. An diesem Kreisverkehr liegt der Verkaufsladen **Max Mara Fashion** für italienische Modewaren. Gleich daneben bietet sich ein Besuch der **Glass Gallery** an. Hier werden nicht nur schöne Jugendstillampen und Glasbilder produziert, sondern auch originelle Souvenirs aus recyceltem Glas gefertigt. Neben dem Ladengeschäft besteht die Möglichkeit einer Führung durch die Produktion (Tel. 6963360, von 8–17 Uhr, Führungen jeweils um 9 und 13 Uhr). An die Glasfabrik schließt sich die **Brauerei Phoenix** an, die Besuchern jedoch nicht (mehr) offen steht.

Bilder dieser Seite: Blick über die Hochlandstädte; kleiner Tempel in Henrietta

Rechts: Tamarin Falls und die Schlucht des Tamarin Rivers

Vacaos

Bei den britischen Kolonialherren galt Vacaos einst als gemütliche Residenz in luftiger Höhe. Heute hat sie eher den Ruf einer klassischen Arbeiterwohnsiedlung für das sozial schwache Milieu. Vermutlich finden gerade deshalb hier viele Demonstrationen und Zusammenkünfte der Arbeiterpartei statt. Touristen kommen meistens nur auf dem Weg zu den Tamarin Falls (siehe rechts) durch Vacaos.

Floreal

Hier wohnen die Bessergestellten, die „Expats" (ausländische Fachleute und Kurzzeit-Experten), Diplomaten und Reiche. Viele schöne Anwesen in prächtigen Gärten und Luxusgrundstücke hinter hohen, blickdichten Zäunen reihen sich an die Berghänge von Floreal und geben dem Vorort von Curepipe ein angenehmes Flair. Als Sitz der Strickwarenfabrik „Floreal Knitwear Company" wird Floreal auch stets mit der Textilindustrie in Verbindung gebracht. Hier befinden sich relativ nah beieinander zwei bekannte Einkaufszentren, die Taxifahrer mit ihrer einkaufsfreudigen Kundschaft gerne ansteuern.

Tamarin Falls

Der Wasserfall des Tamarin River stürzt in mehreren Kaskaden stufenweise von den Bergen in eine unberührte, tropisch bewachsene Schlucht. Während die Fälle selbst die meiste Zeit im Jahr nur ein dünnes Rinnsal bilden, ist der Aussichtspunkt **Tamarin Falls View Point** wegen des weiten Ausblicks über die dichte Vegetation an den markanten Bergen bis hin zum Indischen Ozean ein lohnendes Ziel.

Zufahrt: Durchqueren Sie Vacaos entlang der Hauptstraße und fahren Sie über Glen Park in das Dorf Henrietta. Bleiben Sie auf dieser Straße bis zum Buspark- und Wendeplatz am Ende des Dorfes. Dort biegen Sie direkt vor dem Busparkplatz rechts in den kleinen Weg und folgen dieser einspurigen Straße etwa 100 Meter bis zum Aussichtspunkt, der bei einem Hindutempel liegt.

Zur Info: Die Straße von Tamarin über Yemen zu den Tamarin Falls ist in Privatbesitz und für die Öffentlichkeit gesperrt. Es besteht daher nur die Zufahrt von Henrietta zu den Wasserfällen.

Einkaufen

Im kleineren **Floreal Square** Shopping Centre gibt es hauptsächlich Strickwaren zu kaufen. Im Obergeschoss des größten Ladens arbeiten Textilarbeiterinnen an diversen Näh- und Schneidemaschinen, und Touristen werden durch diese als „Textilmuseum" bezeichneten Produktionsschauräume geführt, um sie zum Einkaufen zu animieren. Das Shopping Centre **Adamas** macht es ähnlich. Was als „Diament-Tour" angeprießen wird, ist eine Verkaufshow für teuren Schmuck und Uhren. Hier werden täglich die Touristenmassen von örtlichen Reiseleitern und Taxifahrern durchgeschleust. Inzwischen hat man sich mehr auf die neue chinesische Kundschaft als auf Europäer eingestellt. Die Geschäfte bieten Ausländern zollfreien Einkauf an (Infos zur Vorgehensweise: S. 274).

Restaurant

Wer einmal zwischen Geschäftsleuten in gepflegtem Rahmen speisen möchte, wird das Restaurant **La Clef des Champs** in der Queen Mary Avenue mögen (Tel. 6863458, Mi–Fr von 11–15 Uhr und 18–22 Uhr). Unser Tipp: 3-Gänge-Mittagsmenüs ab 25 €.

Unterkunft und Einkehr im Grünen

7 Cascades Lodges & Restaurant: Tel. 52907382, E-Mail: info@7cascades.com, www.7cascades.com. Oberhalb vom Tamarin Falls Reservoir liegt in der Pitois Road in Henrietta, ein Aussichtsrestaurant mit sechs geräumigen hölzernen Bungalows, das als Eventresort für einheimische Besucher fungiert, aber auch ideal gelegen ist zum Wandern und Mountainbiken.
Preise: ÜF ab 63 €/DZpP und 98 €/EZ.

Info Curepipe spricht man wie „Körepip"

Curepipe

Der regenreichste Ort von Mauritius bietet die interessantesten Sehenswürdigkeiten der Ballungszentren im Hochland. Es ist durchaus typisch, dass es hier regnet, während die Badegäste in den Strandhotels zeitgleich in der Sonne braten. Packen Sie also einen Regenschirm ein und besuchen Sie den noch ein ganz klein wenig kolonial geprägten Stadtkern von Curepipe und den Kratersee Trou aux Cerfs!

Nach der Malariaepidemie von 1866 folgte die planmäßige Gründung von Curepipe auf 550 m Höhe – sie ist die höchstgelegene Stadt der Insel – um den Wohlhabenden aus Port Louis ein klimatisch verträglicheres Domizil zu schaffen. Weil in erster Linie Europäer nach Curepipe zogen, prägten sie das Stadtbild am stärksten. Inzwischen ist sie mit mehr als 84 500 Einwohnern jenseits des kolonialen Stadtzentrums zu einer ausufernden, eher gesichtslosen Großstadt angewachsen.

Stadtbesichtigung

Der historische Kern von Curepipe liegt in dem Karree zwischen Royal Road, Victoria Avenue, Sir John Pope Hennessy Street und Ste. Thérèse Street. In der pulsierenden Hauptschlagader der Stadt, der **Royal Road**, reihen sich zahllose kleine, indische Läden, moderne Bankfilialen und sehenswerte Kolonialgebäude aneinander. Hier lohnt es sich entlang zu schlendern. Über die Royal Road gelangen Sie direkt zur **Kirche Ste. Thérèse**. Der mächtige gotische Bau aus dem Jahr 1872 dominiert den großzügigen Platz (gute Parkmöglichkeit). Gegenüber der Kirche liegt das koloniale Ensemble mit altem und neuem Rathaus, Bücherei und kleinem Stadtpark. 1902 wurde das alte **Rathaus** (Hotel de Ville / Town Hall) mit einer Freitreppe, vier Ecktürmen und schnörkeligem, schmiedeeisernen Zierwerk auf den Dächern errichtet. Das Gebäude im klassischen kolonial-kreolischen Baustil strahlt Selbstbewusstsein und Stärke aus. Zwischen altem und neuem Rathaus fällt ein prächtiger neoklassizistischer Steinbau ins Auge. Das attraktive Gebäude ist die ehrwürdige Heimstatt der **Carnegie Library** mit ihren vielen Bücherreihen. Gleich gegenüber laden Parkbänke zur Rast in den beschaulichen **Townhall Gardens**. Der kleine Stadtpark ist wegen seiner romantischen **Statue von Paul & Virginie** berühmt geworden (Foto S. 122): Paul trägt seine Geliebte eng umschlungen über einen kleinen Bach...

Bild ganz oben: Basilica of St. Helene
Unten: Im Zentrum von Curepipe

Foto rechts: Das alte Rathaus der Stadt

Auf der anderen Seite des Parks befindet sich in einem unattraktiven Gebäude der **Zentralmarkt**. Lassen Sie sich nicht vom äußeren Eindruck abschrecken; im Innern ist das quirlige Markttreiben durchaus sehenswert. Der Markt ist täglich geöffnet. Ein anderes unauffälliges Gebäude liegt in der Teste de Buch Street hinter dem Rathaus. Von außen kaum zu erkennen, entpuppt es sich als das **Kasino** von Curepipe. Die „Einarmigen Banditen" sind schon ab 10 Uhr morgens zugänglich und gegen Nachmittag füllt sich das Kasino mit einheimischen Spielern. Roulette und Black Jack gibt es aber erst abends nach 20 Uhr.

Ein paar hundert Meter nördlich entlang der Royal Road gelangt man zur katholischen **Basilica of St. Helene**, deren Architekten der Überlieferung nach durch die Kathedrale in Florenz inspiriert wurden.

Die Sir John Pope Hennessy Street führt uns zu zwei peripheren Sehenswürdigkeiten von Curepipe, dem **Botanischen Garten** und dem **Kratersee Trou aux Cerfs.** Beide liegen rund 1 km vom Zentrum entfernt. Der Botanische Garten ist viel kleiner als Pamplemousses Gardens, frei zugänglich und eher ein öffentlicher Stadtpark zum Flanieren. Man kann sogar mit dem Auto hineinfahren. Trotzdem ist der 1870 angelegte Garten eine richtige Ruheoase mit schönen Palmen und uralten Bäumen. Die Einheimischen verbringen hier gerne ihre

Mittagspause, und Touristen genießen den Spaziergang entlang der Teiche, zwischen Ravenal und Bananenstauden, knorrigen Bäumen und schlanken Palmen.

Info Trou aux Cerfs, was auf Deutsch „Hirschloch" bedeutet, hat einen Durchmesser von 200 m und ist rund 85 m tief. Eine riesige Wetterstation auf der Anhöhe ist das neue Wahrzeichen der Stadt

Zum **Kratersee** führt etwa 300 m nach dem auffälligen Laden Babato Ltee für Segelschiffmodelle eine kleine Abzweigung nach rechts (beschildert). Sie zieht direkt den Berg hinauf, auf dem sich der erloschene Vulkankrater befindet. Die Ringstraße um den Kraterrand ist inzwischen für Autos gesperrt. Ein Spaziergang rund um den Krater bietet zahlreiche spektakuläre Aussichtspunkte. Der fast runde, dunkle See ruht tief im dicht bewaldeten Vulkankrater. Noch beeindruckender sind allerdings bei klarem Wetter die weiten Ausblicke, die sich von dieser erhöhten Position in alle Richtungen bieten. Am schönsten ist die Aussicht in südwestlicher Richtung über die Inselberge bis zur Küste. Aber auch der Blick aus der Vogelperspektive auf die riesigen Stadtflächen im Hochland ist reizvoll. Nach Norden kann man von hier bis zum markanten Gipfel des Pieter Both sehen.

Liebhaber der kreolisch-kolonialen Architektur sollten sich einen Besuch des 1872 erbauten Gutshauses **Domaine des Aubineaux** an der alten Hauptstraße nach Nouvelle France nicht entgehen lassen. Damals wurde hier Tee angebaut. Das schmucke Anwesen, ein weißer Holzbau mit türkisfarbenen Tür- und Fensterläden inmitten eines gepflegten französischen

Unten: Trou aux Cerfs

Rechts: Herrenhaus der ehemaligen Teeplantage Domaine des Aubineaux

Gartens, dient heute als Museum. Leider trübt der starke Straßenverkehr ein wenig die ansonsten erhabene Atmosphäre. In kleinen Nebengebäuden gibt es eine Boutique, in der Öl-Essenzen verkauft werden, und ein Tagescafé.

Öffnungszeiten: täglich von 9–17 Uhr. www.saintaubinloisirs.com, Tel. 6763089. Eintritt: Erwachsene 500 Rs, Kinder die Hälfte. Unter dem Motto „La Route du Thé" werden Kombitickets angeboten, die den Besuch im Vanillezentrum St. Aubin (S. 156, inkl. Lunch) und in der Teeplantage Bois Chéri (S. 177) einschließen.

Einkaufen

Selbstversorger finden die beste Auswahl im großen Supermarkt direkt im Stadtzentrum an der Victoria Avenue. Wer nach Kleidung und Souvenirs sucht, entdeckt zahlreiche Einzelgeschäfte in der Innenstadt entlang der Royal Road. Hier herrscht auch eine große Bankendichte. Die Aufschrift „**Shopping Arcades**" suggeriert mancherorts moderne Konsumtempel, dabei können sie dieses Versprechen oft nicht halten und entpuppen sich als malerische Ansammlung kleiner Ramschläden und indischer Gemischtwarenhandlungen. Die **Currimjee Arcades** im Zentrum an der Royal Road/Ecke Sir Winston Churchill Street und die gegenüberliegenden **Salaffa Arcades** haben ihr reichhaltiges Sortiment vorrangig nach dem lokalen Bedarf ausgerichtet, man findet hier außerdem Parfümeriewaren, Antiquitäten, handwerkliches aus China, Möbel und Holzspielzeug.

Schiffsmodellfabriken: Comajora, die älteste Schiffsmodellfabrik der Insel im Stadtteil Forest Side, ist geschlossen worden.

Kurz vor der Auffahrt zum Kratersee liegt die Schiffsmodellfabrik „Babato La Flotte Ltee" in der Sir John Pope Hennessy Street 53 A. Öffnungszeiten: Mo–Fr 9–16 Uhr, Sa 9-13 Uhr. Tel. 6752899, https://bobatoshipmodels.com.

Restaurant

La Potinière: Rue Charles Lees, Tel. 6702648, www.lapotiniere.mu. Das Lokal gilt als das beste Restaurant in Curepipe und bekocht seine Gäste im französisch-mauritischen Stil. Die Besitzer betreiben auch das Restaurant im Golfclub von Mont Choisy (S. 103). Geöffnet Mo–Sa mittags und Di–Sa abends.

Öffentliche Verkehrsmittel

Wie in Port Louis gibt es auch in Curepipe zwei Busbahnhöfe, die hier aber nur etwa 200 m voneinander entfernt liegen. Sie befinden sich im Zentrum am östlichen Ende der Chateauneuf Street. Vom Nordterminal starten die Busse nach Port Louis und in die anderen Hochlandstädte; vom Südterminal gelangt man dagegen nach Mahébourg und Souillac. Rund um den Busbahnhof herrscht mitunter eine totale Verkehrsverstopfung.

Takamaka – die Litschi-Weinkellerei

Eine weitere Sehenswürdigkeit entstand im Hochland mit der Eröffnung der Takamaka Boutique Winery im Jahr 2017. Ganze 17 Jahre lang experimentierte Alexander Oxenham im kleinen Familienbetrieb bis zur Reife seines neuen Produkts, doch die Hartnäckigkeit und mühselige Handarbeit zahlten sich schließlich aus. Denn in dieser einzigen Weinkellerei der Insel wird der Wein nicht aus Trauben erzeugt, sondern aus heimischen Litschis. Und darauf ist man hier sehr stolz: Alles kommt direkt aus Mauritius und wird hier von Hand verarbeitet. Zur Einlagerung seiner Weine verwendet Takamaka Edelstahl- und Eichenfässer. Besucher erhalten eine kurze Führung und sehen einen Videofilm, um die Produktion kennenzulernen, danach folgt an der Bar eine Weinverkostung der Sorten Aquarel, Apérichy, Eclipse, Icône und Tanara – unterschiedlich liebliche, halbsüße, fruchtig-aromatische Weiß- , Rosé- und Dessertweine aus den Früchten des Litschibaums. Im kleinen Restaurant serviert man leichte Speisen und Salate um 10 Euro und natürlich die hauseigenen Weine. Ausgeschenkt werden die Litschiweine ansonsten in diversen Hotels und einzelnen Weinhandlungen der Insel. Man kann sie selbstverständlich auch direkt in der Winery beziehen (pro Flasche 13–22 Euro).

Tipp Sandwiches gibt es hier auch zum Mitnehmen, so kann man z. B. im Nationalpark picknicken

Unten: Neu in Mauritius: Weine aus Litschifrüchten

Takamaka Winery liegt in Plaine Bonnefin nahe dem Wasserreservoir Mare aus Vacaos (direkt an der Straße zwischen Vacaos und dem Black River Gorges Nationalpark). Öffnungszeiten: Mo–Fr von 9–17 Uhr und Sa von 9–14 Uhr. Der Eintritt beträgt 500 Rs, für Kinder 250 Rs, und beinhaltet die kurze Führung mit anschließender Weinprobe. Kontakt: Tel. 54428371, www.takamakawinery.com.

Ist Mauritius eine Shopping-Oase?

An vielen Orten in Mauritius werben Geschäfte als angebliche „Designer Outlets", „Fashion Factories" und „Kashmir Shopping Boutiquen", allen voran in Floreal, im Zentrum von Curepipe, in Belle Mare und am Sunset Boulevard in Grand Baie. Begonnen hat diese Praxis, als früher berühmte Modehäuser wie Ralph Lauren und Hugo Boss auf der Insel ihre Kollektionen fertigen ließen. Da kam es schon mal vor, dass Überschüsse der vorigen Saison oder Restposten der Produzenten ohne das berühmte Label vergünstigt angeboten wurden. Aber schon damals waren die Mehrzahl der Angebote Plagiate. Man sollte wissen, dass die berühmten Modemarken schon seit Jahren nicht mehr auf Mauritius fertigen lassen, weil die Lohnkosten gegenüber Südostasien deutlich zu hoch angestiegen sind. Alles, was in solchen Geschäften heute als Markenwaren angepriesen wird, ist Fake und zumeist schamlos überteuert.

Wo also kann man besser einkaufen? Hochwertige Modeprodukte und mitunter sogar lokale Designerkleidung finden Sie in der Caudan Waterfront in Port Louis, etwas eingeschränkter auch in den Einkaufszentren an der Westküste, z. B. im Barachois Shopping Centre in Tamarin und im Ruisseau Créole Shopping Centre in Black River. Ein Beispiel ist die Marke „Cottons", die hochwertige, indisch angehauchte Designermode herstellt und in eigenen Boutiquen vertreibt (Caudan Waterfront, Trianon Shopping Park, Cascavelle und La Croisette). Die „Mall of Mauritius" in Bagatelle konzentriert sich dagegen mehrheitlich auf die einheimischen Konsumenten, das eine oder andere Schnäppchen kann man aber auch hier finden.

Typische Souvenirartikel und Gewürze werden im Zentralmarkt von Port Louis und im Bazar von Grand Baie feilgeboten. Vieles davon ist billige Massenware, und lokale Gewürze wie Zimt und Vanille, mauritischen Tee und Rum kauft man zudem deutlich günstiger in den Supermärkten. Trotzdem: Mauritius-Rum, aromatischer Vanilletee, Zuckervariationen und erntefrische Vanillestangen sind günstige Mitbringsel von hoher Qualität und Originalität. Ein weiterer Tipp gilt den bunten Palmstrohtaschen, die man überall auf der Insel findet. Es gibt hier deutliche Qualitätsunterschiede, die hochwertigen Taschen sind langlebig und robust. Darin lassen sich die neuen Einkäufe gleich wunderbar verstauen.

Edle Souvenirs mit mauritischem Bezug, ausgefallenes Kunsthandwerk und modische Schmuckwaren finden Sie in den Boutiquen der Sehenswürdigkeiten wie L' Aventure du Sucre und dem La Vànilla Nature Park. Die Läden in den feinen Hotels haben neben teuren Standardartikeln auch manches besondere Stück zu bieten. Eine letzte Gelegenheit zum Geldausgeben bieten schließlich noch Duty Free Shops am Flughafen.

Rückerstattung der Mehrwertsteuer: siehe S. 274!

Hot-Spots auf Rodrigues

Inselrundfahrt

François Leguat Tortoise & Cave Reserve

Wandern

Grand Montagne Nature Reserve

Ils aux Cocos

Info Die Insel Rodrigues ist geographisch der östlichste Punkt Afrikas

Rodrigues Island

Ein Besuch der Insel Rodrigues entführt den Reisenden in eine völlig andere, idyllisch ruhige und einsame Welt. Wenngleich manche Quellen schreiben, Rodrigues sei so, wie Mauritus vor 30 Jahren, wird dies der Insel kaum gerecht. Denn sie ist in jeder Hinsicht so verschieden von ihrer großen, dominanten Schwester, dass ein solcher Vergleich unwillkürlich hinken muss.

Das alte Mauritius wird man hier nicht finden, sondern etwas gänzlich Eigenständiges. Die Schätze von Rodrigues sind still und verborgen. Sie liegen nicht im Trubel der Unterhaltungs- und Shoppingangebote. Im Gegenteil: Die in sich ruhende, von der Welt kaum berührte Inselmentalität ist das Faszinierende an Rodrigues. Als moderner, schnell reisender Tourist sollte man also erst einmal **einen Gang runterschalten**.

Wie lange sollte man auf Rodrigues bleiben? Die Sehenswürdigkeiten der kleinen Insel sind auf einer zweitägigen Rundfahrt prima zu bewältigen. Man sollte sich aber einige Tage gönnen, um die Atmosphäre der Insel, die Stille und Abgeschiedenheit, auf sich wirken zu lassen. Die meisten Besucher wählen daher eine Aufenthaltsdauer zwischen drei und fünf Tagen.

Die Geschichte von Rodrigues

Mehr als 560 km östlich von Mauritius liegt die fischförmige, nur 108 km² kleine Insel einsam im Indischen Ozean – von den Landmassen Australien und Indien durch tausende Kilometer leeren Ozean getrennt. Arabische Seefahrer hatten sie zuerst entdeckt und „Dina a Robi" getauft. Die Europäer erlangten 1528 durch Don Diego Rodrigues Kenntnis von dieser abgelegenen Insel, und seither trägt sie deshalb den Namen des Portugiesen. Später kamen auch die Niederländer vorbei, doch die Welt interessierte sich weiterhin wenig für diesen einsamen Flecken Erde fernab der Kontinente.

Die ersten Siedler, französische Hugenotten, verschlug es dann auch eher zufällig auf die Insel. Frankreich hatte 1683 das Edikt von Nantes widerrufen, das den Protestanten freie Religionsausübung zugesichert hatte, woraufhin schwere Ausschreitungen und Verfolgung die Hugenotten in die Flucht trieben. Unter der Führung von **François Leguat** (1637–1735) verließ eine Gruppe Hugenotten Europa auf

einem Schiff mit dem Ziel, auf La Reunion die protestantische Republik Eden zu gründen. Sie unterlagen dem Irrglauben, die Insel sei von Frankreich aufgegeben und verlassen worden. Als sie La Reunion fest in den katholischen Händen Frankreichs verankert erkannten, steuerten sie 1691 die unbewohnte, ferne Insel Rodrigues an. Bis dahin war ihre Zahl auf nur noch acht Männer geschrumpft. Zunächst wähnten sie sich auf der abgeschiedenen Insel im Garten Eden und genossen die Vielfalt tropischer Früchte und die Schätze des Meeres. Sie trotzten den Stürmen und der immer stärker nagenden Einsamkeit und Öde zwei Jahre lang. Am Ende soll die Sehnsucht nach weiblicher Gesellschaft den Ausschlag für die Abkehr vom freien Leben auf Rodrigues gegeben haben. Die Männer bauten ein einfaches Schiff und trieben mit den Passatwinden nach Mauritius. Dort wurden sie von den Holländern inhaftiert und nach Südostasien deportiert, von wo die Hugenotten später nach Europa zurückkehren durften. Leguat veröffentlichte 1708 seine abenteuerliche Reisebeschreibung einschließlich detaillierter naturkundlicher Beobachtungen über heute ausgestorbene Tierarten wie den Vogel Solitair und die Riesenlandschildkröten.

Oben: Mountainbiken zwischen Schraubenpalmen mit Blick auf die türkisfarbene Lagune

Bilder links: Am Hafen von Port Mathurin erinnert ein Denkmal an den ausgestorbenen Vogel Solitaire; an der Südküste werden manche Straßenabschnitte regelmäßig überflutet

Dramatischer Raubbau an der Natur: Nach wenigen Jahrzehnten waren die Riesenlandschildkröten ausgerottet

Im 18. Jh. setzten die Franzosen mehrfach an, Rodrigues zu besiedeln. Wegen des stürmischen Klimas, der Einsamkeit und fehlender Bodenschätze, die wirtschaftlichen Gewinn versprachen, ließen sich aber nur wenige Siedler überzeugen, hier ihr Glück mit Ackerbau, Fischfang oder Handel zu versuchen. Rasch entdeckten sie dafür ein lukratives Geschäft, indem sie die wehrlosen Riesenlandschildkröten einfingen, in Pferchen zusammentrieben und vorbeikommenden Frachtschiffen als Lebendproviant verhökerten. Bis zu 4000 Tiere sollen die Schiffe damals im Schiffsbauch verladen haben, die nach und nach als Mannschaftskost verspeist wurden. Schon nach wenigen Jahrzehnten hatten die Leute die einst zu Hunderttausenden auf Rodrigues lebenden Riesenlandschildkröten völlig ausgerottet.

Oben: Ladenschild in Port Mathurin

1807–1809 sollte Rodrigues eine Nebenrolle in der Weltpolitik spielen: Großbritannien schickte sich an, die Insel Mauritius zu erobern und annektierte dafür kurzerhand Rodrigues. Die Insel war nicht von Interesse, wohl aber ihre strategische Lage, um den Seeweg nach Mauritius zu blockieren. In einer ersten Seeschlacht vor der Südostküste von Mauritius erlitten die Briten eine schwere Niederlage und zogen daraufhin ihre gesamten Seekräfte aus dem indischen Raum vor Rodrigues zusammen: 70 Kriegsschiffe mit rund 10 000 Soldaten. 1810 gelang ihnen so der finale Schlag gegen die französische Kolonie auf Mauritius.

Rodrigues stand immer im Schatten seiner strahlenden Schwesterinsel Mauritius

Auch unter britischer Verwaltung blieben die Inselpopulation gering und das Leben auf Rodrigues beschaulich. Wirtschaftlich stand die Insel stets im Schatten der großen Schwester, galt sogar als ein lästiges Anhängsel. Die kleinbäuerlichen Strukturen ohne Zuckerrohrplantagen zogen kaum Europäer an. Zur kreolischen Bevölkerungsmehrheit aus befreiten Sklaven gesellten sich zum Ende des 19. Jh. Chinesen, die

Bilder unten: Eingemachte Chilis und bunte Strohtaschen sind beliebte Erinnerungen an die stille Insel Rodrigues

ihre Chancen im Handel und Kleingewerbe erkannten. So stieg die Bevölkerung auf rund 1700 Bewohner. Von den beiden Weltkriegen blieb Rodrigues weitgehend verschont und dämmerte verschlafen der gemeinsamen Unabhängigkeit mit der Hauptinsel Mauritius entgegen.

Erst die 1970er Jahre brachten spürbare Neuerungen nach Rodrigues, als die Insel elektrifiziert und an das reguläre Flugnetz angeschlossen wurde. Das machte die Menschen mobiler und viele junge Leute wanderten aus, um an interessanteren Plätzen der Welt ihr Glück zu suchen. Die Zurückbleibenden stellten stärkere Forderungen an die Regierung und erreichten 1976 die Einrichtung eines eigenen Ministeriums für ihre Angelegenheiten, das ihnen seither mehr Mitsprache ermöglicht. Rodrigues genießt heute den Status einer mauritischen Dependance mit Teilautonomie und wird von zwei politischen Parteien, der OPR und der RPR, vertreten.

Oben: Viele Fischer verkaufen ihre Produkte wie Tintenfische, Krabben, Honig und Pfefferkörner direkt von Zuhause an Vorbeikommende

Allgemeine Infos zu Rodrigues

Die Bevölkerung besteht zu 85 % aus Nachfahren afrikanischer Sklaven, die als Bauern und Viehzüchter nach traditionellen Methoden das Landesinnere bewirtschaften. Mehr als 95 % der Landfläche befindet sich in Staatsbesitz und wird den Bauern verpachtet. Rund 12 000 Küstenbewohner halten sich mit Fischerei über Wasser und haben sich in Kooperativen zusammengeschlossen. Die meisten fischen nur innerhalb der Lagune, deren Bestände deshalb bereits stark zurückgegangen sind. Nur mühsam kann die Regierung die Fischer dazu bewegen, außerhalb des Riffs in den tiefen Gewässern zu fischen. Der Fang dient hauptsächlich der Eigenversorgung, nach Mauritius werden gepökelter Fisch, getrockneter Tintenfisch und Garnelen exportiert. Die Tradition der Frauen, bei Ebbe in der flachen Lagune **Kraken** zu **speeren**, hat Rodrigues weithin berühmt gemacht. Die chinesische und chinesisch-kreolische Minderheit bildet die Wirtschaftselite und hat den Handel, die Gastronomie und das Hotelgewerbe fest im Griff. Die Christianisierungsrate der rund 37 000 Insulaner ist mit annähernd 98 % Katholiken ausgesprochen hoch.

Das Leben der Insulaner ist bescheiden, dem Fortschritt nicht unbedingt zugewandt, dafür traditionell verhaftet und streng katholischen, konservativen Wertevorstellungen unterworfen. Die Jugend, eher gelangweilt, träumt von der Emigration nach Europa. Die bäuerlichen, warmherzigen Menschen fühlen sich von den Mauritiern geringgeschätzt und

Wer das Speeren der achtarmigen Kraken erleben möchte, sollte wissen, dass die Frauen traditionell nur frühmorgens auf die Jagd gehen. Durch die Gezeiten entsteht daher ein etwa 15-tägiger Rhythmus für das Speeren von Tintenfischen. Die Octopus-Trockengestelle (Foto unten) sind daher nur während der Jagdzeiten bestückt und besonders an der Südküste zu entdecken.

Info Auf Rodrigues befindet sich in Eau Claire die seltenste Pflanze der Welt: Nur noch ein einziges Exemplar der exotischen Kaffeespezies Café Marron ist bekannt. Als bedrohte endemische Spezies leben hier außerdem die beiden Vogelarten Rodrigues-Warbler (*Acrophalus rederricanus*) und Rodrigues-Fody (*Foudia flavicans*) sowie die zierlichen Rodrigues-Flughunde (*Pteropus rodricensis*)

Info Merkwürdig verschluckt und verkürzt klingt die Aussprache der Einheimischen. Das hiesige Kreol unterscheidet sich stark vom mauritischen. Port Mathurin spricht man hier als „Port Matschrijn" aus; Rodrigues heißt „Rodrig"

reagieren mit einer gewissen Abgrenzung gegenüber der dominanten Hauptinsel, betonen gerne ihre Eigenständigkeit und Andersartigkeit.

Rodrigues unterhält ein kostenfreies Gesundheitssystem, das unter Umständen auch einen Flug nach Mauritius einschließt, falls es die Behandlung erfordert, z. B. für Operationen. In den letzten Jahren haben sich die Lebensbedingungen für einen großen Bevölkerungsteil verbessert, dessen Wohnstätten jetzt über Strom- und Wasseranschlüsse verfügen. Wer es sich leisten kann, investiert in einen Pickup, die Armen beschränken sich weiterhin auf lange Fußmärsche, Mopeds und öffentliche Busse.

Der Tourismusgedanke erwachte erst sehr spät auf Rodrigues und grenzt sich noch deutlich vom mauritischen Luxustourismus ab. Die wenigen Hotels erhalten Konkurrenz durch Familienpensionen und private Zimmervermietung. Ruhesuchende Individualreisende sollen sich vom „**Urlaub auf dem Bauernhof**"-Modell und dem Ökotourismus-Touch angezogen fühlen. Rodrigues vermarktet, was es auszeichnet: die ländliche, rückständige und augenscheinlich noch heile Welt.

Die ersten Eindrücke

Trägheit und Beschaulichkeit prägen den geruhsamen Lebensrhythmus der freundlichen Insulaner. Man bewegt sich langsam, und bereits zwischen drei und vier Uhr nachmittags beginnt der Feierabend und die Läden schließen. Allerorten wird man auch als Fremder gegrüßt. Solidarität wird groß geschrieben. Die Menschen helfen zusammen und bestellen die Felder auf dem Land gemeinsam. Der Einfluss der chinesischen Minderheit ist enorm. Supermärkte, Restaurants und Herbergen scheinen mehrheitlich in chinesischer bzw. sino-mauritischer Hand zu sein. Wer Acht gibt, wird viele Kreolen mit chinesisch anmutenden Gesichtszügen entdecken. Die Kreolen afrikanischer Herkunft bilden die arme, bäuerliche Landbevölkerung, die wortkargen Fischer und fleißigen Feldarbeiter. Sie tragen sehr gerne breite Strohhüte zum Schutz gegen Sonne und Wind.

Knatternde Mopeds und laute Busse gehören heute zum Klang der Insel und bestimmen das Straßenbild. Nachts wird es aber so ruhig, dass selbst die Hunde nicht mehr bellen. Schulkinder tragen Uniformen, die sich von Schule zu Schule unterscheiden. In Uniform dürfen sie gratis mit dem Bus zur Schule fahren, nicht jedoch auf anderen Strecken.

Der Flug nach Rodrigues

Rodrigues ist abhängig von den täglichen Flügen der Air Mauritius, neben denen sonst nur noch die sporadische und langsame Schiffsverbindung mit der „Mauritius Pride“ und „Mauritius Trochetia“ existiert. Der 1972 fertiggestellte und 1994 erweiterte Flughafen erlaubt mit seiner bescheidenen Startbahn allerdings nur kleinen Fluggeräten mit weniger als 80 Sitzplätzen die Landung. Trotz mehrerer Verbindungen pro Tag beschränkt dieser Umstand die Besucherzahlen beträchtlich. In Saisonzeiten, zu Ferienbeginn und -ende sowie an den Wochenenden sind die Kapazitäten rasch erschöpft. Der Flug zwischen Rodrigues und Mauritius wird bei Air Mauritius für ca. 115 Euro pro Strecke angeboten, als Returnflug ab 200 Euro.

Weil eben nur kleine Propellermaschinen die Insel anfliegen können, besteht eine sehr strikte **Gewichtsbegrenzung** auf maximal 15 kg Fracht- und 5 kg Handgepäck pro Passagier. Wer mit einem Durchgangstarif von Europa aus nonstop über Mauritius nach Rodrigues fliegt (ohne Zwischenaufenthalt), für den gilt die großzügige Gepäckregelung des Langstreckenflugs auch auf dem Flug nach Rodrigues. Sobald man jedoch einen Zwischenaufenthalt in Mauritius einplant, verliert man diesen Vorteil. Unglücklicherweise existiert auf dem Flughafen von Mauritius keine Gepäckaufbewahrung, sodass Reisende, die einen Abstecher nach Rodrigues planen, frühzeitig die Gepäckfrage klären sollten (evtl. kann man einen Teil des Gepäcks in einem Hotel auf Mauritius unterstellen). Wer mehr als die erlaubten 15 kg Frachtgepäck und 5 kg Handgepäck bei einem Flug nach Rodrigues aufgeben möchte, muss offiziell eine Übergepäckgebühr von 150 Rs pro Kilo bezahlen. Manchmal wird Überseetouristen diese nach zähen Verhandlungen erlassen, aber keineswegs immer. Wenn das Flugzeug zu schwer beladen ist, kann die Mitnahme von Übergepäck sogar verweigert werden. Der Rückflug von Rodrigues nach Mauritius ist weniger sensibel, hat die Maschine doch bereits das Flugbenzin des Hinflugs verbraucht und somit deutlich mehr Gewichtsspielraum. Größere oder sperrige Handgepäcksstücke müssen vor dem Zustieg abgegeben und extra verstaut werden, weil sie nicht in die schmalen Gepäckfächer der kleinen Fluggeräte passen.

Eine weitere Besonderheit von Rodrigues-Flügen ist die Tatsache, dass hier Pass-, Sicherheits- und strenge **Zollkontrollen** anfallen wie bei einem internationalen Flug, obwohl es sich faktisch um einen Inlandsflug handelt. Halten Sie sowohl beim Abflug in Mauritius als auch bei der Ankunft in Rodrigues entsprechende Ausweisdokumente bereit.

Auf dem eineinhalbstündigen Flug werden ein Sandwich und ein Getränk serviert. Beim Landeanflug offenbart sich sogleich, wie außergewöhnlich breit die Lagune ist, die Rodrigues umgibt. Passagiere der linken Sitzreihen genießen außerdem einen guten Ausblick auf die geschützte Insel Ile aux Cocos. Was zudem gleich ins Auge sticht: Rodrigues wirkt reichlich kahl und gar nicht so tropisch – dafür sind bestellte Felder, ein paar Kühe und Bauernhäuschen zu sehen.

Mehrmals täglich bringt die Landung von Air Mauritius die beschauliche Ruhe auf Rodrigues durcheinander. Die Ankunftshalle misst nur rund 200 m², wimmelt aber von Beamten. Es gibt einen ATM-Bankschalter und vor der Zollkontrolle einen Duty Free Shop (beachten Sie die Zollgrenzen von 1 l Spirituosen und 2 l Wein pro Person).

Vor dem Flughafengebäude stehen Pickup-Taxis, um die Transfers der Fluggäste abzuwickeln. Alternativ fährt der öffentliche Bus täglich zwischen 6 Uhr morgens und 16.30 Uhr zwischen dem Flughafen und Port Mathurin (ca. 30 Rs).

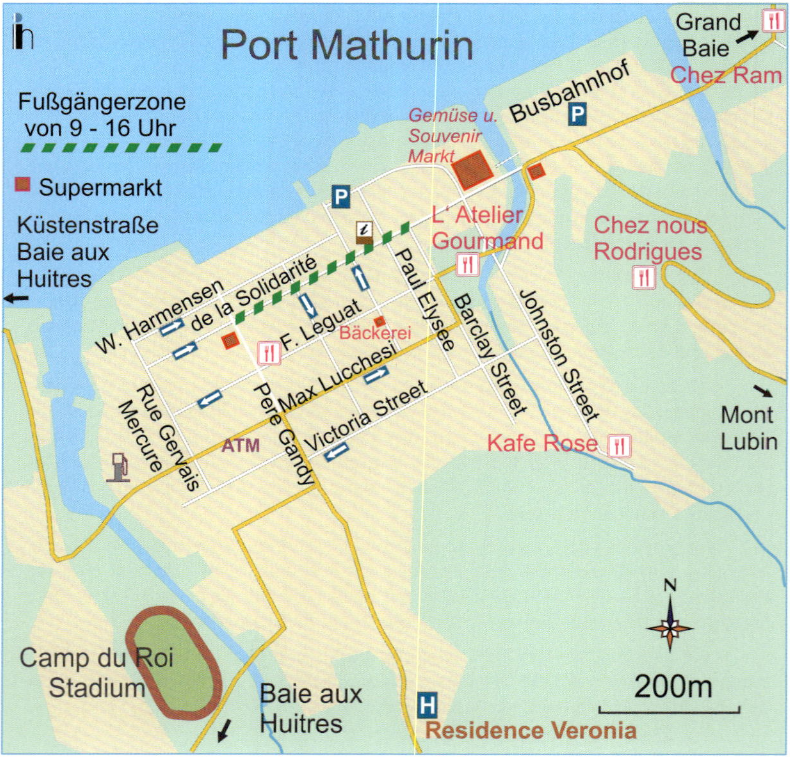
Port Mathurin
Fußgängerzone
von 9 - 16 Uhr
Supermarkt
Küstenstraße
Baie aux
Huitres
Grand
Baie
Chez Ram
Busbahnhof
Gemüse u.
Souvenir
Markt
L' Atelier
Gourmand
Chez nous
Rodrigues
W. Harmensen
de la Solidarité
F. Leguat
Bäckerei
Paul Elysee
Barclay Street
Johnston Street
Max Lucchesi
Victoria Street
Rue Gervais
Mercure
Pere Gandy
ATM
Kafe Rose
Mont
Lubin
Camp du Roi
Stadium
Baie aux
Huitres
Residence Veronia
N
200m

Port Mathurin

Die kleine Inselhauptstadt **Port Mathurin** (sprich: „Matschrijn“) präsentiert sich übersichtlich mit schmalen Einbahnstraßen, bunten kleinen Geschäften, lautem Verkehr und geschäftigem Treiben. Am Hafen dümpeln Fischerboote im Meer und steht ein Denkmal für den ausgestorbenen Vogel Solitaire. Die kleinen Straßen dahinter erinnern an die Epoche der britischen Kolonialzeit, als der Ort mit Lineal und Zirkel angelegt wurde. An moderne Pickups hat damals noch niemand gedacht, die Straßenzüge sind daher schmal und zumeist Einbahnstraßen. Auch heute noch sind die meisten Menschen zu Fuß in der Stadt unterwegs.

Das Tourist Office ist gegenüber dem kolonialen Gebäudekomplex **La Residence** aus dem Jahr 1873 untergebracht. Der Reisende erhält hier ein paar Prospekte und eine praktische Inselkarte. Am besten schlendert man ein wenig in Port Mathurin herum, kommt vielleicht an einer der beiden Moscheen oder an der kleinen Kirche vorbei, und besucht die Andenkenläden mit ihren Rodrigues-Hüten und dem heimischen Chili-Chutney und Honig. An der Rue de la Solidarité/ Ecke Johnston Street liegt der kleine Laden von Coco-Zone, einem sozialen Projekt für behinderte und benachteiligte Menschen, die unter fachlicher Anleitung Schmuck und Kunsthandwerk aus lokalen Naturprodukten wie Kokosnuss-Schalen herstellen. Besucher werden Willkommen geheißen, auch die Produktionswerkstatt in Camp du Roi nahe dem Stadium zu besuchen (Mo–Fr von 8–16 Uhr). Ansonsten gibt es in Port Mathurin nicht viel zu entdecken; es geht vielmehr darum, die **Atmosphäre** dieser selbstvergessenen „Hauptstadt“ mitten im einsamen Indischen Ozean aufzunehmen.

Oben: Anse aux Anglais
Unten: Typisch Rodrigues – saftig grünes Hügelland und einzelne Milchkühe mitten im Indischen Ozean

Eine Inselrundfahrt

Für diese Rundfahrt beginnen wir in Port Mathurin und fahren gegen den Uhrzeigersinn auf gut ausgebauter Teerstraße entlang der Küste in Richtung Südwesten, und gelangen zunächst nach **Baie aux Huîtres**, wo die Vegetation immer

Oben: Auch das ist typisch Rodrigues: Fußgänger mit Müßiggang, winzig kleine Läden und bunt bemalte Häuser

spärlicher wird und die ersten Rinder und Ziegen auftauchen, die von verhüllten und mit breiten Sonnenhüten geschützten Bäuerinnen gehütet werden. Es mutet auf der Weiterfahrt bald eher an wie an schottischen Küsten als wie im Indischen Ozean, mit sattgrünen Grashängen anstelle von tropischen Blüten und Palmen. Immer wieder werben Schilder für den Direktverkauf von Fisch und Meeresfrüchten, die meisten der verteilt liegenden Häuschen bewohnen hier Fischer.

Schon in der nächsten großen Bucht, **Baie Malgache**, entsteht ein neuer Eindruck; jetzt tauchen Mangroven auf, die die Bucht säumen. Ein merkwürdiges Zusammenspiel: Mangroven und Kühe! Hier wachsen die Mangroven wie Büsche sogar gleich mehrere Meter hoch.

Ansonsten scheint es bald immer noch karger zu werden, kaum noch Bäume sind zu sehen. An der **Baie du Nord** reichen die Berge mit steilen Hängen nah an die Bucht heran. Dann wendet sich die Teerstraße von der Küste ab und knickt südlich ins Landesinnere. Nach kurzem, steilen Anstieg erreichen wir das kommerzielle Zentrum **La Ferme**, das nach der Ödnis der Küste wie ein tropisches Dorf wirkt und mit chinesischem Supermarkt und Bank für die Insel bereits gut ausgestattet ist. Hier nehmen wir die geteerte Abkürzung nach **Grand La Fouche Corail**, neuerdings mit Tankstelle, um dort hinab zur Südküste in Richtung Petite Butte zu fahren. Unser Ziel sind das François Leguat Schildkrötenreservat und die Tropfsteinhöhlen Caverne Patate, die bedeutendsten Sehenswürdigkeiten der Insel, die beide von der Straße nach **Petite Butte** zu erreichen sind (jeweils beschildert, S. 218).

François Leguat Giant Tortoise and Cave Reserve

Im Südwesten der Insel erstreckt sich auf einem Gelände mit zahlreichen unterirdischen Kalksteinhöhlen die bedeutendste Sehenswürdigkeit. Sie besteht aus zwei Bereichen; dem **Riesenschildkröten-Canyon** und der beleuchteten und mit Treppen und Wegen ausgestatteten **Tropfsteinhöhle Grande Caverne**, der mit 500 m längsten von elf Höhlen innerhalb dieses Reservats. Wahlweise besucht man nur die Schildkröten oder beide Bereiche. Beim Eingang des Schildkrötenreservats (mit Souvenirshop, Restaurant und Museum, zugänglich täglich von 9–17 Uhr) starten die täglichen Führungen in Englisch und Französisch um 9.30 Uhr, 10.30 Uhr, 13.30 Uhr und 14.30 Uhr; der Eintritt zu den Schildkröten beträgt 450 Rs (Kinder die Hälfte), das Kombiticket inklusive der Tropfsteinhöhle ist etwas teurer.

Einst bevölkerten hunderttausende Riesenlandschildkröten Rodrigues, ehe sie im 18. Jh. von den Europäern vollkommen ausgerottet wurden. Das 2004 ins Leben gerufene Schutzgebiet wurde nach dem französischen Hugenottenführer Leguat benannt, der hier einst die drei Schildkrötenarten entdeckte und 1691 der Nachwelt beschrieb (siehe S. 208). Zunächst wurde das 18,7 ha große Gelände renaturiert und mit 186 000 endemischen und indigenen Pflanzen bestückt, um den einstigen Naturraum wiederherzustellen. Dann fanden hier Aldabra-Riesenlandschildkröten, die als einzige der auf Rodrigues ausgestorbenen Arten auf dem gleichnamigen Seychellenatoll überleben konnten, und zwei Spezies aus Madagaskar eine neue Heimat. In wenigen Jahren vermehrten sie sich von ein paar Hundert auf heute knapp 4000 Tiere.

Bilder: Riesenschildkröten im Canyon. Rechts: Historisches Gemälde aus der Zeit Leguats; in Museum

Zuerst sieht man die Aufzuchtstation der kleinsten Schildkröten, danach durchquert man den Canyon – der eigentlich eine eingestürzte Höhle ist – mit den Riesenlandschildkröten. Besucher dürfen die zutraulichen Tiere streicheln, aber nicht füttern. Wussten Sie, dass wie bei Krokodilen die Bruttemperatur darüber entscheidet, ob sich eine weibliche oder männliche Riesenschildkröte entwickelt? Bis zur Geschlechtsreife kann man die Tiere nicht auseinander halten, danach haben die Weibchen einen kürzeren Schwanz. Einige Methusalems sind auch dabei, z. B. Lukas mit mehr als 90 Jahren. Nach rund einer Stunde hat man den Nordausgang des Canyons erreicht. Wer die Kombination mit Tropfsteinhöhle bucht, läuft hier weiter zur Grande Cave, alle anderen kehren zum Eingang und dem Museum zurück.

Wir raten, die Tour mit Turnschuhen und Sonnenschutz am frühen Vormittag zu unternehmen, da man über sonniges Gelände läuft und sich auch die Tiere in den Schatten zurückziehen. Kontakt: Tel. 8328141, https://www.francoisleguatreserve.com. Zufahrt: die letzten 600 m sind Piste.

Tropfsteinhöhle Caverne Patate

Höhlenforscher haben im Südwesten von Rodrigues inzwischen 26 Kalksteinhöhlen entdeckt, und davon gilt die Caverne Patate als die bedeutendste. Sie liegt nur wenige Kilometer vom Schildkrötenreservat entfernt und ist interessanter als die Grande Caverne. Die gut einstündigen Führungen finden täglich um 9, 11, 13 und 15 Uhr statt und kosten 200 Rs Eintritt (Kinder 100 Rs). Von der 1057 m langen Höhle sind etwa 600 m begehbar. Der Mangel an dramatischen Stalagmiten und Stalaktiten wird hier durch spielerische, charmante Fantasie ausgeglichen. So gleicht die Höhlenwanderung einem Ratespiel, wenn die Führerin allerlei bizarre Gesteinsformationen anleuchtet und das Publikum fragt, was das denn sei... auf diese Weise tauchen vor dem überraschten Besucher Hexen, Katzen, eine schwarze Madonna, ein kleiner Fisch, eine Eule, Buddha, Winston Churchill, der Buckingham Palace und – auch das darf nicht fehlen – das tragische Liebespaar Paul & Virginie auf. Das Publikum, vor allem wenn Kinder dabei sind, dankt es. Pro Paar erhält man eine Lampe ausgehändigt. Eindringlich schön wird es, wenn nach Aufforderung der Führerin alle ihre Lampen löschen und schließlich schweigend in der vollkommenen Dunkelheit stehen. Die Tour ist körperlich nicht anstrengend. Wir empfehlen Turn- oder Wanderschuhe zu tragen, besonders wenn es geregnet hat und der Boden ziemlich glitschig ist. Zufahrt: Die letzten 300 m sind eine ruppige Piste.

Bilder: Schraubenpalmen an der Südküste

Nach der Besichtigung der beiden Hauptsehenswürdigkeiten setzen wir unsere Inselrundfahrt fort. Es geht über **Petite Butte**, in dessen Nähe ein Korallensteinbruch betrieben wird, weiter nach Osten, immer ganz nah am Ozean entlang. Häufig weisen Schilder vor kleinen Betonfurten auf Flutgefahr hin. Ab jetzt sollte man Ausschau halten nach den Trockengestellen für die **gespeerten Tintenfische**, für die die Fischerinnen von Rodrigues berühmt sind (siehe Fotos rechts). Die ältere Straße ist vielfach geflickt worden und sehr rumpelig zu befahren. Doch die etwas tropischere Vegetation der Inselsüdhälfte mit zahlreichen **Schraubenpalmen** gleicht diese Unbequemlichkeit aus. Hier leben die Fischer in einfachen Verhältnissen, hie und da steht ein Blechcontainer-Kiosk mit Getränken und Süßigkeiten, ansonsten führen die Menschen ein karges, bescheidenes und ereignisarmes Leben. An zahlreichen Ständen verkaufen Frauen Gläser mit Honig, Piment oder Chutneys.

Von **Port Sud Est** führt die Straße durch Mangroven zum Hotel Mourouk am ersten Sandstrand, den wir zu sehen bekommen. Früher endete sie hier und zwang Reisende zur Umkehr. Doch inzwischen gibt es hier eine frisch geteerte malerische Auffahrt nach Grand Montagne im Inselinneren.

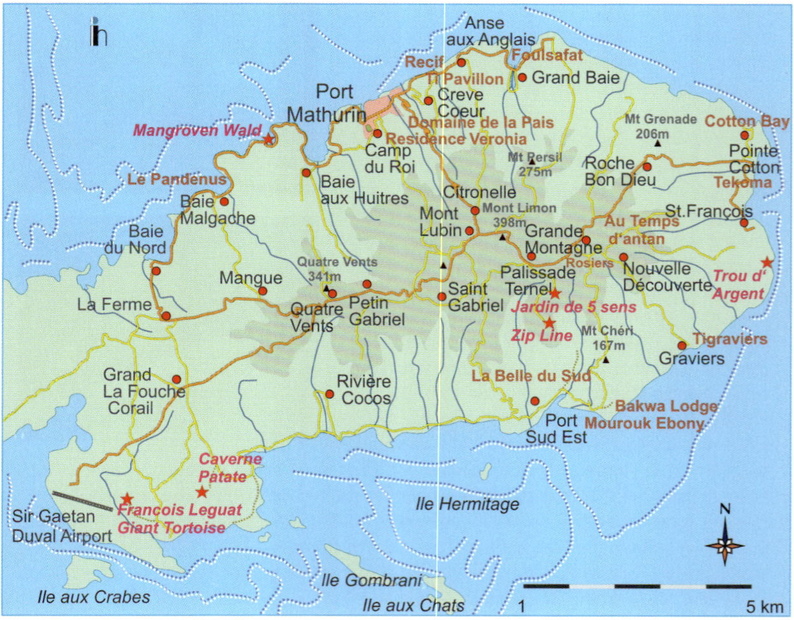

Sehenswertes im Landesinneren

Im bergigen Landesinneren lohnt sich ein Besuch der **Kirche St. Gabriel** aus den 1930er Jahren und ihres geschmückten Friedhofs. Der mächtige Kirchenbau vermag bis zu 2000 Menschen aufzunehmen und liegt vor Stürmen geschützt in einer üppig tropischen Senke.

Naturfreunde sollten spätnachmittags unbedingt eine Fahrt zwischen Mont Lubin und Port Mathurin einplanen, denn entlang dieser steilen, gewundenen Abfahrt durchquert man den **Solitude-Wald**, in dem die endemischen „**Golden Fruit Bats**" („Rodrigues-Flughunde") tagsüber ruhen. Kurz vor Sonnenuntergang schwärmen die Vegetarier zur nächtlichen Futtersuche aus und sind dann überall am Himmel zu beobachten.

Eine andere Stichstraße führt von Palissade Ternel im hoch gelegenen Inselzentrum zu den schluchtartigen Berghängen der Südküste. Entlang dieser Strecke, die teilweise durch regelrechte **Schraubenpalmendickichte** führt, liegen die Tyrodrig Zipline und der Botanische Garten „Jardin des 5 Sens" (siehe S. 223)

Abstecher zur Ostküste: Von Grande Montagne bieten sich Abstecher zur wilden, meist windumtosten Ostküste an, zur Cotton Bay und der malerischen Bucht von St. François oder nach Graviers (zwischen den beiden Orten führt ein Wanderweg zur berühmten Bucht **Trou d' Argent**).

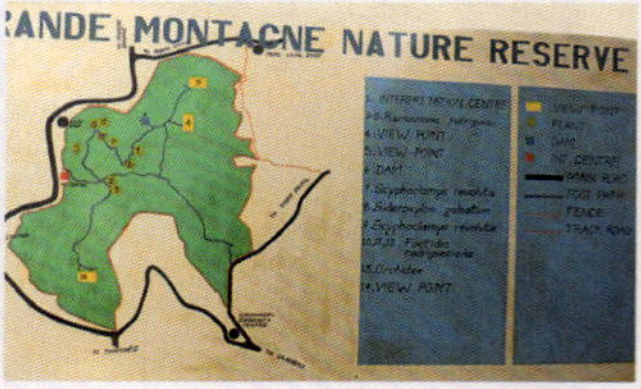

Wanderungen auf Rodrigues

Das bergige Landesinnere mit Erhebungen bis fast 400 m und tief eingeschnittenen Tälern bietet abwechslungsreiche Wandermöglichkeiten, allerdings fehlen vielerorts Beschilderungen.

Mont Limon, mit 398 m der höchste Berg der Insel: Am östlichen Ortsrand von Mont Lubin, kurz nach der Abzweigung nach Orange/Baladire, markieren Steintreppen gegenüber einem orangefarbenen Haus, in dem Duftöle verkauft werden, den Beginn des kurzen, steilen Gipfelpfads durch den Wald (Foto links). Nach nur 5–10 Minuten Aufstieg genießt man einen wunderbaren Rundblick über die Insel nach Norden, Osten und Süden. Wir empfehlen die Tour zum Sonnenuntergang, dann kommen auch schon die ersten Flughunde aus dem Bäumen geflogen.

Trou d' Argent: Beim Fisheries-Gebäude am Public Beach von Graviers beginnt der gut einstündige sonnige Wanderweg durch lichten Kasuarinenwald bis St. François, der an mehreren unberührten Meeresbuchten vorbei führt, auch an der Bucht von Trou d' Argent.

Grand Montagne Nature Reserve: Von Mo–Fr um 9.30 Uhr und 13.15 Uhr und am Sa um 9.30 Uhr finden hier ein- bis zweistündige geführte Wanderungen durch den mühevoll wiederhergestellten Naturbergwald statt, wobei zahlreiche endemische Pflanzen gezeigt werden. Beginn ist beim Office an der Straße von Grand Montagne in Richtung Cotton Bay (2. Foto v. u., nur wenige Parkplätze). Der Eintritt beträgt 300 Rs, für Kinder 150 Rs. Kontakt: Tel. 8314558, www.mauritianwildlife.org.

Weitere Ausflüge

Touristisch erschlossen ist am stärksten die kleine Region zwischen Port Mathurin und Grand Baie im Nordosten von Rodrigues. In **Anse aux Anglais** (auch English Bay genannt) liegen ein paar Hotels und Privatunterkünfte, einige Bars und Kneipen, jedoch keine sehr schönen Strände.

Badestrände

Reizvolle Buchten und einladende **Badestrände** bietet Rodrigues nur im Osten und Südosten, zwischen der **Cotton Bay** / Pointe Coton und dem Hotel Mourouk. Um die schönsten Strände zu besuchen, bietet sich folgender Ausflug an: Von Grande Montagne im Landesinneren geht es über Roche Bon Dieu in weiten Kurven gleich steil abwärts. Unterwegs sind wieder mehrere Stände mit Strohhüten, Honig und Chutneygläsern am Straßenrand aufgestellt. Die gut ausgebaute Straße endet direkt beim Cotton Bay Hotel, das eine herrliche Lage an der gleichnamigen einsamen Bucht genießt. Etwa 1 km vor dem Hotel zweigt nach rechts eine kleinere Teerstraße nach Süden ab, über die man zu noch schöneren Stränden gelangt. Ein Kasuarinenwald säumt den breiten Sandstrand der ersten Bucht **Anse Ally**, hier befindet sich das Luxushotel Tekoma. Nach Süden schließt sich daran **Saint François** an, und hier liegt in unseren Augen der schönste Strand von Rodrigues, denn die attraktive Bucht voller Kokospalmen wird von steilen Bergen umschlossen. Hinter dem schönen Badestrand reihen sich kleinere Gästehäuser. Am südlichen Ende, an der **Baie de l'Est**, endet die Straße. Von hier aus kann man in etwa 20 Minuten zu Fuß den berühmten Strand **Trou d' Argent** erreichen und noch weiter bis Graviers wandern. Die wildromantische Bucht Trou d'Argent ist ein begehrtes Fotomotiv.

Wassersport & Kitesurfen

Rodrigues ist von Korallenriffen umringt, die der Insel breite Lagunen bescheren und sich bestens für Wasser- und Tauchsportarten eignen. Als bester Monat zum Tauchen gilt der November. Zum Kitesurfen wird die Südküste von Mai bis September empfohlen.

Club Osmosis: c/o Hotel Mourouk Ebony, Tel. 58754961, www.osmosis-rodrigues.com.

Eco Evasion Diving: Port Mathurin, Tel. 5902 3706, E-Mail: ecoevasiondiver@gmail.com.

Alex Salamander Diving: Anse aux Anglais, Tel. 58755217, www.alexsalamanderdiving.com.

Ile aux Cocos

Die im Westen innerhalb der geschützten Lagune gelegene flache Insel beherbergt ein Vogelschutzgebiet für nistende Seevögel wie Fregattvögel, Strandläufer und Feenseeschwalben. Ein organisierter Bootsausflug zur Kokosinsel mit Picknick und Badegelegenheit gilt als Höhepunkt eines Rodrigues-Besuchs. Reiseagenturen bieten einen Tagesausflug an, den Privatpersonen aus Naturschutzgründen nicht allein unternehmen dürfen (mit Bootsfahrt, Lunch und Inseltour ab 25–40 Euro).

Jardin des 5 Sens

Jardin des 5 Sens": Tel. 57225665. In Palissade liegt der kleine Botanische Garten, der einstündige Führungen „mit allen fünf Sinnen" in die Welt der Flora verspricht (täglich um 9, 10, 11, 13, 14 und 15 Uhr; der Eintritt beträgt 300 Rs, für Kinder 150 Rs).

Zipline und Hängebrücke (Tyrodrig)

2 km südlich von Palissade Ternel bietet RodrigAdventure sportliche Abenteuer in einer tiefen Bergschlucht: Seilrutschen, Hängebrücke, Klettersteige. Preise: je 27 Euro. Voreservierung nötig unter Tel. 54223118 oder E-Mail: aerialcabletrack@yahoo.fr.

Nachtleben

Wer die Nacht zum Tag machen möchte, für den wird Rodrigues wohl zur Herausforderung. Immerhin – in der Jennifer Street in Port Mathurin hat das Kasino „P'tit Monaco" eröffnet, wo Roulette und Poker gespielt werden und Spielautomaten das Spielerglück herausfordern. Ansonsten findet auf Rodrigues wenig Abendunterhaltung statt. Zwar wird die hiesige Sega als besonders authentisch und mitreißend gerühmt, doch dürfte es sich um ein schwer planbares Glück handeln, als Besucher einer solchen Tanzveranstaltung beizuwohnen.

Wo quartiert man sich am besten ein?

Info Während die Hotels vielfach günstiger von europäischen Reiseveranstaltern vermarktet werden als direkt vor Ort, ist die Situation bei den Familienpensionen genau gegenteilig. Dort sind die Preise meistens günstiger, wenn man sich direkt an den Anbieter wendet, als bei Hotelvermittlern.

Die meisten Unterkünfte sind älteren Datums und die wenigen Hotels für den gebotenen Standard etwas überteuert. Viele Gäste und Rodrigues-Kenner wählen daher die inseltypische Variante der Familienpensionen, die hier **Auberge, Gîte** und **Chambre d' Hôtes** heißen. Ihr großer Vorteil sind die authentische Gastlichkeit und die Nähe zum Alltagsleben der Insulaner. Dafür muss man allerdings oft auf Komfort verzichten und ein paar Einschränkungen in Kauf nehmen können. Die Gastgeber organisieren bei Bedarf auch die Flughafentransfers. Gästehäuser und zahlreiche Hotels sind auf Rodrigues sehr schlecht beschildert; wer sich nicht vom Flughafen abholen lässt, sondern eigenständig zur gebuchten Unterkunft fährt, sollte sich unbedingt vorab eine genaue Wegbeschreibung geben lassen! Kitesurfer zieht es an die Südküste, Sonnenanbeter an die Cotton Bay, und nach Anse aux Anglais geht, wer gerne flaniert und etwas mehr unternehmen möchte.

Hotels auf Rodrigues

Im Osten

Tekoma Boutik Hotel: Anse Ally, Tel. 4834970, E-Mail: reservations@trimetys-hotels.com, www.tekoma-hotel.com. Das Resort an der Ostküste offeriert die edelste Variante, auf Rodrigues zu logieren: 15 Suiten mit Restaurant, Spa und Poolbereich. Ein modisches Resort zum Ausspannen auf Luxusniveau (Foto rechts), von Mai bis September starken Winden ausgesetzt. Preise: HP ab 185 €/DZpP und 350 €/EZ.

Cotton Bay Resort & Spa: Pointe Coton, Tel. 8318001, E-Mail: reservation@cottonbay.intnet.mu, www.cottonbayresortandspa.com. Ein Hotel in super Lage in einer breiten Sandbucht im Inselosten. Sehr ruhig gelegen, mit großem Pool unter Palmen, Strand mit Kasuarinen, Tauchschule und geräumigen Zimmern. Für ruhige Tage am Beach sehr gut geeignet, für Inselaktivitäten vielleicht ein wenig abgelegen. Das Resort ist derzeit nicht buchbar und seine Zukunft ungewiss.

Im Süden

Mourouk Ebony Hotel: Ebony Tours, Anse Mourouk, Tel. 8323351, E-Mail: ebony@intnet.mu, www.mouroukebonyhotel.com. Eine Mittelklasse-Bungalowanlage an der Südküste mit dem Charme vergangener Tage (Foto S. 226) und breitem, weitläufigem Strand; wer zum Tauchen, Kitesurfen und Segeln auf die Insel kommt, dürfte hier glücklich werden (gute Windbedingungen). Die Zimmer und der Poolbereich wurden renoviert, am Strand befindet sich ein legeres Beach Restaurant mit guter Küche. Ein Hotel mit Flair und super Lagunenblick. Leider ist es derzeit auch nicht buchbar und seine Zukunft so ungewiss wie beim Cotton Bay Resort.

Im Norden

Le Recif Hotel: Anse aux Anglais, Tel. 8310760, E-Mail: info.lerecif@intnet.mu, www.lerecifhotel.com. Kleines Boutique-Hotel mit sechs Zimmern und zwei Apartments an der felsigen Steilküste gelegen, das etwas in die Jahre gekommen und vernachlässigt ist. Preise: HP ab 30 €/DZpP und 60 €/EZ.

Private Unterkünfte auf Rodrigues

In Port Mathurin

Residence Véronia: Port Mathurin, Tel. 57897391, E-Mail: residenceveronia@gmail.com. Mit toller Aussicht erhöht über der Stadt Port Mathurin gelegen, bietet das kleine, inhabergeführte Gästehaus Zimmer und Studios mit Küchenzeilen und Balkon. Sehr freundliche Leitung. Preise: Übernachtung ab 28 €/DZpP und 50 €/EZ.

Im Inselzentrum

Domaine Les Rosiers: Tel. 8314703, E-Mail: 2000trs3@intnet.mu, www.aubergeslesrosiers.com. Das größere Gästehaus auf 300 m Höhe bei Nouvelle Decouverte im Inselzentrum hat einen netten Innenhof mit Pool, im ersten

Stock ein großes Restaurant und einen neuen Anbau. Preise: ÜF ab 38 €/DZpP und 65 €/EZ.

Au Temps D'Antan: Coromandel, Tel. 59142377, E-Mail: bruno.collard@autemps dantan.mu, www.autempsdantanlodge.com. Stilvolles und ruhiges, kleines Gästehaus mit Wellness-Flair und viel Aussicht, Pool und Restaurant. Nahe der Domaine Les Rosiers gelegen, aber dieser Neuzugang ist deutlich moderner und gepflegter. Eine Empfehlung für anspruchsvolle Gäste.
Preise: HP ab 110 €/DZpP und 125 €/EZ.

Résidence Foulsafat: Jean Tac, Tel. 58750770, E-Mail: benjos@intnet.mu, https://residencefoulsafat.com. Sympathische kleine Anlage mit unterschiedlichen Unterkünften, Gemeinschaftsküche und schönem Pool. Preise: ÜF ab 35 €/DZpP und 70 €/EZ.

Le Tropical Chez Jeanette: Tel. 8315860. Beim „Jardin des 5 Sens" (S. 223) liegen die Zimmer dieses Gästehauses in Grande Montagne. Einfach, aber gemütlich, ruhig und mit Balkon. Preise: HP ab 45 €/DZpP und 90 €/EZ.

Im Norden

Le Pandanus: Baie Malgache, Tel. 54402580, E-Mail: cleopold30@yahoo.co.uk. Das Gästehaus besticht durch einen tollen Service und eine ebenso schöne Aussicht aufs Meer. Preise: ÜF ab 42 €/DZpP und 46 €/EZ.

Domaine de la Paix: Terre Rouge, Tel. 59337770, E-Mail: domaine@vacances-rodrigues.com, www.vacances-rodrigues.com. Das Gästehaus mit sieben modernen Studios liegt einsam und mit viel Aussicht erhöht über Anse aux Anglais in einem idyllischen Garten mit Magnesium-Pool. Kein Restaurant, aber abends wird ein Menü angeboten. Preise: ÜF ab 49 €/DZpP und 97 €/EZ.

Ti Pavillon: Anse aux Anglais, Tel. 58750707 und 8321567, E-Mail: tipavillon@intnet.mu. Privatunterkunft in einer Sackgasse am Ende von Anse aux Anglais (nicht am Strand). Preise: ÜF ab 30 €/DZpP und 63 €/EZ.

Residence Les Varangues: Grand Baie, Tel. 57293606, E-Mail: lesvarangues@intnet.mu, www.lesvarangues.com. Eine ruhige Anlage mit klimatisierten Studios zur Selbstversorgung, Pool und Garten, aber etwas abseits an der weniger reizvollen Grand Baie gelegen. Wer hier wohnt, sollte motorisiert sein. Preise: Studios ab 40 € pro Nacht, Apartments ab 50 € pro Nacht, Frühstück 10 €.

Im Osten

Riad St François & Spa: Anse aux Anglais, Tel. 8318777, E-Mail: contact@riadsaint francois.com, www.riadsaintfrancois.com. Die kleine Anlage mit vier eleganten Suiten, Pool im Innenhof, Restaurant, Whirlpool und Spa liegt im Osten der Insel nicht weit vom Strand von St. François. Sehr charmant, jedoch auch ein wenig beengt.
Preise: HP ab 140 €/DZpP und 250 €/EZ.

Kafé Marron: Tel. 59045095, E-Mail: kafemarron@gmail.com, www.kafemarron.com. An der Cotton Bay, hinter dem gleichnamigen Hotel und Koki Boner, liegt dieses inseltypische Kolonialhaus mit vier netten Zimmern. Es bietet keinen Pool, befindet sich aber nahe dem Public Beach. Preise: ÜF ab 30 €/DZpP und 40 €/EZ.

Oben: Fischverkäufen in Mont Lubin
Unten: Die Bucht vor dem Mourouk Ebony Hotel ist Teil eines neuen Marineschutzgebiets

Im Süden

Bakwa Lodge: Port Sud Est, Tel. 8323700, E-Mail: info@bakwalodge.com, https://bakwalodge.com. Die kleine, modische Anlage mit sieben Suiten, Pool im Innenhof, Restaurant und Spa liegt neben dem Mourouk Hotel im Süden der Insel, also direkt im idealen Kitesurfgebiet. Junge sportliche Leute sind daher auch die Zielgruppe.
Mit Restaurant und offenem Spa-Bereich. Preise: HP ab 133 €/DZpP und 148 €/EZ.

Tigraviers B&B: Graviers, Route des Limoniers, Tel. 58770007, E-Mail: louishenrico@yahoo.com. Modernes und sauberes Gästehaus mit ansprechenden Zimmern zur Selbstversorgung. Nicht am Strand gelegen, aber ruhig und mit Aussicht. Preise: ÜF ab 33 €/DZpP und 53 €/EZ.

La Belle du Sud: Familie Perrine, Port Sud-Est. In Strandnähe über der schönen Südküste liegt ein modernes einladendes Ferienhaus für bis zu sechs Personen (100 m² groß, mit Küche). Sehr geräumig und ruhig, nette Vermieter und ein außergewöhnliches Preisleistungsverhältnis. Diese Unterkunft ist allerdings nur über Booking.com buchbar. Preise: HP 30 € pro Person.

Kulinarische Tipps für Rodrigues

Rodrigues bietet nicht wirklich eine Feinschmeckerküche und leidet durch seine isolierte Lage unter einer Knappheit bei Importnahrungsmitteln wie Fleisch, Wurst und allen Milchprodukten. Bis vor einer Generation wurde Reis nur an besonderen Feiertagen verzehrt; die Alltagsmahlzeiten bestanden aus Süßkartoffeln, Mais und Maniok. Heute bildet Reis die Nr. 1 auf der Beliebtheitsskala. Dazu wird gereicht, was die Fischer dem Ozean entlockt haben: Muscheln, Tintenfische, Fische, Krebse und Garnelen. Als Besonderheit kennt man hier eine Spezialität aus Südostasien: Unreife, junge grüne **Papayas** werden zu Salat geraspelt, als Gemüse gedünstet oder als süßes Dessert bzw. Brotaufstrich mit Kokosraspeln vermischt. Auch Bohnen und Linsen bilden eine Stütze der gastronomischen Vielfalt. Fisch oder Huhn kommt als Curry oder mit einer süßsauren Marinade gebraten auf den Tisch – ein Merkmal des starken chinesischen Einflusses auf der Insel, wie auch die Schweinswürste, die nach Schlachtungen überall zum Lufttrocknen aufgehängt werden (siehe Foto oben). Kleine Bananen-Blinis (Pfannkuchen) gibt es als Nachspeise.

Tipps für Selbstversorger

In Mont Lubin wird im Markt an der Kreuzung nach Port Mathurin fangfrischer Fisch verkauft. Ansonsten beschränkt sich das Angebot für Selbstversorger auf den Gemüsemarkt von Port Mathurin und kleine Supermärkte.Die beste Auswahl findet man in der Rue Pere Gandy nahe dem Hafen von Port Mathurin im Laden „Roussety“. Kaum zu glauben, aber Rodrigues hat nur eine einzige Bäckerei, die richtige Baguettes backt: „Loul Boulangerie“ in Port Mathurin. Ansonsten wird mehr Toastbrot gegessen, was hier auch „Square Baguette“ genannt wird.

Restaurantempfehlungen

Auf Rodrigues öffnen viele Restaurants nur tagsüber, daher sollte man bei kleineren Restaurants vorreservieren, wenn man sie abends besuchen möchte. Hotelrestaurants und die Restaurants „Le Marlin Bleu“ und „L' Atelier Gourmand“ öffnen auch am Abend, dort ist keine Reservierung nötig.

Le Marlin Bleu: Tel. 8320701. Lässiges Lokal an der Küstenstraße von Anse aux Anglais, in dem es neben guter Stimmung feine Fisch- und Fleischgerichte gibt. Das kleine Lokal ist immer gut besucht. Dienstags Ruhetag.

L' Atelier Gourmand: Tel. 54960714. In diesem Lokal in der Rue François Leguat am Ortseingang von Port Mathurin gibt es richtig gute Küche, außerdem sitzt man hier sehr nett auf der Veranda im ersten Stock und kann bei Hintergrundmusik in aller Ruhe das Treiben von Port Mathurin beobachten. Viel Fisch, Pizza und Burger. Sehr gemütlich! Mi/So geschlossen.

Kafe Rose: Tel. 58750534. Gartencafé in Port Mathurin mit guten Snacks, Salaten und Kuchen. Sonntags Ruhetag.

Restaurant du Sud: Tel. 57444566. Lokal in Port-Sud Est ist spezialisiert auf Meeresfrüchte. Täglich ganztags geöffnet.

Das Tagesrestaurant beim Eingang zum **François Leguat Tortoise Reserve** bietet gute Kost und ein entspanntes Ambiente auf der Terrasse (S. 218).

Snack 1 und **Snack 2:** Die Kioske beim Busbahnhof von Port Mathurin servieren schmackhafte kreolische Speisen, Pommes Frites und Sandwiches für 4–5 €.

Verkehrsmittel

Mietwagen

Rodrigues war lange eine Insel der **Pickups**; Pkws sind sind erst seit einigen Jahren im Kommen, seit die Hauptstraßen asphaltiert und ausgebaut wurden. Kleine Nebenstrecken sind auch heute noch häufig nur grobe, steile Erdstraßen. Es fährt sich unkompliziert auf Rodrigues, wenngleich der Verkehr längst nicht mehr so gemütlich ist wie früher. Pkw werden ab 25 € angeboten, Pickups ab 50 €. Es gibt drei Tankstellen auf der Insel; im Westen in Grand La Fouche Corail, in Mount Limon und beim Hafen von Port Mathurin.

Hermitage Car Rental: La Ferme, Tel. 57457852, E-Mail: contact@hermitage-car-rental.com, www.hermitage-car-rental.com.

Rent a car Rodrigues: Mangues, Tel. 584288 67, https://rent-a-car-rodrigues.business.site.

Außerdem: **Rodrigues 2000 Tours** und **Rotourco** (siehe rechts)

Motorroller: Bitte beachten: man benötigt dafür einen Motorradführerschein.

Öffentliche Busse

Linienbusse sind sehr preiswert und werktags von ca. 6–17.30 Uhr auf der ganzen Insel in Abständen von 30–45 Minuten unterwegs. Nach Schulschluss in der Mittagszeit bilden sich an manchen Haltestellen Warteschlangen, denn Busse sind das wichtigste Verkehrsmittel der Insel. Jedoch: Sonntags ist der Busverkehr stark eingeschränkt.

Taxis

In Port Mathurin bestellt man ein Taxi unter den Rufnummern 58752345. Am Flughafen: Tel. 8754511, im Hochland bei Quatre Vents unter Tel. 8756680. Wer ein Taxi für den ganzen Tag mieten möchte, sollte mit rund 45 Euro Kosten rechnen.

Air Mauritius

Air Mauritius unterhält ein Büro in Port Mathurin in der Rue Max Lucchesi, Tel. 8311558, und eine Zweigstelle am Flughafen, Tel. 8327700, die nur zu Ankunfts- und Abflugszeiten der Flüge öffnet.

Schiffanreise

Die Mauritius Shipping Corporation befährt die Strecke Mauritius-Rodrigues-Mauritius in einem etwa zehntägigen Rhythmus mit ihren beiden Motorschiffen „MS Mauritius Pride“ und „MS Mauritius Trochetia“, die Passagiere in verschiedenen Klassen vom Sessel bis zur Luxuskabine aufnehmen. Die Hinfahrt dauert fahrplanmäßig 36 Stunden, die Rückfahrt 26 Stunden. Die Schiffspassagen erfreuen sich bei den Einheimischen großer Beliebtheit, daher empfiehlt sich eine frühzeitige Reservierung. Sehr gute Detailinformationen bietet die Website der Mauritius Shipping Corporation: www.mauritiusshipping.net.

Kontaktadresse in Rodrigues: Port Mathurin, Rue François Leguat, Tel. 8310640, Fax 8310641, E-Mail: msclod@intnet.mu. In Mauritius: Port Louis, Nova Building, 1 Military Road,, Tel. 2172284, E-Mail: info@coraline.mu und info@mscl.mu.

Weitere Infos

Tourist Info

Die Touristeninformation liegt in der Rue de la Solidarité in Port Mathurin, Tel. 57542910, https://rodriguestourism.com. Die netten Mitarbeiter verteilen Prospekte (auch in Deutsch) und stehen von Mo–Fr von 8–16 Uhr, Sa von 8–12 Uhr und So von 8–10 Uhr mit Rat und Tat zur Verfügung.

Geldwechsel

Auf Rodrigues gilt die mauritische Landeswährung. In Port Mathurin, La Ferme und Mont Lubin bieten mehrere Banken Geldwechsel und ATM-Schalter für VISA und Mastercard an. Der Euro ist vor allem bei den Privatunterkünften ein beliebtes Zahlungsmittel und wird dort gerne angenommen.

Geschäftszeiten

Von Montag bis Freitag sind die gängigen Geschäftszeiten von 7–16 Uhr, samstags von 8–15 Uhr, der Sonntag gilt als Tag des Herrn. Banken öffnen Mo–Fr von 10–12 Uhr und 14–16.30 Uhr, Sa nur von 10–11.30 Uhr.

Telefon

Die internationale Vorwahl lautet +230. Von Mauritius aus wählt man 095 vor der Teilnehmernummer. Polizei Tel. 8311536, Notruf 999, Ambulanz Tel. 8321500, das Hospital ist unter Tel. 8321350 erreichbar.

Reiseagenturen vor Ort

Rodrigues 2000 Tours: Coromandel, Tel. 57652100, E-Mail: 2000trs@gmail.com, www.rodrigues-2000tours.com. Reiseagentur und Mietwagenverleih.

Rotourco: Port Mathurin, Place François Leguat, Tel. 8310747, E-Mail: contact@rotourco.com, www.rotourco.com. Mietwagen, Transfers und Flugvermittlung.

Bell Experience: Port Mathurin, Tel. 58750730, E-Mail: info@bellexperience.io, www.bellexperience.io.

Rodrigues friendly: Port Mathurin, Tel. 54980010, E-Mail: rodriguesfriendly@gmail.com, https://www.rodriguesfriendly.com.

360 Degrees Tours: Tel. 54295057, https://rodrigues-360-degrees-tours.business.site.

Klima

Die Luftfeuchtigkeit liegt in Rodrigues die meiste Zeit um 80 %; die Temperaturen im Winterhalbjahr zwischen 16 und 27°C, und im Sommerhalbjahr zwischen 28 und 35°C. Es regnet hier praktisch in jedem Monat, dennoch ist die Insel heißer und trockener als Mauritius. Rodrigues ist außerdem stärker von Zyklonen und Dürrephasen betroffen. Im bergigen Landesinneren kühlt es abends merklich ab. An der Ostküste ist es zwischen Mai und September oft sehr stürmisch.

Besondere Empfehlungen

Auf den folgenden Seite stellen wir ein paar Unterkünfte vor, die außergewöhnlich schön gelegen sind, eine unvergleichliche Atmosphäre besitzen, herausragende Leistungen bieten oder sich besonders gut für eine individuelle Reise eignen.

La Hacienda (Südostküste)	**S. 231**
Le Jardin de Beau Vallon (Südostküste)	**S. 231**
Anantara Iko Mauritius Resort (Südostküste)	**S. 232**
Shangri-La's Le Touessrok (Ostküste)	**S. 234**
Sofitel l'Imperial (Westküste)	**S. 236**
Oberoi Mauritius (Nordwestküste)	**S. 238**
Paradise Cove Boutique Hotel (Nordküste)	**S. 240**
Hillside Haven (Westküste)	**S. 242**

La Hacienda

La Hacienda ist eine stille Anlage für Selbstversorger, die den Indischen Ozean auch dann genießen, wenn er nicht direkt vor ihrem Füßen Wellen schlägt. Die vier Studios mit Küchenzeilen liegen mit einem großartigem Ausblick bis nach Mahébourg am Berghang über der Ortschaft Old Grand Port. Es gibt einen Pool mit Sonnenliegen, morgens wird ein Frühstück serviert, und im Bergwald turnen die Makaken in den Bäumen. Purer Genuss!

La Hacienda
Old Grand Port
Tel: +230-5989 1866
E-Mail: lahacienda
@lincolnrealty.mu
www.lahaciendamauritius.com

Unsere Meinung:
Großartig gelegen. Für Selbstversorger, die Ruhe suchen und viel Ausblick mögen, ein echter Geheimtipp! Einen Mietwagen sollte man haben.

Le Jardin de Beau Vallon

Le Jardin de Beau Vallon ist ein zweifacher Tipp, als Restaurant und als Gästehaus. Die große Gartenanlage mit der romantischen Kolonialvilla liegt verkehrsgünstig an der Straße zwischen Mahébourg und dem Flughafen und bietet sich bei späten Ankünften auf Mauritius oder für die letzte Nacht vor einem Tagflug nach Hause geradezu an. Im Garten verteilen sich vier klimatisierte Holzbungalows, ein Pavillon, ein Mittagslokal mit rustikalen Holzbänken und ein Pool für die Hausgäste. Abends öffnet das romantische Restaurant in der schmucken Kolonialvilla.

Le Jardin de Beau Vallon
Beau Vallon, Mahébourg
Tel. +230-631 2850

Unsere Meinung:
Ideal für die An- oder Abreise, denn näher am Airport geht's fast nicht. Und das Restaurant in der kreolischen Villa hat viel Atmosphäre.

Anantara Iko Mauritius Resort
Blue Bay Marine Park / Le Chaland
Plaine Magnien
Tel. +230-651 5000
E-Mail: mauritius@anantara.com
www.anantara.com

Das entspannte Anantara Iko Resort ist fast noch ein Geheimtipp unter den mauritischen Nobelherbergen. Es liegt im Südosten der Insel am touristisch nahezu jungfräulichen und wunderschönen Traumstrand „La Cambuse“. Und gleich nebenan erstreckt sich das Meeresschutzgebiet Blue Bay Marine Park, ein Paradies für Taucher und Schnorchler.

Das stilvoll elegante und dennoch legere Ambiente ist ein Markenzeichen des neuen Resorts, und findet sich auch in den großzügigen, modernen und geschmackvoll eingerichteten Zimmern und Villen.

Herausragend sind auch der exquisite Wellnessbereich und das 24-Stunden-Fitnessstudio.

Unsere Meinung: Die Lage nahe dem Flughafen ist keinesfalls störend, sondern wegen der kurzen Transfers und der bislang sehr beschaulichen Umgebung ein echtes Plus.

ANANTARA
SPA

Will man spüren, warum die Insel Mauritius dieses unverwechselbare, stimulierend prickelnde Image genießt, empfiehlt sich dringend ein Aufenthalt im Le Touessrok Resort, einer der bekanntesten und attraktivsten Adressen im Indischen Ozean. Hier vibriert die Insel, ist lässig und sexy zugleich, geben sich die Schönen, Reichen, Promis und Celebrities ein Rendezvous.

Le Touessrok bietet seinen Gästen neben endlos langen Strandbuchten und riesigen Swimmingpools auch gleich noch eine Privatinsel, Ilot Mangenie, einen weltberühmten Golfplatz auf der Ausflugsinsel Ile aux Cerfs und vielfältige Wassersportvariationen auf höchstem Niveau.

Unsere Meinung: Dieses Haus sollte man einmal erlebt haben!

Shangri-La's
Le Touessrok Resort & Spa

Trou d'Eau Douce
Tel. +230-402 7400
E-Mail : sltr@shangri-la.com
www.shangri-la.com

Sofitel l' Imperial

Wolmar, Flic en Flac
Tel. +230-153 8700
E-Mail: H1144@sofitel.com
www.sofitel-imperial-mauritius.com

Die eindrucksvolle Architektur im Pagodenstil und eine wohltuende Weitläufigkeit an einem der längsten Strände der mauritischen Westküste sind die Markenzeichen des traditionsreichen Sofitel l'Imperial Hotels.

Die jüngste Verschönerung bescherte dem beliebten Familienresort nun auch noch einen beheizten Adults-Only-Infinitypool im blütenreichen Palmengarten.

Großartig konzipiert sind auch das zum Garten offene Fitness Centre und der elegante, großzügige Spa-Bereich mit separatem Pool und frei zugänglicher Sauna und Dampfbad.

Im japanischen Spezialitätenrestaurant kreieren geschickte Teppanyaki-Köche mit leichter Hand und charmanter Show überraschende kulinarische Höhenflüge.

Unsere Meinung: Uns gefällt das Rundum-Paket für Unternehmungslustige, Familien, Sportler und alle Freunde dramatischer Sonnenuntergänge. Auch wer lange Strandwanderungen liebt, ist in diesem Resort bestens aufgehoben.

Oberoi Hotel Mauritius
Turtle Bay / Balaclava
Tel. +230-204 3600
E-Mail: Generalmanager.mauritius@oberoihotels.com
www.oberoi-mauritius.com

The Oberoi Beach Resort – allein dieser Name lässt an buddhistische Tempelbauten und gepflegte asiatische Gastlichkeit denken.

Und die äußerst gediegene, blühende und wunderschön eingewachsene Anlage wird der Inspiration spielend gerecht. Sie erstreckt sich entlang der palmengesäumten Turtle Bay mit Blick auf die zackigen Vulkanberge im Inselinneren.

Überall finden sich originelle architektonische Details, verzierte Säulen, lustige Steinfiguren und wasserspeiende Fabelwesen. In den beiden unglaublich dunkelblau strahlenden Pools ruhen liegende Buddha-Köpfe im Sprudelbad.

Entspannungsriten, Meditation, Yoga und Tai Chi erweitern das inseltypische Spa- und Sportangebot um eine fernöstliche Note.

Ein deutliches Ausrufezeichen setzt die exzellente Gastronomie in den drei Restaurants: Fine Dining auf höchstem Niveau!

Unsere Meinung: Das Oberoi Hotel bringt fernöstlichen Zauber an den Indischen Ozean. Die blausten Pools von ganz Mauritius und die brilliante Gourmetküche sind unvergleichlich!

Paradise Cove Boutique Hotel
Anse La Raie
Tel: +230-204 4000
E-Mail: info@pcove.mu
www.paradisecovehotel.com

Zu den „Small Luxury Hotels of the World" zu zählen, ist schon eine Ansage, gerade im luxusverwöhnten Mauritius.

Entsprechend hoch sind die Erwartungen an das romantische Erwachsenen-Boutique-Hotel in Anse La Raie.

Und es passt vom ersten Augenblick an:

Ein leuchtender Kokospalmenhain vor der türkisfarbenen Paradiesbucht. Eine Architektur, die mit der kreolischen Leichtigkeit spielt. Ein perfekter und zugleich herzlicher Service. Obendrein ein nachhaltiges Umweltkonzept, ein Spa-Bereich zum Verlieben und über allem diese herrlich heitere Ruhe.

Man lehnt sich zurück und denkt: Ja, du bist angekommen!

Unsere Meinung: Das Paradise Cove Boutique Hotel ist eine Oase des Glücks und definitiv unser neues Lieblingshotel im Norden der Insel!

Die beiden kleinen und sehr gepflegten Studios von Hillside Haven sind eine tolle Wahl für Individualisten mit Mietwagen.

Sie bieten eine herrlich ruhige Lage am Berghang über Tamarin, dazu hervorragende Einkaufsmöglichkeiten, eine vorbildlich ausgestattete Küche, einen hübschen Garten mit Pool und Sonnenliegen und äußerst sympathische Besitzer, die mit ihren beiden Hunden direkt auf dem Gelände leben.

Hillside Haven
Dominique Britter,
Allee Des Flamboyants,
Morcellement Carlos, Tamarin
Tel: +230-5754 5951
E-Mail: mldbritter@gmail.com

Unsere Meinung:
Wir finden es großartig über den Dächern von Tamarin! Besonders gut gefällt uns die moderne Outdoor-Küche.

Eine Reise nach Mauritius planen

Klima & Reisezeit (Zyklone) .... S. 244
Mit (Klein-)Kindern nach Mauritius reisen .... S. 246
Einreisebestimmungen .... S. 246
Umweltschonendes Reisen .... S. 247
Auswahl der Unterkunft: Hotels, Apartment, Gästehaus .... S. 248
Reisekosten – Preisbeispiele .... S. 250
Gesundheitsvorsorge .... S. 253
Heiraten im Paradies .... S. 254
Anreise: Flugverbindungen – mit dem Schiff – Fähren & Flüge nach Rodrigues .... S. 255

Reisebeginn

Empfehlungen fürs Gepäck .... S. 256
Fit den Flug überstehen .... S. 257
Die Ankunft in Mauritius: Formalitäten am Flughafen .... S. 258

Unterwegs in Mauritius: Mobil sein vor Ort

Mietwagen – Tipps für Autofahrer – Taxis – Busse .... S. 259

Praxistipps für Mauritius

Kulinarische Erlebnisse in Mauritius .... S. 261
Kleiner Knigge für Mauritius .... S. 265
Tipps für die Gesundheit .... S. 266
Im Krankheitsfall vor Ort .... S. 267
Tipps zum Fotografieren .... S. 267
Tauchurlaub in Mauritius / Berühmte Tauchspots .... S. 268
Hochseefischen .... S. 269
Wasserski, Segeln, Kitesurfen, Schnorcheln .... S. 270
Golfreisen in Mauritius .... S. 271
Wandern in Mauritius .... S. 271

Wichtige Informationen von A bis Z

Airporttax, Animation, Fahrräder, Feiertage, Fernsehen, FKK, Geldwechsel, Geschäftszeiten, Gezeitenunterschied, Helikopter, Internet, Kasino, Polizei-Notruf, Reiten, Sicherheit, Souvenirs, Sprache, Strände & Strömungen, Stromversorgung, Telefon, Trinkgeld, VAT-Refund, Versicherungen, Wasser, Wellness, Zeitungen & Medien, Zeitverschiebung, Zoll .... S. 272

Adressenverzeichnis

Diplomatische Vertretungen in Europa und Mauritius .... S. 276
Touristische Informationsstellen in Europa und Mauritius .... S. 276
Informative Webseiten .... S. 277
Mietwagenagenturen .... S. 278
Reiseveranstalter .... S. 278
Getränkepreise in den Hotels .... S. 280
Glossar / Literaturverzeichnis .... S. 281

Index .... S. 282

Oben: Gewitterstimmung

Klima und Reisezeit

Mauritius hat ein subtropisches Klima, das sich ganzjährig ausgeglichen mild und warm zeigt. Der Temperaturunterschied zwischen den wärmsten Monaten und kühlsten Monaten liegt bei nur 7 Grad. Das Hochland im Inselinnern bleibt dabei stets um etwa fünf Grad kühler als die Küsten. Die Wassertemperaturen des Indischen Ozeans liegen ganzjährig bei 23–27 Grad.

Der Südsommer von Dezember bis März gilt als Regenzeit und Zeit der Stürme. In diesen feuchtwarmen Monaten mit Tagesdurchschnittstemperaturen von 29–34°C fällt der meiste Regen, allerdings auch jetzt meistens nachts und häufig zeitlich und lokal begrenzt. In den anderen Monaten, wo die durchschnittlichen Tagestemperaturen bei 15–29°C liegen, fällt etwas weniger Niederschlag.

Es kann in Mauritius aber jederzeit zu einem (zumeist lokal begrenzten) tropischen Regenguss kommen. Langanhaltender Regen ist selten. Selbst nach einem heftigen Schauer bleibt es dabei warm und man kann meistens abends bereits wieder im Freien dinieren. Die trockensten Monate mit geringster Luftfeuchtigkeit sind September und Oktober.

Ein typischer Tag in Mauritius beginnt mit einem strahlend sonnigen Vormittag. Mittags bilden sich Wolken und im Landesinneren regnet es sich nachmittags gerne ab. Am späten Nachmittag ist es dann überall wieder schön. Naturausflüge sollte man deshalb schon vormittags unternehmen.

Das Klima auf **Rodrigues** ist dagegen etwas trockener und wärmer als auf der Insel Mauritius. Die kleine Schwesterinsel leidet gelegentlich unter längeren Trockenperioden und sie bekommt zwischen Mai und September starke Winde und Stürme ab.

Klima im Westen

Monat	Jan	Feb	Mar	Apr	Mai	Jun	Jul	Aug	Sep	Okt	Nov	Dez
Temperatur ~ max	30	30	30	29	28	26	26	26	27	28	29	30
Sonnenstd.	8	8	7	8	7	8	8	8	8	8	9	8
Temperatur ~ min	22	22	22	21	19	18	17	17	17	18	19	21
Regentage	8	10	6	6	3	2	1	1	1	1	2	5
Wassertemp.	27	27	27	27	26	25	24	23	23	24	25	26

Klima im Osten

Monat	Jan	Feb	Mar	Apr	Mai	Jun	Jul	Aug	Sep	Okt	Nov	Dez
Temperatur ~ max	29	29	29	28	26	25	24	24	24	25	27	28
Sonnenstd.	7	7	7	6	6	6	6	6	6	7	7	7
Temperatur ~ min	22	22	22	21	19	18	17	17	17	18	19	21
Regentage	20	22	18	19	16	13	14	12	8	7	8	14
Wassertemp.	27	27	27	27	26	25	23	23	23	24	25	26

Klima auf Rodrigues

Monat	Jan	Feb	Mar	Apr	Mai	Jun	Jul	Aug	Sep	Okt	Nov	Dez
Temperatur ~ max	29	29	29	28	27	26	25	25	25	26	27	28
Sonnenstd.	9	9	8	8	8	8	7	8	8	9	9	9
Temperatur ~ min	23	24	24	23	22	20	19	19	19	20	21	23
Regentage	13	13	13	13	11	12	15	15	10	8	8	9
Wassertemp.	27	27	27	27	27	26	24	24	23	24	25	27

Reisezeit

Mauritius ist ein ganzjähriges Reiseziel, die Hochsaison liegt zwischen Oktober und April. In den kühleren Monaten von Mai bis August ist es vielen Gästen an der stürmischeren Süd- und Ostküste etwas zu frisch zum Baden, und sie bevorzugen in dieser Zeit die mildere Westküste. Dafür sind die heißen Monate von November bis März im Süden und Osten klimatisch angenehmer, wo stets etwas Wind weht. Die „gefühlte Temperatur" ist dort ganzjährig niedriger als im Westen und Nordwesten von Mauritius.

Für sportliche Aktivitäten, wie Golfen, empfehlen sich die kühleren Monate. Auch für Ausflüge ins Landesinnere und Bergwanderungen eignen sich diese Monate besonders.

Tipp Wer im Urlaub Ruhe sucht, sollte Weihnachten, Ostern und die klassischen Ferienzeiten – auch die französischen – meiden. Ruhiger sind meistens die Übergangszeiten im April/Mai und im September/Oktober

Zyklone, die gefürchteten Wirbelstürme

Zyklone sind tropische Wirbelstürme mit Windgeschwindigkeiten bis zu 250 km/h. Sie treten regelmäßig zwischen Ende November und Anfang April auf, mit einem Schwerpunkt von Januar bis März. Zyklone entstehen aus der Kombination von einem Tiefdruckgebiet und hohen Temperaturen. Mauritius liegt im Zyklonbereich und wird alle paar Jahre direkt von einem solchen Wirbelsturm heimgesucht.

Es gibt ein vierstufiges Warnsystem:

Stufe 1: Die kleinste Gefahrenstufe setzt die Behörden in Bereitschaft. Regierungsgebäude erhalten eine rote Beflaggung. Das Klima erscheint bei Stufe 1 nahezu normal; es ist nur etwas dämmriger als sonst.

Stufe 2: Die Schulen werden geschlossen, alle Schüler nach Hause geschickt. Die Bevölkerung wird aufgefordert, Vorräte anzulegen (Lebensmittel, Batterien, Taschenlampen, Kerzen, Zündhölzer, Trink- und Brauchwasser). An den Regierungsgebäuden werden jetzt zwei rote Flaggen gehisst, im Radio und Fernsehen Nachrichten zur Lage gesendet. Ansonsten herrscht weiterhin normales Arbeitsleben. Klima: Es wird heiß mit starken Winden, und es verdunkelt sich etwas.

Stufe 3: Jetzt müssen alle Menschen in ihren Häusern bleiben und diese möglichst sturmsicher machen, denn bei Stufe 3 rast der Zyklon direkt an der Insel vorbei bzw. berührt sie sogar. Unwetterschäden und Ernteverluste sind jetzt sehr wahrscheinlich. Drei rote Flaggen werden gehisst, und alle 30 Minuten Sturmnachrichten in Radio/TV verlesen. Es stürmt, regnet und Dunkelheit überzieht die Insel.

Stufe 4: Diese Stufe bedeutet, dass ein Zyklon direkt über Mauritius hinwegfegt. Sturmböen mit zu 120 km/h sind jetzt möglich, heftiger Niederschlag über Stunden, höchst wahrscheinlich kompletter Stromausfall, und kein fließendes Wasser mehr. Vier rote Flaggen wehen über den Regierungsgebäuden. Jetzt ist niemand mehr auf den Straßen, es herrscht Weltuntergangsstimmung. Nach Stunden peitschenden Sturms kehrt ganz plötzlich Ruhe ein. Stille für etwa eine Stunde, denn das „Auge" des Orkans überquert jetzt die Insel. Und ebenso heftig, wie es zuvor endete, bricht die Hölle aus Wind und Regen danach wieder los, diesmal allerdings in der Gegenrichtung. Nach einer solchen Attacke sind oft die kompletten Jahresernten verloren und die Bäume völlig entblättert, schwere Schäden an Häusern entstanden und viele Dächer abgehoben.

Mit (Klein-)Kindern nach Mauritius reisen

Mauritius ist in erster Linie ein romantisches Luxusziel für Paare, profiliert sich aber zunehmend auch als Familiendomizil, denn die Insel bietet **ideale Bedingungen**. Eine extrem kinderliebe und tolerante Bevölkerung, der hohe Sicherheitsstandard und das vorbildliche Gesundheitswesen (kaum Infektionsrisiken für die Kinder) sind schon ein dickes Plus für die Tropeninsel. Hinzu kommen das verträgliche Klima und das flache, durch ein Riff geschützte Meer mit ganzjährig warmem Wasser, in dem auch Nichtschwimmer ungefährdet plantschen können. Die meisten Hotelanlagen sind kindgerecht angelegt, auch die Swimmingpools der Insel in der Regel nicht tiefer als 1,20 m. Kinderanimation wird in Mauritius beim Wort genommen: Im Kids Club betreuen professionelle Nannies die Kleinen liebevoll und geduldig. Die Eltern haben Zeit für sich und wissen den Nachwuchs bestens umsorgt. Viele Hotels bieten spezielle Kindermahlzeiten und tolle Sportangebote für alle Altersklassen. Selbst ein Babysitterservice ist gegen Gebühr problemlos arrangierbar. Und verlässt die Familie den Hotelbereich, sind auch die meisten Ausflugsziele und Unternehmungen auf der Insel für Kinder spannend und interessant.

Beispiele für kindgerechte Ausflüge: Ile aux Cerfs, La Vànille Nature Park, Casela World of Adventures, Curious Corner of Chamarel, die Farbige Erde von Chamarel, Ebony Forest, Grand Bassin, Le Nessee Semi-Submarine u. v. m.

Einreisebestimmungen

Für Deutsche, Österreicher und Schweizer gilt: Zur Einreise nach Mauritius wird ein Reisepass benötigt, der über das Reiseende hinaus noch mindestens sechs Monate gültig sein muss. Ferner wird der Besitz eines Rückflugtickets verlangt. Kinder ab sechs Jahren brauchen einen eigenen Kinderpass mit Foto. Wer sich länger als 30 Tage im Land aufhalten möchte, muss entweder bei der zuständigen Botschaft ein Visum beantragen oder vor Ort verlängern lassen beim Passport and Immigration Office (Sterling House, 11–19 Lislet Geoffroy Street, Port Louis).

Info Es sind keine Impfungen vorgeschrieben. Nur bei Einreise aus einem Gelbfiebergebiet wird eine Gelbfieberimpfung verlangt

Wer aus einem Gelbfieber-Infektionsgebiet einreist, benötigt einen Impfnachweis für eine Gelbfieberschutzimpfung.

Einreise mit einer Yacht: Es ist eine Anmeldung beim Ministry of Health und der Mauritius Ports Authority erforderlich.

Einreise mit Tieren: siehe Zoll, S. 273

Tipps für umweltschonendes Reisen

Das Ökobewusstsein der Gesellschaft steigt, und die Diskussion um den Klimawandel ist heute in aller Munde. Gerade Luxusurlaub und Fernreisen belasten die Umwelt stark: die weite Anreise per Flug, ein verschwenderisch luxuriöses Hotel und womöglich noch ein Helikopterflug. Doch viele Anbieter und Hoteliers berücksichtigen heute den Umweltgedanken und stellen ihr Angebot entsprechend um. Alle Welt spricht jetzt von der Klimaneutralität – doch was bedeutet das eigentlich?

Klimaneutral ist eine Reise dann, wenn dieselbe Menge an Treibhausgasen (z. B. Kohlendioxid CO_2), die man verursacht hat, an anderer Stelle eingespart wird, wie durch die Anpflanzung von Bäumen. Ein Baum bindet bis zu 150 Kilo CO_2 pro Jahr.

Flugzeuge geben sehr viel CO_2 in großer Höhe ab, was dessen schädigende Wirkung verdreifacht. Eine Tonne CO_2 reicht bei Flugzeugreisenden für 3000 Kilometer, mit dem Auto 7000 km und mit der Bahn 17000 Kilometer! Jedoch: Allein die Verschmutzung durch die Computernutzung ist weltweit noch höher als durch den Luftverkehr.

Was jeder Gast beitragen kann

- Fernreisen mindestens für eine Dauer von zwei Wochen unternehmen, besser für drei Wochen planen, damit die Relation zwischen CO2-Emission und Reisezeit eher vertretbar wird
- Kleine Pensionen verursachen bis zu zehnmal weniger Umweltschäden als Luxusresorts
- Ausgleichszahlungen bei Atmosfair oder Myclimate leisten, wodurch die verursachten Schäden beim Flug klimaneutral ausgeglichen werden (siehe unten)
- Mit wenig Gepäck reisen (das reduziert den Kraftstoffverbrauch beim Flug)
- Vor Ort öffentliche Verkehrsmittel anstelle eines Mietwagens nutzen
- Wandern! Dies ist die ökologischste und zugleich gesündeste aller Freizeitbeschäftigungen
- Eigene Wasserflasche zum Nachfüllen mitnehmen, anstatt ständig Plastikflaschen zu kaufen
- Lebensmittel aus der Region bevorzugen, Importwaren möglichst meiden
- Handtücher im Hotel mehrmals benützen und nicht ständig austauschen und waschen lassen
- Klimaanlagen nicht unnötig laufen lassen
- Wasserverbrauch reduzieren, z. B. im Badezimmer
- Auf Öko-Sünden wie Helikopter-Transfers verzichten (zumal das Gepäck parallel zum Helikopter in einem Pkw zum Hotel transportiert werden muss)

Um nicht künftig auf alle Urlaubsreisen verzichten zu müssen oder vor schlechtem Gewissen die Freude daran zu verlieren, gibt es Möglichkeiten, durch bewusste Verhaltensänderungen und durch aktive Ausgleichszahlungen einen positiven Beitrag zu leisten.

Die Idee ist, dass Flugreisende die durch ihren Flug verursachten Klimaabgase ausgleichen durch eine Geldzahlung, die in Solar-, Wasserkraft-, Energiespar- oder Biomasseprojekte in Entwicklungsländern investiert wird. Der gespendete Betrag sollte dabei die gleiche positive Klimawirkung erreichen, wie sie der Flug negativ belastet. Im Internet können Sie unter www.atmosfair.de Ihren Start- und Zielflughafen eingeben, und erhalten dann eine Berechnung der Klimaabgase für diesen Flug. Solche Ausgleichszahlungen sind ein sinnvoller Beitrag zur Schadensbegrenzung und zur Sensibilisierung für umweltschonendes Verhalten. Leider sind erst wenige Reisende bereit, einen entsprechenden Betrag zu spenden. Dabei ist dies recht einfach: Viele Fluggesellschaften und Reiseveranstalter bieten die Zahlung gleich bei Buchung mit an, auch im Internet. Alternativ kann man dies auf der Website von www.atmosfair.de veranlassen oder eine Banküberweisung ausführen. Für einen Hin- und Rückflug nach Mauritius wird eine CO2-Emission in Höhe von 103 Euro angesetzt. Die Spenden werden zu 100 % vom Finanzamt anerkannt. Kontakt: Atmosfair GmbH: Harzer Straße 39, 12059 Berlin, E-Mail: info@atmosfair.de, www.atmosfair.de.

Die richtige Unterkunft wählen: Hotel, Pension oder Apartment mit Selbstversorgung?

Traditionell verschreibt sich Mauritius dem Tourismus der gehobenen Mittelklasse bis zur Luxusklasse. Das Angebot im preisgünstigeren Sektor ist deutlich kleiner, doch auch hier gibt es zahlreiche Varianten und Angebote.

Hotels: Mehr als 110 Hotels verteilen sich über die kleine Insel. Rucksackreisende mit kleinem Budget sind auf den Inseln im Indischen Ozean eine Minderheit, was sich durch die Exklusivität und das Preisniveau begründet. Aber auch mit einem schmalen Budget kann man in Zentren wie Grand Baie und Flic en Flac günstig unterkommen. Einfache Hotels befinden sich eher in städtischen Lagen und nicht direkt am Strand. Je besser der Hotelstandard, umso breiter wird das Angebot, was ganz im Sinne der Regierung ist. So dürfen heute nur noch Hotels gebaut werden, die mindestens eine Vier-Sterne-Kategorie aufweisen (und sie dürfen nicht höher gebaut werden als die höchste Palme in der Umgebung).

Ab vier Sternen ist die Lage eines Hotels in der Regel gut (direkte Strandlage, nicht hinter der Küstenstraße) und es werden viele Wassersportangebote gratis angeboten. Hierauf sollten Sportfreunde ihr Augenmerk richten, denn es macht vor Ort einen großen Unterschied, ob man seine Wasserskiausflüge oder die Sauna noch extra zahlen muss. Unterschiede gibt es auch in der Größe der Zimmer. Viele Hotels bieten verhältnismäßig große Zimmer, es gibt aber auch Ausnahmen. Um im Ranking nicht überholt zu werden, rüsten die Hotels regelmäßig nach. Die Konkurrenz ist groß, der Wettbewerb wird aber diskret ausgetragen.

Beim Service sind die meisten Hotelanlagen lobenswert, bei der Qualität und Auswahl der Verpflegung gibt es erkennbare Unterschiede. Aber: **Luxus ist relativ.** Was für den einen der perfekte Service und die teure Edelausstattung eines Domizils bedeutet, ist für den anderen möglicherweise eine Belastung, denn der wünscht sich vielleicht einen ruhigen „Barfuß-Urlaub“ oder intime Privatsphäre mit der Familie. Immer das, was im eigenen Leben knapp ist, wird als Luxus empfunden, haben Tourismusexperten herausgefunden. Und deshalb lohnt sich der genaue Vergleich, um wirklich die Bleibe zu finden, die den eigenen Wünschen entspricht. Denn die Unterschiede sind enorm, zwischen elitären Golfresorts, Luxustempeln mit mehreren Sterne-Restaurants, gediegenen Ferienvillen mit einem Höchstmaß an Diskretion und schicken Spaßhotels für Sportfreaks.

Dem Luxus werden nach oben kaum Grenzen gesetzt. Neben der edlen Ausstattung und Traumlage am Tropenstrand punkten die mauritischen Resorts vor allem mit dem Service des Personals. Viele Hotels liegen isoliert; in Grand Baie, Belle Mare und Flic en Flac/Wolmar reihen sie sich dagegen oft aneinander. Zunehmend offerieren die Resorts auch All-inclusive-Angebote; nicht zuletzt, weil die Nebenkosten in mauritischen Hotel oft relativ hoch sind. Im Luxussegment bieten das Shandrani Resort an der Blue Bay und der Club Med in Albion All-inclusive auf sehr hohem Niveau.

Lodges im Landesinneren: Neu entstehen seit einigen Jahren im Landesinneren interessante Alternativen zu den Strandhotels: Kleine, beschauliche Lodges, passend zum Öko-Trend, zumeist persönlich geführt und in herrlicher Lage für Wanderungen. Naturfreunde, die auch einmal ein paar Tage auf den Ozean verzichten können, sollten eine solche Lodge unbedingt mit einbauen – es lohnt sich!

Ferienwohnung / Apartment: Ferienwohnungen werden insbesondere im Nordosten zwischen Trou aux Biches und Cap Malheureux sowie im Westen im Bereich Flic en Flac bis Tamarin und an der Blue Bay im Südosten von Mauritius angeboten. Es gibt sowohl größere Apartmentanlagen zur Selbstversorgung als auch persönlich geführte, individuelle Bungalows, bei dem ein Hausmädchen für die Wohnung zuständig ist. Sie kümmert sich mitunter sogar um die Einkäufe, erledigt die anfallenden Küchenarbeiten und kocht für die Gäste. Je nach Preisklasse stehen darüber hinaus manchmal auch ein Butler und ein Koch zur Verfügung.

Tipps für die Hotelauswahl:

Es sind zwar von jedem Hotel aus alle Sehenswürdigkeiten auf Mauritius erreichbar, manche Entfernungen aber nur mühselig zu bewältigen. Wer nicht nur Erholung und Sonnenbaden im Sinn hat, sondern die ganze Insel kennenlernen möchte, sollte darüber nachdenken, zwei oder drei Standorte miteinander zu verbinden und von dort aus jeweils die Ausflüge zu unternehmen. Zum Beispiel eine Woche an der West- oder Südwestküste verbringen und die zweite Woche im Norden/Osten. Auf diese Weise kann man alle Inselregionen besuchen und trotzdem die verstopften Straßen zwischen Port Louis und Curepipe meiden.

Für sportliche Naturen, die in Mauritius jeden Tag aktiv sein möchten, insbesondere mit Wassersportarten wie Wasserski und Bootsausflügen, lohnt es sich, nach die Angeboten sportorientierter Luxushotels wie Shandrani Resort, Le Victoria, LUX* Belle Mare und Le Paradis Ausschau zu halten. Zwar sind die Hotels teurer als Mittelklassehotels, dafür sind außergewöhnlich viele Sportaktivitäten gratis inklusive – unterm Strich mitunter die bessere Entscheidung

Wie Sie Reisekataloge richtig lesen

Es ist fast wie beim Arbeitszeugnis: Auf den ersten Blick klingt alles nur positiv, aber die Wahrheit versteckt sich gerne zwischen den Zeilen. Manch freundliches Wort im Reiseprospekt kaschiert dabei mitunter Nachteile oder Einbußen. Ein paar Beispiele:

- „Ruhige Lage“: Hier gibt es kaum Geschäfte, Restaurants und evtl. auch keine öffentlichen Verkehrsmittel in der Umgebung
- „Verkehrsgünstige Lage“: Deutet auf Flughafennähe oder eine laute, viel befahrene Straße hin, an der das Hotel liegt
- „Lage direkt am Meer“: Bedeutet nicht unbedingt, dass das Hotel direkten Strandzugang hat
- „Aufstrebender Urlaubsort“: Möglicherweise viele Baustellen und Bauarbeiten
- „Direktflug“: Unwissende verstehen darunter gerne einen Nonstop-Flug, dabei bedeutet Direktflug eine Umsteigeverbindung
- „Zimmer zur Meerseite“: Vorsicht: Keine Garantie für einen Meerblick!
- „Zweckmäßig eingerichtet“: Zimmer zumeist ohne Komfort; nur einfach ausgestattet
- „Landestypischer Stil“: Ebenfalls ein Hinweis auf einfache Ausstattung ohne Komfort

Privatpension: Familienpensionen und „Urlaub auf dem Bauernhof“ sind die typische Einrichtung auf Rodrigues. Vereinzelt findet man diese persönlich geführten Gästehäuser auch auf Mauritius. Auf dem europäischen Markt werden solche Unterkünfte bisher kaum vermarktet.

Viele Apartmentanlagen und Familienpensionen haben lange Jahre nur Gäste aus La Reunion und Frankreich gehabt, weil Mauritius im deutschsprachigen Raum hauptsächlich über das Luxussegment angeboten wurde. Die meisten Gastgeber sprechen daher auch wenig Englisch.

Camping: Es gibt auf der Insel keine Campingplätze. Es wird aber gestattet, an einem Public Beach zu zelten.

Reisekosten

In den meisten Fällen ist es günstiger, ein Pauschalreiseangebot zu wählen, als Flug und Hotel einzeln zu buchen. Es gibt aber manchmal Ausnahmen, z. B. bei speziellen Flugangeboten. Eine interessante Reisekombination bieten auch die **Dreiecksflüge** über Südafrika, wodurch sich nach einer Afrikasafari relativ günstig eine Badeverlängerung in Mauritius einbauen lässt.

Die **Hotelpreise** sind variabel und stark von der jeweiligen Saison abhängig. Günstigste Reisezeit ist im Mai und im europäischen Sommer außerhalb der Schulferien. Die teuerste Saison ist zu Weihnachten/Silvester und zu Ostern. Deutsche Reiseveranstalter machen ihre Preise außerdem von den heimischen Schulferien abhängig. Neben Frühbucherrabatten locken manchmal auch „Last Minute“-Restplatzangebote mit Preisnachlässen. Die meisten Hotels bieten Preisnachlässe für Hochzeitspaare, Hochzeitsreisende und manchmal sogar für Hochzeitsjubilare, z. B. zur Silberhochzeit.

Ein Arrangement mit Halbpension ist völlig ausreichend, weil die Verpflegung meistens so reichhaltig ist, dass man kein Mittagessen benötigt. Allerdings sind Speisen und Getränke in vielen Hotels teuer. Wer im Urlaub gerne viel konsumiert, trinkt und lange feiert, wird mit einem **All-inclusive-Angebot** (AI) vermutlich besser fahren. Auch Familien mit Kindern schätzen All-inclusive-Angebote, weil so die Urlaubskosten gut kalkulierbar bleiben.

Man kann sich in Mauritius preiswert von der lokalen Küche ernähren. Wenn man europäische Ansprüche stellt, muss man aber auch mit einem europäischem Preisniveau rechnen, manchmal sogar noch höher.

Nachfolgend einige Preisbeispiele

Restaurants

Die Preise sind weit gefächert. Eine Pizza bekommt man in Grand Baie schon für 7 €, im feinen Strandlokal von Belle Mare berappen die Gäste dafür mindestens 22 €. Lobster, das Edelgericht unter den mauritischen Genüssen, wird in den Restaurants ab 30 € angeboten, ein „Lobster-Buffet" im Luxushotel kostet jedoch rund 70 €. Etwas günstiger wird der Hummer auf der Insel Rodrigues angeboten.

Rechnen Sie bei einem touristischen Ausflugslokal mit 7–12 € für einen Starter oder eine Suppe; 8–15 € für leichte Gerichte wie Smoked Marlin oder Octopus-Salat, und für ein Hauptgericht zwischen 12 und 30 € (Black Angus Steak ab 35 €). Palmherzen sind eine edle Delikatesse und kosten ab 15 €. Liegen die Restaurants weniger populär, reduzieren sich die Preise mitunter deutlich, ohne dass man dabei zwingend Abstriche an Qualität oder Service in Kauf nehmen muss.

Touristische Lokale sind teurer als Restaurants, die vorwiegend von Einheimischen besucht werden; das Ausflugslokal kostet mehr als der Sport Club nebenan. Das Tagesrestaurant in St. Aubin verlangt für das Hühnercurry in Koksmilch 10 €, für Pasta-Gerichte 7,50–11 €, die Vorspeisen liegen bei 6–9 € und Deserts oder Früchtecocktails bei rund 6 €. Le Fangourin beim L' Aventure du Sucre serviert Canneloni für 14 € und einen Oktopus-Salat für 13 €, wenngleich unsere Empfehlung dort dem Bobonne in Kokosmilch gilt (20 €). Günstiger wird es im Le Haka Restaurant in Tamarin mit einem Chicken Curry für 10 € oder im „Flying Dodo" in der Mall of Mauritius, die vorwiegend Einheimische besuchen (Snacks ab 5 € und leichte Hauptgerichte bereits für 6–12 €). Auch in der Waterfront in Port Louis erhält man vegetarische Reisgerichte, Salate und Sandwichs ab 6 € und Fleischgerichte ab 6–9 €.

Vorsicht: Nicht bei allen Speise- und Getränkekarten sind die 15 % VAT bereits inkludiert – bitte rechtzeitig beachten!

Öffentliche Verkehrsmittel

Die Buspreise sind sehr niedrig. Strecken bis 15 km kosten rund 0,60 €, für Kinder die Hälfte. Längere Strecken liegen bei 1 € bis 2,50 € (von Grand Baie nach Rose Hill).

Taxi

Die meisten Hotels veranschlagen feste Taxipreise, die deutlich höher liegen, als Einheimische für Taxifahrten bezahlen. Flughafentransfers nach Grand Baie kosten für Einheimische rund 30 €, der Touristenpreis liegt jedoch bei 40–55 €. Hier lohnt es sich, hartnäckig zu handeln. Viele Touristen engagieren Taxis für ganztägige Ausflüge, die je nach Strecke für 50–80 € angeboten werden. Aber auch hier sind bei etwas Verhandlungsgeschick beträchtliche Nachlässe möglich.

Weitere Preisbeispiele

Fahrradmiete:	5–8 €/Tag
Motorroller:	15–28 €/Tag
Tauchgang:	45 €
Underseawalk:	47 €
Mietwagen:	ab 230 Euro/Woche
Benzin:	ca. 1,40 €/Liter

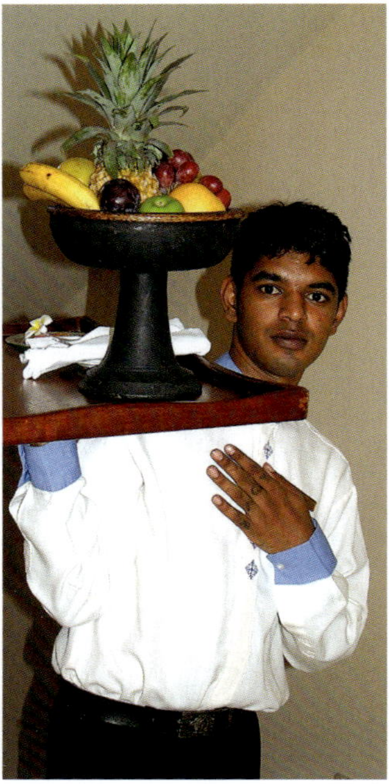

Lebensmittelpreise im Supermarkt

Rumpsteak	1 kg	24,00 €
Huhn	1 Stk.	8,80 €
Frischfisch: Dorade	1 kg	6,50 €
Frischfisch: Lachs	1 kg	44,00 €
Frischfisch: Thunfisch	1 kg	8,50 €
Sea Food, gefroren: Calamari	0,2 kg	5,00 €
Sea Food, gefroren: Crevetten	0,6 kg	15,00 €
Smoked Marlin	0,6 kg	15,00 €
Pizza, gefroren		4,70 €
Käse: Gouda	0,3kg	5,00 €
Reis	1 kg	1,70 €
Nudeln, italienische	0,5 kg	1,70 €
Tomaten	1 kg	6,60 €
Milch	1 l	2,40 €
Marmelade	1 Glas	2,30 €
Butter	0,2 kg	2,70 €
Joghurt	1 Stk.	0,65 €
Eier	30 Stk.	5,20 €
Baguette		0,50 €
Mineralwasser	1,0 l	1,20 €
Coca Cola	0,33 l	0,75 €
Phoenix-Bier	0,33 l	1,25 €
Rotwein, südafrikanisch	0,75 l	10,00 €

Die Reiseapotheke

Vorschläge zum Inhalt einer Notfallapotheke gemäß Bayerischem Gesundheitsamt

Beschwerden	**Substanz (Medikament)**
Fieber, Entzündung, Schmerzen	Paracetamol, Acetylsalicylsäure (Aspirin)
Insektenstiche	diverse Repellentien, Chlorphenoxamin-Creme
Kreislaufanregung	Etilefrin, Norfenefrin
Durchfall	Elektrolyt-Glukose-Präparate, Hefe-Präparate, Loperamid (Imodium)
Erbrechen & Übelkeit	Metoclopramid (Paspertin)
Bauchkrämpfe	Butylscopolamid
Augenentzündung	Tetrazyklin-Augentropfen
Harnwegsinfektionen	Antibiotika, Nieren-Blasen-Tee
Ohrenentzündung	Acetylsalicylsäure (Aspirin), Phenazon

Außerdem: Kleine Schere, Sicherheitsnadeln, Rasierklinge, Fieberthermometer, Pinzette, Pflaster, Verbandszeug, Desinfektionsmittel, ggf. Allergie- und Magentabletten, ein Magnesiumpräparat, evtl. Einwegspritzen und alle Medikamente, die Sie regelmäßig einnehmen.

Gesundheitsvorsorge

Ein großes Plus von Reisen nach Mauritius sind der hohe Gesundheitsstandard und die geringen Krankheitsrisiken für Touristen. Es besteht nur ein **sehr geringes Malariarisiko**, Rodrigues ist sogar malariafrei. Deshalb raten die wenigsten Ärzte zu einer Malariaprophylaxe (Tabletten zur Vorbeugung). Trotzdem sollten Sie Ihren Arzt darauf aufmerksam machen, falls nach der Reise Fieber, Kopf- und Gliederschmerzen auftreten.

Die Infektionskrankheit **COVID-19** durch ein neues **Coronavirus** hat sich seit Ende 2019 weltweit ausgebreitet und eine Pandemie von bislang unbekanntem Ausmaß verursacht. Vor allem für vulnerable Personen und Reisende ohne vollständigem Impfschutz bestehen gesundheitliche Risiken durch mögliche unvermeidbare Kontakte zu Infizierten. In Mauritius wurden bis Redaktionsschluss ca. 263 000 Infektionen erfasst und 75 % der Bevölkerung grundimmunisiert. Denken Sie an die bekannten Schutzmahnahmen (AHA-Regel, bei Bedarf situativ eine Maske tragen).

Dengue- und **Chikungunya-Fieber** sind schwere Viruserkrankungen, die mitunter im Indischen Ozean vorkommen. Sie werden von Mücken übertragen und äußern sich mit Fieber, Gelenkschmerzen und starkem Krankheitsgefühl. Es gibt keine medikamentöse Prophylaxe; einziger wirksamer Schutz sind vorbeugende Maßnahmen gegen Mückenstiche.

Gegen **Diphtherie**, **Polio** (Kinderlähmung) und **Tetanus** (Wundstarrkrampf) sollte jeder zeitlebens immunisiert sein. Diese gefährlichen Krankheiten kommen weltweit, auch in Mitteleuropa, vor. Eine anstehende Mauritiusreise könnte daher ein guter Anlass sein, beim Arzt den allgemeinen Impfschutz einmal wieder überprüfen zu lassen.

Aids: Geschlechtsverkehr mit Unbekannten birgt ein hohes Infektionsrisiko für die Immunschwächekrankheit. Eine Übertragung durch Mückenstiche ist nicht möglich, auch durch normale Sozialkontakte steckt man sich nicht an. Die Gefahr geht allein vom Austausch von Körperflüssigkeiten aus (Sex, Bluttransfusionen, infizierte Nadeln/ Spritzen.

Für **Aktivreisende**: Wer einen Tauchurlaub plant, sollte vorab seine Tauchtauglichkeit testen lassen. Überprüfen Sie außerdem Ihren Versicherungsschutz hinsichtlich Ihrer geplanten Aktivitäten (Unfallversicherung, Auslandskrankenversicherung).

Wer starke Medikamente mit sich führen muss, packt besser ein ärztliches Rezept ein, das bei Bedarf den Behörden vorgelegt werden kann. Denn in Mauritius sind manche Pharmaprodukte **Einfuhrbeschränkungen** unterworfen (am besten die Originalverpackungen mitnehmen.

Empfehlung zur Reisevorsorge

- **Ärztliches Gespräch** suchen bzgl. individueller Gesundheitsrisiken und aktueller reisemedizinischer Empfehlungen. Hilfreiche Informationen im Internet: www.fit-for-travel.de, www.rki.de, www.reisevorsorge.de, www.bctropen.de, www.gesundes-reisen.eu oder beim Centrum für Reisemedizin CRM: Tel. 0211-904290, www.crm.de.
- Zusammenstellen einer kleinen **Reiseapotheke** für unterwegs (siehe links).
- Abschluss einer **Auslandsreisekrankenversicherung** mit Rückholservice und uneingeschränkter Kostenübernahme. Diese wird von zahlreichen Versicherern angeboten. Vergleichen Sie die Leistungen: Wichtig sind ein kostenloser Rückholservice (wenn ärztlich empfohlen) und die Erstattung hoher Bergungskosten.

Heiraten „im Paradies"

Mehr also 12 000 Touristenpaare schließen jedes Jahr auf der Tropeninsel den Bund fürs Leben, also mehr als 30 Hochzeiten Tag für Tag. Manche Hotels veranstalten in der Saison mehrere Trauungen täglich. Die Begeisterung so vieler Brautpaare für Mauritius erklärt sich aus dem exotischen Idyll, seinen charmanten Bewohnern, dem dienstbaren Personal und einer unbürokratischen Verwaltung, die es den Paaren erleichtert, hier ihre Traumhochzeit zu erleben.

Die meisten Hotels bieten Heiratswilligen einen entsprechenden Service mit vielen Extras und Überraschungen bei den „Honeymoon-Packages". Auch europäische Reiseveranstalter schnüren Hochzeitspakete und übernehmen die Organisation für den „schönsten Tag im Leben" – vom Fotografen bis zur Hochzeitstorte.

Die Hochzeitsbeauftragten in Mauritius arbeiten sehr erfahren und professionell – und wundern sich insgeheim und trotz aller Routine immer noch über den westlichen Trend, dieses Fest ohne der Großfamilie feiern zu wollen.

Heiratswillige sollten frühzeitig mit der Planung beginnen. Sie können in Mauritius standesamtlich und kirchlich heiraten. Auch die Örtlichkeit können sie frei wählen, und so hat es hier auch schon Trauungen unter Wasser gegeben. Pompös oder dezent, nach europäischer oder hinduistischer Tradition, mit Publikum am Hotelstrand oder ganz intim – alles ist möglich.

Notwendige Formalitäten für eine Eheschließung in Mauritius: Voraussetzung zur Heirat ist ein Nachweis, dass die Hochzeiter weder Staatsbürger von Mauritius sind noch ihren ständigen Wohnsitz auf der Insel haben. Diesen Nachweis, „Non Resident Certificate" genannt, stellt in Mauritius das Standesamt aus: „Registrar of Births, Deaths and Marriages", 7th level Emmanuel Anquetil Building, Sir S. Ramgoolam Street, Port Louis, Tel. 2012313/2011727, Fax 2112420, E-Mail: civstat@intnet.mu. Spätestens zehn Tage vor der Trauung müssen hier die erforderlichen Dokumente vorliegen. Für Kirchliche Trauungen: Episcopate of Port Louis, Monseigneur Gonin Street, Tel. 2083068, Fax 2086607.

Für die Antragstellung benötigen Sie zweifache Fotokopien jeder Geburtsurkunde, Ehefähigkeitszeugnisse des deutschen Standesamts und zweifache Fotokopien der ersten drei Seiten eines jeden Reisepasses (mit noch mindestens sechs Monaten Gültigkeit). Alle Dokumente müssen in französischer oder englischer Übersetzung und amtlich beglaubigt vorliegen. Wenn es nicht um die erste Eheschließung handelt, werden auch die Scheidungs- oder Sterbeurkunden früherer Ehepartner benötigt; bei kirchlichen Hochzeiten sind zudem die Taufurkunden vorzulegen. Nach der Rückkehr aus Mauritius muss die Ehe noch anhand der mauritischen amtlichen Heiratsbestätigung („Apostille") in Deutschland anerkannt und beurkundet werden. Das Einwohnermeldeamt erledigt das in etwa 4–6 Wochen.

Anreise

Internationale Flugverbindungen

Zahlreiche renommierte Fluggesellschaften bieten Flüge von europäischen Hauptstädten und Metropolen nach Mauritius. Die direkte Flugdauer beträgt je nach Strecke etwa zehn bis elf Stunden.

Nonstopp-Flüge von Deutschland haben derzeit **Eurowings** und **Condor** im Programm, die mehrmals wöchentlich zwischen Deutschland und Mauritius pendeln. Kontakt: www.eurowings.com und www.condor.com.

Die mauritische **Air Mauritius** fliegt täglich zwischen Paris und Mauritius und bietet günstige Anschlussflüge ab vielen Städten in Deutschland, Österreich und der Schweiz. Kontakt: www.airmauritius.de.

Emirates (www.emirates.com) bietet tägliche Flüge zwischen vielen Städten Europas (z. B. München, Frankfurt, Hamburg, Düsseldorf, Wien und Zürich) und Mauritius mit Umstieg in Dubai, die besonders interessant sind, wenn man einen Stopover in Dubai einlegen möchte. Nach Mauritius werden bis zu dreimal täglich die modernen Großraumflugzeuge A 380 eingesetzt. Ein großes Plus von Emirates Airlines ist auch die großzügige Freigepäckregelung sogar in der Economy Class.

Außerdem fliegen **British Airways**, **Air Italy**, **Turkish Airlines**, **Edelweiß Air** und **Swiss Airlines** ein- bis mehrmals wöchentlich nach Mauritius.

Ein interessantes Angebot für Afrikareisende ist die Kombination von Südafrika und Mauritius. **South African Airways** (www.flysaa.com) und Air Mauritius bieten gemeinsam einen Dreiecksflug an, bei dem Touristen günstig von Frankfurt oder München nach Südafrika, von dort später nach Mauritius und schließlich direkt von Mauritius wieder nach Deutschland fliegen können. Zwischen Johannesburg in Südafrika und Mauritius bestehen tägliche Flugverbindungen.

Innerhalb des Indischen Ozeans gibt es täglich zahlreiche Flüge zwischen Mauritius und La Reunion sowie zweimal wöchentlich zwischen Mauritius und den Seychellen.

Preisauskünfte und Kapazitätsabfragen sind bei Reisebüros erhältlich oder im Internet.

Flüge nach Rodrigues: siehe S. 213.

Anreise mit dem Schiff

Kreuzfahrtschiffe steuern auf ihren Routen durch den Indischen Ozean gerne Mauritius an und liegen dann ein, zwei Tage im Hafen von Port Louis.

Einen regelmäßigen Fährbetrieb zwischen La Reunion und Mauritius betreibt das Motorschiff „Mauritius Pride" (etwa zehnFahrtstunden). Die Schiffspassagen erfreuen sich bei den Einheimischen großer Beliebtheit, daher empfiehlt sich eine frühzeitige Reservierung. Ausführliche Detailinformationen bietet die Website der Mauritius Shipping Corporation: www.mauritiusshipping.net.

Kontaktadresse: Port Louis, 1 Military Road, Tel. 2172285, E-Mail: info@coraline.mu, cinthia.ferret@mscl.mu und info@mscl.mu.

Fähren und Flüge nach Rodrigues

Die Mauritius Shipping Corporation befährt auch die Strecke Mauritius–Rodrigues–Mauritius in einem etwa zehntägigen Rhythmus mit ihren beiden Motorschiffen „MS Mauritius Pride" und „MS Mauritius Trochetia", die beide Passagiere in verschiedenen Klassen vom Sessel bis zur Luxuskabine aufnehmen. Die Hinfahrt dauert fahrplanmäßig 36 Stunden, die Rückfahrt 26 Stunden. Da die Passage von Rodrigues nach Mauritius mit den Passatwinden ruhiger und zügiger verläuft, bietet sich an, die Hinreise per Flug und die Rückfahrt nach Mauritius mit dem Schiff zu organisieren. Detailinformationen bietet die Website: www.mauritiusshipping.net.

Kontaktadresse in Rodrigues: Port Mathurin, Rue François Leguat, Tel. 8310640, E-Mail: msclod@intnet.mu.
In Mauritius: siehe oben

Info Wer von Mauritius weiter nach Rodrigues fliegt, darf nicht vergessen, dass auf diesen Flügen nur 15 kg Freigepäck pro Passagier erlaubt sind

Die Reise beginnt

Empfehlungen fürs Gepäck

Reisedokumente: Gültiger Reisepass; Flugtickets, Reiseunterlagen, bei Bedarf ein Internationaler Führerschein. Von offiziellen Dokumenten sollte man Fotokopien dabei haben und an getrennten Plätzen verwahren. Für Notfälle gehören wichtige Rufnummern ins Gepäck, z. B. die **Servicenummern** der Kreditkarteninstitute und der Auslandskrankenversicherung. Wir raten, einen Teil der **Reisekasse** als Bargeld und eine Kreditkarte mitzuführen. Persönliche Dokumente, Zahlungsmittel, die Fotoausrüstung und Medikamente gehören ins Handgepäck. Für die Mitnahme von **Sondergepäck** wie Fahrräder sollten Sie unbedingt vorab die Bestimmungen bei der gebuchten Airline erfragen.

Bitte beachten Sie die strengen Bestimmungen für das **Handgepäck**: Fluggäste dürfen nur sehr kleine Mengen Flüssigkeiten im Handgepäck mitführen. Der Behälter darf max. 100 ml Fassungsvermögen haben und muss in einem transparenten, verschließbaren (z. B. ZIP-Verschluss), max. 1 l fassenden Plastikbeutel transportiert werden. Diesen Bestimmungen unterliegen alle flüssigen, cremigen, gelartigen und schaumigen Substanzen. Während der Fluges benötigte Medikamente, z.B. Insulin, dürfen mitgeführt werden (lassen Sie sich dafür aber eine ärztliche Bescheinigung geben).

Leichte **Baumwollkleidung**, wie sie in Europa im Sommer getragen wird, eignet sich für einen Aufenthalt in Mauritius gut. Tagsüber ist atmungsaktive Strand- und Freizeitkleidung angebracht, für kühlere Abende empfehlen wir eine leichte Jacke oder Sommerpullover. Viele Räume werden durch Klimaanlagen stark gekühlt. Ein Halstuch hilft gegen Zugluft bei Ausflügen, im kühlen Flugzeug und bei starken Klimaanlagen. Für Unternehmungen im Landesinneren empfehlen wir leichte Baumwollhosen und Hemden sowie Sommerkleider und einen Sonnenhut oder ein Kappy als Sonnenschutz. „Oben ohne" oder String-Tangas sind in Mauritius nicht gerne gesehen, weder am Strand noch am Hotelpool. In Luxushotels wird nach Sonnenuntergang gepflegte Kleidung erwartet (keine Badekleidung, keine Flipflops, keine Shorts für die Herren). Dennoch sind Jackett und Krawatte nicht erforderlich.

Für Ausflüge ist ein kleiner Tagesrucksack praktisch. Abends ist manchmal eine Taschenlampe hilfreich, z. B. in den Lodges im Landesinneren. Sonnen- und Insektenschutzmittel, eine Sonnenbrille und Badeschlappen sollten auch nicht fehlen.

Fit den Flug überstehen

Der menschliche Organismus braucht pro Stunde Zeitverschiebung einen ganzen Tag, um sich zu erholen und auf die veränderte Ortszeit einzustellen. Mauritius ist trotz der weiten Entfernung für Reisende aus Mitteleuropa eine gesundheitsfreundliche Destination, da je nach Jahreszeit nur zwei oder drei Stunden Zeitverschiebung bestehen. Die typischen Symptome eines Jetlags wie Schlafprobleme, Appetitmangel und Kopfschmerzen sind daher bei Mauritius-Reisenden eher selten.

Es fällt dem menschlichen Körper leichter, einen Tag um einige Stunden zu verlängern, als ihn künstlich zu verkürzen. Den Hinflug nach Mauritius empfindet unser Körper also als anstrengender als den Rückflug in die europäische Heimat.

Elf Stunden Flugzeit bergen aber ein anderes Gesundheitsrisiko: die Thrombosegefahr durch das lange Sitzen mit angewinkelten Beinen. Stehen Sie deshalb während des Fluges immer wieder auf, gehen Sie ein paar Schritte, wippen Sie zwischendurch mit den Füßen.

Folgende Tipps helfen, den Körper umzustellen

- Zwei Tage vor dem Flug die Schlafzeiten in Richtung der neuen Zeit verschieben (d. h. etwas früher schlafen zu gehen)
- Eine Reise nach Mauritius mindestens für zwei Wochen Aufenthalt planen, damit sich der Körper nicht bereits in Kürze erneut umstellen muss
- Vor und während des Fluges Kaffee, Tee, Alkohol und Nikotin meiden, aber viel Wasser trinken
- Nach der Ankunft am Zielort sogleich möglichst viel Tageslicht aufsuchen, denn das senkt den Melatoninspiegel und reduziert die Tagesmüdigkeit
- Leichte körperliche Tätigkeiten wie Spaziergänge sind ideal nach der Ankunft im Hotel
- Risikopersonen (Venenleidende, Schwangere, Raucher und Übergewichtige) können sich im Sanitätshaus Stützstrümpfe für den Flug und/oder entsprechende Medikamente zur Blutverdünnung besorgen

Die Ankunft in Mauritius: Formalitäten am Flughafen

Tipp Auf S. 277 ist die rosafarbene Einreisekarte abgebildet

Tipp Wer direkt am Airport einen Wagen annimmt, sollte dort sogleich Geld wechseln, weil man bei der Ausfahrt Kleingeld für den Parkplatz benötigt (30 Rs)

Alle Flugreisenden landen im Flughafen Sir Seewoosagur Ramgoolam (SSR) International Airport in Plaisance an der Südostküste von Mauritius, etwa 3 km von Mahébourg und 45 km von Port Louis entfernt. Der moderne Flughafen bietet zahlreiche Mietwagenagenturen, Taxidienste, Reiseagenturen, eine Tourist Information, Bankschalter in der Ankunftshalle (faire Wechselkurse) und einen Geldschalter außerhalb der Ankunftshalle in Richtung Gate 3. Es gibt hier jedoch keine Gepäckaufbewahrung. Tel. des Flughafens: 6036000, http://aml.mru.aero.

Allen Reisenden wird empfohlen, noch vor der Abreise das Formular **„All in One Travel Form"** zu erstellen (Online ausfüllbar unter https://safemauritius.govmu.org) und bei der Ankunft am Flughafen den Einwanderungsbehörden zu übergeben, auf der nach der Flugnummer, persönlichen Daten wie Beruf und Adresse, dem Gesundheitszustand, dem Covid-19-Impfstatus und dem Einreisegrund gefragt wird. Andernfalls muss man es bei der Einreise manuell ausfüllen, was ein wenig umständlich ist und zu Zeitverzögerungen führen kann.

Transfer zum Hotel: Bei Pauschalreisen sind die Flughafentransfers in der Regel inbegriffen. Die Gäste werden vor der Ankunftshalle erwartet und je nach Buchung per Kleinbus, Limousine oder sogar Helikopter zum Hotel gebracht. Je nach Verkehrsaufkommen kann ein Transfer in den Inselnorden bis zu zwei Stunden dauern. Viele Hotels empfangen ihre erschöpften Gäste mit gekühlten, duftenden Handtüchern.

Individualreisende: Tagsüber fahren etwa stündlich preiswerte Busse zwischen dem Flughafen und Mahébourg bzw. in die Hauptstadt Port Louis (große Gepäckstücke kosten Aufpreis). Zahlreiche Taxis warten außerdem nach allen Flugzeuglandungen vor der Ankunftshalle auf neue Gäste. Handeln Sie unbedingt zuerst den Preis aus. Eine Fahrt nach Port Louis sollte nicht mehr als 35–45 Euro kosten. Bei unerfahrenen Neuankömmlingen verlangen Taxifahrer aber gerne zunächst das Doppelte.

Wer im Vorfeld einen **Mietwagen** reserviert hat, wird in der Empfangshalle erwartet. Die gängigen Mietwagenanbieter sind mit eigenen Schaltern am Flughafen vertreten. Vor Verlassen des Flughafens empfehlen wir, mauritische Rupien zu besorgen. Der Wechselkurs ist günstig, und beim Verlassen des Airport-Parkplatzes mit einem Mietwagen benötigen Sie bereits ein wenig Bargeld an der Schranke.

Unterwegs in Mauritius: Mobil sein vor Ort

Mietwagen

Das dichte und überwiegend gut ausgebaute Straßennetz in Mauritius eignet sich prima für individuelle Erkundungen mit einem Mietwagen. Die meisten Mietwagen sind japanische und südkoreanische Marken. Die Auswahl ist groß; vom kleinen Flitzer bis zur Luxuslimousine wird alles geboten. Die Preise hängen stark von der Saison und Mietdauer ab. Da die Nachfrage groß ist, halten wir es für ratsam, einen Mietwagen bereits vor Reiseantritt zu organisieren.

Die Mietwägen werden in Mauritius in der Regel ohne Kilometerbegrenzung abgegeben und die Preise beinhalten eine Vollkaskoversicherung mit Selbstbehalt. Teilweise kommt eine Einweggebühr für den Transfer vom/zum Hotel oder Flughafen dazu. Es ist auch möglich, einen Mietwagen mit Chauffeur zu reservieren, der basierend auf einem Acht-Stunden-Tag ab 30 € pro Tag kostet. Wahlweise kann man zusätzlich auch eine Diebstahlversicherung (TW: Theft Waiver) und eine Unfallversicherung (PAI: Personal Accident Insurance) abschließen.

Info Voraussetzungen für Mietwagenfahrer: Das Mindestalter fürs Autofahren in Mauritius beträgt 18 Jahre. Mietwagenfahrer müssen je nach Anbieter mindestens 21 bis 23 Jahre alt sein und wenigstens ein Jahr in Besitz des Führerscheins

Info Bei Vertragsabschluss bzw. bei der Übergabe des Wagens sollten Sie vorhandene Fahrzeugschäden, die aktuelle Kilometerzahl und ggf. Einwegmieten schriftlich verankern

Verkehrsregeln & Tipps für Autofahrer

- In Mauritius herrscht Linksverkehr
- Es besteht Anschnallpflicht und herrscht die Null-Promille-Grenze
- Höchstgeschwindigkeit in Ortschaften: 40 km/h, außerhalb geschlossener Ortschaften 50 km/h, auf der Autobahn 80–110 km/h (bei Übertretung mind. 40 Euro Strafe)
- In fast allen Städten ist Parken nur mit Parkscheinen erlaubt (an Tankstellen erhältlich)
- Mietwägen erkennt man an den gelben Nummernschildern
- Meiden Sie Nachtfahrten wegen der vielen unbeleuchteten Verkehrsteilnehmer
- Tanken: Keine Selbstbedienung, sondern Bedienung durch den Tankwart. Viele Tankstellen schließen Sonntagmittags. Benzin kostet ca. 1,40 €/Liter.
- Nach heftigen Regenfällen sind einzelne Straßenabschnitte mitunter überflutet
- Fußgänger und Tiere halten sich mangels Gehwegen auf der Fahrbahn auf. Selbst auf der Autobahn gibt es mitunter Obstverkäufer, Zebrastreifen, Bushaltestellen und Fahrradfahrer
- Mietwagenfahrern empfehlen wir, ein gutes Navigationsgerät zu benützen und evtl. den Erwerb einer detaillierten Straßenkarte, denn die Beschilderung ist dürftig und ungenau
- Achten Sie in den Ortschaften auf die zahlreichen Bodenschwellen
- Die meisten Landstraßen haben keine Seitenstreifen und auch keine Seitenbefestigung, sondern brechen gleich steil ab ins Feld oder auf die Wiese
- Überall ist mit Behinderung durch Busse zu rechnen, die ständig mitten auf der Straße anhalten, weil es keine Buchten für die Bushaltestellen gibt
- Kurven: vorsichtig und weit links befahren, weil viele Autofahrer diese rasant anschneiden
- An den Wochenenden passieren mehr Unfälle durch alkoholisierte Verkehrsteilnehmer

Taxi-Rufnummern: Curepipe Tel. 58395223, Grand Baie Tel. 57770256. Taxifahrpreise werden jeweils im Reiseteil genannt. Siehe außerdem: Reisekosten/ Preisbeispiele, S. 251

Parallel zu den Bussen verkehren auf stark frequentierten Strecken außerdem **Sammeltaxis**, die „Taxi-Train" heißen. Hier steigen Gäste zu, solange Platz im Fahrzeug ist. Die Preise liegen etwas höher als bei den öffentlichen Bussen.

Örtliche Reiseagenturen und alle exklusiven Hotels bieten außerdem einen **Limousinenservice** an.

Taxis

Taxis erkennt man an der Aufschrift und am Nummernschild, das schwarze Lettern auf weißem Grund hat (Privatfahrzeuge haben weiße Zahlen und Buchstaben auf schwarzem Grund). In Mauritius gibt es ausgewiesene Taxistände in den Ortschaften und vor den Hotels. Selten erwischt man ein freies Taxi auf der Straße. Die Fahrzeuge sind oft schon etwas älter und haben keine Taxameter, daher ist es wichtig, vor der Fahrt den Preis auszuhandeln. Taxifahrten sind relativ teuer – Einheimische benützen deshalb fast immer den Bus – und bei Touristen schnellen die Preise noch höher als für mauritische Fahrgäste. Hoteltaxis fahren in der Regel nach festen Preislisten. Abends ab 20 Uhr wird ein Zuschlag um fast 50 % erhoben; große Gepäckstücke kosten auch extra.

Beliebt sind **Ganztagesausflüge** mit einem Taxi. Je nach Auslastung (Saison) und Verhandlungsgeschick verlangen die Fahrer 50–80 € für eine Tagestour. Einen Vorteil für unerfahrene Urlauber bieten sie freilich: Die Taxifahrer kennen sich meistens bestens aus und erzählen bereitwillig über Land und Leute. Mitunter bringen sie ihre Gäste aber auch zu Läden, bei denen sie Provision erhalten. Klären Sie daher frühzeitig mit dem Fahrer ab, wo und wie Sie den Tag verbringen möchten. Taxifahrer erwarten kein Trinkgeld.

Öffentliche Busse

Busfahren ist in Mauritius einfach und sehr preiswert: Ein dichtes Streckennetz und ein enger Fahrplan versorgen alle Landesteile tagsüber ausreichend mit öffentlichen Bussen. Allerdings sollte man es nicht allzu eilig haben, denn die Busse halten an unzähligen Stopps. In Stoßzeiten werden auf den wichtigen Strecken zwischen Port Louis und den Hochlandstädten zusätzlich Expressbusse eingesetzt, die weniger Haltestopps haben und mitunter eine flüssigere Route fahren.

Busse fahren in den Städten von etwa 5.30–20 Uhr, auf dem Lande oft nur von 6.30–18.30 Uhr. Nur zwischen Port Louis und Curepipe via Rose Hill und Quatre Bornes besteht auch abends noch bis 23 Uhr eine Busverbindung. Zwar liegen Fahrpläne in den Touristenbüros aus, aber die sind so verwirrend und umfangreich, dass man getrost darauf verzichten kann. Tagsüber fahren Busse in so kurzen Abständen, dass man immer guten Anschluss erhält. Kurzstrecken wie von Grand Baie nach Pte. Cannoniers kosten 12 Rs. Bei längeren Strecken erhöht sich der Fahrpreis, so z. B. von Mahébourg nach Curepipe auf 38 Rs, nach Port Louis 41 Rs, nach Vieux Grand Port 30 Rs. Kinder zahlen stets etwa die Hälfte. Siehe: www.mauritius-buses.com

Die Wartenden an den Bushaltestellen pflegen britische Manieren: Sie bilden eine Schlange anstelle eines Pulks und drängen sich beim Zusteigen auch nicht vor. Im Bus sucht man sich zunächst einen Sitzplatz. Neben dem Fahrer ist immer auch ein Kollektor an Bord, der sodann den Fahrpreis von den Zugestiegenen kassiert und die Fahrscheine aushändigt. Halten Sie möglichst Kleingeld bereit, Wechselgeld ist manchmal knapp.

Busfahren in Mauritius ist ein interessantes Erlebnis und erlaubt dem Fremden, in den mauritischen Alltag zu schnuppern. Während der Rush Our, besonders von 7–9 Uhr und 16–18 Uhr, sollte man den schleppenden Busverkehr aber möglichst meiden.

Praxistipps für Mauritius

Kulinarische Erlebnisse in Mauritius

Die mauritische Küche ist die Summe unterschiedlichster Einflüsse. Wer immer im Laufe der Zeit den Fuß auf die Insel setzte, brachte seine heimischen Geschmäcker und Rezepte mit und kombinierte diese mit den Variationen und Zutaten, die er hier antraf. Das Resultat ist eine Küche voller indischer, chinesischer, französischer und kreolischer Einflüsse. Das Ganze ist variabel und nach Gusto kombinierbar– eine **„Fusion"** oder auch **„Signature"-Küche**, wie sie gerne gerühmt wird, also eine individuelle Fusion unterschiedlicher Geschmacks- und Zubereitungsrichtungen. Und noch etwas ist typisch mauritisch: Es wird viel Wert auf die Optik gelegt. Die Kunst, ein Gericht ansprechend anzurichten und galant zu servieren – auf Mauritius scheint dies ebenso wichtig zu sein, wie das eigentliche Geschmackserlebnis.

Am stärksten dominiert die indische Küche, allerdings sind die Speisen auf Mauritius stets milder gewürzt als in der alten Heimat. Das gleiche gilt für die chinesischen Gerichte. In den Touristenhotels mangelt es manchmal am Mut zum Würzen. Der Drang zur „Fusion" geht so weit, dass die reine französische Küche auch nur noch schwer zu finden ist.

Fremdartige, appetitanregende **Gewürze und Aromen** sind dabei untrennbar mit der mauritischen Gastronomie verbunden. Ein Hauch von Kardamom, Vanille und Koriander liegt in der Luft, Kreuzkümmel und Kurkuma schmeicheln den Geschmacksnerven, und Nelken, Senfkörner, Knoblauch und Zimt runden das Erlebnis vorsichtig ab. Auch die in Indien beheimatete Tamarindenpaste fehlt in keiner guten Küche der Insel.

Tipp Essenstipp für mittags: In den Supermärkten gibt es frisches Baguette, abgepackten geräucherten Thunfisch, hervorragenden Smoked Marlin und kühle Getränke – alles, was man für ein schmackhaftes Picknick braucht!

Auch in Mauritius hängt das kulinarische Erlebnis stark von der Hotel- bzw. Restaurantkategorie ab. Ein 5-Sterne-Resort garantiert aber keinesfalls automatisch eine Spitzenküche. Auch hier ist manchmal mehr Schein als Sein. Mitunter vollführen dagegen die Köche eines einfaches Lokals oder die Hausmaid einer Bungalowanlage eine begnadete Kochkunst. Restaurantempfehlungen sind schwierig, nicht nur wegen der individuellen Geschmacksvielfalt, sondern weil sich die Qualität der Speisen mit jedem Wechsel des Küchenpersonals und Catering Managers rasch verändern.

Bilder oben: Gepflegte Gastronomie im Südwesten der Insel: das Restaurant „Domaine du Cachet" in Chamarel und die Terrasse im Marriott Resort.

Bilder rechts: Gedecke in der Villa Eureka; Früchteschmaus beim Frühstück im Resort Lakaz Chamarel

Restaurants

Viele Restaurants, insbesondere in den Städten, öffnen im Regelfall nur tagsüber und schließen gegen Sonnenuntergang. Abends öffnen sie oft nur bei Bedarf. Wer dort abends dinieren möchte, sollte rechtzeitig reservieren. Es ist üblich, dass eine Speisekarte mit Preisen vor dem Restaurant aushängt, wobei nicht überall die 15 % VAT (Mehrwertsteuer) bereits inkludiert sind. **Wichtig**: Man wartet am Restauranteingang und wird vom Kellner zu einem Tisch nach Wahl geleitet.

Mauritische Restaurants offerieren überwiegend chinesische Küche, eine als „Fusion" deklarierte Mischung aus französischen und mauritischen (kreolischen) Einflüssen, indische Kost oder italienische Küche. Neuerdings gibt es auch ein paar japanische Restaurants, deutsche Küche aber bisher nicht. Original kreolische Küche kann man gar nicht so einfach bestellen. Sie wird traditionell zuhause gekocht, aber kaum in Restaurants angeboten. Denn wenn Mauritier ausgehen, möchten sie nicht ihre Hausmannskost bestellen, sondern lieben z. B. die chinesische Küche. Dass sich Touristen für kreolische Spezialitäten interessieren, hat man in den letzten Jahren erkannt. Seither sind „Inselbuffets" bzw. „Paul & Virginie Buffets" in den Hotels kaum mehr wegzudenken.

Die mauritische Küche in den Hotels

Zum **Frühstück**, das sich über mehrere Stunden bis in den späten Vormittag ausdehnen kann, wird in der Regel ein Buffet mit Brötchen/Baguette, Gebäck, Croissants, Marmelade, Honig und Obst errichtet. Verschiedene Wurst- und Käsesorten (Importwaren), oftmals auch Quark („Curd"), Joghurt und Müslis, mitunter frische Waffeln und Pfannkuchen, häufig Würstchen und gegrillte Tomaten im britischen Stil sowie veschiedene Eierspeisen, die für den Gast frisch zubereitet werden, ergänzen das Angebot. Als Getränke stehen Kaffee, Tee und Fruchtsäfte zur Auswahl (frisch gepresst sind sie meist nur in Luxushotels). Meterlange Buffets lassen in den feinen Häusern kaum Wünsche offen.

Viele Hotels bieten Halbpension an und offerieren tagsüber **leichte Gerichte** im Strandrestaurant. Neben Klassikern der Fastfood-Industrie wie Burger, gegrillte Sandwiches und Pommes findet man hier auch sehr schmackhafte lokale Spezialitäten. Smoked Marlin auf Nudelsalat, Samosas (dreieckige, gefüllte Teigtaschen aus Indien) und Octopus-Salat, um nur ein paar Beispiele zu nennen. Zahlreiche Variationen der indischen Küche findet man dagegen eher in einfachen Lokalen als im Hotelrestaurant. Zu den beliebten Snacks und kleinen Gerichten zwischendurch zählen dort frittierte, vegetarische Chilibällchen namens „Gateaux Piments", indische Pfannkuchen bzw. Fladenbrote, die man Roti nennt, das Linsenpüree Dhal und allerlei Curry (auch Cri und Carri genannt). Berühmtheit erlangte der **Palmherzensalat Coeur de Palmiste**, weil er ein Ausdruck größter Dekadenz und Verschwendungssucht ist. Es muss eine ganze Palme gefällt werden, um das weiche Herz des Stamminneren zu ernten, das geraspelt und mit Essig, Öl und Zitronensaft angereichert schließlich auf dem Teller landen soll. Der kostspielige Genuss wird deshalb auch „Salat der Millionäre" genannt.

Beim **Abendessen** ist es typisch, drei- bis viermal wöchentlich ein Themenbuffet anzubieten, die anderen Abende ein Menü. Beispiele für die Themenbuffets: Französisches Buffet, Indisches Buffet, Thai Buffet, Mediterranes Buffet, Paul & Virginie Buffet (Kreolische Küche), Barbecue, Neptune Buffet (Fisch), Orientalisches Buffet. Gelegentlich finden Gala Menüs mit bis zu sieben Gängen statt.

Die Lokale Küche (Buffet „Paul & Virginie")

Als Vorspeisen werden gerne Smoked Marlin, Palmherzen, Octopus-Salat, im Teig frittierte Gemüsestücke und eine Halim (Bohnensuppe) gereicht. Bei den Hauptspeisen dominieren Curry-Gerichte aus Huhn, Fisch, Gemüse, Lamm oder Schwein. Dazu gibt es gekochtes Gemüse wie Kürbis (Pumpkin), weiße Bohnen, Auberginen und viele Zwiebeln. Koriander, Piment, Zitronengras und Frühlingszwiebeln bilden die Basis der Gewürze. Eine grüne, extrem scharfe Chilipaste wird fast immer dazu gereicht, ebenso Kokosraspeln und Auberginen-Chutney. Fruchtsalate und Pudding bilden das Dessert. Typischerweise wird dieses Inselbuffet serviert, wenn eine Segashow stattfindet (am mauritischen Themenabend).

Gemüse und **Getreide**: Traditionell bildet Reis in unterschiedlichsten Gewürzweisen das Grundnahrungsmittel, Pasta kommt seltener auf den Tisch. Kochbananen erinnern ein wenig an Kartoffeln, denn hierbei handelt es sich keinesfalls um süße Fruchtbananen. Kochbananen werden gekocht, gegrillt oder geschmort serviert. Auch Maniok (Cassava) und Kürbis finden viel Verwendung. Maisbrei und Maisküchlein werden besonders gerne auf Rodrigues verspeist.

Info Wer sich vor Vögeln ekelt, wird in Mauritius auf eine harte Probe gestellt: Selbst in den feinsten Hotels belagern die forschen Vögel die Buffets und Tische – und bedienen sich auch mal ungefragt an den Köstlichkeiten!

Beim **Fleisch** dominieren Huhn und Rind, auf Rodrigues auch Schweinefleisch. Je nach Saison finden sich Wildgerichte auf der Speisekarte. Ein Hinweis auf das „Carri No. 2" fehlt in keiner Lektüre, obwohl wir diesem Gericht nie begegnet sind. Es handelt sich um ein Affencurry, das man angeblich noch auf manchen Speisekarten finden könne. Sehr beliebt sind dagegen dicke Eintopf- und Schmorgerichte, allen voran die indischen Curry (Carris) sowie mediterran anmutende Rougaille-Eintöpfe und asiatische Biryanis. Scharfe Würstchen gehören ebenfalls zu den beliebten Fleischspeisen. Häufigster **Speisefisch** auf den Tellern der Gäste ist die Dorade, weil dieser Tiefseefisch vor den Küsten von Mauritius sehr verbreitet ist. Ansonsten sind auch Emperor, Bonito, Thunfisch, Schwertfisch, Capitaine (Weißer Schnapper), Bourgeois (Roter Schnapper), Vielle Rouge (Roter Zackenbarsch) und Cordonnier (Doktorfisch) im Angebot. Unter den **Meeresfrüchten** rangiert der Hummer (Lobster) auf Platz 1 der Beliebtheitsskala, gefolgt von Garnelen und Langusten.

Auch die **Nachspeisen** nehmen einen durchaus bedeutenden Platz ein. Hier fehlt es nicht an süßen Versuchungen und klebrigen Sünden – ob Maniokkuchen, Reispudding, Kokosbällchen oder Flan, alles ist tendenziell süß gezuckert und wird gerne mit tropischen Früchten angereichert. Kleine Törtchen und Speiseeis runden das Angebot ab.

Getränke: Bier und Wein mit Mineralwasser bilden abends die Hauptgetränke. Die Brauerei Phoenix braut die beiden heimischen Marken Phoenix und Blue Marlin. Wein wird besonders bei feineren Anlässen getrunken, zumeist Importe aus Frankreich und Südafrika. Je luxuriöser ein Domizil, umso stärker wird Champagner konsumiert. Eine Grundlage der vielen Cocktails bildet der heimische Rum. Der wird allerdings in Mauritius bevorzugt als Fruchtpunsch getrunken und sogar mit solchen Aromen versetzt in Flaschen angeboten, seltener trinkt man ihn pur. Die beliebtesten Marken sind Island Green und Mainstay. Whiskey ist ebenfalls sehr begehrt. Bei den nichtalkoholischen Getränken sollten Sie einmal Vanilla Tea, Citronel Infusion (Zitronengrastee) und das indische Joghurt-Mixgetränk Lassi probieren!

Kleiner Knigge für Mauritius

Essmanieren: Mauritier legen Wert auf Etikette und gepflegte Umgangsformen. Beim Essen benützt man stets Messer und Gabel und leert den Teller komplett. Denn Essensreste auf dem Teller – in manchen Weltregionen ein Zeichen der Höflichkeit und Symbol dafür, dass man gesättigt sei – wird in Mauritius leicht dahingehend interpretiert, es habe dem Gast nicht geschmeckt. Wird man zu einem Getränk eingeladen, sollte man dies annehmen, denn eine Ablehnung wird hier rasch als unhöfliche Respektlosigkeit empfunden.

Pünktlichkeit: Trotz des „Laisser-faire" und kreolischen Müßiggangs: Pünktlichkeit wird bei allen Terminen erwartet, auch im Hotel, bei Spa-Anwendungen und sportlichen Aktivitäten wie Bootsausflügen, Tauchen und Wasserskifahren. Unpünktlichkeit gilt als unhöflich und respektlos. Ausflugsboote fahren daher pünktlich ab, notfalls sogar ohne den verspäteten Gast.

Fotografieren: Mauritier sind sehr tolerant und gastfreundlich. Trotzdem empfinden sie es als sehr unhöflich, wenn Touristen sie einfach fotografieren. Fragen Sie bitte immer erst um Erlaubnis. Große Zurückhaltung ist in allen religiösen Stätten wie Moscheen und Tempeln angebracht.

Kleider-Etikette: In Mauritius ist „Smart Dress" angesagt. Shorts und T-Shirts sind im Geschäftsleben tabu, sollten nur am Strand, auf dem Hotelgelände oder zuhause getragen werden. Abends gilt für Männer der „Dress Code": Keine Shorts, keine Flipflops, sondern gepflegte Kleidung mit langer Hose und Hemd. Sakko und Krawatte sind nicht notwendig. Beim **Besuch religiöser Stätten** wie Kirchen, Moscheen oder Tempeln sind lange Ärmel und lange Hosen angebracht, außerdem sind in Tempeln und Moscheen die Schuhe auszuziehen und die Kopfbedeckung abzunehmen. Die Gebetsstätte in einer Moschee dürfen Ungläubige grundsätzlich nicht betreten. Bevor man einen Tempel betritt, sollte man einen anwesenden Priester oder anwesende Gläubige um Erlaubnis zum Nähertreten bitten. **Badekleidung**: Badekleidung ist ausschließlich am Strand und Poolbereich akzeptabel. Fkk ist in Mauritius streng verboten und „Oben Ohne" bei den Damen höchst unpassend, ebenso wie knappe Bikinis (String-Tanga-Schnitte). Viele Urlauberinnen tragen im Hotelgelände tagsüber „Covered Swimwear", halbtransparente Strandkleidchen. Am Abend wird auch dies nicht mehr gerne gesehen.

Kontakte: Jedes Gespräch wird von einer höflichen Begrüßung eingeleitet, man fällt nicht sofort „mit der Tür ins Haus". Bei der Anrede bleibt man förmlich und spricht sich eher nicht mit Vornamen an. Wenn man dies doch tut, setzt man ein Monsieur oder Madame davor, z. B. "Monsieur François".

Kleiner Knigge fürs Hotel

Frühstücksbuffet: Es ist sehr unhöflich, heimlich Sandwiches etc. in Servietten verpackt vom Hotelbuffet mitzunehmen.

Dress Code: Nach 18 Uhr ist in den meisten Hotels auf Mauritius der „Smart Look" erwünscht: Keine Shorts und Badeschlappen für die Herren, kein „Covered Swim Dress" für die Damen (halbtransparente Strandkleidchen). Bademoden: String Tanga und Oben Ohne sind in Mauritius unerwünscht.

Sonnenliegen: Wer in Mauritius morgens vor dem Frühstück mit Handtüchern die Liegen am Pool oder Strand belegt, fällt unangenehm auf.

Adult-Only-Bereiche: Klar definierte Hotelbereiche für Erwachsene (z. B. spezielle Pools) und generell der Spa-Bereich sollte ihrer Bestimmung gemäß nicht von Kindern genutzt werden. Bitte Rücksicht nehmen auf die Belange ruhesuchender Gäste!

Spa & Wellnessbereich: Spa-Bereiche sind Oasen der Ruhe, in denen jeder Rücksicht auf andere Gäste nehmen sollte. Das Benützen von Handys und Rauchen ist verboten. Es wird erwartet, dass man pünktlich zu den Behandlungsterminen erscheint. In Mauritius geht man generell nicht nackt in die Sauna oder zu den SPA-Anwendungen.

Trinkgeld: Der Staat und viele Hotels wollen keine Trinkgeldmentalität fördern. Deshalb wird gebeten, für Trinkgeld die bereitgestellte Box an der Rezeption zu verwenden.

Gesundheitstipps

Im Hotel: Erkältungskrankheiten zählen zu den häufigsten Urlaubskrankheiten. Meist werden die Temperaturrückgänge in der Nacht und der kühle Wind an der Meeresküste unterschätzt oder zu exzessiv von der Klimaanlage Gebrauch gemacht. Es ist gesünder, die Klimaanlage im Hotelzimmer nur bei Abwesenheit laufen lassen. Nasse Badekleidung sollte man stets wechseln.

Am Strand und im Wasser: Barfußlaufen am Strand birgt Verletzungsgefahr. Im Wasser kann man sich leicht an scharfkantigen Korallen verletzen, ferner lauern Gefahren durch Seeigel. Am besten trägt man Flossen oder Badeschuhe. Fassen Sie auch keine Fische an, denn manche sind giftig und gefährlich, z. B. Steinfische und Rotfeuerfische. Quallen sind in Mauritius selten. Wenn man dennoch mit einer Qualle in Berührung gekommen ist, kein Wasser darüber laufen lassen, sondern die Stelle mit trockenem Sand abreiben.

In der seichten Lagune, die Mauritius umgibt, können fast überall auch Nichtschwimmer sicher baden. Aber es gibt ein paar Stellen mit starker Strömung, deshalb sollte man nur baden, wo dies erlaubt ist und etwaige Verbotsschilder strikt beachten. Baden Sie grundsätzlich nicht nachts im Ozean. Beim Schnorcheln sollte man stets ein T-Shirt tragen, sonst brennt man sich unbemerkt den Rücken und Nacken auf.

Ungeübte probieren besser nicht leichtfertig anspruchsvolle Sportarten wie Parasailing und Kitesurfen aus. Bedenken Sie, wie schnell ein Unfall oder eine Sportverletzung die Urlaubsfreuden trüben kann.

Sonneneinstrahlung: Gewöhnen Sie Ihre Haut vor allem in den ersten Tagen ganz langsam an die intensive Sonneneinstrahlung. Meiden Sie die direkte Sonne in den Mittagsstunden (11–15 Uhr). Benützen Sie konsequent Sonnenschutzmittel mit hohem Lichtschutzfaktor und tragen Sie es mehrmals täglich auf. Benutzen Sie eine Kopfbedeckung zum Schutz gegen Sonnenstich. Vorsicht vor Sonnenbrand: Die Haut rötet sich erst 4–6 Stunden nach der Sonneneinwirkung – schützen Sie sich also rechtzeitig.

Essen und Trinken: Ein wichtiger Rat ist von den Tropen vollkommen unabhängig: viel zu trinken! Wer Durst verspürt, hat eigentlich schon einen Mangel, den der Körper anzeigt. Gesund ist, stets so viel zu trinken, dass sich kein Durstgefühl einstellt. Besonders geeignet sind Wasser und leichte Tees. Außerdem empfiehlt es sich, Speisen in dieser Zeit kräftiger zu salzen und zu würzen.

Mückenschutz: Bei Dämmerung und im Dunkeln schützt man sich am besten durch körperbedeckende Kleidung, möglichst in hellen Farben. Nach Sonnenuntergang hält man die Fenster geschlossen und schläft ggf. unter einem Moskitonetz. Erste Hilfe bei Stichen: Kühlen! Mit einer Zitrone oder einer Zwiebel abreiben, entsprechendes Gel verwenden, Essigumschläge. Allergiker können sich vom Arzt ein Notfallset zusammenstellen lassen.

Immunsystem stärken: Sorgen Sie auch im Urlaub für ausreichend Schlaf und gönnen Sie Ihrem Körper Erholung, um mit der Zeitverschiebung, dem veränderten Klima und der ungewohnten Nahrung zurecht zu kommen. Verzichten Sie auf Nahrungsmittel von zweifelhafter Herkunft. Trinken Sie rasch viel Wasser bei auftretender Schwäche und Schwindel! Nehmen Sie auch kleine Wunden Ernst, denn sie heilen langsamer in den Tropen. Gönnen Sie sich Ruhepausen bei Unpässlichkeiten wie Magenproblemen.

Durchfall gehört zu den häufigsten Krankheitserscheinungen bei Fernreisen; dabei handelt es sich in den meisten Fällen um harmlose Reaktionen des Körpers oder um bakterielle Infektionen, z. B. durch unreines Wasser. Wichtigste Maßnahme ist, der Dehydrierung entgegenzuwirken, also viel zu trinken; am besten Wasser mit Mineralienzusätzen. Diese sind in Apotheken erhältlich. Ein harmloser, wässriger Reisedurchfall sollte sich nach zwei bis vier Tagen verflüchtigt haben. Bei eitrigem, blutigem Durchfall oder bei Fieber ist jedoch unbedingt zügig ein Arzt aufzusuchen.

Im Krankheitsfall vor Ort

Das mauritische Gesundheitswesen bietet einen verhältnismäßig hohen Standard. Die Behandlung in staatlichen Krankenhäusern ist kostenlos; der Service in den kostenpflichtigen Privatkliniken allerdings deutlich besser und schneller. Bei Bedarf organisieren die Hotels auch Arztbesuche.

Wer vor Ort ambulante medizinische Leistungen eines Arztes oder einer Privatklinik in Anspruch nimmt, muss die Kosten zunächst selbst begleichen und reicht die aussagekräftige Rechnung später bei der Versicherung ein (auf der Rechnung müssen neben der Adresse des Rechnungsstellers der Name des Patienten, das Datum, die Behandlung und die Währung vermerkt sein). Bei stationärem Aufenthalt in einem Krankenhaus ist der Versicherer sofort zu informieren. In solchen Fällen werden die Kosten in den Regel direkt zwischen der Versicherung und dem Krankenhaus abgerechnet.

Apotheken

Apotheken heißen „Pharmacies", haben montags bis samstags geöffnet und sind flächendeckend auf der Insel vorhanden.

Staatliche Krankenhäuser

Sir Seewoosagur Ramgoolam National Hospital: Pamplemousses, Tel. 2093400.

Mahébourg Hospital: Tel. 6319556.

Doctor Jeetoo Hospital: Volcy Pougnet Street, Port Louis, Tel. 2031001.

Privatkliniken

City Clinic: 102-106 Sir Edgar Laurent Street, Port Louis, Tel. 2061600.

Clinique Darné: neben La Croisette Mall, Grand Baie, Tel: 6012500.

Clinique du Nord: 81 Costal Road, Tombeau Bay, Tel. 2472532.

Notruf-Ambulanzen: Tel. 114 und 118 (24-Std.-Notdienst)

Tipps zum Fotografieren

Mauritier sind unglaublich tolerant und gutmütig ihren ausländischen Gästen gegenüber. Sie lassen sich zumeist bereitwillig fotografieren. Dennoch sollte es selbstverständlich sein, immer erst um Erlaubnis zu fragen, ehe man Menschen ablichtet. Das gilt insbesondere bei Muslimen und in allen Tempelanlagen und Moscheen.

Die Mauritier sind fotografierwütige Touristen gewöhnt, möchten aber dennoch gefragt werden, ehe sie abgelichtet werden

Portraits dunkelhäutiger Menschen gelingen auch bei Tageslicht am besten mit **Blitzlicht**. Teleaufnahmen und Sonnenuntergangsszenen gelingen am besten mit einem Stativ.

Am schönsten werden die Bilder im sanften, warmen Licht der Morgen- und späten Nachmittagstunden. Mittags in der grellen Sonne leiden viele Aufnahmen durch Fehlbelichtungen oder zu harte Konturen. Allerdings ist die Mittagszeit gut geeignet, das leuchtende Türkisblau des Ozeans einzufangen. Mit den modernen Digitalkameras lassen sich schwierige Bedingungen meistern, indem man mehrere Aufnahmen mit voneinander abweichenden **Belichtungen** tätigt.

Belichtungsreihen ermöglichen optimale Ergebnisse

Die raschen Wetterwechsel der Insel, wo häufig dunkle Wolken über die vulkanischen Bergkuppen ziehen, sind gerade für Fotografen ein Geschenk. Direkt nach einem Regen leuchten die Farben der noch feuchten Natur besonders schön.

Tauchurlaub in Mauritius

Die mauritischen **Tauchgründe** sind eher klein, aber ausgesprochen artenreich, und die Korallen von seltener Pracht und Schönheit (es gibt hier bisher keine Korallenbleiche). Es ist nicht möglich, vom Ufer aus zu tauchen, denn die hiesigen Tauchgründe liegen im ringförmig die Insel umschließenden Korallenriff oder noch dahinter im tiefen Ozean. Alle Tauchausflüge starten daher mit dem Boot.

Das Harpunieren ist seit 1971 auf Mauritius verboten. Ein Glück auch für die Taucher, denn seither sind die meisten Fische weniger scheu. Und weil viele Tauchführer die Fische anfüttern, umschwärmen diese die Taucher sofort. Die **Sichtweite** unter Wasser beträgt je nach Gezeitenstand zwischen 15 und 30 Meter; sie ist bei Flut deutlich besser als bei Ebbe. Neopren-Tauchanzüge sind nur im mauritischen Winter zwischen Mai und August erforderlich.

Die besten Tauchgründe liegen in den vier Bereichen Grand Baie, Flic en Flac bis Le Morne, Blue Bay und bei Belle Mare, wenngleich rund um die Insel gute Tauchbedingungen zu finden sind. Mauritius bietet mehr als 50 Tauchzentren, die meisten befinden sich auf dem Gelände eines Hotels. Anfänger können im Swimmingpool eine Übungsstunde absolvieren, die meistens kostenlos ist. Tauchkurse nach internationalen Richtlinien, Einzeltauchgänge mit eigener oder Leihausrüstung und besondere Highlights für Fortgeschrittene, wie nächtliche Tauchgänge oder das Tauchen in Tiefseegewässern jenseits des Kontinentalschelfs, gehören zum Angebot. Einzelne Tauchgänge kosten in der Regel zwischen 40 und 50 Euro. Tauchkurse für Kinder sind ab acht Jahren möglich.

Wer in Mauritius das Tauchen lernen möchte, sollte sich rechtzeitig vor Antritt des Tauchurlaubs zuhause von einem Arzt untersuchen lassen, ob er tauchfähig ist. Wir empfehlen, eine gute Tauchschule schon vorab in aller Ruhe auszuwählen. Idealerweise spricht der Tauchlehrer die eigene Sprache und hat eine professionell nach internationalen Richtlinien geschulte Ausbildung durchlaufen. Wichtig sind auch ein gutes, modernes Equipment und gepflegte Boote. Tauchschulen mit langer Tradition vor Ort haben in der Regel viel Erfahrung, kennen die besten Tauchplätze und wissen Neulinge souverän in den Tauchsport einzuführen. Das Tauchen in der Blue Bay ist ein guter **Tipp für Anfänger**; in diesem flachen Gewässer befinden sich gut geschützt herrliche Korallenbänke.

Fortgeschrittene, die auf eigene Faust tauchen möchten, brauchen ein Brevet, einen Tauchschein, der international anerkannten Verbände PADI, SSI oder CMAS.

Ein Tipp für Tauchprofis: Sporttaucher tauchen meistens im Riff. An der Südküste gibt es Strömungstauchgänge, wo sich die Taucher mit dem Gezeitenstrom durch eine Lücke im Riff treiben lassen, dabei immer mehr an Fahrt gewinnen und schließlich in die Tiefe des Meeres gezogen werden, z. B. in der „Passe St. Jaques“.

Berühmte Tauchspots in Mauritius

Name	Ort	Was ist das Besondere?
„Kathedrale“	Flic en Flac	extrem fischreiche, ca. 30 m tiefe Riffspalte
„Aquarium“	Blue Bay	Exquisite Korallenlandschaft, auch für Schnorchler!
„Holt's Rock“	Grand Baie	Fächerkorallen auf vulkanischen Felsen, Riesenmuränen
„TUG II“	Le Morne	Wrackschiff voller giftiger und gefährlicher Zeitgenossen...
„Roche Zozo“	Mahébourg	außerhalb der Lagune gelegene, 40 m tiefe Höhlenlandschaft mit Korallen
„Stella Maru“	Grand Baie	fischreiches, überwuchertes Wrackschiff

Solche Eskapaden bieten dann auch Gelegenheit, den großen Raubfischen des Ozeans zu begegnen, etwa Haien, Rochen, Barrakudas und Riesenschwärmen ihrer Beutefische wie Makrelenschwärmen (die im Pulk bis zu 50 km/h schnell durchs Meer schießen).

Eine andere mauritische Spezialität ist das **Wracktauchen**. In den letzten 25 Jahren wurden rund um die mauritische Küste durch das Versenken ausgedienter Schiffe künstliche Riffe geschaffen. Im Laufe der Zeit wurden diese Schiffswracks von den Korallen eingenommen und zu wertvollen Schutzräumen für viele Fische und Meerestiere. Sie alle liegen im tiefen Wasser außerhalb der Lagune. Beispiele für erfolgreiche künstliche Riffe sind „Stella Maru" vor Trou aux Biches, „Hassen Mia" vor Balaclava, „TUG II" vor Flic en Flac oder auch „Carp" vor Le Morne.

Kontaktstellen für Taucher

Auf der Insel Mauritius existieren zahlreiche Tauchzentren und Anbieter, wohl etwa 50 verschiedene; auf Rodrigues kommen weitere hinzu. Die meisten großen Hotels haben Tauchen im Programm und kooperieren dabei mit einer ansässigen Tauchschule. Folgende Webseite nennt alle Tauchzentren, die der „**Mauritian Scuba Diving Assosiation**" angeschlossen sind: http://msda.mu/en/

Eine Tauchschule möchten wir hervorheben, da sie unter deutscher Leitung steht und entsprechend auch Tauchgänge in deutscher Sprache anbieten kann:

Sea Urchin Diving Centre: Tel. 4538825, E-Mail: hello@diveseaurchin.com, www.diveseaurchin.com.

Informative Webseiten für Taucher

http://msda.mu/en/

https://mymauritius.travel/experiences

www.tauchen.ws/Mauritius/index.html

www.mauritius-tipps.de

www.daneurope.org („Divers Alert Network" ist ein internationales Netzwerk von Notrufzentren rund um die Uhr für Taucher in Not).

Hochseeangeln

Mauritius bietet einige der weltbesten Spots zum Hochseeangeln, weil hier sehr rasch nach der Küste und der Lagune der Meeresboden hinter dem Kontinentalschelf in gigantische Tiefen abfällt, in denen sich die mächtigen Raubfische der Tiefsee wohlfühlen.

Die **Zentren der Hochseefischerei** reihen sich entlang der Westküste (von Grand Baie bis Le Morne) und in Trou d'Eau Douce an der Ostküste, wo die berühmten Fischgründe kaum zwanzig Minuten Bootsfahrt von der Küste entfernt liegen. Als beste Zeit gelten die Monate von Oktober/November bis April. Gefischt wird nach Doraden, Schwertfischen wie dem Blue Marlin, Barrakudas, Thunfischen, Haien und Bonitos. Bei den Sportfischern genießen die mauritischen Tiefseefanggebiete einen ausgezeichneten Ruf wegen der hohen Erfolgsquote und besonders stattlicher Exemplare (sogar einige Weltrekorde wurden in diesen Gewässern gefischt).

Die Ausrüstung und die Schnellboote sind auf modernstem Stand, die Schiffsbesatzungen eingespielt und professionell; sie kennen die besten Gewässer und haben viel Erfahrung mit der Strömung und den Gezeiten. In den meisten Fällen wird „**Catch and Release**" praktiziert, der Fang also nur gewogen und vermessen, und anschließend wieder in die Freiheit entlassen.

Man sollte mit 350–450 € für einen Tagesausflug zum Hochseefischen rechnen (pro Boot). Die Hochseefischerei gilt als anstrengender Sport, denn wenn ein schwerer Raubfisch am Haken hängt, beginnt oft eine lange Jagd. Marlins sind besonders berüchtigt; ihrer werden die Sportfischer oft nur Herr, wenn sie fest vergurtet im „Kampfstuhl" sitzen. Denn nicht umsonst bezeichnen die in der Regel männlichen Sportfischer ihre Passion gerne als eine „Großwildjagd auf hoher See".

Größere Hotels verfügen über eigene Boote bzw. vermitteln über Reiseagenturen entsprechende Ausflüge. Ambitionierte Sportfischer können sich auch direkt an die Fishing Clubs wenden und dort die Boote gleich mit Crew anmieten (Mindestmietzeit fünf Stunden, max. fünf Angler pro Boot).

Wasserski

In vielen Luxushotels gehört Wasserski zum Gratis-Sportangebot, in einfacheren Anlagen muss man dafür bezahlen. Aus Lärmschutzgründen starten die Wasserskifahrer von Plattformen im Meer. Anfänger bevorzugen die ruhigere West- und Südwestküste von Mauritius.

Segeln

In ganz Mauritius werden Segeltörns jeder Art und Dauer angeboten, von Katamaran- und Hobbie Cat-Fahrten über Ausflüge mit historischen Segelschiffen und schmucken Yachten. Häufig offerieren die Hotels entsprechende Ausflüge. Anonsten sind Anbieter in den touristischen Küstenorten vertreten.

Oben: Eine Segelschule in der Bucht von Grand Baie;
Unten: Kayaking in der Lagune on Mauritius

Ein deutschsprachiger Anbieter für Katamarantrips im Norden der Insel ist Dreamcatcher (www.dreamcatcher-mauritius.com).

Kitesurfen

Mauritius bietet einige der schönsten Surfreviere der Welt. Die besten Spots liegen bei Tamarin und Le Morne an der Südwestküste von Mauritius, gute Plätze findet man auch an der Ost- und Südostküste (besonders in der stürmischen Saison des Südostpassats von August bis Oktober) sowie an der Südküste von Rodrigues. Folgende Kiteschulen bieten auch deutschsprachigen Unterricht: Kiteglobing in Bel Ombre (www.kiteglobing.com) und Air Switch Company in Le Morne (www.kitesurfing-mauritius.net). Jedes Jahr findet in Mauritius das Kite-Surf-Festival Kiteival statt.

Schnorcheln

Fast überall kann man in der Lagune, die Mauritius umgibt, Schnorcheln. Die schönsten Stellen bietet die Blue Bay, deren reiche Unterwasserflora und -fauna unter Schutz stehen (S. 151).

Die meisten Hotels stellen Schnorchel und Flossen zur Verfügung. Manche Hotels bieten Schnorchelstunden mit Guide und fahren die Gäste mit Booten direkt zu den vorgelagerten Korallenriffen. Tipp: Unbedingt viel Sonnencreme benützen und mit T-Shirt schnorcheln, sonst droht schwerer Sonnenbrand. Vorsicht ist vor rücksichtslosen Wassersportlern, wie Motorboot- und Wasserskifahrern, geboten.

Golfen

Das Golfspiel genießt eine sehr lange Tradition auf Mauritius: Bereits seit 1902 finden hier internationale Golfturniere statt wie die „Mauritius Open" im Belle Mare Plage Resort.

Zehn 18-Loch-Championship-Golfplätze und drei kleinere Neun-Loch-Übungsplätze für Anfänger verteilen sich in traumhafter Lage und vorbildlich gepflegtem Zustand auf der Tropeninsel. Die Greenfees sind meistens gering bzw. für Gäste der jeweiligen Golfhotels gratis. Alle Plätze bieten ein Club House zur Einkehr.

18-Loch-Plätze:

Legend & Links Golf Courses in Belle Mare
Avalon Golf Estate in Bois Chéri
Le Mauritius Gymkhana Club in Vacoas
Heritage Golf Club in Bel Ombre
Ile aux Cerfs Golf Club
Paradis Golf Club in Le Morne
Tamarina Golf Estate in Tamarin
Four Seasons Golf Club at Anahita
Mont Choisy Le Golf

9-Loch-Plätze:

Maritim Golf Course in Balaclava
Shandrani Golf Club an der Blue Bay

Kleines Golf-Einmaleins

Für alle **Rabbits** (Anfänger) im Golfsport: Die Grundausbildung nennt man **Platzreife**. Nach bestandener Prüfung erteilt die Golfschule eine **Platzerlaubnis**. Als **Handicap** bezeichnet man die persönliche Leistungsvorgabe (das Einsteigerhandicap nach bestandener Platzreife ist ein Handicap unter 54). Je geringer das Handicap, umso besser ist der Spieler.

Die Spielbahn zwischen dem **Tee** (Abschlagspunkt) und dem Grün heißt **Fairway**. Ein **Bunker** ist ein Hindernis. Jedes Loch hat eine vorgegebene Schlagzahl. Wenn man die genau einhält, nennt man das **Par**. Braucht man genau einen Schlag mehr, ist das ein **Bogey**. **Putt** heißen dagegen die Schläge auf dem Grün in Richtung Loch. Der dazu gehörige Schläger wird **Putter** genannt. Ein **Pitch** ist ein kurzer, hoher Annäherungsschlag an die Fahne, mit dem Ziel, den Ball abrupt zu stoppen, nicht auslaufen zu lassen.

Wandern

Mauritius' wunderschöne Bergwelt hält großartige Wanderungen bereit, allerdings fehlen entsprechende Schilder, markierte Wanderpfade oder gar Picknickplätze unterwegs, sodass man gut beraten ist, mit einem versierten Guide loszuziehen. Allzu leicht passieren Unfälle im einsamen, unwegsamen und feuchten Steilgelände; außerdem ist die Orientierung mitunter anspruchsvoll. Die Besteigung des schönsten Kolosses der Insel, den Le Morne Brabant, ist auf S. 167 beschrieben, die Gipfeltour zum Le Pouce auf S. 95, diverse Wanderungen auf Rodrigues auf S. 222. Einfache Touren, die man auch individuell unternehmen kann, sind von den beiden Besucherzentren des Black River Gorges Nationalparks aus möglich (S. 173/174). Weitere Hikes und Walks bieten sich an in den Naturreservaten Bel Ombre (S. 163), La Vallée de Ferney (S. 145) und im Ebony Forest (S. 170).

Wanderfreunden möchten wir einen Aufenthalt im Südwesten ans Herz legen, insbesondere in Chamarel. Hier bieten sich viele Walks und Bergtouren an, z. B. der in nur 1 Std. erreichbare Gipfel des Piton Canot oder der deutlich anspruchsvollere Anstieg auf den Black River Peak (3 Std.). Ferner kann man mit einem Guide zu den Tamarin Falls hinabsteigen (S. 201) oder an der Ostküste von Vieux Grand Port auf den Mount Lion steigen.

Für die meisten Wanderungen sind keine Bergstiefel nötig, aber feste Schuhe mit griffiger Sohle. Häufige Wetterwechsel und die tropische Sonneneinstrahlung machen eine Ausrüstung mit Regen- und Sonnenschutz unverzichtbar. Auch geübte Wanderer sollten bedenken, dass das feuchte Tropenklima belastender ist als die Bergluft in den europäischen Regionen.

Kontaktstellen für geführte Wanderungen

Empfehlenswerte Wanderführer:

Yanature (Trekking Guide Yan): Tel. 52514050, www.trekkingmauritius.com.

Yemaya Adventures: Tel. 7520046, www.yemayaadventures.com (Outdoor-Freak und Ex-Radprofi Patrick Haberland).

Vertical World Ltd.: Tel. 6975430, www.verticalworldltd.com.

Wichtige Informationen von A bis Z

Airport Tax
Mauritius erhebt keine Airport Tax bei der Ausreise.

Animation
Die Animation in den mauritischen Hotels ist meist dezent und unaufdringlich. Der Schwerpunkt liegt tagsüber auf sportlichen Aktivitäten wie Ausflügen mit dem Glasbodenboot, zum Schnorcheln und Wasserskifahrten. Abends finden vielerorts mehrmals wöchentlich wechselnde Shows mit Tanz (z. B. Segatänzerinnen und trommelnde Musiker) und Live-Musik statt. Kinder werden in den meisten Anlagen im Kids Club ganztägig betreut.

Fahrräder
In den touristischen Zentren und in vielen Hotels werden Fahrräder stunden- oder tageweise vermietet.

Die Fa. Yemaya Adventures, Tel. 7520046, www.yemayaadventures.com, unternimmt Mountainbiketouren und stellt bei Bedarf self-guided-Radrundreisen zusammen.

Feiertage

1./2. Januar:	Neujahr
1. Februar	Abschaffung der Sklaverei
12. März	Tag der Unabhängigkeit
1. Mai	Tag der Arbeit
15. August	Maria Himmelfahrt
1. November	Allerheiligen
2. November	Ankunft der ersten indischen Gastarbeiter
25. Dezember	Weihnachten

Darüber hinaus gibt es noch mehrere flexible Feiertage.

Fernsehen
MBC (Mauritius Broadcasting Corporation) strahlt das Programm in Englisch, Französisch und Hindi aus. Die meisten Hotels haben Satellitenanschluss und bieten ihren Gästen auch internationale Sender an (teilweise auch deutsche Sender).

Fkk
FKK ist in Mauritius nicht erlaubt. Auch „Oben ohne" bei den Damen am Strand ist unerwünscht und unpassend, denn es kollidiert mit den Moralvorstellungen und Sitten des Landes.

Geldwechsel
siehe Währung

Geschäftszeiten
Es gibt keine strikten Öffnungszeiten, aber als Richtlinie gelten:

- Banken: Mo–Do 9–15 Uhr, Fr 9–16 Uhr und teilweise am Samstagvormittag
- Wechselstuben: Wochentags ganztags und So vormittags
- Geschäfte in Port Louis: Mo–Fr 9.30–17 Uhr, Sa 10–12 Uhr
- Geschäfte in den Hochlandstädten: Mo, Di, Mi, Fr, Sa 10–18 Uhr, Do+So 10–12 Uhr
- Märkte: Mo–Sa 6–18 Uhr, So 6–12 Uhr
- Öffnungszeiten der Post: Mo–Fr 8.15–11.15 und 12–16 Uhr, Sa 8.15–11.45 Uhr

Gezeitenunterschied
Der Tidenunterschied fällt in Mauritius relativ gering aus, in der Regel nur zwischen 10 cm und 70 cm (im Durchschnitt ca. 40 cm).

Helikopter
Air Mauritius Helicopter Services (Tel. 6033754, www.airmauritius.com) Helicopters Mauritius (Tel. 2691000, http://helicoptersmauritius.com) und Corail Hélicoptères (Tel. 2612266, https://corailhelico-mu.com) bieten Heli-Dienste für Hoteltransfers und Rundflüge. Die Preise für den Transfer vom Flughafen zu einem Hotel liegen bei 700–900 Euro, Rundflüge werden ab 220 Euro pro Person bzw. ab 550 Euro pro Flug angeboten (20 Minuten, der Pilot erklärt dabei die Sehenswürdigkeiten auf Englisch).

Internet
Internetcafés sind in den touristischen Zentren weit verbreitet. Darüber hinaus bieten die meisten Hotels gratis WLAN auf dem Hotelgelände oder zumindest in der Lobby.

Internetadressen zu Mauritius: siehe S. 277

Kasino

Spielkasinos sind sehr beliebt bei Mauritiern und ihren Nachbarn aus Reunion, und sie verteilen sich über die ganze Insel (außer im Südwesten). In der Regel sind tagsüber nur die Spielautomaten zugänglich, während abends auch Tischspiele stattfinden. Es bestehen nur legere Kleidervorschriften.

Polizei-Notruf

Die gratis-Notruf-Telefonnummern 999 (Festnetz) bzw. 112 (Mobilfunk) gelten für die Polizei, Feuerwehr und Ambulanz gleichzeitig.

Reiten

Reiten wird in Mauritius mehrfach angeboten, z. B. in Chamarel (Reiterhof Vieille Cheminée, S. 168) und in der Domaine les Pailles, S. 95.

Sicherheit

Mauritius gilt als relativ sicheres und unkompliziertes Reiseland mit geringer Kriminalitätsrate. Gewaltdelikte sind selten, aber die Fälle von Diebstahl mehren sich in den letzten Jahren. Man sollte sich angewöhnen, nichts achtlos herumliegen zu lassen, auch nicht im Hotel. Besondere Vorsicht ist bei dichtem Menschengedränge wie in den städtischen Märkten angebracht, wo Taschendiebe ihr Unwesen treiben. Deponieren Sie gleich nach der Ankunft alle Wertsachen im Hotelsafe. Geben Sie Ihre Kreditkarte nicht aus der Hand, und verwahren Sie Ihre Passwörter niemals zusammen mit Kreditkarten. Bei Verlust der Kreditkarte kann man diese sperren lassen unter Tel. +49-116116.

Souvenirs siehe S. 206

Sprache

Die offizielle Landessprache ist Englisch, im Alltag wird vor allem Französisch und Kreolisch gesprochen (siehe S. 39ff und Glossar S. 279).

Strände & Strömungen

Strömungen kommen vereinzelt an der Südküste vor, ansonsten schützt das Ringriff ziemlich gut und macht die flache, türkisfarbene Lagune rund um die Insel fast zur Badewanne. Alle Strände der Insel sind öffentlich zugänglich, selbst die teuersten Resorts dürfen offiziell niemanden vom Strand verscheuchen. Außerdem gibt es für Einheimische praktisch überall auch Public Beaches, die sich an den Wochenenden und an Feiertagen füllen und zum Ziel ausgelassener Familienausflüge werden.

Viele mauritische Strände sind schneeweiß und feinsandig; manchmal auch mit Korallensplittern und schwarzen Lavafelsen durchsetzt (Südküste, Nordwesten). An manchen Abschnitten kommt es zu etwas Algenbildung, auch Quallen können vereinzelt auftreten.

Das klarste Wasser findet sich im Osten bei Belle Mare und Iles aux Cerfs und im Südwesten in der Bucht von Le Morne. Die meisten Hotels sperren Badebereiche mit Bojen ab, die selten bis in tiefes Wasser reichen. Manche Hotels haben aufgeschüttete Hotelstrände.

Lange Strandwanderungen sind besonders gut möglich im Inselosten bei Belle Mare und Palmar, im Süden bei Le Morne und im Westen bei Flic en Flac und Wolmar.

Der Ozean ist nicht sehr salzhaltig, es bilden sich daher auch kaum weiße Ränder auf der Haut nach dem Baden.

Stromversorgung

Die Netzspannung beträgt 230 V bei einer Frequenz von 50 Hz. In Mauritius werden sowohl Steckdosen vom Typ C (europäisch) als auch vom Typ G (mit drei viereckigen Polen, auch „britisches System"genannt) verwendet. Oft sind Adapter auf dem Zimmer vorhanden oder bei der Rezeption erhältlich. Alternativ nimmt von zuhause einen Universaladapter mit.

Telefon

Internationaler Ländercode für Mauritius und Rodrigues: +230.
Vorwahl Rodrigues von Mauritius aus: 00095.

Telefonieren mit dem Handy: Das mauritische Mobilfunknetz Emtel hat Roamingverträge mit den meisten größeren europäischen Anbietern abgeschlossen, z. B. mit D1, D2, O2 und E-Plus. Erkundigen Sie sich ggf. bei Ihrem Anbieter. Simcards (Prepaid-Karten) werden nur noch mit persönlicher Registrierung angeboten.

Trinkgeld

Trinkgeld wird in Mauritius nirgends offen gefordert, als Geste der Wertschätzung aber gerne angenommen.

In Bars und Restaurants lässt man einige Münzen bzw. das Wechselgeld am Tisch zurück (max. 10 %).

Zur Info: Wenn man im Hotelrestaurant nach dem Essen anstelle einer Barzahlung „signiert", gibt es auf der Abrechnung das freie Feld „Gratuities". Dort kann man einen Betrag eingeben, der als Trinkgeld verrechnet wird.

Am Schluss der Reise stecken die meisten Gäste ein paar Scheine in die vorgesehene „Tipping Box" des Hotels (Richtlinie für das Gemeinschaftstrinkgeld: 5–10 € pro Tag). Der hoteleigene Spa-Bereich sollte auch bedacht werden, denn die Damen werden nicht am Gemeinschaftstrinkgeld beteiligt). Oft wird bei der Abreise auch Geld für den Zimmerservice zurückgelassen, das sich mitunter dann aber dere Gepäckservice beim Abholen der Koffer einheimst (also besser schon ein paar Tage vorher dem Zimmerservice Trinkgeld geben). Taxifahrer erhalten kein Trinkgeld.

VAT-Refund

Die Erstattung der Mehrwertsteuer (VAT) auf Waren und Dienstleistungen, die in Mauritius 15 % beträgt, ist vor allem bei teuren Ausfuhrartikeln wie Schmuck und Uhren interessant. Dabei ist zu beachten: Eine Erstattung erfolgt erst ab einem Einkauf von mindestens 2300 Rs pro Laden. Dort muss bereits online (gratis) oder manuell (6 Euro Gebühr) ein Formular mit den Reise- und Passdaten des Kunden ausgefüllt werden, und der Vorgang erhält eine „Transaction Number". Die VAT-Erstattung erfolgt dann an einem Schalter im Transitbereich des Airports bar in Euro, abzüglich einer kleinen Bearbeitungsgebühr.

Versicherung

Zu empfehlen sind eine Auslandsreisekrankenversicherung (S. 251) und eine Reiserücktrittskostenversicherung bei Reisebuchung im Reisebüro, denn sie verringert das finanzielle Risiko bei einer krankheitsbedingten Stornierung der Reise. Ferner sollte man darauf achten, dass der Reiseveranstalter einen Sicherungsschein vorlegt, womit er den Abschluss einer Konkursausfallversicherung belegt.

Währung und Devisenbestimmungen

Die Landeswährung heißt Mauritius Rupie (MUR oder Rs). 1 Rupie teilt sich in 100 Cents (Cs). Es gibt Geldscheine zu 25, 50, 100, 200, 500, 1000 und 2000 Rupien sowie Münzen zu 1, 5 und 10 Rupien sowie zu 50 und 20 Cents. Devisen (Fremd- und Landeswährung) dürfen unbeschränkt ein- und ausgeführt werden.

Wechselkurs: 1 € entspricht 49,59 Rs,
100 Rs entsprechen 2,02 €

Bargeld wechseln Banken und Wechselstuben. Manche Banken verlangen dazu die Vorlage des Reisepasses. Schnell und kundenfreundlich zeigt sich die MCB Bank (kein Pass nötig), die Mo–Do von 8–15.15 Uhr und freitags bis 17 Uhr öffnet.

Gängige Kreditkarten wie VISA, Master Card und American Express werden weithin in den Geschäften, Restaurants und Hotels akzeptiert und sind im mauritischen Alltag viel stärker verbreitet als in Europa. Geldautomaten sind in Mauritius in größeren Ortschaften und allen Touristenzentren zu finden. Info bei Verlust: Sperren von Kreditkarten unter Tel. +49-116116

Wasser

Das Leitungswasser hat nach offizieller Aussage Trinkwasserqualität. Da es stark gechlort wird, ist der Geschmack nicht jedermanns Sache.

Wellness

Mauritius ist ein Wellness-Paradies, in dem wunderschöne und stimmungsvolle Verwöhnoasen miteinander konkurrieren. Die bunten Spa-Angebote, vielfältigen Treatments und Ayurveda-Behandlungen sind allerdings nicht unbedingt preiswert. Eine einstündige Massage kostet in den feineren Häusern 80–130 Euro, ob es sich nun eine Aroma-, Thai-, Anti-Cellulite-Entspannungs- oder Vitalmassage handelt. Als Gast wird man dabei rundum verwöhnt und alle Sinne werden angesprochen. Man kann zwischen Hot Stone Therapy, Maniküre, Pediküre, Enthaarung- und Gesichtsbehandlung,

Henna Tattoos, Lymphdrainage und Reflexzonenmassage wählen. Günstiger sind die Angebote freier Therapiezentren z. B. im Zentrum von Grand Baie, aber dafür ist weder bekannt, welche Ausbildung die Masseure genossen haben, noch ist das Ambiente auch nur annähernd vergleichbar. Siehe auch S. 196.

Zeitungen & Medien

Zahlreiche Wochen- und Tageszeitungen werden in Mauritius publiziert, die meisten allerdings nur auf Französisch. Die auflagenstärkste „Le Mauricien", www.lemauricien.com, bedient eine traditionell christliche, frankophone Leserschaft. Größte Konkurrentin ist „L'Express", www.lexpress.mu.

Eine Übersicht über die Printmedien von Mauritius bietet: www.onlinenewspapers.com.

Luxushotels legen beim Frühstücksbuffet Zusammenfassungen der neuesten Nachrichten aus der deutschen, britischen, französischen und italienischen Presse aus. Ansonsten sind ausländische Tageszeitungen kaum zu bekommen.

Zeitverschiebung

Mauritius und Rodrigues sind der mitteleuropäischen Zeit (MEZ) drei Stunden voraus; zur europäischen Sommerzeit allerdings nur zwei Stunden. Sonnenauf- und -untergang erfolgen rasch mit kurzen Dämmerungszeiten.

Zoll

Erlaubte zollfreie **Einfuhr nach Mauritius** für Personen ab 16 Jahren: 1 l Spirituosen, 2 l Wein/Bier oder Sekt, 250 ml Eau de Toilette, 10 cl Parfum, wahlweise 250 Zigaretten, 50 Zigarren oder 250 g Tabak. Einfuhr und Handel mit Drogen sind strengstens verboten. Ebenfalls verboten ist die Einfuhr von Zuckerrohr und pornographischem Material. Waffen und Munition sind deklarierungspflichtig. Die Einfuhr von Tieren und Pflanzen muss vom Ministerium für Agrarwirtschaft genehmigt werden (Tel. 2409702). Hunde und Katzen werden darüber hinaus einer bis zu zweimonatigen Quarantäne unterzogen. Devisen (Fremd- und Landeswährung) dürfen unbeschränkt ein- und ausgeführt werden, wenn sie deklariert wurden.

In Mauritius sind einige Pharmaprodukte Einfuhrbeschränkungen unterworfen, daher ist es ratsam, für mitgeführte Medikamente ggf. ein ärztliches Rezept und die Originalverpackung mitzuführen.

Ausfuhr aus Mauritius: Die EU-Reisefreigrenzen bei der Rückkehr aus Afrika lauten: Bei der Einreise dürfen pro Person 200 Zigaretten, 2 l Wein, 1 l Spirituosen, 50 g Parfüm und 500 g Kaffee zollfrei eingeführt werden. Die Freigrenzwerte liegen bei 700 Euro für Personen ab 15 Jahren. Es besteht Einfuhrverbot für alle Fleischprodukte aus afrikanischen Ländern.

Die EU praktiziert eine strenge Anwendung des Washingtoner Artenschutzabkommens. Die Einfuhr von geschützten Produkten und Trophäen, wie Reptillederprodukte, Schildkrötenteile, Muscheln etc. ist verboten. Vorsicht ist vor angeblich echten CITES-Zertifikaten geboten (Ausfuhrgenehmigungen), die manche Händler ausstellen, denn diese werden vom EU-Zoll nicht anerkannt, wenn es sich um streng geschützte Produkte handelt. Weitere Informationen zum Thema Artenschutz und Zoll erhalten Sie im Internet unter www.zoll.de und www.artenschutz-online.de.

Wichtige Adressen und Hinweise zur Reisevorbereitung

Diplomatische Vertretungen in Europa

Botschaft der Republik Mauritius:
Kurfürstenstr. 84, 10787 Berlin.
Tel. 030-2639360
E-Mail: berlin@mauritius-embassy.de
https://mauritius-berlin.govmu.org.
Mo–Fr von 8.30–16 Uhr
Zuständigkeit für Deutschland und Österreich

Botschaft der Republik Mauritius:
Ambassade de Maurice, 127 Rue de Tocqueville, 75017 Paris, Frankreich.
Tel. +33-1-42273019
E-Mail: paris@amb-maurice.fr
http://https://mauritius-paris.govmu.org.
Mo–Fr von 8.45–16.30 Uhr
Zuständigkeit für die Schweiz

Honorarkonsulate

Honorargeneralkonsulat der Republik Mauritius: Dr. Johannes Kneifel,
Landwehrstr. 10, 80336 München,
Tel. 089-555515, E-Mail: johanneskneifel@t-online.de, Di/Mi/Do von 10–13 Uhr
Bundesländer: Bayern, Hessen

Honorarkonsulat der Republik Mauritius:
Dr. Claus Securs, Eisenhüttenstraße 4,
40882 Ratingen, Tel. 02102-168901,
E-Mail: mauritius@honorarkonsul.cc.
Di/Mi/Do von 10–17 Uhr
Nordrhein-Westfalen, Bremen, Hamburg, Niedersachsen und Schleswig-Holstein

Honorarkonsulat der Republik Mauritius:
Edgar Rosenberger, Poststr. 14–16, 20354 Hamburg, Tel. 040-21992380, E-Mail: hamburg@honorarkonsul-mauritius.de.

Honorarkonsulat der Republik Mauritius:
W. Eberspächer, Hirschstr. 22,
70173 Stuttgart, Tel. 0711-6071558,
E-Mail: mu.konstgt@t-online.de.
Mo–Do von 10–12, 14–16 Uhr, Fr 10–12 Uhr
B.-Württemberg, Rheinland-Pfalz, Saarland

Honorarkonsulat der Republik Mauritius:
Dr. P. Freissler, Weinzingergasse 8, 1190 Wien, Österreich, Tel. +43-664-1006388, E-Mail: dr.freissler@mauritius-consulate.com.

Diplomatische Vertretungen in Mauritius

Deutschland, Österreich und die Schweiz unterhalten keine Botschaften in Mauritius, sondern haben Honorarkonsulate vor Ort.

Honorarkonsulat der Bundesrepublik Deutschland: Marius Schneider, Honorary Consul, Ebène. Tel. +230-2837500,
E-Mail: germanconsul@intnet.mu
Mo/Mi/Fr von 9–12 Uhr

Honorarkonsulat der Republik Österreich:
MSC House, Old Quay 'D' Road, Port Louis,
Tel. +230-2026868,
E-Mail: rene.sanson@msc.mu

Honorargeneralkonsulat der Schweiz:
A. Wehrli, Avenue des Hirondelles 24,
Quatre Bornes, Tel. +230-4275507,
E-Mail: mauritius@honrep.ch

Für Deutschland ist die Deutsche Botschaft in Madagaskar übergeordnet:
101, Rue du Pasteur Rabeony Hans, (Ambodirotra), Antananarivo 101, Madagaskar,
Tel. +261-20-2223802,
E-Mail: info@antananarivo.diplo.de,
www.antananarivo.diplo.de

Jedoch: Bei konsularischen Notfällen ist die Dt. Botschaft in Pretoria, Südafrika zuständig:
Andreas Peschke, 201 Florence Ribeiro Avenue, Groenkloof Ext 11, Pretoria 0181.
Tel. +27-12-4278900,
E-Mail: info@pretoria.diplo.de,
https://southafrica.diplo.de/sa-de.

Beachten Sie die Corona-Bestimmungen!
Aktuell ist für die Einreise nach Mauritius kein negativer PCR-Test mehr erforderlich. Doch je nach Entwicklung der Pandemie könnten sich die Bestimmungen jederzeit auch wieder ändern. Möglicherweise müssen sich infizierte Reisende dann im Reiseland in eine Isolation begeben.
Vor der Abreise ist es daher wichtig, die aktuellen Bestimmungen zu kennen.
Hilfreiche Infos bietet das Auswärtige Amt (www.auswaertiges-amt.de).

Touristeninformation

Informationsstellen in Europa

Mauritius Tourism Promotion Authority: c/o **Aviareps Tourism GmbH**, Josephspital-str. 15, 80331 München, Tel. 089-552533410, E-Mail: Mauritius.Germany@aviareps.com, https://mymauritius.travel/de

Informationsstellen in Mauritius

MTPA: Mauritius Tourism Promotion Authority: 4-5th Floor, Victoria House, St Louis Street, Port Louis, Tel. +230-2031900, E-Mail: mtpa@intnet.mu, https://mymauritius.travel/de

Weitere Zweigstellen in Mauritius:

SSR International Airport, Tel: 6373635
Insel Rodrigues: Port Mathurin, Tel: 58320866, E-Mail: info.rodrigues@intnet.mu

Informative Webseiten

www.govmu.org
Offizielle Webseite der Regierung

www.der-mauritius-reiseführer.de
Private Webseite mit vielen Infos zu Mauritius

www.mauritian-wildlife.org
Webseite der Mauritian Wildlife Foundation

www.auswaertiges-amt.de
Webseite des dt. Auswärtigen Amts

Mietwagenagenturen

in Deutschland

Die gängigen Mietwagenanbieter wie Sixt, Europcar, TUI Cars, Avis und viele andere vermitteln eine breite Auswahl an Mietwagen jeglicher Preisklassen für Mauritius

Darüber hinaus hat sich folgendes deutsches Unternehmen auf Mauritius spezialisiert, mit dem wir seit Jahren gute Erfahrungen machen. Schneller Service, günstige Preise und eine unkomplizierte Abwicklung zeichnen diesen Anbieter aus:

Indian-Ocean-Travel Ltd: Harald Buchholzer, Exerzierplatz 3a, 97072 Würzburg, Tel.0931-66398492, E-Mail: mail@mietwagen-mauritius.de, www.mietwagen-mauritius.de und www.maki-car-rental.com.

in Mauritius

ABC Car Rental: Albion Docks Bldg., Trou Fanfaron, Port Louis, Tel. 2168889, 2163805, E-Mail: abccar@intnet.mu, www.abc-carrental.com.

ADA Car Rental: Station Engen, Royal Road, Curepipe, Tel. 6752626, E-Mail: http://www.ada-maurice.com.

Avis Rent A Car : Al Madina Road, Cassis, Tel. 4276312/2086031, E-Mail: sales@avismauritius.com, www.avismauritius.com.

Hertz Rent A Car: 84 Gustave Colin Street, Forest Side, Curepipe, Tel. 6043021, E-Mail: hertz@hertz mauritius.com, www.hertz.com/rentacar. Am Flughafen Tel. 6043018, Gratis-Tel. 8002333

Europcar: Grand Baie und am Airport Tel. 28601403, E-Mail: info@europcar.com, www.europcar.com.

Budget Rent a Car: S. Venkatesananda Street, 125 Rose Hill. Am Airport Tel. 4541666, E-Mail: budget@budget. mauritours.net, www.budget.com.

Kevtrav Ltd.: 3rd floor Discovery House, Ecke Avenue des Rosiers/Trianon 2, Quatre Bornes, Tel. 4654458, 52502011, E-Mail: kevtrav@hotmail.com.

Sixt Rent a Car: 5 Avenue Bernardin de St. Pierre, Quatre-Bornes, Tel. 52509999, E-Mail: sixt@intnet.mu, https://www.sixt.com/car-rental/mauritius/mauritius/#/.

Mauritius Car Hire: Royal Road, Triolet. Am Airport Tel. 57082878, E-Mail: info@mauritius-carhire.com, https://mauritius-carhire.com.

DODO Contract Cars: Remy Ollier Avenue, Quatre Bornes, Tel. 57595808, E-Mail: contact@hireacarmauritius.comhttps://www.hireacarmauritius.com.

Reiseveranstalter

Es gibt in Deutschland, Österreich und der Schweiz eine breite Auswahl an Reiseveranstaltern mit einem vielseitigem Mauritius-Angebot in unterschiedlichen Preisklassen. Nachfolgend wird eine Auswahl genannt:

in Deutschland

FTI Touristik: FTI Touristik GmbH, Landsberger Str. 88, 80339 München, Tel. 089-25250, E-Mail: info@fti.de, www.fti.de.

MEIERS WELTREISEN: Emil-von-Behring-Str. 6, 60439 Frankfurt, Tel. 069-958800, E-Mail: service@meiers-weltreisen.de, www.meiers-weltreisen.de.

Jahn Reisen: DER Touristik GmbH, Humboldtstraße 140, 51149 Köln, Tel. 02203-420, E-Mail: service@jahnreisen.de, www.jahnreisen.de.

DERTOUR GmbH & Co.KG: Humboldtstraße 140, 51149 Köln,, Tel. 069-958800, E-Mail: service@dertour.de, www.dertour.de.

Indian-Ocean-Travel Ltd: Harald Buchholzer, Exerzierplatz 3a, 97072 Würzburg, Tel.0931-66398490, E-Mail: mail@indian-ocean-travel.com, www.iot-mauritius.de.

Abendsonne Afrika: Zur unteren Mühle 1, 89290 Buch, Tel. 07343-929780, E-Mail: info@abendsonneafrika.de, www.abendsonneafrika.de.

Mauvillas: Werner-Bock-Str. 40, 33602 Bielefeld, Tel. +44-20-35140931, E-Mail: kontakt@mauvillas.de, www.mauvillas.de.

Trauminsel Reisen: Summerstr. 8, 82211 Herrsching, Tel. 08152-93190, E-Mail: info@trauminselreisen.de, www.trauminselreisen.de.

La Reunion & Mauritius-Individuell: Salierstrasse 24, 70736 Fellbach, Tel: 0711-579889, E-Mail: info@travel-individuell.de, www.mauritius-individuell.com.

Reiseagenturen in Mauritius

Rotourco: Port Mathurin, Place François Leguat, Tel. 8310747, E-Mail: contact@rotourco.com, www.rotourco.com. Größter Vermittler auf Rodrigues mit Mietwagenverleih, Transfers und Flugvermittlung.

Mautourco Ltd.: 84 Gustave Colin Street, Forest Side, Tel. 6043000, E-Mail: info@mautourco.com, www.mautourco.com. Großes Touristikunternehmen in Mauritius mit einem breitem Angebot.

Veranda Resorts: Village Labourdonnais, Mapou, Tel: 2669700, email: veranda@veranda-resorts.com, www.veranda-resorts.com.

Mauritours: Swami Venkatesananda Street, Rose Hill, Tel. 4679700, E-Mail: welcome@mauritours.mu, www.mauritours.mu. Örtlicher Anbieter für Unterkünfte, Transfers, Mietwagen, Ausflüge.

Expedition Tour Ltd.: Palma Road, La Ferme Street, Quatre-Bornes, Tel. 4275919, E-Mail: info@expeditiontour.com, www.expeditiontour.com. Spezialist für Individualreisen.

Mauritius Guesthouse: Coastal Road, Pointe d'Esny, Mahébourg, Tel. 9319272, email: info@mauritiusguesthouse.com, www.mauritiusguesthouse.com.

Compnet Ltd: Remy Ollier Street, Port-Louis, Tel. 2183169, E-Mail: info@maurinet.com, www.maurinet.com.

Bonny Air Travel: Candos Road, Quatre Bornes, Tel. 4276150, E-Mail: info@bonnyair.com, www.bonnyair.com.

Mauritius Attractions: La Croisette, Grand Baie, Tel. 2691000, E-Mail: info@mauritiusattractions.com, www.mauritiusattractions.com.

Ebrahim Travel & Tours: Royal Road, Grand Baie, Tel. 54211597, E-Mail: etours@intnet.mu, www.ebrahimtours.mu.

Glossar: Typische Ausdrücke in Mauritius

Hotel:	In Kreol bedeutet „hotel“ sowohl Hotel als auch „Gaststätte“
Kiosk:	Überdachter Unterstand, oft mit Sitzgelegenheit, in den Naturparks
Tea Hotel/Tea House:	Gaststätten, in denen kein Alkohol ausgeschänkt wird
Bassin	Kleiner See
Chambre d'Hotes	Familiäre Frühstückspension
Filaos	Kasuarine (Tropenbaum)
Gite	Unterkunft zur Selbstversorgung
GAB	Franz. Bezeichnung für ATM (Automat zur Bargeldauszahlung)
Kovil	Tamilischer Tempel
Maskarenen	Die Inseln Mauritius, Reunion und Rodrigues
MWF	Mauritian Wildlife Foundation
Sega	Mauritischer Nationaltanz
Taxi-Train	Sammeltaxi mit fester Route innerhalb der Städte

Verwendete Abkürzungen

EZ Einzelzimmer **DZ** Doppelzimmer **AI** All-inclusive-Angebot

VP Vollpension **HP** Halbpension **ÜF** Übernachtung mit Frühstück

Literaturtipps & Quellennachweis

• Grandjot, W.: Reiseführer durch das Pflanzenreich der Tropen. Kurt Schroeder Verlag, 1981

• Birds of the Indian Ocean Islands: Ian Sinclair, Struik Verlag, South Africa, 2013

• Sinclair, Ian: Birds of Africa. Struik Verlag, South Africa, 2010

• Slupetzky, Stefan: Der Segatanz unter dem Flammenbaum. Erhebungen in Mauritius. Picus Verlag, 2016

• Le Clezio, J. M. G.: Der Goldsucher. Roman. Handlung spielt in Mauritius und Rodrigues. Kiepenheuer & Witsch Verlag, 2008

• Le Clezio, J. M. G.: Revolutionen. Roman. Die Handlung spielt in teilweise Mauritius. Kiepenheuer & Witsch Verlag, 2008

• Le Clezio, J. M. G.: Ein Ort fernab der Welt. Roman. Die Handlung spielt in teilweise Mauritius. Kiepenheuer & Witsch Verlag, Auflage 2010

• Le Clezio, J. M. G.: Alma. Roman. Die Handlung spielt in Mauritius. Kiepenheuer & Witsch Verlag, Auflage 2020

• Pitot, Geneviève: Der Mauritius-Schekel. Detaillierter Bericht über die jüdischen Häftlinge auf Mauritius 1940–1945. Hentrich & Hentrich Verlag, 2008

• NgCheong-Lum, Roseline: Cultureshock! Insidertipps für Touristen und Expatsj in Mauritius. Marshall Cavendish Editions, 2010

• Sinclair, Ian: A Photographic Guide to the Birds of the Indian Ocean. Struik Verlag, South Africa, 2011

• Bernadin de Saint-Pierre: Paul und Virginie, CreateSpace Independent Publishing Platform, 2012

• Mauritius-Reunion: Merian, Jahreszeiten Verlag, 2003

Landkarten

• Mauritius, Réunion, Rodrigues: Freytag&Berndt, 1 : 50 000, Auto- und Freizeitkarte, Auflage 2018

• Mauritius, Réunion, Rodrigues: ReiseKnow-How Verlag, 1 : 90 000, Auflage 2015

• Mauritius: Michelin National Map, 1 : 80 000, Auflage 2019

A

Aapravasi Ghat 26, 90
Abholzung 58
Afro-Mauritier 37
Aids 253
Airport Tax 272
Albion 187
Aldabra-Riesenlandschildkröte 72
Alexandra Falls View Point 173
All Inklusive 265
All-inclusive-Angebote 249 f
Ambre, Insel 121
Animation 272
Ankunft in Mauritius 258
Anreise 255
Anse aux Anglais 244
Flamingoblume 66
Amma Tookay Tempel 42, 153
Anthurien 51, 66
Anthurienzucht 156
Apartment 249
Apostel der Schwarzen 43, 93
Apotheken 267
Aquarium 90
Arbeiterpartei 28 f
Arsenal 99
Artenreichtum 60
Artenvielfalt 62, 68
Ärzte 48
Ärztedichte 36
Aufzuchtstation 184
Ausfuhr aus Mauritius 275
Aussterben 59
Autofahrer, Tipps für 259
Aventure du Sucre 129

B

Badamier 64
Bagatelle 198
Baie aux Huitres 216
Baie aux Tortues 61, 99 f
Baie du Cap 164
Baie du Nord 217
Baie du Tombeau 98
Balaclava 99 f
Bambous 186
Bambous Mountains 142, 145
Bambus 64
Bananenstaude 66
Banken 274
Banyan 63, 114
Baobab 64
Basilica of St. Helene 203
Bassin des Nénuphars 125 f
Baum der Reisenden 65
Baumhibiskus 66
Beau Bassin 198
Beau Champ 142
Bel Air 142
Bel Ombre 161
Belle Mare 135, 137 f
Belle Mare Resort 138
Bénetier
Riesenmuschel 76
Insel 167
Béranger, Paul 32
Bevölkerungsdichte 36
Black River 181
Bezirk 33
Black River Gorge Nationalpark 60, 171 ff
Black River Visitor Centre 174
Blauer Marlin 74
Blue Bay 150
Blue Bay Marine Park 151
Blue Penny Museum 81 f
Blumenzucht 51
Bois Chéri 177
Botanische Gärten 19, 60f, 71
Botanischer Garten
Curepipe 204
Pamplemousses
19, 60 f, 123 ff
Bougainvilleen 66
Bras d'Eau Nationalpark 132
Brauerei Phoenix 200
Briefmarke 82
Brillenvögel 68
Brotfruchtbaum 66
Bülbül 68
Buffets 261
Bus Terminals 91
Busbahnhöfe 80, 91
Busse 258, 260

C

Camping 250
Canot 186
Cantino, Alberto 11
Cap Malheureux 23, 63, 116
Casela Bird Park 61, 184 f
Casuarina Resort & Spa 103
Caudan Waterfront 80 f
Caverne Patate 219
Central Market 89
Centre de Flacq 132
Chamarel 168
Chamarel Falls 169 f
Chambre d' Hôtel 224
Champ de Mars 86
Château de Bel Ombre 162 f
Château de Labourdonnais 131
Château de Mon Plaisir 127
Château de Réduit 97
Château de Villebague 130
Chenin Grenier 160
China Town 38, 87 f
Chinesen 27, 38, 44
Christentum 43
Cluny 150
Cocotiers, Les 98
Code Civil Napoléon 24
Code Noir 22, 37
Coin de Mire 60, 117
Coloured Earth 169
Company Gardens 84
Corona (COVID-19) 52, 253, 276
Curepipe 26, 35, 63, 198, 202f

D

Darwin, Charles 58, 72, 74
Decaen 23, 79, 146
Decean, Gouverneur 22f, 79, 146
Delphine 76
Designerkleidung 206
Devisenbestimmungen 274
Dinarobin Hotel 166
Diplomatische Vertretungen 274
Divali 45
Dodo 11, 14, 58, 71
Dokumente für die Reise 256
Domaine d'Anse Jonchée 143

Domaine de Bel Ombre 163
Domaine de l'Etoile 145
Domaine de Ylang Ylang 143
Domaine du Chasseur 143
Domaine du Grande Bois 143
Domaine Les Pailles 95
Dress Code 265
Dronte 58, 71 f
Düfte 186
Dupleix, François 17
Durrell, Gerald 68

E

Ebony Forest 170
Edelhölzer 58, 62
Eheschließung
in Mauritius 254
Einfuhrbeschränkungen 253
Einkaufen 183, 199, 201, 206
Cap Malheureux 117
Curepipe 205
Flic en Flac 191
Grand Baie 109
Grand Rivière Noire 180
Port Louis 91
Mahébourg 147
Einkaufstipps 206
Einreisebestimmungen 246
Einreisekarte 258
All in One Travel Form 258
Einwanderer aus Indien 25
Endemismus 62
Endemischen Vogelarten 68
Endemische Fische 137
Endemische Flughunde 73, 221f
Endemische Schlangen 74
Iles aux Aigrettes 149
Essen & Trinken 259, 261, 264
Eurêka, Villa 24, 96f

F

Fähren & Flüge
Rodrigues 228, 255
Fahrräder 272
Familienbild 49
Farbige Erde 160, 169
Feiertage 272
Ferney-Tal 145
Fernsehen 272
Filaos 63
Fischarten 151
Fischerei 51
Fkk 167, 272
Flacq 13, 132
Bezirk 33
Flamboyant 65
Fledermäuse 74
Flic en Flac 190 f
Floreal 200
Floreal Square 201
Fluganreise nach Rodrigues 229
Flughafen 258
Flughunde
73, 149, 184, 221, 234
Fort Adelaide 24, 87
Fotografieren 265, 267
François Leguat Giant Tortoise & Cave Reserve 218
Frangipani 65
Franko-Mauritier 38
Frauen in Mauritius 49
Frédérica Nature Reserve 163
Freihafen 17, 79
Freihandelszone 50, 54
Freizeitgestaltung
Flic en Flac 191
Grand Baie 111
Rodrigues 223
Friedhof, jüdischer 186
Frühlingsfest, Chinesisches
Termine 46
Führerschein 257
Fusion"-Küche 259

G

Gabriel Island 60, 117
Garküchen 191
Gelbfieber 258
Gelbfieberschutzimpfung 246
Geldautomaten 274
Geldwechsel 258
Rodrigues 228
Gepäck 256
Beschränkung 254
Gepäckaufbewahrung 258
Geschäftszeiten 272
Rodrigues 228
Gesundheitsrisiko 257
Gesundheitstipps 266
Gesundheitsversorgung 48
Gesundheitsvorsorge 253
Getränkepreise 280
Gewürze 124, 207, 261
Gewürzhandel 11 f, 19
Gezeitenunterschied 272
Gezeitenzone 74
Glasbodenboot 111, 139
Glas-Galarie 200
Golden Fruit Bats 73, 221
Golfen 271
Golfplätze 143, 163, 167, 183, 271
Belle Mare 135
Ile aux Cerfs 141
Trou aux Biches 103
Goodlands 120
Gorges View Point 173
Grand Baie 107 f, 109 ff
Grand Bassin 43, 45, 175 f
Grand Gaube 118
Grand Port (Bezirk) 33
Grand Rivière Noire 180 f
Grand Sable 142
Grande Case Noyale 168, 178
Grande Rivière Sud-Est 141 f
Grande Rosalie 130
Gris Gris 159

H

Haie 76
Handgepäck 256
Hart, Robert Edward 158
Hausmaid 249, 262
Heinrich der Seefahrer 11
Heiraten „im Paradies" 254
Helikopter 272
Helikopterflug 247
Henrietta 201
Heritage Nature Reserve 163

Hindu-Tempel 104, 110, 134, 153
Amma Tookay 153
Kashinath Mandir 134
Kaylasson 92
Shivala 43
Triolet 104
Hinduismus 37, 42, 45, 176
Hirtenmaina 70
Historic Marine 120
Modellschiffe 50
Zweigstelle 100
Hochseefischen 269
Grand Baie 111
Trou aux Biches 103
Hochzeiten 254
Hochzeitsreise 250, 254
Hotelbewertung 248
Hotels 248
Baie du Tombeau 98
Balaclava 100
Bel Ombre 162
Belle Mare 136, 138
Blue Bay 151
Cap Malheureux 116
Curepipe 205
Flic en Flac 193
Grand Baie 112
Grand Gaube 118
Grand Rivière Noire 180
La Preneuse 180
Le Morne 166
Mahébourg 147
Mont Choisy 105
Péreybère 115
Pointe aux Piments 101
Pointe Canonniers 106
Port Louis 90
Poste Lafayette 134
Rodrigues 224
Tamarin 183
Trou aux Biches 103
Wolmar 194

I

Ile aux Aigrettes 60, 71, 149
Ile aux Bénetiers 167
Ile aux Cerfs 140 f
Ile aux Cocos 223
Ile de France 16, 18, 21, 22
Ile des deux Cocos 151
Inder 27
Indo-Mauritier 36
Insektarium 154
Internet 253, 272, 277
Islam 44

J

Jacaranda 65
Jardin de la Compagnie 16, 63, 84
Jetlag 257
Jüdische Häftlinge 188
Jugnauth, Anerood 32
Jummah Moschee 44, 88

K

Kaperkrieg 21
Kashinath Mandir Tempel 134
Kasino 191, 203, 223, 273
in Port Louis 91
Kasuarine 63
Kathedrale St. James 87
Kathedrale St. Louis 86
Kaylasson Tempel 92
Kestrel Valley 144
Kinder
Reisen mit 246
Kindergärten 47
Kirche St. Gabriel 221
Kirche St. Martin 186
Kirche Ste. Philomène 121
Kitesurfen 165, 223, 224, 270
Kleider-Etikette 265
Kleidung 196, 256
Klima 229, 244
Klimatabelle 244
Knigge für Mauritius 265
Kohlpalmen 63
Kokospalme 63
Königspalmen 126
Koralle 74 f, 151
Korallenriffe 55, 57, 74, 117, 137
Künstliche Riffe 55
Korallensteinbruch 220
Korruption 32, 35
Krabben 74
Kraken 227
Krankenhäuser 267
Kratersee 57, 175, 204
Kreolen 27, 37 f, 211
Kreolsprachen 39
Krokodilzucht 154
Krustentiere 76
Kulinarische Erlebnisse in Mauritius 261
Kulinarisches für Rodrigues 227
Kulis 25 f, 34

L

La Bourdonnais 17 f, 79, 83, 123, 146
La Buse 16
La Citadelle 87
La Cuvette Public Beach 109
La Preneuse 181
La Roche que pleure 159
La Vanille Nature Park 61, 154
Lakaz Chamarel 168
Lam Soon Pagode 92
Landkarten 281
Landwirtschaft 50
Laval, Pater 43, 92 f
Lavilleon Nature Forest 170
Le Morne 165 f, 178
Le Morne Brabant 164
Lemuren 154
Le Petrin 60, 174
Le Pouce 80, 97
Le Reduit 47
Lebenserwartung 36
Leguat, François 208, 218
Les Pailles, Domaine 95
Les Salines 181
L'Escalier 152 f
Libertalia, Piratenrepublik 15
Limousinenservice 260
Literaturtipps 281
Lohnniveau 54
Luftverschmutzung 55

M

Macchabee Forest 62, 174
Madagaskarweber 70
Mahagonibaum 65
Mahébourg 22, 144, 146 f
Maheswarnath Shiv Mandir Tempel 102, 104
Makaken 61, 73, 154, 184
Malaria 29, 64
Malariaepidemie 26
Malariaprophylaxe 253
Mall of Mauritius 198
Mandelbaum, Indischer 64
Mangobaum 64
Mangos 64
Mangroven 67, 151
Mangrovensumpf 76
Mangusten 73
Manilal Doctor 28, 31
Mare Anguilles 160
Marine-Schutzgebiet 151
Markttreiben 89
Martello Tower 181 f
Mascarenhas, Pedro 12
Maskarenen 10, 20, 56, 281
Massagen 196
Mauritian Labour Party 28, 31
Mauritius, Blaue 90ff
Mauritius Wildlife Foundation 59, 69, 144, 149, 174, 181
Mauritius-Sittiche 69, 171
Mauritius-Taube 61, 69, 171
Mauritius-Turmfalke 61, 68, 149, 171
Medine 187
Meeresnationalpark 61
Meeresschildkröten 99
Mietwagen 192, 249, 258 f
Rodrigues 240
Mietwagenagenturen 278
Modelabels 206
Modellschiffe 120
Moka 96, 131
Bezirk 33
Monatseinkommen 54
Mondfest 46
Mont Choisy 105
Mont Limon 222
Moralvorstellungen 49
Moschee 44, 88
Moskitos 192
Moulin a Poudre 99
Mückenschutz 266
Museo de Naval 148
Museum
Aapravasi Ghat 90
Aventure du Sucre 129
Blue Penny 82
der Post 90
„Fort Frederik Hendrik“ 144
Mahébourg 148
Naturhistorisch 84
of Photography 85
Pater Laval 43
Robert Edward Hart 158
S. Ramboolam 30
Sookdeo Bissondoyal 153
Touche du Bois 171
Windmill 90
World of Seashells 162
MWF 60, 71, 149

N

Nachtleben
Grand Baie 110
Port Louis 91
Rodrigues 223
Napoleon 22
Nationalpark 171
Naturreservate 60, 149, 218
Naturschutz 117, 145
Naturschutzgebiete 144
Nicolière See 130
Notfallapotheke 252

O

Oberoi Hotel 100
Octopus-Trockengestell 211, 220
Odysseo Ozeanium 90
Öffentliche Busse 260
Ökotourismus 59, 149
Oleander 66
Orchard Tower Centre 199
Ostindische Handelskompanie 16

P

Pagoden 44, 92
Pagodenbaum 65
Palma 186
Palmenarten 60
Palmherzen 63
Palmherzensalat 263
Pamplemousses 19
Bezirk 33
Bot. Garten 60f, 123 ff
Pamplemousses Botanical Gardens 60 f, 123 ff
Papaya 227, 239
Partnermassage 196
Pater Laval 25, 93
Paul & Virginie 83, 121 f, 202
Péreybère 114 f
Petite Rivière Noire 178
Pferderennbahn 86
Philatelie 83
Phoenix 200
Pieter Both 13, 57, 80, 98, 130
Pilgerstätte 175
Piraten 15 f, 21, 98
Piraterie 20
Piton de la Rivière Noire 57
Place d' Armes 83
Plaine Chamgagne 172
Plaine Magnien 152
Plaines Wilhelms 57, 198
Bezirk 33
Pointe aux Piments 100
Pointe aux Roches 161
Pointe aux Sables 187
Pointe Canonniers 105
Pointe d'Esny 150
Pointe du Diable 142
Poivre, Pierre 18, 124
Polizei 273
Port Louis 17, 19 f, 25 f, 33, 78 ff
Port Mathurin 215
Poste de Flacq 134
Poste Lafayette 132
Postmuseum 90
Poudre d'Or 27, 43, 121
Preisbeispiele 251

Privatpension 250
Prozessionen 43, 46
Pünktlichkeit 265

Q

Quad Bikes 145, 163, 185
Quatre Bornes 198

R

Ramadan-Termine 46
Ramgoolam, Navin 32
Ramgoolam, Seewoosagur 29 ff, 125, 127
Rassismus 35
Ravenal 65
Reiseagenturen 278
Grand Baie 111
Rodrigues 229
Reiseapotheke 252
Reisekataloge 250
Reisekosten 250
Reisevorsorge 253
Reisezeit 244 f
Reiten 168, 273
Religionen 42
Religiöse Feste 43
der Tamilen 45
Grand Bassin 175 f
Rempart Mountain 183
Restaurants 143, 251, 262
Aventure du Sucre 129
Blue Bay 151
Cap Malheureux 117
Curepipe 205
Flic en Flac 191
Grand Baie 110
Mahébourg 147
Péreybère 115
Port Louis 91
Rodrigues 227
Trou aux Biches 103
Rettungsprogramm 69
Riesenlandschildkröten 58, 72, 154, 184, 209, 218
Rivière des Anguilles 153, 155
Rivière du Rempart 132
Bezirk 33
Rivière Savanne 157
Rivière Sud Est 57
Rochester Falls 159
Rodrigues 56 f, 73, 208ff
Rosafarbene Taube 149, 184
Rose Hill 198
Rotfeuerfische 75
Round Island 117
Route du Thé 177
Route Plaine Champagne 173
Rum 95, 129, 206
Rumfabrik 187

S

Saint Géran 121 f, 148
Salazie 131
Salinenbecken 178, 183
Sambarhirsche 14, 72 f, 144
Sauna 196
Savanne, Bezirk 33
Schatzsucher 16, 98
Schiffswracks 55
Schlammspringer 75 f
Schlangen 74
Schnorcheln 266, 270
Schraubenpalmen 220
Schulbildung 47
Schuldknechte 26
Schutzgebiete 60 f
Schwimmender Tempel 134
Seeblockade 23
Seefahrer, portugiesische 11
Seekarten, arabische 11
Seeräuberei 15
Seerosenteich 126
Seeschlacht 22 f, 144, 148, 210
Seewoosagur Ramgoolam 29, 31, 125
Mausoleum 127
Memorial Centre 30
Sega 256, 281
Segeln 270
Shiv Mandir Tempel 108
Shivala Hindu-Tempel 107, 110
Shopping Centre 180, 183
in Port Louis 91
Shoprite Hyper Centre 199
Sicherheit 271
Sino-Mauritier 38
Sir Seewoosagur Ramgoolam Memorial Centre 30
Sklaven 14 f, 19, 25, 95
Sklavenbefreiung 24 f
Sklavenhandel 21
Sklaverei 22, 24, 34
Sockalingum Meenatchee Ammen Kovil- Tempel 43
Solitaire 15, 208f
Sophie Nature Walk 174
Souillac 157 f
Souvenirs 90, 154, 206
Grand Baie 109
Spa 196, 265
Speerfische 76
Stadtbahn (Metro) 80, 91
Sprachen 39 f, 273, 281
St. Aubin 156
St. Felix 161
Stauseen 57
Ste. Croix 43, 93
Ste. Philomène Kirche 43
Strände 271
Grand Baie 109
Belle Mare 137
Strömungen 266, 273
Stromversorgung 273
Sunset Boulevard 107
Supermarkt, Preise im 252
Surcouf, Robert 21

T

Takamaka Winery 206
Tal der Farben 160
Talipotpalmen 126
Tamarin 183
Tamarin Bay 139, 184
Tamarin Falls View Point 201
Tamarinde 64
Tamassa Hotel 162
Tamilen 37
Tempelanlagen 43, 114
Tankstellen 259
Tanrek 72 f

Tauchen 151, 268f
Cap Malheureux 117
Flic en Flac 191
Grand Baie 111
Trou aux Biches 103
Tauchschule 223, 268
Tauchurlaub 251, 268
Taxi 192, 251, 258, 260
Cap Malheureux 117
Grand Baie 113
Rodrigues 228
Teakbaum 65
Teeplantage 177
Telefon 241, 273
Telfair, Charles 148
Telfair Gardens 158
Tempel 108, 176
Kashinath Mandir 134
Kaylasson 92
Tempelbesuch 265
Terre Rouge 130
Textilindustrie 50, 55
Thai Poosam Fest 45
Thien Thane Pagode 44, 92
Thunfische 76
Tierschutz 60
Tintenfische 233
Toleranz 35, 42, 176, 265
Tombeau, Baie du 98
Tourismus 52 ff, 248
Tourist Info 241
Flic en Flac 191
Grand Baie 111
in Port Louis 91
Tourist Office 228
Touristeninformation 276
Transfer zum Hotel 258
Trinkgeld 265, 274
Triolet 99, 102, 104
Triolet, Tempelanlage 63
Trochetia 66
Trois Boutiques 152
Trois Mamselles 183
Tropfsteinhöhle 218 f
Tropikvögel 70
Trou aux Biches 102
Trou aux Cerfs 204
Trou d'Eau Douce 139
Tulpenbaum 65
Turtle Bay 99

U

Überbevölkerung 27, 32, 34
Umgangsformen 265
Umweltschonendes Reisen 247
Unabhängigkeit 29 f
UNESCO 90, 165
UNESCO Welterbe 26, 90, 165
Unterwasserfauna 61, 100
Unterwasserspaziergang 141
Grand Baie 111
Unterwasserwelt 74

V

Vacaos 200
Vallée des Couleurs 160
Vallée du Ferney 145
Vanilla Tea 177
Vanilleplantage 154, 156
VAT-Refund 274
Vater der Nation 31
Verkehrsmittel 251
Curepipe 205
Flic en Flac 192
Grand Baie 113
Grand Gaube 119
Verkehrsregeln 259
Versicherungen
253 259, 267, 274
Verwaltungsbezirke 33
Vieux Grand Port 13, 22 f, 144
Vogelaufzuchtprogramm 181
Vogelbeobachtungen 71

W

Währung 274
Wallfahrtskirche 43
Wallfahrtsort 92
Wanderführer 93, 167, 271
Wandern 95, 145, 160,
163, 167, 169,
172 f, 222, 271
Warwijck 12 f, 144
Wasser 275
Wasserfall
141 f, 159, 161, 169, 173, 201
Wasserski 270
Wassersport in Grand Baie 111
Wassersportangebote 249
Waterpark 135
Wechselkurs 258
Wechselstuben 274
Weihnachtsstern 65
Wellenastrild 70
Wellness 196, 265, 275
Welterbe 26, 90, 165
Weltkrieg, Erster 28
Weltkrieg, Zweiter 28, 188
Wildschweine 73
Winkerkrabben 76
Wirbelstürme 245
Wolmar 194, 216
World of Seashells 162
Wracktauchen 269
Würgerfeige 63
Wybrandt van Warwijck 12

Y

Yemen 201
Yemen Salines 183
Ylang Ylang-Plantage 143

Z

Zeitverschiebung 255, 275
Zoll 273
Zuchtprogramme 59, 69, 181
Zuchtstation 174
Zuckerbarone 24 f, 38, 51
Zuckerfabriken 131 f, 145, 150
Zuckerherstellung 50, 58, 129
Zuckerinsel 24, 27, 50
Zuckermühle 128
Zuckermuseum 129
Zuckerrohr 14, 66, 128, 132
Zuckerrohrpresse 95
Zyklon 26, 30, 79, 125, 245

Bibliografische Information der Deutschen Bibliothek
Die Deutsche Bibliothek verzeichnet diese Publikation in der Deutschen Nationalbibliografie: Detaillierte bibliografische Daten sind im Internet abrufbar über http://portal.dnb.de/opac.htm.

Liebe Leserinnen und Leser,

Danke, dass Sie unseren Reiseführer ausgewählt haben.
Wir freuen uns darauf, Ihre Meinung zu diesem Mauritius-Reiseführer zu erfahren.
Bitte schreiben Sie uns, wenn Ihnen Veränderungen und Korrekturen auffallen, gerne auch Tipps und Verbesserungsvorschläge, damit dieser Reiseführer auch künftig aktuell und leserfreundlich bleibt.

Alle Angaben und Daten in diesem Reiseführer wurden gewissenhaft recherchiert. Dennoch sind diese Angaben und Preise häufigen Veränderungen unterworfen, auch mögliche Auslassungen sind nicht völlig auszuschließen.
Für eventuelle Fehler können der Verlag und die Autoren keinerlei Verpflichtung oder Haftung übernehmen.

Impressum

9. aktualisierte Auflage November 2023

Volkartstraße 2, 80634 München, Deutschland
Tel. +49-89-16783783 Fax +49-89-1684474
E-Mail: info@hupeverlag.de
www.hupeverlag.de

Text: Ilona Hupe, Manfred Vachal
Fotos: Ilona Hupe, Manfred Vachal
Layout & Design: Ilona Hupe
Druck: Fa. Beltz Bad Langensalza GmbH, 99941 Bad Langensalza, Deutschland

Haftungsausschluss: Verlag und Autoren haben keinen Einfluss auf die Inhalte von in diesem Buch genannten Internetseiten und deren weiterführenden Links.

Printed in Germany

ISBN 978-3-932084-97-3 [21,90 Euro]